Bhagavadgītā

Titel der Originalausgabe:
Bhagavadgītā
Gesang des Glückseligen

ISBN 88-85405-27-4

Deutsche Ausgabe – 1. Auflage Juli 2001

Postfach 101849, D-33518 Bielefeld
Fon 0521-172875, Fax 0521/68771

Übersetzung
Beate Schleep
Typographie & Satz
Gruppo Kevala
Umschlag-Gestaltung
Wilfried Klei & Gruppo Kevala

Die Deutsche Bibliothek - CIP-Einheitsaufnahme

Bhagavadgītā:
Gesang des Glückseligen
[Übers.: Beate Schleep]. -
1. Aufl. - Bielefeld: Juli 2001
Einheitssacht.: Bhagavadgītā <dt.>

ISBN 3-933496-07-1

Bhagavadgītā

Gesang des Glückseligen

Vorwort, Übersetzung aus dem Sanskrit
und Kommentar von

Raphael

INHALT

»Wenn du die Unsterblichkeit liebst, ergreife den Blitz des richtigen Handelns (karmayoga) und zerreiße den Zweifel, der dich bezwingt. Dieses Werk enthüllt das Geheimnis des nichtbindenden Handelns.«

Raphael

VORWORT

Die *Bhagavadgītā* ist ein poetisches Werk, das in der Reimform *śloka* beziehungsweise *anuṣṭubh* und mit einigen Variationen im Versfuß *trīṣṭubh* verfasst worden ist. [Sir Edwin Arnold, der die *Gītā* unter dem Titel *The Celestial Song* in englische Verse übersetzt hat, verlieh ihr dadurch eine außergewöhnliche Kraft, Schönheit und Erhabenheit.]

Die *Gītā* befindet sich im sechsten Buch (dem *Bhīṣmaparvan* Kap. 23-40) des *Māhābhārata*, des großen indischen Epos, das insgesamt 400000 Verse zählt. Urheber soll Vyāsa sein, der legendäre Autor des *Mahābhārata*. In diesem Werk werden die Episoden eines Bürgerkriegs erzählt, der sich zwischen zwei Zweigen des regierenden Geschlechts aus der Stadt Hastināpura in Südindien abspielte. Aber nur ein Fünftel des Gedichts widmet sich der Darstellung des Kriegs. Der Rest handelt von antiken Legenden, Mythen, von Gesetzesauslegungen, Philosophie und Moral. Eingeflochten in dieses Epos sind einige eigenständige Erzählungen, wie eben auch die *Bhagavadgītā*, ferner die Geschichte von Nala und Damayantī, die Geschichte von Sāvitrī und andere mehr.

Die Erzählung der Gītā

Auf einer weitläufigen Ebene in der Nähe von Hastināpura lebten zwei Fürsten: Dhṛtarāṣṭra und Pāṇḍu. Da der Erstgeborene blind war, fiel die Thronfolge Pāṇḍu zu. Dieser hatte fünf Söhne,

Pāṇḍava oder Pāṇḍuidi genannt: Yudhiṣṭhira (oder Dharmarāja: König des *dharma*), Bhīma, Arjuna sowie die Zwillinge Nakula und Sahadeva.

Der blinde Fürst hatte einhundert Söhne, Kaurava oder Kuruidi genannt. Duryodhana war der tapferste von ihnen. Nachdem Pāṇḍu gestorben war, übernahm der blinde Dhṛtarāṣṭra das Königreich, nahm die fünf Neffen in seine Familie auf und ließ sie zusammen mit seinen Söhnen erziehen. Später wurde Yudhiṣṭhira zum rechtmäßigen Thronerben ernannt. Dann aber riss Duryodhana, der älteste Sohn des Dhṛtarāṣtra, mit einem Schlag die Macht an sich und versuchte Yudhiṣṭhira zu töten. Die zwischen den Söhnen des Pāṇḍu und jenen des Dhṛtarāṣṭra entstandene Feindschaft weitere sich derart aus, dass sich das Reich in zwei Parteien spaltete. Die eine unterstützte die Kaurava, die andere die Pāṇḍava. Kṛṣṇa, Herrscher der Yādava-Familie, die in einem nahe gelegenen Staat lebte, unternahm alles zur Wiederherstellung des Friedens – vergeblich. Der Krieg galt als unabwendbar, und so trafen sich die beiden Heere auf dem Kurukṣetra (Feld des Kuru), bekannt durch die Askesepraktiken des Kuru, der ein gemeinsamer Vorfahre der gegnerischen Parteien war. Kṛṣṇa, den man aufgefordert hatte in den Kampf einzugreifen, sagte zu und überließ es den beiden Gruppen, sich zur Unterstützung in der Schlacht entweder für seine Männer, die er mitgebracht hatte, oder für ihn selbst zu entscheiden.

Der Rebell Duryodhana wollte Kṛṣṇas Krieger haben. So schloss sich Kṛṣṇa den Pāṇḍava an als Wagenlenker von Arjuna.

Vor Beginn der Schlacht erschien dem blinden Monarchen der Vater, der heilige Seher Vyāsa. Er bot ihm die Fähigkeit an den Kriegsverlauf mittels übersinnlicher Fähigkeiten zu beobachten. Der alte König schlug dieses Angebot für sich aus, übertrug es aber seinem Minister Saṁjaya. So beschrieb der zum

Seher gewordene Saṁjaya dem Dhṛtarāṣṭra den Verlauf der Schlacht.

Die *Gītā* beginnt mit der Frage des blinden Königs an Saṁjaya, wie sich seine Söhne und die des Pāṇḍu verhalten, die sich in gegnerischen Heeren gegenüberstehen.

Währenddessen vollziehen die beiden Parteien eine lange Zeremonie auf dem Kuru-Feld. Kurz vor dem Signal zum Angriff bittet Arjuna seinen Wagenlenker Kṛṣṇa (der den Gott Viṣṇu in menschlicher Gestalt darstellt), ihn zwischen die beiden Heere zu fahren, damit er sich einen besseren Überblick über das Geschehen verschaffen kann. Als Arjuna hier seine besten Freunde, seine Vettern und Onkel sieht, überwältigen ihn so starke Gefühle und Verwirrung, dass er Kṛṣṇa erklärt, er wolle seine Blutsverwandten und Freunde nicht angreifen.

An diesem Punkt beginnt Saṁjaya die Erzählung, die sich über 18 Kapitel (*adhyaya*) mit insgesamt 700 Versen erstreckt.

Der Krieg, von dem die Rede ist, hat sich wahrscheinlich schon lange Zeit vor der Entstehung der *Gītā* ereignet. Die Handlung dient vermutlich nur als Vorwand um Kṛṣṇa die Gelegenheit für ein Gespräch über Verwirklichung und Initiation zu geben. Uns interessiert weniger der genaue Zeitpunkt der Entstehung der *Bhagavadgītā* – das überlassen wir den Historikern und Philologen – als vielmehr die *Lehre* und mit ihr werden wir uns im Folgenden beschäftigen.

Das Werk heißt *Bhagavadgītā*, weil Kṛṣṇa in der *Bhāgavata*-Religion Sṛī Bhagavān genannt wird. Im *Mahābhārata* heißt es, dass die *Bhāgavata*-Religion von Vivasvān an Manu und von Manu an Ikṣvāku überliefert worden ist.

Die Kommentare zur Gītā

Es gibt verschiedene Kommentare zur *Gītā*. Viele Kommentatoren haben sich nur mit bestimmten Teilaspekten der Gesamtwirklichkeit beschäftigt, die der jeweiligen eigenen Schule zugrunde liegen. Den ältesten, ausführlichsten und tiefgründigsten Kommentar verdanken wir Śaṅkara (788-820).

Seine Erläuterungen wurden später von Ānandagiri, Śrīdhara (1400), Madhusūdana und anderen weiterentwickelt. Weitere beachtenswerte Kommentare stammen von Rāmānuja (1200), Madhva (1199-1276), Nimbarka (1162) und Vallabha (1479).

In unserer Zeit gibt es so viele Kommentatoren, dass ihre Aufzählung den Rahmen dieses Vorworts sprengen würde.

Ziel des Buches

Die *Bhagavadgītā*, die klassischen *Upanischaden* und das *Brahmasūtra* bilden zusammen das so genannte *Prasthānatraya*, die »Dreifache Wissenschaft« des *Vedānta*. Eine wortwörtliche Interpretation des Textes würde den wahren Sinn der überlieferten Lehre nicht entschlüsseln. Die verwirrenden Widersprüche vieler Abschnitte können nur im Licht der überlieferten Anschauung aufgelöst werden.

Will man die *Gītā* also in ihrer wahren Dimension begreifen, darf man nicht von der Orthodoxie der initiatischen Überlieferung abweichen.

Dabei gilt es vier wesentliche Punkte zu beachten:

1. der Begriff des Göttlichen gemäß der Überlieferung

2. der Augenblick und das Ereignis, welche die Entstehung der *Gītā* bestimmt haben

3. die Gesellschaftsordnungen gemäß der Überlieferung
4. die richtige Annäherungsweise an die verschiedenen Wege, die zum Göttlichen führen.

Durch eine gründliche Vertiefung dieser Punkte erhält die Lehre einen wahrhaft außergewöhnlichen Wert in Hinblick auf ihre poetische Schönheit, ihren Initiationsprozess und darauf, dass sie die unterschiedlichen Lehransätze auf harmonische Weise in sich vereint. Die vier Punkte beherrschen den Aufbau der gesamten *Gītā* und können – da sie der Überlieferung getreu sind –, nicht anders als im Licht dieser Überlieferung entwickelt werden.

1. Der Begriff des Göttlichen gemäß der Überlieferung

An einer Stelle des *Yogavāsiṣṭha*, das aus 27000 Versen besteht, fragt Śrī Rāma den hingebungsvollen Affengott Hanumān: »Auf welche Weise betest du mich an?« Mit dieser Frage veranlasst Śrī Rāma den Affengott den Begriff des Göttlichen gemäß der überlieferten Lehre zu formulieren. Hanumān antwortet: »Solange ich glaube, einen grobstofflichen Körper zu besitzen, solange es mir nicht gelingt, mich von der Vorstellung einer körperlichen Gestalt zu befreien, bin ich Euer Diener, nichts anderes als ein elender Organismus (*prāṇi*) und ein unüberbrückbarer Abgrund trennt mich von Euch. Wenn ich jedoch die Vorstellung vom grobstofflichen Körper aufgebe und mich als *jīva* mit einem individuellen Bewusstsein wiederfinde, spreche ich, gebrauche ich meinen Verstand und begehe Fehler. In diesem Stadium erkenne ich, dass ich ein Teil Eures höheren Körpers bin und spüre Eure Immanenz. Wenn ich mich auf eine noch höhere Stufe begebe, auf der ich meinen Verstand vollkommen beherrsche, entdecke ich in mir ein spirituelles Zentrum, das weder durch

Denken noch durch Sprache erfasst werden kann. Dieses höhere Zentrum, das sich jenseits der empirischen Welt befindet, ist der *ātman*, das Selbst: Dann gibt es zwischen mir und Euch keinen Unterschied mehr. Es existiert nur noch *Brahman* und nichts anderes als *Brahman*.«

Wer sich von der Vorstellung des Körpers befreien und auf der Ebene des höheren Intellekts wirken will, nähert sich schrittweise der Identität. So kann man vom Dualismus über den Monismus zum *Advaita*, dem Einen-ohne-Zweites gelangen. Wer die Vorstellung des Körpers aufrechterhalten möchte, nimmt Gott gegenüber die Rolle eines Dieners, Verehrers, eines Frommen an. Aber auch diese dualistische Haltung ermöglicht die Reinigung des Ich.

Es gibt also viele verschiedene Aspekte des Göttlichen. Vom Gesichtspunkt der Metaphysik aus reichen sie von einer eher »fassbaren« und »konkreten« Vorstellung zu einer eher »feinstofflichen« und »noumenalen« Vorstellung. Diese Möglichkeit, sich auf verschiedene Weise der Wirklichkeit zu nähern, ist die Kernaussage der *Gītā*. Sie darf jedoch nicht so verstanden werden, als ob auf der spirituellen Ebene Verwirrung und Unordnung herrschten. Die Vorstellung einer einzigen Religion oder eines einzigen dogmatischen Glaubens, der für alle Menschen gleichermaßen gilt, ist dem indischen Geist völlig fremd, da sich die Individuen durch ihre Denkstruktur, ihre Ziele und durch ihrer Bedürfnisse voneinander unterscheiden. (Aus diesem Grund sind die verschiedenen gesellschaftlichen Ordnungen entstanden.) So muss also jedes Individuum den Weg finden, der seinem spirituellen Bedürfnis am besten entspricht. Sein *karma* besteht darin die seinem Zustand entsprechende Wahrheit zu entdecken und auszudrücken, und das stellt dann sein *dharma* (seine Pflicht) dar.

Im Folgenden werden wir sehen, wie Kṛṣṇa seinen Schüler Arjuna schrittweise dahin führt, dass er seinen wahren Bewusstseinszustand – den des Kriegers nämlich – enthüllt und dann seine unausweichliche Pflicht (*dharma*) anerkennt um diesem Bewusstseinszustand gemäß zu leben und ihn durch Handeln zu enthüllen.

Die hinduistische *Überlieferung* umfasst alle existierenden Bewusstseinszustände des Menschen und unterscheidet gewöhnlich zwischen vier Aspekten des Göttlichen, die den verschiedenen Verständnisebenen des Menschen entsprechen:

a) der Aspekt des Absoluten, *Brahman nirguṇa*, ohne Attribute, das Eine-ohne-Zweites, der reine metaphysische Weg: Der *Asparśavāda* (der Weg ohne Stützen, ohne Kontakt) von Gauḍapāda und der *Advaita Vedānta* von Śaṅkara führen zu diesem kühnen Flug.
b) der Aspekt des unpersönlichen Gottes, *Nirākāra*, ohne irgendwelche mentalen Vorstellungen: »Gott ist Geist und Wahrheit.«
c) der Aspekt des persönlichen Gottes *Ākāra* in symbolischer Gestalt: Ihm folgen Menschen, die lebhaftere Gemütsbewegungen und eine größere Einbildungskraft besitzen und eher zur Hingabe neigen.
d) der Aspekt des Fleisch gewordenen Gottes, *Avatāra*, der eine menschliche Gestalt annimmt, um den Menschen den Weg zu weisen.

Der Aspekt des Absoluten

Brahman ist nicht das, was mit dem Wort Gott bezeichnet wird. *Es* ist jenseits der Sprache und sogar jenseits des Denkens. *Es* ist das Absolute in seiner Unbedingtheit, Nicht-Ursächlichkeit, Unveränderbarkeit. Wenn *Es* verwirklicht wird, verschwindet die gesamte Welt der Namen und der Formen. Nur der *nirvikalpa-samādhi* erreicht *Das*. Dieser *samādhi* ist weder eine Gemeinschaft noch eine Vereinigung; auch das Wort Identität ist ungenau, weil dieser Ausdruck noch zwei Begriffe beinhaltet, während im *nirvikalpa* das *Brahman* stets das Eine-ohne-Zweites bleibt als reine Essenz. *Es* ist das Substrat aller Noumena und Phänomene, des Wirklichen und des Unwirklichen, des Unmanifesten und Manifesten. *Es* ist die Grundlage aller existierenden Polaritäten, auch der des Endlichen und des Unendlichen. *Brahman* hat keinen Begriff des Vergleichs oder Gegensatzes, sondern ist der Urgrund, auf dem sich alle Gegensatzpaare annullieren und auflösen.

Es ist unmöglich, über *Brahman* zu spekulieren. Nur die überbewusste Intuition vermag einen Widerschein von *Ihm* zu empfangen.

Der Aspekt des unpersönlichen Gottes

Als zweiter Begriff des Göttlichen kann die *causa prima* gelten, der Ursprung und das Prinzip aller manifesten Dinge, die universale Essenz und die universale Substanz, die mathematische Eins, während *Brahman* der metaphysischen Null entspricht. Diese Auffassung gleicht dem westlichen Gottesbegriff. Die christliche Theologie spricht von der Dreifaltigkeit Gottvater, Sohn und Heiliger Geist. Diese Dreiheit kennen die Hindus als den unpersönlichen Aspekt, den persönlichen Aspekt und den des *Avatāra*, der göttlichen Inkarnation oder des Fleisch gewordenen Gottes.

So ist *Nirākāra* der Aspekt des unpersönlichen Gottes. Gott ist *Geist* und kann durch keinerlei menschliche Vorstellung dargestellt werden. *Es* entspricht dem *Brahman saguṇa* (mit Eigenschaften) oder *Īśvara*, dem Ursprung der Welt der Namen und der Formen. Als Ursache des Ganzen enthält *Es* den »Goldenen Keim«, aus dem die gesamte Manifestation hervorgeht. In *Īśvara* ist bereits alles enthalten. Es *ist* und die folgende Manifestationsphase stellt nichts anderes dar als die Entfaltung der latenten Möglichkeiten der *causa prima*. Die Eins ist der Anfang aller Zahlen und es gibt keine Zahl, die nicht auf der Eins basiert. Eine Million besteht aus vielen Einsen. Die *causa prima* ist Stütze und Grundlage aller grenzenlosen planetarischen und kosmischen Formen. Mit *Brahman saguṇa* sind Zahl und Geometrie am Werk, die Archetypen stehen potenziell in Bereitschaft. Viele Yoga-Wege führen zum Kontakt mit der *causa prima*, mit der Einheit. Wenn man die Urprinzipien, die Welt der Bedeutung erfasst, dringt man in die Essenz der großen Ursache ein. Die Erweiterung des Bewusstseins in das Eine oder Ganze bildet den Abschluss vieler *samādhi*. Wenn man die Gesetze des Seins erfasst, begreift man den Mechanismus seiner Entwickung, vielmehr seiner Enthüllung.

Der Aspekt des persönlichen Gottes

Ākāra ist der Aspekt des persönlichen Gottes. In diesem Zustand nimmt Gott eine Gestalt an: Śiva, Kāli oder andere. Die Gestalten sind keine historischen, sondern symbolische Figuren. Mit diesen Symbolen nehmen der Devotionalismus und der Kult ihren Anfang. Zwischen der Gottheit und dem Gläubigen besteht nun eine persönliche Beziehung. Die göttlichen Figuren sind genauso unterschiedlich wie die Mentalität der Gläubigen, vor allem aber, und das ist wichtig, bilden sie wahrhaft ideelle Symbole, die auf bemerkenswerte Weise die Askese und die Umformung der inneren Kräfte fördern.

Der Aspekt des Fleisch gewordenen Gottes

Von Gott als Symbol gehen wir über zu dem Gott aus Fleisch, dem *Avatāra* oder Messias, je nach verwendeter Terminologie. Die Gottheit oder besser das göttliche Prinzip drückt sich durch einen relativ perfekten menschlichen Körper aus. Auf dieser Ebene können die Individuen die Gottheit endlich sehen und berühren. Gott bewegt sich unter den Menschen und enthüllt dabei seine besondere Eigenschaft: die Liebe, die Weisheit oder den göttlichen Willen. Dennoch gelingt es den meisten Gläubigen und auch den Schülern dieser *Avatāra*-Inkarnation nicht, sich zu diesem Prinzip zu erheben. Für sie bleibt der *Avatāra* eine einfache Individualität in der Rolle eines Vermittlers. So entstehen der Kult und die Vergötterung der Individualität.

Brahman – das Absolute – Turīya – der Vierte

↓

	Mikrokosmos	*Makrokosmos*
Dreiheit	1. unpersönlicher Aspekt *Prājña*	kausaler Körper *Īśvara*
	2. persönlicher Aspekt *Taijasa*	feinstofflicher Körper *Hiraṇyagarbha*
	3. Aspekt des *Avatāra* *Vaiśvānara*	grobstofflicher Körper *Virāṭ*

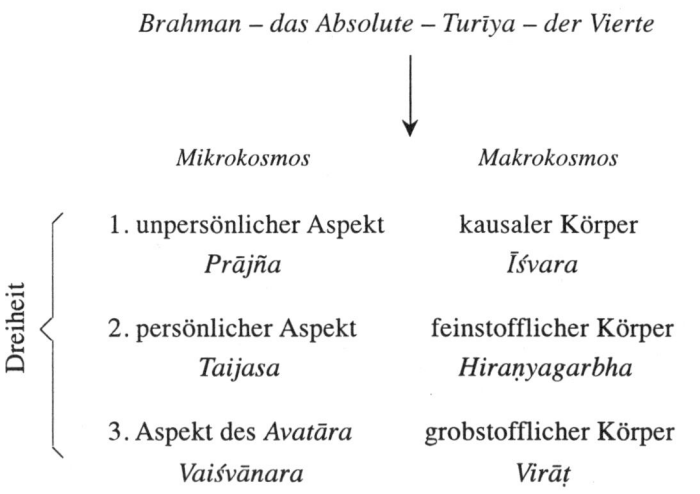

2. Der Augenblick und das Ereignis, die zur Entstehung der Gītā geführt haben

Die *brāhmaṇa* haben vor allem die Hingabe an die Gottheit zelebriert und die Bedeutung der Opferhandlung hervorgehoben. Sie bestand aus einer sehr komplexen Prozedur, in welche die Priester eingeführt waren, und basierte auf den Prinzipien des *Yajur Veda* und des *Atharva Veda*.

In den *Upanischaden* wird nach dem Sinn dieser Riten, Kulte und Liturgien gefragt. Die Antwort lautet, dass der Mensch sich erst dann erlösen und befreien kann, wenn er die wahre Essenz seines Problems berührt, das ihn gefangen hält. Vom *karmakāṇḍa* geht man so zum *jñānakāṇḍa* über, zur Erforschung der höchsten Weisheit.

Die Inhalte der *Upanischaden* richten sich also an den Menschen, der die Unvollkommenheiten erzeugt, und weisen auf *Brahman* als Ziel der Befreiung. Die Unwissenheit ist das Werkzeug, das den Menschen in der Welt des Werdens gefangen hält. Befreien können ihn weniger die Riten und Litaneien als vielmehr die Erkenntnis oder die Verwirklichung.

Die *Upanischaden* sind von »direkter Erfahrung« durchdrungen, die auf philosophische und metaphysische Weise formuliert wird.

Die Loslösung von einem statischen Ritualismus setzte sich mit Buddha fort. Im Allgemeinen gilt er als Erneuerer, aber wenn man dem hinduistischen Denkens folgt, entdeckt man, dass er derjenige ist, der das Werk der *Upanischaden* fortführte. »Es ist kein Dogma, das ich euch hinterlasse«, sagte er zu seinen Schülern, »sondern die Fähigkeit, die Wahrheit in sich selbst und um ihrer selbst willen zu finden.«

Mit den Weisheiten der *Upanischaden* distanzierte er sich von den Riten und Glaubensformen seiner Zeit. Wenn die Bewegung, die er geschaffen hat, als heterodox betrachtet wird, dann deshalb, weil er ablehnte, den Wert der Überlieferung anzuerkennen. Das war zu einer Zeit, als die Mehrheit nach einem neuen Aspekt des Göttlichen verlangte, denn die philosophischen Gedanken erfüllten dieses Begehren nicht mehr, weil sie so unerreichbar erschienen.

Selbst die intellektuelle Elite, die als Einzige fähig war, sich diesen Gedanken zu nähern, war nicht mehr vollständig überzeugt von ihnen, auch deswegen nicht, weil verschiedene Lehren, die einander bekämpften, versuchten, sich innerhalb des Hinduismus zu behaupten. Auf der Suche nach dem Göttlichen hat der Mensch zu allen Zeiten die Notwendigkeit verspürt, sich mit einer Überlieferung zu verbinden und ein konkretes Ideal in *Dem* zu schauen, *welchem* seine Hingabe gilt.

Aber die in den *Upanischaden* so vertrauten Begriffe *ātman* und *Brahman* waren für die Mehrheit derart unerreichbar, dass eine Gegenreaktion erfolgte: Nun wollte man verstehen, sehen und berühren. Das höchste Sein war zu weit entfernt. Man wollte es auf den Boden herunterholen, ihm eine menschliche Form geben, es »Fleisch« werden lassen. Damit hätten die Hingabe und die Opferbereitschaft der Gläubigen einen passenden Kanal gehabt, um sich frei manifestieren zu können. Um dieser tiefen Sehnsucht entgegenzukommen, tauchte zum ersten Mal in der hinduistischen Literatur der Begriff der Inkarnation (*āvatāra*) auf, und zwar in Gestalt von Rāma und Kṛṣṇa.

Zwei Absichten verfolgten die Erläuterer der *Gītā*: Zum einen wollten sie das spirituelle Bedürfnis der Suchenden befriedigen, indem sie ihnen ein erfahrbares Ideal eines Lebens aus vergangener Zeit anboten, das der Lehre folgt, und zum anderen wollten sie die widersprüchlichen Tendenzen vereinen, die im Innern des

Hinduismus versuchten, sich gegeneinander zu behaupten. Dazu mussten folgende Punkte berücksichtigt werden:

a) wiederanbinden an die orthodoxe Überlieferung, ohne zu versuchen eine neue Sekte oder Schule zu gründen

b) vermeiden des einseitigen Fehlers der *brāhmaṇa*, die den fideistischen Ritualismus betonten und gleichzeitig versuchten den buddhistischen Nihilismus zu entfernen

c) darauf achten, dass der Begriff des *Avatāra* nicht zu einem fanatischen und unbewussten Kult oder zu einer rein passiven Hingabe an den materiellen und grobstofflichen Aspekt dieses *Avatāra* anregt

d) die Flamme der upanischadischen Erkenntnis mit ihrer Erforschung der absoluten Werte der Wirklichkeit lebendig halten

e) die philosophisch-spirituellen Dispute jener Zeit schlichten, indem man die Einheit der Wahrheit in ihrer Vielseitigkeit verständlich macht, sodass sie allen Menschen auf weise und erleuchtende Art die Gelegenheit geben kann, ein dem indischen Menschen angeborenes Bedürfnis zu teilen: sich selbst zu finden.

Dieser Beginn einer Orientierung und initiatischen Zusammenfassung wurde später von Śaṅkara erfolgreich weitergeführt.

Die *Gītā* ist also eine Kontemplation der Metaphysik und der Ethik: Sie ist *Brahmavidyā* und *Yogaśāstra*, Wissenschaft des Wirklichen und Yoga-Übung. Sie vereint die Erkenntnis mit der Handlung, den Opferkult mit den *Veden*, die Lehre der *Upanischaden* in Bezug auf das transzendente *Brahman*, die *bhakti* der

Bhāgavata-Bewegung mit der yogischen Konzentration. Dieses herausragende Meisterwerk einer intelligenten Problemstellung und der Synthese der unterschiedlichen Lehrauffassungen war das bedeutendste und eindrucksvollste Ereignis in der hinduistischen Geschichte jener Zeit. Bis zum heutigen Tag gilt die *Bhagavadgītā* als »Evangelium« für Millionen von Hindus, und nicht nur für sie. Aufgrund ihrer ausdrucksvollen Kraft und wunderbaren Lehre hat sie sich mit allem, was dazugehört, zu einer *Upanischade* erhoben.

3. Die Gesellschaftsordnungen (*varṇa*) gemäß der Überlieferung

In der *Gītā* erfahren wir, dass Arjuna – ein Schüler, der nach Verwirklichung strebt – der Gesellschaftsordnung der *kṣatriya* angehört. Wir möchten daran erinnern, dass die Gesellschaft der hinduistischen Überlieferung in vier Ordnungen eingeteilt ist, welche die psychologischen Neigungen der Individuen widerspiegeln. Es gibt die Ordnung der *brāhmaṇa* (Priester), der *kṣatriya* (Krieger), der *vaiśya* (Händler) und der *śūdra* (Arbeiter). In Analogie dazu haben wir im Westen den Klerus, die legislativexekutive Macht, die industriell-kommerzielle Macht und das Proletariat.

Der Gesellschaftsordnung der *brāhmaṇa* gehören diejenigen an, die dem Priestertum und der Kontemplation im wahren Sinn der Worte gewidmet sind. Ihre Hauptaufgabe besteht darin die überlieferte Lehre, in der alle anderen Gesellschaftsordnungen die Grundlage ihres Handeln finden, zu bewahren und weiterzuvermitteln. Die Ordnung der *brāhmaṇa* ist die spirituelle Autorität im Reinzustand, die Kraft der Weisheit und der Wahrheit. Aufgrund ihrer Lehrfunktion wird sie im *Puruṣasūkta* des *Ṛg*

Veda mit dem Mund des *Puruṣa*, des universalen Menschen verglichen, während die *kṣatriya* als seine Arme angesehen werden. Die besondere Funktion des *brāhmaṇa* bezieht sich vor allem auf Erkenntnis und Lehre und seine besondere Eigenschaft ist die Weisheit. Seine Aufgabe besteht darin, denjenigen die Weisheit zu »vermitteln«, die in der Lage sind, sie aufzunehmen. Zum Priestertum gehören noch weitere Aufgaben eher äußerlicher Natur, wie der Vollzug von Riten und anderes, was aber zweitrangig und nebensächlich ist.

Der Gesellschaftsordnung der *kṣatriya* gehören die Krieger beziehungsweise die handlungsorientierten Individuen an. *Kṣatriya* kommt von *kṣatra*, was »Kraft« bedeutet. Der Begriff »Kraft« ruft die Vorstellung von Macht und Stärke hervor, die sich äußerlich manifestieren und sich durch den Einsatz äußerer Werkzeuge konkretisieren. Daher ist die weltliche oder königliche Macht die Apanage der *kṣatriya*. Natürlich wird diese Macht in ihren verschiedenen Formen (Militär, Justiz, Verwaltung) ausschließlich in Handlungen verwendet, die dem *dharma* (der Pflicht) des *kṣatriya* innewohnen.

Reine *Metaphysik* und *Weisheit* sind den *brāhmaṇa* vorbehalten, Kraft und die überlieferten Wissenschaften den *kṣatriya*.

Bei diesen beiden Ordnungen, die sich auf der Ebene des Urpunktes vereinen, unterscheidet man zwischen der »priesterlichen Initiation« und der »königlichen Initiation«. Arjuna ist ein *kṣatriya* und Kṛṣṇa verleiht ihm die seinem Zustand entsprechende »königliche Initiation«. Obgleich ein Großteil der Lehre der *kṣatriya*-Ordnung gewidmet ist, vernachlässigt Kṛṣṇa keineswegs die anderen Gesellschaftsordnungen. Die *Gītā* ist ja, wie bereits angedeutet wurde, eine kohärente Zusammenfassung des gesamten initiatischen Lehrkomplexes.

Die *vaiśya* und die *śūdra* erhalten die ihrem Zustand gemäße Unterweisung und Initiation und auch sie können der *Gītā* wertvolle Hinweise bezüglich ihrer Initiation entnehmen. Aus diesen Betrachtungen ergibt sich:

4. Die richtige Annäherungsweise an die verschiedenen Wege, die zum Göttlichen führen

Bei der spirituellen Suche muss man die eigene Richtung kennen um den Weg, der den eigenen inneren Anforderungen entspricht, einschlagen zu können.

Befindet man sich auf der Ebene des nach außen gerichteten Handelns, der Ebene des reinen Handelns, der Extroversion, oder neigt man eher zu Selbstbeobachtung und Innenschau, zu Kontemplation und zu einer philosophischen, metaphysischen, mystischen und reflexiven Erforschung des Lebens?

Die *Gītā* bietet allen etwas an und ein Lehrer, der die gesamte Lehre durchdrungen und assimiliert hat, kann den Suchenden sehr wohl zu einer Vertiefung bestimmter Inhalte anregen, die den Ansprüchen und Neigungen des jeweiligen Herzens gerecht werden.

Kṛṣṇa sagt zu Arjuna in seiner Funktion eines *kṣatriya*:

> »Und dann, in Anbetracht deines *dharma* (deiner Pflicht), sollst du nicht zögern: Für einen *kṣatriya* gibt es nichts Besseres als einen rechtmäßigen Kampf (*dharmyāddhi yuddhāc*).« (*II, 31*)

In einer anderen *Gītā*, der *Uddhavagītā*, die Teil des *Bhāgavata Purāna* ist, gibt Kṛṣṇa dem Schüler Uddhava einen ganz anderen Ratschlag:

> »Du bist ein *saṁnyāsin* (Entsagender) und musst dementsprechend handeln; übe die *ahiṁsā* (die Gewaltlosigkeit),

ziehe dich an einen einsamen Ort zurück und erhebe dich zur Schau.«

Diese beiden Ratschläge — der eine an Arjuna, der andere an Uddhava gerichtet – sind nicht identisch. Dennoch bilden sie für den, der in die Essenz der Überlieferung eingedrungen ist, keineswegs einen Widerspruch, da die Schüler ja zwei voneinander verschiedene Pflichten (*dharma*) zu erfüllen haben. Uddhava ist ein Asket und soll sich der Meditation, Einsamkeit und Kontemplation widmen, während Arjuna, der zur Ordnung der Krieger gehört und selbst König und Beschützer eines Volkes ist, seinem *dharma* gemäß richtig handelt, wenn er kämpft.

Zwischen diesen beiden Extremen können alle Schüler, die sich zur Verwirklichung des Selbst erheben möchten, ihren Platz finden. Durch die richtige Annäherungsweise an die *Gītā* kann ferner ein gängiger Denkfehler vermieden werden: zu glauben, dass die Menschen gezwungen seien, Krieg zu führen, zu kämpfen oder auf irgendeine andere Weise aktiv zu sein.

Verschiedene Bedeutungen der Gītā

Wie schon erwähnt ist die *Gītā Brahmavidyā* und *Yogaśastra*, das heißt Wissenschaft des Wirklichen und Yoga-Übung beziehungsweise Metaphysik und Ethik. Diese Begriffe müssen im überlieferten Sinn der Worte verstanden werden. Es wäre falsch sie ausschließlich als Begriffe der indischen Kultur zu betrachten. Es gibt nur eine einzige Metaphysik der Überlieferung – sei sie aus dem Osten oder dem Westen – und sie unterscheidet sich eindeutig von jener objektivistischen und akademisch-analytischen Metaphysik, die sich, vor allem mit Descartes, im Westen etabliert hat.

Die Überlieferung ist im Wesentlichen initiatischer Prägung und jedes durch sie inspirierte Werk hat seinen eigenen inhaltlichen Ausdruck (der natürlich dem jeweiligen Zeit-Raum-Gefüge angepasst ist), der das Lebewesen zum Gewahrsein des »Hohen« (der vertikalen Linie) und des Universalen (der horizontalen Linie) anregt. Jedes Individuum kann die seinem Entwicklungsgrad entsprechende Bedeutung in ihr finden.

Die *Gītā* kann also als ein einfaches Buch über kriegerisches Handeln, das die profane Einbildungskraft anregt, betrachtet werden, oder als eine Abhandlung ethisch-religiöser Ordnung, welche die Hingabe und die Liebe der Gläubigen zu einem *Avatāra* zu wecken sucht. Das wäre eine Art von ethisch-religiösem Evangelium, in dem die Kaurava die bösen Kräfte und die Pāṇḍava die guten Kräfte darstellen; was bedeuten würde, dass man jene Dualität akzeptiert, die in allen Religionen auf verschiedene Weise figurativ dargestellt wird.

Die *Gītā* kann aber noch tiefgründiger verstanden werden, nämlich als ein Werk psychologisch-esoterischer Ordnung, das der Verwirklichung dient. Dann stellen die Kaurava nicht mehr die äußeren, sondern die inneren Feinde Arjunas dar: die Leidenschaften, die unbewussten Unvollkommenheiten und die Unwissenheit, welche an die Welt des *saṁsāra* binden. Aus dieser Perspektive erhält das Werk einen symbolisch-reinigenden Charakter, der nur durch die spirituelle Intuition des Schülers unter der Führung eines Guru stufenweise enthüllt und anschließend verwirklicht werden kann.

Die *Gītā* kann sogar einen wahren und echten Initiationsprozess in Gang setzen, der für die *kṣatriya* bestimmt ist, der aber gleichzeitig auch in die Initiationen der anderen Ordnungen einführt.

So gesehen ist sie ein symbolisches Werk, allerdings mit einer exakten initiatischen Bedeutung und einer besonderen Lehre, die einer ganz bestimmten Gruppe von Schülern vorbehalten ist. Hier kann man präzise Abfolgen eines »wirkungsvollen Werks« erkennen, die mit der Initiation des Schülers ihren Höhepunkt erreichen. Vergessen wir nicht: Diese Art der Initiation gab es auch im Westen, und zwar im tiefsten Mittelalter. Sie war den Rittern und Adeligen vorbehalten, den *kṣatriya* des Westens.

Der Kommentar zur *Gītā*, der sich parallel zu den *sūtra* entfaltet, hebt vor allem die beiden letztgenannten Aspekte hervor, den psychologisch-spirituellen und initiatischen Aspekt, auch wenn sie letztendlich stets miteinander verbunden sind.

Kṣatriya-Initiation

Für den Schüler Arjuna schlägt die Stunde des Handelns und er hat vier Möglichkeiten:

1. Er lehnt ab seine Verantwortung zu übernehmen und verleugnet dadurch seinen Status.
2. Er wird *saṁnyāsin*, was eine Flucht wäre und nicht seine naturgemäße Berufung.
3. Er kämpft, aber ohne Einsicht und unter dem Druck triebhafter und leidenschaftlicher Reaktionen; das heißt, er wird durch Leidenschaften, Zorn, Rachsucht, Machtwillen usw. getrieben. Das individuelle Ich würde zu blindem Handeln verleiten. In diesem Fall wäre er, obwohl er kämpft, für die Initiation, die seinem Status entspricht, nicht reif.

4. Er »klopft an« und bittet den »König des Kampfes« um Rat. Er möchte wissen, *ob* und *wie* er handeln soll, er, der keinen Drang nach Macht und Ruhm verspürt und dessen Kampfgeist daher schwach ist: »Ich begehre weder Sieg, oh Kṛṣṇa, oder [irgendein] Reich noch Freuden.« *(I, 32)*

Das initiatische Gespräch in der *Gītā* basiert natürlich auf diesem vierten Punkt. Die Aufgabe des Lehrers Kṛṣṇa ist anspruchsvoll, aber eindeutig und klar. Er muss versuchen seinen Schüler zu einer Reihe von Einsichten zu führen. Dann obliegt es Arjuna zu entscheiden, ob er kämpfen will oder nicht. Mit anderen Worten: Die Aufgabe des Lehrers besteht darin das Bewusstsein des Schülers vorzubereiten, dem Schüler obliegt die Entscheidung den Abgrund zu überschreiten oder nicht. »Meditiere über sie (die erteilte Erkenntnis), ohne etwas auszulassen und handle wie du glaubst«, sagt Kṛṣṇa am Ende des Gesprächs zu Arjuna (*XVIII, 63*).

Zu welchen Einsichten soll Arjuna gelangen?

Stufenweise und durch feinsinnige Argumentationen lässt der göttliche Lehrer in seinem Schüler das Gewahrsein jener Einsichten entstehen, die notwendig sind um die *kṣatriya*-Initiation empfangen zu können.

a) Zuallererst soll Arjuna die »Würde« an sich und das *karma* und den *dharma* seines *kṣatriya*-Zustandes erkennen. Denn mitten in seinem Leben ist er »in einen finsteren Wald geraten« und hat dabei sogar die Pflichten seines Standes vergessen.

b) Dann soll er zu der Einsicht gelangen, dass es nicht nur darum geht, eine kriegerische Handlung auszuführen. Die Ritter-Initiation bedeutet nicht einfach nur zu handeln, zu

agieren und zu kämpfen. Es geht vielmehr darum zu wissen, *wie* man handeln, *wie* man agieren und *wie* man kämpfen soll. Er muss also jene besondere Lektion erlernen, die für den wahren *kṣatriya* charakteristisch ist, nämlich zu handeln ohne zu handeln.
Der gewöhnliche und profane Kämpfer wird durch Begierden und Leidenschaften, manchmal sogar durch niedrigste Instinkte wie zum Beispiel durch Blutrünstigkeit bewegt. Ganz anders verhält sich der initiierte Ritter: Er agiert durch *rechtes Handeln*.

c) Nach diesem Gewahrsein soll Arjuna zu der Erkenntnis gelangen, dass ein Zentrum in seinem Inneren existiert. Es ist nicht das individuelle Ich, sondern ein Zentrum, das unsterblich ist, sich hinter den Kulissen der energetischen Bühne befindet und in der Stellung des *Zeugen* verharrt. In dieses Zentrum soll er sein Bewusstsein zurückziehen und auf dieses Zentrum soll er sich stützen und sich fest und unbeweglich darauf »fixieren«. Er muss also Abstand nehmen von den in Bewegung befindlichen Energien (handeln ohne zu handeln) und sein Bewusstsein auf das Zentrum der Individualität fixieren. Das erfordert Standfestigkeit zwischen zwei entgegengesetzten energetischen Bewegungen: Die eine ist zentripetal, ins Zentrum gerichtet, die andere ist zentrifugal, vom Zentrum nach außen gerichtet um die Energie zum Handeln zu bewegen. Ein Augenblick der Unachtsamkeit genügt und Arjuna würde durch das Spiel der zentrifugalen Energien nach außen, auf die Ebene des leidenschaftlichen Handelns getrieben werden (siehe Schaubild auf Seite 31).
Bis zu diesem Augenblick befindet sich Arjuna noch in seiner menschlichen, psychischen Dimension, auch wenn er bereits die »richtige Stellung« für den Aufstieg eingenom-

men hat. Aber das genügt noch nicht: Er muss sich transzendieren, weil die Initiation transzendenter Ordnung ist. An diesem Punkt lässt der Lehrer die letzte Erkenntnis emportauchen:

d) Das Selbst ist nicht menschlicher Ordnung, sondern kosmischer Dimension. Dieses Selbst ist der eine und unteilbare *ātman*, Kṛṣṇa selbst. Daher muss Arjuna einen Akt der vertikalen Auflösung vollziehen, der sich in das universale Bewusstsein einfügt. Wenn diese Bewusstseinsprozesse zum richtigen »Siedepunkt« gebracht werden, vollendet sich das Werk und das individuelle Ich »stirbt« (der initiatische Tod) um in einer höheren Bewusstseinssphäre »wiedergeboren« zu werden.

Unaufhörlich fordert Kṛṣṇa seinen Schüler auf, in Ihm Zuflucht zu suchen, sich mit Ihm zu vereinen, mit Ihm identisch zu werden. Und sein Nachdruck ist zweifellos notwendig, denn wenn die Identität nachlässt, kann die Initiation nicht stattfinden.

Der göttliche Lehrer verkörpert das klar umrissene und direkte Ziel eines unumstößlichen kosmischen Prozesses. Das muss Arjuna erkennen und lernen sich von seinem Unterbewusstsein und der gewöhnlichen Anschauung dessen, was Handlung und Umgebung ist, zu lösen.

Die *kṣatriya*-Initiation erfordert eine gesunde Portion an Schwungkraft zur vollständigen Hingabe und Ergebenheit an den universalen Willen des kosmischen Seins. Im Kampf um das Ideal und die rechte Ursache bewirkt der *kṣatriya*-Anwärter kraft seiner Aufopferung den Bruch der Ich-Ebene, während der *jñāni* diesen Bruch durch intuitives Unterscheiden erreicht. Beim *kṣatriya*-Schüler kommt die Anstrengung von unten und richtet sich nach oben, beim *jñāni*-Schüler vollzieht sich ein intuitives Erkennen dessen, was wirklich ist, von oben aus und öffnet sich nach unten hin. Beim *kṣatriya-Schüler* bewirken Handlung und Feuer den Bruch der Ich-Ebene, beim *jñāni* sind es Stille und Meditation voll enthüllender Klänge.

Die psychologische und operative Situation Arjunas ist schwierig, aber mit gezücktem Schwert »opfert er seine Individualität« und besiegt so den Erhaltungstrieb des Ich mit all seinen Zweifeln.

Arjunas Bewusstseinsbewegung kann folgendermaßen dargestellt werden:

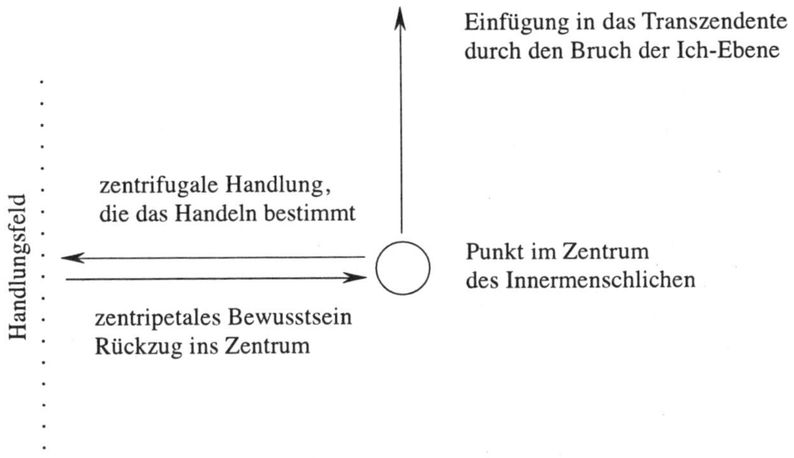

Im Kommentar wiederholen sich einige wesentliche Punkte und bestimmte grundlegende Anmerkungen zur Lehre der Überlieferung, denn dieses Werk ist nicht in erster Linie für Bildungsinteressierte, sondern für Yoga-Schüler verfasst worden, die eine »rhythmische Wiederholung« der Inhalte geradezu benötigen.

Raphael

KAPITEL I

ARJUNAS VERZWEIFLUNG

Dhṛtarāṣṭra sprach:

1

Oh Saṁjaya, was haben meine [Männer][1] und jene von Pāṇḍu getan, als sie sich auf dem Feld des dharma (dharma-kṣetra), dem heiligen Feld der Kuru, kriegerisch gegenüberstellten?

Saṁjaya ist der Wagenlenker des blinden Königs Dhṛtarāṣṭra.

Der dharmakṣetra ist die Welt, in der unaufhörlich zwei entgegengesetzte Kräfte unser Bewusstsein verzehren: das Gute und das Böse, die Liebe und der Hass, die Barmherzigkeit und die Selbstbehauptung. Aus empirischer Sicht können wir dieser Dualität nicht entfliehen. Sie ist vor uns, in uns, sie ist real, wir erleben sie. Wie können wir da gleichgültig bleiben? Eine Entscheidung drängt sich auf. Wenn *wir* sie nicht treffen, werden uns die Ereignisse dazu zwingen. Nachdem wir auf karmische Weise in die duale Welt eingetreten sind, bleibt uns nichts anderes übrig, als unserem *dharma* (der unserem Zustand innewohnenden Pflicht) zu folgen.

Für die Begriffe *karma* und *dharma*, die immer wieder im Text auftauchen, gibt es in unserer Sprache keine exakten Entsprechungen. Um eine Vorstellung ihrer Bedeutung zu geben,

---

[1] Die Bemerkungen in den eckigen Klammern stammen von Raphael

können wir *karma* in weitestem Sinne mit Handlung oder Ursache und *dharma* mit Pflicht beziehungsweise Gerechtigkeit oder Rechtschaffenheit umschreiben.

Jede Handlung oder Bewegung auf der Ebene des Denkens oder des Fühlens erzeugt eine vektorielle Linie, die *Wirkungen* produziert. Das ist eines der Naturgesetze, welches auf der ausschließlich physischen Ebene rigoros anerkannt, auf der psychischen Ebene jedoch noch ignoriert wird. Wenn der Mensch dieses Gesetz auf der doppelten psychophysischen Ebene verstehen wird, wird dies zu einer wahrhaft tiefgründigen Umwälzung in seiner Art zu denken und zu fühlen führen: Erst dann werden die größten Konflikte der Menschen – und nicht nur die der Menschen – eine »wissenschaftliche«, positive Lösung finden können. Aus einer herangereiften Wirkung entsteht eine moralische Pflicht (*dharma*), die wir nicht umgehen oder vermeiden können.

So entsteht aus der Handlung, die darauf ausgerichtet ist einen bestimmten physischen Körper in dieser Lebenssphäre anzunehmen, folglich die Pflicht ihn zu erhalten: Das ist eine unbestreitbare Tatsache. Jedenfalls haben *karma* und *dharma* verschiedene Bedeutungen auf verschiedenen Bezugsebenen. *Karma* bedeutet auch Ritus.

Saṁjaya antwortete [wörtlich: sprach]:

2
Als der König Duryodhana das Heer der Pāṇḍava in Aufstellung sah, näherte er sich seinem Meister (ācārya) und sprach:

Ācārya: derjenige, der die Offenbarung versteht und sie in die Praxis umsetzt: Meister. In diesem Zusammenhang ist Droṇa der Meister von Duryodhana.

3
Oh Meister, sieh diese mächtige Armee der Pāṇḍu-Söhne, die vom Sohn des Drupada, deinem weisen Schüler, formiert worden ist.

Der Sohn von Drupada, König von Pāñcāla, heißt Dhṛṣṭadyumna.

4
Mächtige Bogenschützen [sind] hier unten, Helden, vergleichbar mit Bhīma und Arjuna im Kampf; und [außerdem] Yuyudhāna, Virāta und Drupada, der große Wagenkämpfer.

Bhīma kommandiert die Streitkräfte des Yudhiṣṭhira, obwohl Dhṛṣṭadyumna offiziell dieses Amt bekleidet.

Arjuna ist der große Bogenschütze der Pāṇḍava, Kṛṣṇas Schüler. Virāṭa ist der Fürst, in dessen Land die Pāṇḍava eine Zeit lang gelebt hatten.

5
Dhṛṣtaketu, Cekitāna und der tüchtige König von Kāśi, Purujit, Kuntibhoja und Śaibya, der tapferste unter den Männern,

Dhṛṣtaketu ist der König der Cedi, Cekitāna ist ein Held der Armee der Pāṇḍava, Purujit und Kuntibhoja sind Brüder, Śaibya ist der König der Śibi.

6
Yudhāmanyu, der Mächtige, und Uttamaujā, der Tüchtige, die Söhne von Draupadī, große Krieger auf den Wagen, und jener von Subhadrā.

7
[Nun] werde ich dir, oh Höchstem der zweimal Geborenen (dvija), die Namen derer geben, die bei uns die Hervorragendsten sind, Führer meiner Armee, damit du sie kennst.

Ein *dvija* ist einer, der die heilige Schnur trägt. Wer im Geist geboren ist, nachdem er fleischlich geboren ist, ist ein »zweimal Geborener«.

Wer die Initiation empfangen hat, ist ein *Wiedergeborener*, einer, in dem die Leidenschaften gestorben sind.

8
Du [selbst] oh Herr, Bhīṣma, Karṇa und Kṛpa, Sieger der Schlachten, Aśvatthāmā und Vikarṇa und auch der Sohn von Somadatta.

Bhīṣma ist der alte Krieger, der die Pāṇḍu erzogen hat. Karṇa ist der König der Anga, Sohn der Kuntī. Kṛpa, der am Hof der Kuru großgezogen wurde, ist der Schwager von Droṇa. Aśvatthāmā ist der Sohn von Droṇa. Vikarṇa ist einer der hundert Söhne von Dhṛtarāṣṭra, Bruder von Duryodhana, Saumadatti ist der Sohn des Königs der Bāhika, Somadatta.

9
Und viele andere Tapfere, bereit, für mich ihr Leben zu opfern mit verschiedenen Waffen und Meister in der Kriegskunst.

10
Unsere Armee, unter dem Kommando von Bhīṣma, [scheint] schwach, während ihre von Bhīma geführte stark zu sein [scheint].

11
Bleibt deshalb standhaft, während ihr die euch zugewiesenen Stellungen einnehmt, und kämpft für Bhīṣma.

12
Um den Kampfgeist [von Duryodhana] zu wecken, blies dann der Älteste der Kuru, der mächtige Ahnherr, so kraftvoll in sein Horn, dass es wie Löwengebrüll erschallte.

13
Kurz darauf folgten laute Töne aus Muscheln, Trommeln, Pauken und Hörnern und es entstand ein großes Getöse daraus.

14
Dann bliesen Mādhava und der Sohn des Pāṇḍu auf dem großen, von weißen Pferden gezogenen Wagen ihre göttlichen Muscheln.

Mādhava ist – als Nachkomme des Madhu und Gemahl der Lakṣmī – Kṛṣṇa. Der Wagen symbolisiert den Körper beziehungsweise die verschiedenen Körper. Die Pferde stellen die Triebe und den ganzen Sinnesapparat dar, der Wagenlenker das Selbst, das in diesem Fall durch Kṛṣṇa personifiziert wird. Kṛṣṇa werden noch viele andere Namen gegeben, die im Verlauf des Textes auftauchen werden. Die wesentlichen Namen sind: Madhusūdana: Töter des Dämons Madhu; Arisūdana: Töter der Feinde; Govinda: Lichtspender oder Hirte; Vāsudeva: Sohn von Vasudeva; Yādava: Nachkomme von Yadu; Keśava: mit schönem Haar; Mādhava: Nachkomme von Madhu und Gemahl der Lakṣmī; Janārdana: Befreier der Menschen; Hṛṣīkeśa: Herr der Sinne; Acyuta: der Unerschütterliche.

Arjuna werden folgende Namen gegeben: Bhārata: Nachkomme von Bharata; Guḍākeśa: mit dichtem Haar; Dhanaṁjaya: Eroberer von Reichtümern; Pārtha: Sohn der Pṛthā; Paraṁtapa: der den Feind versklavt.

15
Hṛṣīkeśa blies sein Pāñcajanya, Dhanaṁjaya sein Devadatta und Bhīma, Vollstrecker schrecklicher Taten mit dem Bauch eines Wolfs, blies seine große Pauṇḍra-Muschel.

16
König Yudhīṣṭhira, Sohn der Kuntī, blies auf dem Anantavijaya, Nakula und Sahadeva bliesen auf dem Sughoṣa und dem Maṇipuṣpaka.

König Yudhīṣṭhira ist der älteste der fünf Söhne des Pāṇḍu, Nakula ist der vierte und Sahadeva ist der jüngste.

17
Und der König von Kāśi, bester Bogenschütze, und Śikhaṇḍī, großer Wagenlenker, Dhṛṣṭadyumna, Virāṭa und Sātyaki, der Unbesiegbare,

18
Drupada und die Söhne der Draupadī, alle zusammen, oh Herr der Erde, und Subhadrās Sohn mit den starken Armen, von allen Seiten bliesen sie in ihre Muscheln.

19
Der Klang, dessen Getöse auf der Erde und im Himmel widerhallte, zerriss das Herz der Söhne des Dhṛtarāṣṭra.

20
Als Pāṇḍava, der den Affen auf dem Banner trug, die Söhne des Dhṛtarāṣṭra in Aufstellung sah und die Wurfgeschosse fliegen, nahm er den Bogen

Pāṇḍava ist Arjuna (Sohn des Pāṇḍu) und sein Banner ist der Affe Hanumān.

21
und richtete, oh Herr der Erde, diese Worte an Hṛṣīkeśa [Kṛṣṇa]: Oh Acyuta [Kṛṣṇa], lenke meinen Wagen zwischen die beiden Heere,

22
damit ich die Männer sehen kann, die sich kampfeslustig hier aufgestellt haben und sich in diesem entbrannten Schlachtgetümmel mit mir messen müssen.

23
Um jene zu sehen, die kriegerisch hier versammelt sind und nach dem Willen des Sohns des Dhṛtarāṣṭra [Duryodhana], der übelgesinnten Herzens ist, bereit sind zu kämpfen.

Saṁjaya sprach:

24
Als Hṛṣīkeśa [Kṛṣṇa], oh Bhārata, die Worte von Guḍākeṣa [Arjuna] vernahm, führte er den besten der Wagen zwischen die beiden Heere.

25
Im Angesicht von Bhīṣma, Droṇa und all jenen Herrschern der Erde sagte er: »Oh Pārtha, sieh hier die versammelten Kuru.«

Pārtha ist Arjuna, nach dem Spitznamen der Kuntī, seiner Mutter, auch Pṛthā genannt.

26
Da erblickte Pārtha die Väter und Großväter, Lehrer, Onkel, Brüder, Söhne, Enkel und auch die Gefährten,

27
und die Schwiegerväter und Freunde von Angesicht zu Angesicht in den beiden Heeren. Und als der Sohn der Kuntī [Arjuna] all diese Verwandten so versammelt sah,

28
sagte er von Mitleid ergriffen und mit betrübtem Herzen: »Oh Kṛṣṇa, beim Anblick dieser meiner Leute, die von Kriegslust bewegt und in Erwartung der Schlacht sind,

29
versagen meine Glieder und der Mund trocknet mir aus; ein Zittern überfällt mich und mir sträuben sich die Haare,

30
[der Bogen] Gāṇḍīva gleitet mir aus der Hand und meine Haut brennt wie Feuer; ich halte mich nicht mehr auf den Beinen und es schwindelt mir.

31
Und [außerdem] erblicke ich unheilvolle Zeichen, oh Keṣava, und sehe keinerlei Nutzen darin, meine Leute in der Schlacht zu töten.

32
Ich begehre weder Sieg, oh Kṛṣṇa, oder [irgendein] Reich noch Freuden. Was nützen uns, oh Govinda, ein Reich, die Genüsse oder selbst das Leben?

33
Diejenigen, um deretwillen wir das Reich, die Genüsse und die Freuden begehren, stehen hier zum Kampf bereit und verzichten auf die Reichtümer und das Leben.

34
Lehrer, Väter, Söhne und sogar die Großväter, die Onkel, Schwiegerväter, Enkel und Schwäger und [noch andere] Verwandte

35
will ich nicht töten, oh Madhusūdana, selbst wenn ich getötet werden sollte, nicht einmal um der Herrschaft der dreifachen Welt willen, geschweige denn der Erde zuliebe.

Die drei Welten sind: das Physische-Grobstoffliche, das Energetische-Feinstoffliche und das Noumenale-Kausale. Sie bilden die Dreierwelt, deren Herr und Lenker Īśvara ist.

36
Oh Janārdana, wie könnten wir uns jemals freuen, nachdem die Söhne des Dhṛtarāṣṭra getötet worden sind? Wenn wir diese Schurken töten, würde sich die Schuld auf uns laden.

37
Es ist nicht achtbar, die Söhne des Dhṛtarāṣṭra, unsere Verwandten zu töten; wahrlich, oh Mādhava, wie könnten wir froh sein, nachdem wir unsere Lieben getötet haben?

38
Wenn ihre Vernunft, von Gier geleitet, weder Böses darin sieht, die Familien zu zerstören, noch irgendeine Schuld, die lieben Freunde zu verraten,

39
warum dürfen wir, die wir Übles darin sehen, die Familien zu vernichten, uns dieser Schuld nicht enthalten, oh Janārdana?

40
Mit dem Untergang der Familie werden die ewigen Traditionen untergraben, und wenn die Traditionen verfallen, verliert die ganze Familie ihr Pflichtgefühl (dharma).

41
Und wenn die Pflicht verfällt, oh Kṛṣṇa, werden die Frauen [die auf gesunde Weise] das Geschlecht [fortleben lassen müssen] verderbt, und durch die Verderbtheit der Frauen entsteht die Vermischung der Gesellschaftsordnungen (varṇa), oh Vārṣṇeya.

42
Diese Vermischung reißt die Familie und diejenigen, die sie vernichtet haben, ebenso wie die Geister der Ahnen, die demzufolge keine Opfergaben aus Reis (piṇḍa) und Wasser (udaka) mehr erhalten, in den Abgrund.

Bei den Zeremonien zu Ehren der Vorfahren wurden nach dem Ritual des Dharmaśāstra (Kap. III, 214-215) Reiskügelchen (*piṇḍa*) und Wasser (*udaka*) dargeboten.

43
Wegen dieser Zerstörer von Familien, welche die Vermischung der Gesellschaftsordnungen verursacht haben, werden auch die ewigen Gesetze von Geburt und Familie zunichte gemacht.

44
Und wir wissen, dass diese Menschen, deren Familienpflichten vernichtet worden sind, unvermeidbar in den Abgrund stürzen.

45
Ach, wir sind dabei, uns eine schwere Schuld aufzuladen, weil wir aus Gier nach Genuss und Macht im Begriff sind, unsere Leute zu töten.

46
Es wäre besser für mich, wenn mich die Söhne des Dhṛtarāṣṭra mit gezückten Waffen im Schlachtgetümmel töten würden, ohne dass ich, unbewaffnet, jeglichen Widerstand leiste.«

47
Nachdem Arjuna auf dem Schlachtfeld so gesprochen hatte, legte er den Bogen und die Pfeile beiseite und sank traurigen Herzens auf seinem Wagen in sich zusammen.

In der Upanischade der Bhagavadgītā
bezüglich der Wissenschaft des Brahman und der Yoga-Lehre
ist dies das erste Kapitel mit dem Titel
»Arjunas Verzweiflung«.

ANMERKUNGEN ZU KAPITEL I

Zwei durch Verwandschaft verbundene Führer begeben sich aufs Schlachtfeld, um gegeneinander zu kämpfen. Auf der einen Seite steht der machthungrige Duryodhana, der durch Verrat sein mutmaßliches Recht auf den Thron erobern will und sogar versucht Yudhiṣṭhira zu töten. Sein psychologisches Verhaltensmuster ist eindeutig: Er wird von Besitzgier, Selbstbehauptung und trennendem Stolz beherrscht. Seine höheren Prinzipien sind durch den *ahaṁkāra* (den Ich-Sinn oder Egotismus) getrübt. Aus diesem *māyā*-Verhalten entsteht das Böse.

Wo das individuelle und abgetrennte Ich herrscht, dort enthüllen sich seine entstellenden Eigenschaften, Ursache von Konflikt und Leid. Wer sich in diesen Zustand begibt, kommt zwangsläufig, früher oder später, auf das *kurukṣetra* (Schlachtfeld) oder *tapahkṣetra* (Feld der Disziplin und Umschulung).

Auf der anderen Seite steht Yudhiṣṭhira, das heißt Arjuna, dem die rechtmäßige Pflicht obliegt, gegen Egotismus, Machthunger und Ausdehnung des Ich zu kämpfen, gegen das herrschende Böse also, das versucht Boden zu gewinnen und die Unschuldigen zu vernichten. Aber just in diesem Augenblick, als der Kampf beginnen soll, gerät Arjuna beim Anblick der Feinde, seiner Verwandten, die zum Angriff bereit aufgestellt sind, ins Schwanken und lässt sich vom Gefühl zu Familie und Vorfahren hinreißen. Sein Bewusstsein ist einem rein individuellen und kontingenten Prinzip untergeordnet: dem Gefühl gegenüber jenen formalen, vergänglichen, instrumentalen Individualitäten, deren Existenz von der Dauer eines Blitzes ist. So zeigt er, dass er sich mit der formalen Seite identifiziert und nicht mit der Seite des unvergänglichen und unveränderlichen Lebens. Durch diese Identifikation verliert Arjuna sogar die Würde als Kämpfer und Verteidiger seines Volkes. Mit anderen Worten, durch einen Zustand emotionaler Schwäche weigert er sich nicht nur das Gesetz zu befolgen, sondern wird sogar feige, indem er sich einer eindeutigen Gehorsamspflicht gegenüber seinem könglichen Auftrag entzieht.

Seine Verbündeten und Freunde sind die Personifikation der Eigenschaften des Ego, die in Schmerz und Knechtschaft führen. Indem Arjuna diese Verwandten unterstützt, unterstützt er im Grunde die wahren Feinde des Menschen. Der empirische Verstand muss einen Vorwand und einen überzeugenden Glauben als Ausflucht finden um das zweifelnde und gewissensgeplagte Herz zu beruhigen. Daher wendet sich Arjuna in dialektischer Absicht an Kṛṣṇa – im Grunde aber versucht er nur sein eigenes Gewissen zu beruhigen – und versucht ihn davon zu überzeugen, dass seine Weigerung zu kämpfen nur durch moralische Bedenken und den fehlenden Impuls zu Gewalt und Besitzergreifung motiviert ist.

Das Kapitel endet mit der Verzweiflung Arjunas. Er ist niedergeschmettert durch eine Krise, die seine Ideale, seine Gefühle, seine Pflicht gegenüber dem Volk mit einbezieht; sie betrifft seine gesamte Lebensführung. Es geschieht häufig, dass wir bei bedeutenden Ereignissen mit uns selbst und den größten existenziellen Problemen konfrontiert werden. Unter solchen Umständen, gebeugt und niedergeschlagen, beginnen wir uns zu sammeln, nachzudenken und auf die Stimme der Stille zu hören.

KAPITEL II

DIE VERWIRKLICHUNG NACH DEM SĀṀKHYA

Saṁjaya sagte [zu Dhṛtarāṣṭra]:

1
Madhusūdana [Kṛṣṇa] richtete diese Worte an ihn, der voller Verzweiflung und [auch] Mitleid war und dessen Augen voller Tränen waren:

Śrī Bhagavān (der selige Herr) sprach:

2
Oh Arjuna, woher kommt deine Schwäche in [diesem] schwierigen Moment? Sie ist eines Ariers nicht würdig und führt nicht in den Himmel.

3
Nein, oh Pārtha, gib diesem feigen Gefühl nicht nach! Es ziemt sich nicht für dich. Mach dich frei von dieser erbärmlichen Schwäche. Erhebe dich, oh Vernichter der Feinde!

Kṛṣṇa erkennt, dass Arjunas Mitleid nur sentimental und nicht göttlich ist. Es entspringt eher einer emotionalen Schwäche als einem wahren Verständnis des Geschehens. Daher versucht er ihn zur Pflicht des Ariers zurückzurufen, für den ein Kodex der Ehre und der spirituellen Würde gilt.

Arjuna antwortete [wörtlich: sprach]:

4
Oh Madhusūdana, oh Arisūdana, wie kann ich im Schlachtgetümmel meine Pfeile auf Bhīṣma und Droṇa richten, die beide Achtung verdienen?

5
Es ist besser, als Bettler in der Welt zu leben, als diese geschätzten Meister zu töten. Die Tötung derer, die meine Lehrer sind, auch wenn sie habgierig sind, wäre für mich ein mit Blut getränkter Sieg.

6
Und wir wissen [nicht einmal], was besser wäre: zu siegen oder von ihnen besiegt zu werden. Vor uns stehen in Schlachtordnung aufgereiht die Söhne des Dhṛtarāṣṭra, und wie könnten wir uns wünschen weiterzuleben, nachdem sie getötet worden sind?

7
Mein ganzes Wesen ist dieser Gefühlsschwäche wegen verwirrt und mein Verstand begreift die Pflicht nicht. [Daher] bitte ich dich mir offen zu sagen, welche die beste Verhaltensweise ist. Ich bin dein Schüler, in Dir suche ich Zuflucht: Unterrichte mich!

8
Die Verzweiflung, die meine Sinne schwächt, könnte auch durch ein blühendes, unbesiegbares Reich auf Erden oder durch die Herrschaft über die himmlischen Hierarchien nicht von mir entfernt werden.

Arjuna offenbart sich in einem Moment großer Krise: Sein Ego-Gefühl blockiert ihn bis zu dem Punkt, dass der Verstand nicht mehr begreifen und verstehen kann, was zu tun ist. Durch die metaphysische *avidyā* oder Unwissenheit ohnmächtig geworden hat er keine andere Wahl, als sich Kṛṣṇa (der sein höheres Selbst symbolisiert) anzuvertrauen. Tatsächlich geschieht es in solchen Momenten der Angst und Verzweiflung, dass wir den Zugriff lockern und in uns selbst gekehrt den Blick nach oben wenden. Der »Weg der Rückkehr« wird durch diese Schwäche und angstvolle Unentschlossenheit motiviert, die das gesamte psychophysische System in Konflikt bringen. Solange das Ich blind ist und stolz auf sein begrenztes Wissen, schreitet es rasch und selbstsicher voran, wenn aber die ersten Zweifel aufsteigen und das Bewusstsein durch den Zusammenbruch der Ideale und Hoffnungen in Gefangenschaft gerät, richtet sich das betrübte Ich anderswohin, nunmehr ohnmächtig gegenüber jenem Leben, dass es zuvor als wertvoll und überzeugend erachtet hatte.

Saṁjaya sagte:

9

[Nachdem] Gudākeśa, der Vernichter der Feinde, so zu Hṛṣīkeśa gesprochen und gesagt hatte: »Oh Govinda, ich werde nicht kämpfen«, verstummte er.

Wenn die Individualität gezwungen wird, unter den Schlägen der eigenen Unvollkommenheit und Relativität zu fallen, wird sie still, schweigsam und durch Einsamkeit und Zwang gepeinigt.

10

Hṛṣīkeśa, der zu lächeln schien, richtete diese Worte, oh Bhārata, an jenen, [der] inmitten der beiden Heere betrübt [war]:

Śrī Bhāgavan sprach:

11
Du sorgst dich um das, was nicht bedauert werden sollte, und dennoch sprichst du gut. Die Weisen aber sorgen sich weder um diejenigen, die erscheinen, noch um diejenigen, die verschwinden.

12
Nie gab es eine Zeit, in der Ich nicht war oder du oder diese Fürsten, noch werden wir alle in Zukunft aufhören zu sein.

Er bezieht sich auf die Vielzahl der individuellen mikro- und makrokosmischen *jīva*. Es ist eine scheinbare, unwirkliche Vielzahl, denn sie (die *jīva*) sind nur »Schatten« auf der Leinwand des *Brahman*.

13
Die inkarnierte Seele erfährt im Körper Kindheit, Jugend und Alter; dann schlüpft sie wieder in einen anderen Körper. Der Mensch, der das erkennt, spürt [keinerlei] Verwirrung.

Die *sūtra 11-38* weisen auf die Metaphysik des *Sāṁkhya* hin. In diesem Zusammenhang gilt der Hinweis jedoch weniger diesem *darśana* als vielmehr der Lehre der *Upanischaden* im Allgemeinen. Die Weisen beweinen also weder die Lebenden noch die Toten, da sie »das, was kommt, und das, was geht«, verstanden haben und weil sie das, was jenseits von jeder Veränderung und Vergänglichkeit bestehen bleibt, erkannt haben. Das sinnesorientierte Individuum, das an seinem körperlichen, formalen Produkt hängt und sich mit ihm identifiziert, denkt, das gesamte Wesen sei auf das Vergängliche reduziert. Demzufolge gerät es in Konflikt, wenn es sieht, wie das Objekt, mit dem es sich identifiziert, auf unabwendbare Weise verschwindet. Der *jīva* (die Seele) ist unsterblich und erfährt mittels unterschiedlicher Körper oder Formen verschiedene existenzielle Zustände. Indem wir uns mit der Wirkung identifizieren, verwechseln wir – wie Śaṅkara sagt – das Seil mit der Schlange. Plotin, der bedeutendste Vertreter des Neuplatonismus bestätigt das:

> »Ferner, wenn sie [die Tiere] gefressen werden, erstehen sie doch als neue Tiere wieder! So wie der Schauspieler, der auf der Bühne ermordet worden ist, etwa das Kostüm wechselt und in einer anderen Rolle von neuem auftritt. – Indessen der Schauspieler ist ja nicht wirklich tot! – Nun, wenn das Sterben nur das Tauschen des Leibes ist, so wie das Wechseln des Kostüms beim Schauspieler, ... was ist da Furchtbares an einer derartigen Wandlung der Tiere ineinander, die doch weit besser ist, als wären sie überhaupt nicht zur Entstehung gelangt!«[1]

14

Oh Sohn der Kuntī, die Sinneseindrücke, die durch den Kontakt mit den materiellen Dingen [entstanden sind], erzeugen warm und kalt, Schmerz und Freude, sie kommen und gehen und sind nicht von Dauer. Ertrage sie, oh Bhārata.

15

Derjenige, oh Bester unter den Menschen, der sich nicht durch sie [die Eindrücke] verwirren lässt, [der] bei Freude und Schmerz gelassen und fest [bleibt], ist der Unsterblichkeit würdig.

---

[1] Plotin, *Enneaden III, 2, XV*, Leipzig 1937

Jede empirische Dualität wird von unseren Sinnen erlebt, die uns bruchstückhafte Wahrheiten anbieten. Durch Yoga-Übung kann man aus dieser gefangen nehmenden Dualität heraustreten und die Unsterblichkeit entdecken, welche mit dem unbewegten Zustand im Stift oder Zentrum der Waage vergleichbar ist, von dem aus das Fließen des einen oder des anderen Pols beobachtet werden kann, ohne der Beeinträchtigung, Faszination oder Knechtschaft ausgesetzt zu sein. Demnach gehört Arjunas Kummer zu dem dualen Paar Lust-Schmerz, das nur von seiner sinnlich wahrnehmbaren Natur erfahren wird. Früher oder später muss er sich dessen bewusst werden. Richtiges Handeln kann nur dann erfolgen, wenn sich das Bewusstsein im Stift oder Zentrum jener Waage befindet.

Held in der Schlacht ist derjenige, welcher im Zentrum des eigenen Wesens verankert und daher in der Lage ist, dem Kampf mit Gleichmut zu begegnen. Nur solch ein Held war Homer zufolge würdig, die Unsterblichkeit zu erlangen.

16
Aus dem, was nicht existiert, kann kein Sein entstehen; das Sein hört nicht auf zu sein. Diese letzte Wahrheit wurde von denen enthüllt, die das Wesen der Dinge gesehen haben.

17
Das, aus dem dieses ganze [Universum] ausgestrahlt ist, wisse, dass es unzerstörbar ist. Niemand kann die Zerstörung des unvergänglichen Seins verursachen.

Hier sind wir mitten in metaphysischer Spekulation: Das Nicht-Existente kann wegen seines Zustandes der Seinslosigkeit, des Nicht-Vorhandenseins offensichtlich nicht sein. Aus dem Nichts kann nichts in die Existenz treten. Parmenides sagt: » ... das Nichtseiende, das ist ja unausführbar ...«[1]

Aber das Sein als Existierendes insofern, als es *ist*, kann nicht aufhören zu sein, denn sonst wäre es kein Existentes. Wenn irgendeine Form, die wir sinnlich wahrnehmen, aufhört zu sein und verschwindet, heißt das, dass sie *nicht ist*, denn sonst müssten wir sie immer sehen können. Was ist dann also eine Form oder ein Objekt?

Śaṅkara definiert das als wirklich (*sat*), was sich nicht verändert, was bestehen bleibt, was identisch mit sich selbst ist und was von keiner anderen Wirklichkeit außer von sich selbst abhängig ist. Unwirklich ist all das, was sich verändert, was ohne Dauer und zu der Welt der Erscheinungen (Phänomene) gehört. Platon definiert diesen Sachverhalt wie Śaṅkara.

Das (*Tat*) ist das Unveränderliche; diese ganze Welt (*sarvam idaṁ*) ist das Veränderliche und Unbeständige.

18

Diese Körper des unzerstörbaren, unvergleichlichen, ewigen Selbst werden als vergänglich bezeichnet. Kämpfe also, oh Bhārata.

Diese Körper, die in unserer Vorstellung irrtümlicherweise das Selbst überlagern, sind vergängliche Erscheinungen. Wir dürfen Licht und Schatten nicht mit dem Absoluten, mit der Konstanten verwechseln.

---

[1] *Lehrgedicht 2*; aus: Hermann Diels, *Die Fragmente der Vorsokratiker*, 8. von Walther Kranz besorgte Auflage, Berlin 1963

Śaṅkara schreibt:

»Es gibt keinerlei *bhāva* (Wesen, Existenz) des Unwirklichen (*asat*) wie warm und kalt und ihre Ursachen. Warm, kalt usw. und ihre Ursachen, die (zweifellos) durch die Wahrnehmungsorgane erkannt werden, sind nicht auf absolute Weise wirklich (*vastusat*), da sie Wirkungen oder einfache Modifikationen (*vikāra*) sind, und jede Veränderung ist temporär. Keine objektive Form kann [absolut] wirklich sein. Eine Vase aus Tonerde zum Beispiel, die dem Bewusstsein vom Auge präsentiert wird, ist nicht [absolut] wirklich, da sie nicht vom Ton getrennt wahrgenommen werden kann. Deshalb ist jede Wirkung, wie die Vase, unwirklich, weil sie nicht von ihrer Ursache getrennt wahrgenommen werden kann und weil sie weder vor ihrer Erzeugung noch nach ihrer Vernichtung wahrgenommen werden kann. Und analog dazu ist die Ursache, wie der Ton, unwirklich, weil er seinerseits nicht von seiner Ursache (die selbst eine Wirkung ist) getrennt wahrgenommen werden kann.

Einwand: Dann gelangt man also zu dem Schluss, dass nichts existiert.

Antwort: Nein (dieser Einwand trifft nicht zu). Denn jede Erfahrung beinhaltet einen zweifachen Bewusstseinsaspekt (*buddhi*): den des Wirklichen (*sat*) und den des Unwirklichen (*asat*). Nun wird als wirklich bezeichnet, was für unser Bewusstsein nicht vergeht [was konstant bleibt], und als unwirklich, was für unser wahrnehmendes Bewusstsein vergeht. Somit hängt die Unterscheidung zwischen Wirklichkeit und Unwirklichkeit von unserem Bewusstsein ab. In all unseren Erfahrungen nun taucht der zweifache Bewusstseinsaspekt in Bezug auf ein und dasselbe Substrat (*samānādhikaraṇa*) auf, wie ein »existierendes Tuch«, »eine existierende Vase«, »ein existierender Elefant«, nicht wie beim Ausdruck »ein blauer Lotus« [da es zwei verschiedene Dinge sind] und so weiter. Von den beiden ist, wie schon gesagt, die Wahrnehmung der Vase usw. vom Zufall abhängig, nicht aber das Bewusstsein der Existenz. So ist das unserer Wahrnehmung der Vase usw. entsprechende Objekt unwirklich, weil es nicht immer wahrgenommen wird, aber das, was unserem Bewusstsein der *Existenz* entspricht, ist nicht unwirklich, weil das Bewusstsein nicht weniger wird.«[1]

Das Sein stellt die absolute Konstante dar, die immer existiert, während alle Erscheinungen, die das Sein überlagern, kommen und gehen, sind und nicht sind, erscheinen und verschwinden, wahrgenommen werden und im nächsten Augenblick nicht mehr wahrgenommen werden, weil sie verschwunden sind. Das Sein erscheint also durch die *māyā* als dieses oder jenes.

»Denn Īśvara... lässt kraft der *māyā* alle Geschöpfe sich bewegen ... .« (*XVIII, 61*)

19
Beide, derjenige, der glaubt getötet zu werden, und derjenige, der denkt, er töte, irren sich. Das [das Selbst] kann weder töten noch getötet werden.

»Sooft sich derjenige, der tötet, vorstellt zu töten und sooft sich derjenige, der getötet wird, vorstellt, getötet zu werden, irren beide: Der erste tötet nicht, der zweite wird nicht getötet.«[2]

---

1 Śaṅkara, *Bhagavadgītābhāṣya II, 18*

2 *Kaṭha Upaniṣad I, II, 19*

20
Nie entsteht Es und nie stirbt Es. Da Es immer gewesen ist, kann Es nicht aufhören zu sein. Nicht-geboren, dauerhaft, unvergänglich, uralt, wird Es nicht einmal getötet, wenn der Körper getötet wird.

21
Wie kann derjenige, oh Pārtha, der weiß, dass Es [das Selbst] unzerstörbar, unvergänglich, ohne Anfang und ohne Ende ist, töten oder töten lassen?

Kṛṣṇa lehrt Arjuna die Philosophie des Seins und des Werdens. Er hebt den Aspekt des Absoluten, des *ātman* im Menschen hervor und stellt die Erscheinung, welche die Individualität mit ihren schlichten und kontingenten Alltagsproblemen darstellt, an ihren richtigen Platz.

22
Wie ein Mensch seine alten Kleider ablegt und neue anzieht, so legt die inkarnierte Seele (dehī) ihre abgenutzten Körper ab und tritt in andere neue ein.

23
Die Waffen verwunden [das Selbst] nicht, das Feuer verbrennt Es nicht, die Wasser nässen Es nicht und der Wind trocknet Es nicht aus.

24
Es kann weder verwundet, verbrannt, noch nass gemacht oder ausgetrocknet werden. Es ist unvergänglich, allgegenwärtig, unbeweglich und gleich bleibend: Es ist immer mit sich selbst identisch (sanātanaḥ).

25
Es wird das Nicht-Manifeste (avyaktaḥ), das Unbegreifliche, das Unveränderliche genannt; wenn du Es als solches erkennst, brauchst du nicht mehr traurig sein.

Die Begriffe Geburt, Wachstum, Tod sind natürlich an Bewegung gebunden, also an Veränderung und Kausalität. Was für eine Veränderung aber kann es im unbedingten, homogenen und einzigartigen *ātman* geben, der außerhalb jeder Vorstellung von Ursache und Wirkung ist? Geburt, Tod und die damit verbundenen heterogenen Transformationen sind Frucht der *avidyā*.

Śaṅkara kommentiert:

»... Wie das brennende Holzscheit [das im Grunde nichts anderes als ein leuchtender Punkt ist] mit verschiedenen Figuren wie der geraden Linie, der Kurve usw. assoziiert wird [wenn es gedreht wird, kann es verschiedene geometrische Figuren zeichnen], wenngleich sie in Wirklichkeit nicht existieren, so wird das reine Bewusstsein [*ātman*] mit den Begriffen Geburt, Entwicklung usw. assoziiert, obgleich auch sie unwirklich sind.«[1]

26
Wenn du glaubst, dass Es unaufhörlich geboren wird und stirbt, brauchst du, oh Mahābāhu, dich ebenso wenig zu betrüben,

27
denn wirklich sicher ist der Tod für denjenigen, der geboren ist, und gewiss ist die Geburt für denjenigen, der gestorben

---

[1] *Māṇḍūkya Upaniṣad con le kārikā di Gauḍapāda e il commento di Śaṅkara IV, 52*, Rom 2. Auflage 1984

ist. Darum sollst du dich nicht um das betrüben, was unvermeidbar ist.

28
Die Wesen sind am Anfang nicht-manifest [formlos], im Zwischenzustand manifest und nach der Zersetzung wiederum nicht-manifest, oh Bhārata. Warum betrübst du dich also?

29
Einer betrachtet [das Selbst] wie ein Wunder, ein anderer [dagegen] spricht von Ihm wie von einem Wunder; ein dritter hört von Ihm wie von einem Wunder sprechen, aber obwohl man von Ihm gehört hat, gibt es keinen, der Es [wirklich] kennt.

30
Dieses Selbst, [dass sich] im Körper eines jeden [befindet], ist unvergänglich und unverletzbar, oh Bhārata. Du brauchst dich daher um keinerlei Geschöpf (bhūtāni, die manifesten Wesen) zu grämen.

Zum besseren Verständnis dieser *sūtra* sollten einige grundlegende Punkte geklärt und der Aufbau des Wesens im Licht des *Vedānta* betrachtet werden.

Der *ātman* (das Selbst) ist, wie wir gesehen haben, das Noumenon in uns, das identisch mit *Dem* oder *Brahman* ist. »Das bist Du« ist der wohl bekannteste Leitsatz der *Upanischaden* und des *Vedānta*. Er bildet die Basis der *jñāna*-Verwirklichung.[1]

---

[1] siehe Śaṅkara, *Vivekacūḍāmaṇi*, Rom 2. Aufl. 1989, und: Raphael, *Tat Tvam Asi – Das bist Du*, Bielefeld 2000

Das Selbst kann, da es das Absolute ist, weder ins Relative fallen oder sich individualisieren noch »wandern«. Es kann weder Teil noch Vielheit werden. Was sich also individualisiert, ist nichts anderes als ein Strahl, der *jīva* oder die Projektion beziehungsweise die pilgernde Seele. In Analogie dazu können wir es als umherziehendes Elektron definieren, das Handlung erzeugt und deren Frucht erntet. Der *jīva* ist ein »leuchtendes Phänomen«, eine »Lichterscheinung«, ein Widerschein des *ātman*, der jedoch dem Gesetz der Dualität, also Zeit-Raum unterworfen ist. Der *ātman* ist die Leinwand, auf der die »Lichtbilder« *erscheinen*, die kommen und gehen und dabei dem Weg des geringsten Widerstands folgen. Die Bewegung kann deswegen erfolgen, weil es die bewegungslose Leinwand gibt, die sie hervortreten lässt. Alles »erscheint«, nimmt Licht auf und bewegt sich kraft dieser Existenz.

Für das Absolute ist das Lebensszenarium nur ein Spiel aus Licht und Schatten – wie der Traum nur eine vom Verstand objektivierte Lumineszenz oder Lichterscheinung ist – und es ist nur in dem Maße gültig, indem der Träumer oder das Subjekt ihm Aufmerksamkeit schenkt und es für wichtig erachtet.

Während der *jīva* durch die Welt des Werdens pilgert, sammelt er Anlagen, Neigungen, Haltungen, Eigenschaften (*saṁskāra*). Um sie zu befriedigen, eignet er sich bestimmte Körper oder Ausdrucksträger an oder konstruiert sie sich. Und so wandert und bewegt sich dieses »Leuchtkörperchen« dem Gesetz der Anziehung-Abstoßung (der Dualität) folgend auf den verschiedenen Ebenen und erscheint dabei als die eine oder andere bestimmte Persönlichkeit. Heute enthüllt es Harmonie, Schönheit, Unendlichkeit, Erkenntnis usw., morgen Zwietracht, Hässlichkeit, Endlichkeit, Unwissenheit usw., je nach seiner Richtung oder der von ihm gewählten vektoriellen Bewegung. Aufgrund seines dualen

Zustandes kann es sich jedem Gegensatzpaar angleichen, mit allen Konsequenzen, die diese polaren Aspekte natürlich haben können.

Die Unwissenheit in Arjuna existiert, weil Arjuna beziehungsweise der *jīva* sie ausdrücken kann, genauso wie er die Möglichkeit hat, die Erkenntnis auszudrücken, mit all dem, was auf relative, positive und vorteilhafte Weise daraus folgt; jene Erkenntnis, die Arjuna durch Kṛṣṇas Lehre zu gewinnen sucht.

Es ist nicht so, dass der *jīva* aus einem vorher bestehenden Erkenntniszustand in Unwissenheit gefallen wäre. Er hat die Fähigkeit, diese Eigenschaft auszudrücken, weil ihm die Möglichkeit innewohnt, jede Dualität oder besser Polarität auszudrücken. Jede Polarität aber, inklusive der Polarität Erkenntnis-Unwissenheit, existiert auf der empirischen Ebene, auf welcher der *jīva*, weil er weder Synthese noch Absolutheit ist, nur einen begrenzten abgetrennten und gesonderten, mit Eigenschaften versehenen Widerschein erfahren kann. Obwohl er die Erkenntnis und die Unwissenheit in sich birgt, ist er dazu gezwungen, sich entweder mit der einen oder mit der anderen zu verbinden. Wer erkennt, ist nicht unwissend, und wer unwissend ist, hat keine Erkenntnis. Sich zu individualisieren bedeutet also Eigenschaften anzunehmen, sich zu qualifizieren, sich durch ein spezielles Attribut zu bestimmen.

Wenn der *jīva* die Möglichkeit in sich birgt, jede existierende Dualität zu bestimmen und auszudrücken, folgt daraus, dass energetische Richtungen existieren, die Beeinträchtigung und Schaden für einen selbst und für andere verursachen. Es ist die Aufgabe der »Gemeinschaft der *jīva*« oder Seelen, sich unter den vielen existierenden Eigenschaften denen zuzuwenden, die Harmonie und Einklang erzeugen. Schuld hat weder ein kapriziöser Gott noch das blinde Schicksal, wenn es in der Menschheitsfamilie Kriege und Bruderkämpfe, Egoismus und gestörte Verhaltensweisen jeder Art gibt. Die Verantwortung fällt auf diese Familie zurück. Sie ist die erste Ursache des Übels, sie, die sich ob ihrer natürlichen Fähigkeit Lebensmodalitäten zu enthüllen, vorwiegend für jene entscheidet, welche Unvollkommenheit und Konflikt erzeugen. Wenn sich dies über die erträglichen Grenzen hinaus bewahrheitet, erweist sich diese bestimmte Welt, in der alle *jīva*, Kinder desselben Blutes und derselben Essenz, zusammenleben – und es ist bezeichnend, dass der Kampf der *Gītā* ein Bruderkrieg ist –, als *kurukṣetra*- oder *tapahkṣetra*-Feld, das heißt als eine Schule der erzieherischen Strafe, Disziplin und des energetischen Geraderichtens. Damit der *jīva* harmonische Fähigkeiten oder Möglichkeiten ausdrücken kann, muss er sich selbst verstehen und die Energien, mit denen er in Berührung kommt, beherrschen lernen, mit anderen Worten, er muss sich *verwirklichen*. Das ist Arjunas Situation. Er symbolisiert den Weltenschüler, der in einen Krisenzustand gelangt ist. Er, der um sich herum Abscheulichkeiten jeder Art erblickt (auch wenn es aus emotionaler Sicht geschieht, aber das geschieht am Anfang zwangsläufig auf diese Weise), wagt schließlich nicht mehr jene Eigenschaften auszudrücken, die, obgleich sie in seinem Herzen verfügbar sind, Zwietracht und Konflikte erzeugen. Verängstigt und unsicher bittet er Kṛṣṇa, ihn auf den Weg der Erkenntnis, der Liebe und des Einklangs zu führen – Eigenschaften, die Erfüllung und Glück für einen selbst und natürlich für die anderen Menschen heranreifen lassen.

Zur Förderung der Selbsterkenntnis geben wir nun einen Überblick über die sich gegenseitig durchdringenden energetischen Hüllen, aus denen das »Individuum«, ein Zentrum abgetrennten Lebens, ein *jīva* gebildet ist (siehe Schaubild auf Seite 61).

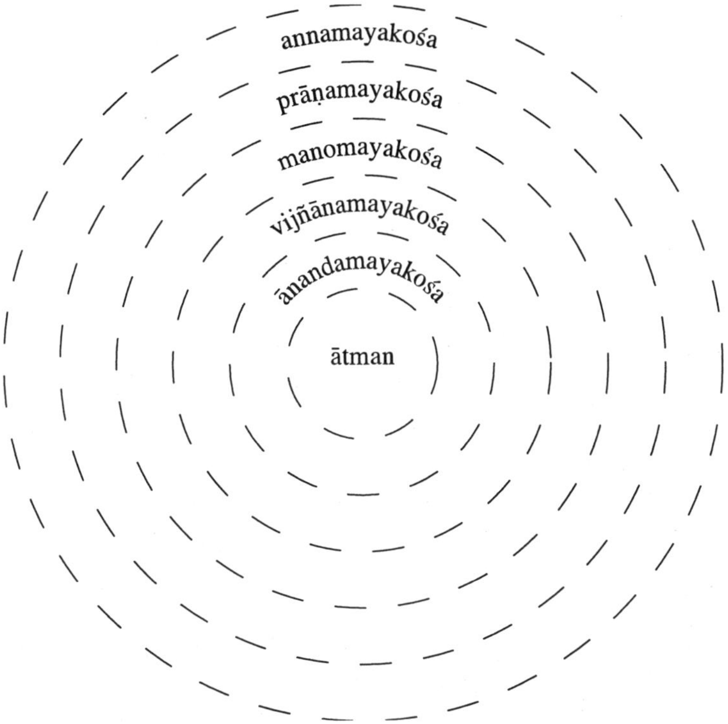
annamayakośa
prāṇamayakośa
manomayakośa
vijñānamayakośa
ānandamayakośa
ātman

Wir nennen sie »energetische Hüllen«, weil es in Wirklichkeit nichts Festes und Kompaktes in der Natur gibt. Die moderne Physik hat (mit Hilfe des Begriffs der Energie, die je nach Messgerät mal als festes Teilchen, mal als Welle erscheint) gezeigt, dass Materie im Grunde nichts anderes ist als *Licht*. Unsere Körper oder Hüllen bestehen in Wirklichkeit aus Licht, auch wenn einige von ihnen, wie zum Beispiel der physisch-grobstoffliche Körper, aus sehr trübem Licht bestehen, einem sozusagen materialisierten Licht.

Die innerste und subjektivste Hülle nennt sich *ānandamayakośa* (Hülle aus Glückseligkeit). Sie hat alle anderen Hüllen erzeugt und bildet daher die Ursache oder den Körper beziehungsweise den Samen. Der Wortteil *maya* bedeutet »gemacht aus«, »charakterisiert durch«. Diese Hülle befindet sich jenseits des grob- und des feinstofflichen dreidimensionalen Zeit-Raum-Gefüges und besteht aus Glückseligkeit. In diesem Urzustand genießt der *jīvātman* seine Erfüllung.

In unserem normalen Bewusstsein erleben wir diese Glückseligkeit, von der die Rede ist, nicht, weil wir zu sehr an der Lust interessiert sind, die uns der feinstoffliche Körper bieten kann, der durch den *manomayakośa* und den *vijñānamayakośa*, die beide ohne *sattva* sind, repräsentiert wird. Es ist eine Lust sinnlicher Ordnung, die flüchtig ist und durch die Erregung ihrer Atomteilchen bestimmt wird. Statt Lust sollte man eher von Betäubung, Trunkenheit sprechen. Die Glückseligkeit der *ānanda*-Hülle wird weder durch irgendeine Erregung noch durch äußere Sinnesreize erzeugt; das heißt, sie ist von keinerlei formaler Konditionierung abhängig. Diejenigen, die sie erlebt haben, sprechen von tiefem Frieden, intensiver Heiterkeit und Erfüllung, die aus Begierdelosigkeit entsteht. Nur wer mit allem zufrieden ist, ist wahrhaft glücklich. Die Tatsache, dass der Mensch *begehrt*, bedeutet, dass er unzufrieden mit sich selbst ist, und Begehren hat noch nie zu wahrem Glück geführt. Obwohl sich die *ānanda*-Hülle auf einer formlosen Ebene befindet, muss betont werden, dass diese Hülle noch nicht die *ānanda*-Glückseligkeit des *Brahman* ist: Die ist noch viel größer. Die Tatsache, dass sie ein *kośa* (eine Hülle) ist, bedeutet, dass sie sich bereits auf einer Ebene der Begrenzung befindet.

Auf die Hülle der objektlosen Freude folgt der *vijñānamayakośa* oder *buddhimayakośa* (die Hülle des höheren Intellekts oder der *buddhi*). Diese Hülle drückt die Fähigkeit aus zu unterscheiden, auszuwählen und Entscheidungen zu fällen. Sie ist ein Widerschein der universalen Erkenntnis (*cit*), während die *ānanda*-Hülle ein Widerschein des *ānanda*, der reinen brahmanischen Freude ist. Ein Strahl der *buddhi* erzeugt den *ahaṁkāra* (Ich-Sinn), der in einen Zustand abgetrennten, getrübten Bewusstseins hinabsinkt. Das ist der Beginn der eigentlichen Individuation. Jede Erfahrung wird auf ein *Ich* bezogen. Der *ahaṁkāra* ist ein Prisma, welches das einheitliche Licht der *buddhi* oder des *vijñānamayakośa* in ein differenziertes Spektrum zerlegt. So entsteht die dem *manas* innewohnende Vielfalt.

Wir können sagen, dass es der Bewusstseinszustand der *buddhi* ist, der sich der glückselig machenden, ursprünglichen Möglichkeit entzogen und dabei einen Prozess der Ablösung, Isolierung und Verhüllung (*avidyā*) eingeleitet hat. In der individualisierten *buddhi* beginnt das Spiel der Dualitäten und damit aller Gegensatzpaare. Das widergespiegelte Bewusstsein des *cit* hat sich vom universalen Kontext getrennt und sich als autonomes und gegensätzliches Bewusstsein bestimmt. Wenn die *buddhi* den höheren Träger widerspiegelt, ist sie *sattvisch* (rein), wenn sie sich den unteren Trägern und dem abgetrennten Ich-Sinn zuwendet, ist sie mit *rajas* und *tamas* vermischt. Hierauf gründen alle Yoga-Übungen und sogar das Ziel des empirischen Lebens, das eben darin besteht, die Unwissenheit zu beseitigen, welche dafür verantwortlich ist, dass der Mensch in der Welt des Konflikts und des Leidens gefangen ist.

> »Zwei sind es, verborgen im Geheimnis des Unendlichen: die Erkenntnis und die Unwissenheit; die Unwissenheit ist vergänglich, die Erkenntnis ist unsterblich. Verschieden von ihnen ist aber derjenige, der gleichzeitg die Erkenntnis und die Unwissenheit regiert.«[1]

Wer die ganzheitliche Erleuchtung erlangt, wird den gesamten Prozess und den eigenen entstellten Zustand verstehen. Mit anderen Worten: Man wird begreifen, was die *māyā* auf universaler Ebene bedeutet und die *avidyā* auf individueller Ebene.

Der *jīva*, der sich noch in seinem Zustand befindet, der noch nicht ganz dreidimensional oder grobstofflich ist, schafft sich die passenden Träger oder Werkzeuge, um seine individualisierende Macht auszudrücken. So entstehen die *mano-*, die *prāṇa-* und die *anna-*Hülle.

Der *manomayakośa* ist die Hülle des mentalen Bewusstseins, der Fähigkeit zu denken. Diese Hülle ist rein individuell und formal und haftet an den kontingenten Dingen, an der konkreten, empirischen Erkenntnis. Sie arbeitet mit Hilfe der Trennung, Unterscheidung und Selektion. Während sie immer tiefer in diesen Selektionsprozess eindringt, verliert sie die Synthese und Einheit aus den Augen. Sie ist durch Instabilität, Veränderung und durch ihre Identifikation mit dem »wahrgenommenen Augenblick« sowie durch einen unaufhörlichen, frustrierenden Dualismus gekennzeichnet. Diese Hülle repräsentiert den Psychismus einschließlich

---

[1] *Śvetāśvatara Upaniṣad V, 1*

der Triebe, der Erscheinungen, Erbanlagen und der Erinnerung, aus dem die *Komplexe*, die unbestimmten bewussten und unbewussten Eindrücke entstehen. Darüber hinaus ist die *mano*-Hülle das Traum-Ich mit seinen Erinnerungen, seiner Vergangenheit und seinen verschiedenen Sinneseindrücken des Tages. Eine ihrer Besonderheiten besteht darin, dass sie sich nach außen bewegt. Der *jīva* wird unaufhörlich, pausenlos, bis zur Erschöpfung in die Objektwelt projiziert. Im *manas* ist der *ahaṁkāra* (Ich-Sinn) verankert; daher die Trennung, die Unterscheidung und die verabsolutierende Dualität.

Der *vijñānamayakośa* kann noch als die Hülle der intuitiven Fähigkeit, der Fähigkeit zur Synthese, zur unmittelbaren Unterscheidung und zum Universalen, das in allem lebt, betrachtet werden, während der *manomayakośa* die Hülle der selektiven, trennenden, ausschließenden Eigenschaft ist, die sich nur dann in Bewegung setzt, wenn sie durch ein Interesse des Ego dazu angeregt wird. Mit der *mano*-Hülle gelangen wir in den eigentlichen menschlichen Bereich, in den metallischen, formalen Zustand des Menschen.

Das menschliche Individuum ist das Ergebnis einer energetischen, substanziellen, vitalen Verbindung. Wenn sich diese Verbindung löst, wird der Bewusstseinswiderschein, der das Ganze belebt hatte, wieder in die Uressenz absorbiert. Und wenn auch der grobstofflich-dichte Körper stirbt, werden dessen Lebensprinzipien wieder in den *manomayakośa* absorbiert und die schwingende physische Wesenheit mit einem Namen und einer Form verschwindet.

All diese Abfolgen können in mathematische und geometrische Begriffe übertragen werden.

Folgendes wäre noch hinzuzufügen: Der *ātman* ist die absolute Wirklichkeit und der ganze Rest nichts anderes als eine einfache

Vorstellung, eine Projektion der *māyā*, die Wandlung von Erscheinungen mit einem Anfang und einem Ende.

Der *prāṇamayakośa* ist jener Lebensbereich, der sich im Inneren unseres Körpers manifestiert und ihn belebt und erhält. Unter Umständen kann er vom rein physiologischen Kontext isoliert werden, insbesondere durch *Haṭhayoga*-Übungen. Er ist durch all jene elektromagnetischen und anderen Ströme gekennzeichnet, die im menschlichen Körper agieren und ihm den Anschein von Leben geben.

Die gesamte physisch-grobstoffliche Sphäre ist von Tausenden von Kanälen und Leitungen durchzogen, die bestimmten Kraftlinien folgen und den physiologischen Apparat in einem konstanten und stabilen Elektrizitätszustand halten. Krankheit ist die Wirkung einer bioelektromagnetischen Instabilität der Lebenszellen.

Der *annamayakośa* (die Hülle des grobstofflichen Körpers) ist schon seit geraumer Zeit Objekt der offiziellen Wissenschaft und Forschung. Die beiden letztgenannten Hüllen werden vom *manomayakośa* durch sieben Zentren oder *cakra* beherrscht, die sich in der *prāṇa*-Hülle befinden.

Die Hüllen sind keine autonomen Körper, sondern energetische Felder von sich bewegenden Eindrücken, die sich gegenseitig durchdringen. So wird der grobstoffliche Körper, der selbst ein in Bewegung befindlicher energetischer Zustand ist, von allen anderen Hüllen durchdrungen, die sich in seinem Inneren befinden. Die spezifische Ausdrucksweise eines Individuums wird durch die energetische Gesamtheit bestimmt, die in den betreffenden Lebensumständen vorherrschend ist. Daraus resultieren die verschiedenen Temperamente und individuellen Charaktere. Die vorherrschende Summe bestimmter Impulse (*guṇa*) setzt bestimmte Gruppen von Trägern in Bewegung.

Das folgende Schaubild zeigt den Aufbau des Wesens:

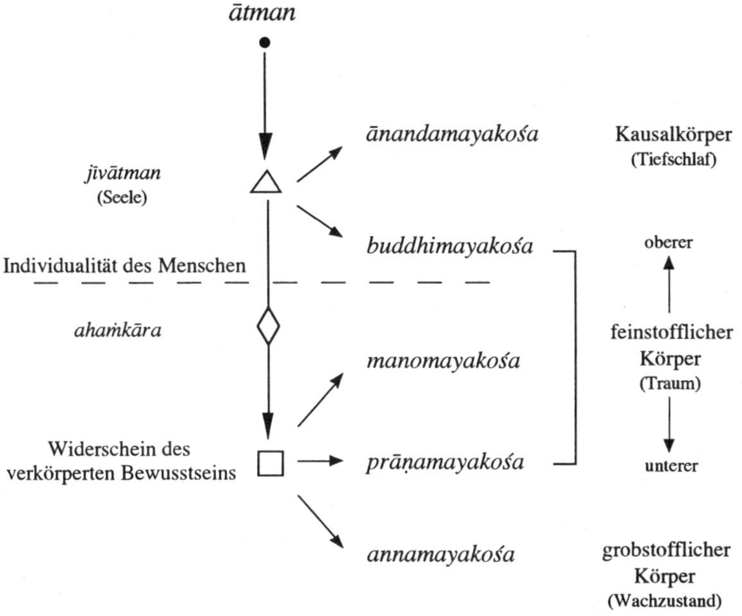

31
Und dann, in Anbetracht deines dharma (svadharmam), solltest du nicht zögern: Für einen kṣatriya gibt es nichts Besseres als einen rechtmäßigen Kampf (dharmyāddhi yuddhāc).

32
Glücklich sind die kṣatriya, oh Pārtha, denen sich auf spontane Weise eine solche Schlacht bietet [als] offenes Tor zum Himmel.

33
Aber wenn du diesen rechtmäßigen Kampf nicht auf dich nehmen willst, wirst du durch die Vernachlässigung deines svadharma und deiner Ehre einen Irrtum (pāpam) begehen.

34
Außerdem werden die Leute (bhūtāni) immer über deine Schande reden und für einen Ehrenmann ist die Schande schlimmer als [selbst] der Tod (maraṇād).

35
Die Krieger der großen Wagen werden glauben, dass du dich aus Angst dem Kampf entzogen hast, und aus der Achtung, die sie dir entgegengebracht haben, wird Verachtung, der du begegnen wirst.

36
Deine Feinde werden viele unwürdige und beleidigende Worte aussprechen und dadurch deinen Ruf in Misskredit bringen. Was könnte schmerzlicher sein als dies?

37
Getötet wirst du den Himmel erlangen, als Sieger wirst du die Erde genießen. Steh also auf, oh Sohn der Kuntī, um entschlossen zu kämpfen.

38
Bereite dich also, gleichmütig in Freude und Schmerz, bei Gewinn und Verlust, bei Sieg und Niederlage, zum Kampf vor; so wirst du keinen Irrtum begehen können.

Arjuna wird durch sein *svadharma* (die Handlungsnormen) zum Kampf verpflichtet. Die Verteidigung des Rechten, auch auf der Grundlage des Kampfes, ist der gesellschaftliche Imperativ des *kśatriya*.

»Oh du, Bester unter den Menschen, es gibt zwei Kategorien von Wesen, die das Sternbild der Sonne durchqueren [und *Brahman* erlangen] können: Die Kategorie der *saṁnyāsin*, welche die yogische Einheit erlangt haben, und die des Krieger, der mit dem Gesicht zum Feind auf dem Schlachtfeld getötet wird.«[1]

Kṛṣṇa versucht Arjunas Bewusstsein wachzurütteln und ihn seinen Platz im Gesamtzusammenhang erkennen zu lassen. Das ist der erste Akt des Verwirklichungsprozesses.

Und noch einmal, weil es so wichtig ist: Kṛṣṇas Lehre spornt nicht unterschiedslos zum Kampf, zum Töten und zur Zügellosigkeit an.

Der *kṣatriya* kämpft nicht um des separatistischen Ich willen, sondern um das universale Gesetz (den kosmischen *Dharma*) zu erfüllen, das Harmonie unter den vielfältigen Tönen der *jīva* verlangt.

Der *kṣatriya* ist mit anderen Worten nichts anderes als das materielle Werkzeug des Demiurgen, der den unharmonischen manifesten Polaritäten das rechte Gleichgewicht des Lebens auferlegen will. Je vollkommener das Werkzeug ist und je mehr es mit dem Prinzip übereinstimmt, desto besser kann sich der Demiurg ausdrücken und Ordnung, Harmonie, Einklang und Ausgewogenheit herbeiführen. Kṛṣṇa sagt zu Arjuna:

» Oh Bhārata, jedes Mal, wenn das Gesetz (*dharma*) verfällt und die Zügellosigkeit die Oberhand gewinnt (*adharma*), manifestiere Ich mich [erscheine Ich].« (*IV, 7*)

---

[1] *Mahābhārata Udyogaparva 32, 65*

Niemand kann zu einem egoistischen und ignoranten Zweck den Körper oder die Form eines *jīva* jeglicher Erscheinung töten. Solch eine Handlung übertritt das kosmische Gesetz, welches früher oder später die Wiederherstellung des Gleichgewichts und der Harmonie erzwingen wird. Daher stammt das individuelle und kollektive *karma*.

Jeder *jīva*, der den Zustand menschlichen Lebens erfährt, hat Pflichten; zuallererst gegenüber sich selbst und dann gegenüber der ihm am nächsten stehenden Gruppe, der Familie; ferner gegenüber der Gesellschaft, in der er lebt, und schließlich gegenüber dem ganzen Leben. In dem Maß, in dem sich das Bewusstsein des *jīva* erweitert und ein universaleres Prinzip oder eine universalere Pflicht begreift, wendet er sich dem *Ganzen* zu, das alles einschließt, und nicht mehr nur einem Teil, der bestimmte Dinge ausschließt. Der echte Krieger kämpft nicht um seiner selbst willen, sondern für das Universale.

39
Die dir übermittelte Lehre (buddhi, Intelligenz-Erkenntnis) gehört dem Sāṁkhya an. Vernimm auch jene des Yoga, die ich dir darlegen werde. Wenn du, oh Pārtha, in diese Erkenntnis oder Weisheit eindringst, wirst du die Ketten des karma sprengen.

Das *Sāṁkhya* ist hier im weiten Sinne als analytisch-rationale Lehre zu verstehen; es bezieht sich, wie schon erwähnt wurde, auf die *Upanischaden*.

40
Dabei ist keine Anstrengung vergebens und keine Schwierigkeit vorhanden. Selbst ein kleiner Teil dieser Praktik (dharmasya) entfernt die Angst.

41
Durch sie, oh Freude der Kuru, findet der Verstand eine einzige Lösung, [während] der Verstand der Unentschlossenen endlose Verzweigungen hat.

Ein Augenblick der Unaufmerksamkeit genügt und das Individuum ist verloren. Die Zerstreutheit, die unkontrollierte Phantasie und die Unfähigkeit des Verstandes anzuhalten führen dahin, dass es sich treiben lässt, ohne ein Lebensideal, eine Erkenntnis seiner selbst oder seiner Umgebung finden zu können. Durch Yoga-Übungen wird der Verstand aufmerksam und für jeglichen Fluss organisierten Denkens bereit.

42
Oh Pārtha, die Törichten, die sich an den wörtlich [verstandenen] Veden erfreuen, sagen mit blumigen Worten: »Jenseits davon gibt es nichts anderes.«

43
Voller Begehren und mit ausschließlich zum Himmel gerichtetem Verstand predigen sie die Wiedergeburt als Frucht der Handlung und schreiben viele spezielle Riten vor, um Macht und Genuss zu erlangen.

Der Hinweis auf die *Veden* bezieht sich vor allem auf den Teil *Karmakāṇḍa*, in dem das Opfer und der Ritus als die einzigen Mittel vorgestellt werden, mit denen irdische und himmlische Verdienste erlangt werden können. Die *Gītā* lehrt, dass dieses Haften an den Früchten des Opfers und der rituellen Handlung transzendiert werden kann. In Kapitel IV, 33 wird ausdrücklich gesagt, dass das Opfer der Erkenntnis jedem anderen Opfer überlegen sei.

»Wie unsichere Flöße sind die achtzehn Formen des Opfers, in denen sich die niedere Handlung ausdrückt. Die Irregeleiteten, die den Vorrang für sich beanspruchen, kehren auf den Weg des Alters und des Todes zurück.«[1]

Das weist darauf hin, dass das Individuum nicht durch das Opfer, das nur auf äußerliche Weise, ohne innere Wiedergeburt, vollzogen wird, von den Gesetzen des *saṁsāra* oder Werdens befreit wird.

»Nichts halten sie für höher als den Erwerb von Verdiensten. Diese Toren erkennen nichts an, was sie [die Verdienste] überschreiten könnte. So genießen sie das himmlische Glück, dann gelangen sie in diese Welt oder in eine andere, noch tiefer gelegene.«[2]

44
Diejenigen, die an Macht und Genuss haften und deren Verstand von diesen Dingen vereinnahmt ist, sind weder in Besitz der Unterscheidungsgabe noch fest verankert im samādhi.

Wo Verhaftung und Streben nach Genuss ist, existiert auch Sklaverei, Einschränkung und Gefangenschaft. Nur das intuitive Unterscheidungsvermögen kann die Täuschung von der reinen Wirklichkeit trennen und die Grenzen der Unwissenheit durchbrechen.

45
Die Veden sprechen von den drei guṇa, du aber, mach dich frei von den drei Eigenschaften und von den Gegen-

---

[1] *Muṇḍaka Upaniṣad I, II, 7*
[2] *ebd I, II, 10*

satzpaaren, oh Arjuna. Sei standhaft in sattva, frei vom Besitzen und Bewahren, Herr deines wahren Selbst (ātmavān).

Die drei *guṇa* sind dem *darśana* des *Sāṁkhya* zufolge die Attribute oder Eigenschaften der *prakṛti*. *Prakṛti* ist die undifferenzierte Ursubstanz, das passive Prinzip, die Urwasser, während *puruṣa* das aktive Prinzip darstellt: Sie sind die beiden Pole der Manifestation. Diesem Paar Essenz-Substanz entspringt die gesamte Entwicklung jedes existierenden Zustands menschlicher und nicht-menschlicher Art. Es muss betont werden, dass *puruṣa* und *prakṛti* keine gegensätzlichen und widersprüchlichen Größen sind, sondern Ausdruck einer polaren Einheit. *Prakṛti* ist nicht Ursache ihrer selbst, sondern steht unauflösbar in Wechselbeziehung zum essenziellen Prinzip des *puruṣa*, der auf effektive Weise den bestimmenden Faktor der Vergegenständlichung bildet. Alle Ereignisse oder Dinge werden durch diese eine *prakṛti* oder Substanz erzeugt, jedoch unter der ausstrahlenden Handlung des *puruṣa*. In Analogie dazu kann man die Sonne und die Erde betrachten: Alle formalen Modifikationen und Erzeugnisse werden zwar von der Erde bewirkt, allerdings durch den Einfluss der ausstrahlenden Sonne.

46

Wie ein Brunnen nutzlos wird an einem Ort, der von allen Seiten von Wasser überflutet wird, so verlieren die Veden ihren Nutzen für einen erleuchteten brāhmaṇa.

»Wie jener, der Wasser aus dem Fluss schöpft, sich nicht um das Wasser aus dem Brunnen kümmert, so kümmert sich der Weise nicht um die rituelle Handlung.«[1]

---

[1] *Mahābhārata, Śāntiparva 240, 10*

Bezüglich des Begriffs *Veden* verweisen wir auf den Kommentar zu *sūtra 43*.

47
Nur die Handlung betrifft dich, nie ihre Früchte. Sei nicht abhängig von der Frucht des karma, und du darfst nicht einmal an der Nicht-Handlung (akarmaṇi) haften.

Vor allem der *kṣatriya*, er, der sich auf der Ebene des Handelns befindet, muss jenes vollkommene Handeln, das frei von gefangen nehmendem Begehren ist, verstehen lernen.

48
Oh Dhanaṁjaya, im Yoga (yogasthaḥ) konzentriert, führe die Handlung aus und verzichte auf die Verhaftung [daran]. Sei gleichmütig bei Erfolg und Misserfolg: Das vollkommene innere Gleichgewicht [das dadurch entsteht] nennt sich Yoga.

Wenn man zu jenem visionären Gleichmut gelangt, der auf einer Stabilität des Bewusstseins im Zentrum des Wesens beruht, kettet sich die Handlung nicht mehr an die Gegensatzpaare und äußert sich nicht mehr auf der Ebene der Widerstände, sondern enthüllt sich als reiner Akt, unbefleckt von den Eigenschaften *rajas* und *tamas*.

49
Viel niedriger als der Buddhiyoga, oh Dhanaṁjaya, ist die Handlung (karma). Im Intellekt also nimm Zuflucht. Bemitleidenswert sind diejenigen, die handeln, um die Frucht [der Handlung] zu erhalten.

Der *Buddhiyoga* ist der Yoga des intuitiven Unterscheidens, der Erkenntnis. Und die Erkenntnis ist dem einfachen Handeln um des Handelns willen oder dem verdienstvollen Handeln überlegen. Die Erkenntnis kann allerdings, um mit Recht und Harmonie übereinzustimmen, nicht vom intuitiven Verständnis des universalen *Dharma* absehen. Und zu den Universalien gelangt man mit dem *Buddhi-* oder *Jñānayoga*. In dem, der dem *Buddhiyoga* folgt, vereint sich der Wille mit dem bewussten Prinzip, welches das Denken trägt, und die unmittelbare Nachforschung erzeugt das Öffnen der kognitiven Fähigkeit. Diese drei »Operationen« geschehen simultan, mit einem einzigen erleuchtenden Schlag.

50
Wer die buddhi erobert hat, gibt jede mehr oder weniger verdienstvolle Handlung auf. Widme dich also dem Yoga: Der Yoga ist Geschicklichkeit im Handeln.

Wer fest verankert in der aus *sattva* bestehenden *buddhi* ist, befindet sich auf der Ebene der Synthese und der Prinzipien, auf der die individuellen Eigenschaften transzendiert werden. Der *kṣatriya*, der sich in diesen Zustand erhebt, bewegt sich in Einklang mit dem Universalen. Sein Handeln ist in Gleichklang mit der »kosmischen Ordnung« und es gibt nichts Höheres, als dem Gesetz der göttlichen Harmonie zu folgen.

Der Lehrer versucht seinem Schüler begreiflich zu machen, dass man Geschicklichkeit im Handeln erlangt, indem man die individuellen Eigenschaften mit ihren karmischen Gefängnissen transzendiert. Dies ist eine wichtige Lektion für Arjuna, denn wenn sein Tun durch einen Beweggrund des Ego provoziert werden würde, würde sein Werk zu einem schlichten Verbrechen werden und die Initiation würde scheitern. Zwei Dinge muss er verstehen: den Beweggrund des Handelns und die rechte Modalität des Handelns beziehungsweise *wie* er handeln muss.

51
Die Weisen (manīśiṇaḥ), die auf die Frucht der Handlung verzichten, erheben sich, mit eroberter buddhi und von der Bindung an die Geburten befreit, in das beseligende Reich.

52
Wenn deine buddhi der Welt der Täuschung entflieht, wirst du gleichgültig gegenüber den Schriften, die du kennst und die du noch kennen lernen wirst [wörtlich: gegenüber dem, was du gehört hast und dem, was du noch hören wirst].

53
Wenn sich deine buddhi, von der śrutī [den heiligen Schriften] aufgerüttelt, im samādhi verankert hat, wirst du den Yoga [die Vereinigung] erlangen.

Wozu dienen dem Schüler, der sich in das beseligende Reich der strahlenden Sonne erhoben hat, die vom Mond widergespiegelten Strahlen?

Die Schriften (*Śruti* und *Smṛti*) sind »Kontaktwerkzeuge«, aber das, was vor allen Dingen zählt, ist die Erfahrung. Wozu dienen sie noch, nachdem der Kontakt oder die Vereinigung erfolgt ist?

Arjuna sprach:

54
Welche Eigenschaften hat der in dieser Erkenntnis Gefestigte und der im samādhi verankert ist, oh Keśava? Wie

spricht er, der einen gefestigten Verstand hat, wie sitzt und wie geht er?

Śrī Bhagavān antwortete:

55
Wenn ein Mensch, oh Pārtha, alle Begierden aus seinem Verstand entfernt und seine Zufriedenheit im Selbst und durch das Selbst findet, spricht man von einer gefestigten Intelligenz.

56
Wessen Verstand nicht durch das Leid verwirrt ist, wer nicht mehr nach sinnlichen Freuden strebt, wer sich von Emotionen, Angst und Zorn frei gemacht hat, der ist ein muni gefestigten Herzens (sthitadhīr).

57
Wer jegliche Verhaftung beseitigt hat, wer durch Lob nicht geschmeichelt und durch Tadel nicht beleidigt ist, der besitzt eine gefestigte Intelligenz.

»Wenn alle Wünsche, die sich im Herzen festgesetzt haben, verschwinden, enthüllt sich der Sterbliche als unsterblich und erlangt das *Brahman*.«[1]

»Die Eigenschaft [*guṇa*] wird kraft der [in der] Natur [enthaltenen] Differenzierung zur Bindung für die Seele aufgrund der mentalen Begrenzung [die der Seele innewohnt]. Die Befreiung folgt auf die Zerstörung des Defektes der mentalen Begrenzung, da es, wahrlich, der Verstand ist, durch den man sieht, da es der Verstand ist, durch den man hört [usw.].

[1] *Kaṭha Upaniṣad II, VI, 14*

Begehren, Entschiedenheit, Zweifel, Glaube, Misstrauen, Standfestigkeit, Scham, Nachdenken, Furcht, all das ist nichts anderes als [Modifikation des] Verstandes.«[1]

58
Und wenn er, wie die Schildkröte, die ihre Gliedmaßen in sich hineinzieht, alle Sinne von den Objekten zurückziehen kann, dann ist seine Intelligenz fest verankert.

59
Für die verkörperte Seele, die Enthaltsamkeit übt, schwinden die Sinnesobjekte, nur ihr Geschmack (rasa) bleibt bestehen. Aber auch dieser verschwindet, sobald das Höchste geschaut worden ist.

60
Oh Sohn der Kuntī, die ungestümen Sinne reißen [auch] den Verstand des aufmerksamen Schülers mit sich fort, trotz der Anstrengungen [vollkommen zu sein].

61
Wenn er sie [jedoch] beherrschen gelernt hat, braucht er sich nur noch nach Mir zu richten, denn wenn die Sinne beherrscht werden, ist der Intellekt verfügbar.

62
Wenn die Aufmerksamkeit auf die Sinnesobjekte gelenkt wird, entsteht Verhaftung. Aus der Verhaftung entspringt das Begehren und aus dem [unbefriedigten] Begehren die Gereiztheit.

---

[1] *Maitry Upaniṣad VI, 30*

63
Die Gereiztheit führt zu Verwirrung, die Verwirrung zum Verlust des Gedächtnisses, der Verlust des Gedächtnisses zur Schwächung der Vernunft, und der Mensch ohne Vernunft rennt in sein Verderben.

In einem wilden Strudel überfluten und ertränken die Leidenschaften die *sattva* geprägten Eigenschaften des Wesens, das dadurch sein tiefes Gewahrsein des rechten Denkens und Handelns verliert. Die Emotionen blockieren die Gedächtnisfähigkeit, die Intelligenz und den Willen als ausschlaggebenden Aspekt. Wenn das Bewusstsein des Individuums die *buddhi* erreicht, können die Emotionen auf der empirischen Ebene mit Leichtigkeit zum unpersönlichen, schöpferischen Aspekt hin angeregt werden. Es geht darum, die feinstoffliche Sinnensphäre zu verwandeln oder neu zu orientieren. Und das kann geschehen, indem man den »richtigen Abstand« zu den energetischen Strömen einnimmt, welche die Ereignisse erzeugen.

64
Wer sich jedoch selbst beherrscht, wer sich frei von Anziehung-Abstoßung mit beruhigten Sinnen zwischen den Objekten bewegt, erlangt den Frieden.

65
Im Frieden endet alles Leid, denn in der Heiterkeit verankert sich der Intellekt (buddhi) sofort [im Selbst].

66
Der nicht [mit dem Selbst] vereinte Mensch kann weder mit Hilfe der buddhi nachdenken noch sich konzentrieren, und wem diese Kraft fehlt, der kann keinen Frieden finden,

und wie kann jemand, der keinen Frieden hat, glücklich sein?

67
Denn der Verstand, der den Sinnen bei ihrem Herumstreifen folgt, verliert die Fähigkeit zu verstehen, wie ein Schiff, das der Willkür des Windes ausgeliefert ist.

68
Deshalb, oh Mahābāhu, besitzt derjenige, dessen Sinne nicht an den sinnlichen Dingen haften, einen gut gefestigten Intellekt.

69
Das, was tiefe Nacht ist für alle Wesen, ist Wachen für den, der Herr seiner selbst ist; wenn Zeit ist zum Wachen für alle Wesen, herrscht tiefe Nacht für den Weisen, dessen inneres Auge sich geöffnet hat.

Die Betonung liegt hier auf der vollständigen Umkehrung der Anschauung des Weisen in Hinblick auf denjenigen, der noch an die *avidyā* gebunden ist. In der Heiligen Schrift der Christen heißt es: »Denn die Weisheit dieser Welt ist Torheit vor Gott.«[1]

70
Nur wer im Fluss der Begierden standhaft bleibt – wie der Ozean, der von allen Seiten her Wasser erhält –, erlangt den Frieden, aber derjenige, der den Begierden fröhnt, nicht.

---

[1] Paulus, *Der erste Brief an die Korinther 3, 19*

71
Nur der Mensch, der sich von allen Begierden befreit hat, der ohne Verhaftung, ohne Gefühl von Ich und Mein agiert, erlangt den Frieden.

72
Dies, oh Pārtha, ist der Zustand des Brahman. Wer ihn erreicht, ist kein Opfer mehr von Verwirrungen. Wer in diesem Zustand auch in der Stunde des Todes verweilt, geht in das Brahmanirvāna [oder in die Befreiung] ein.

Diese *sūtra* enthalten eine tiefgründige psychologische und gleichzeitig philosophisch-initiatische Lehre. Zusammenfassend werden hier verschiedene Aspekte hervorgehoben: die Natur des Begehrens oder der sinnlich-emotionalen Sphäre, ihre Wechselbeziehung mit der *buddhi*, die das Zentrum des Individuums oder den Schnittpunkt zwischen dem Universalen und dem Individuellen widerspiegelt, sowie der daraus folgende Konflikt bei dem Versuch, diese zentripetale Natur auszudrücken.

Die Unzufriedenheit des Menschen, die Verhaltensstörungen und mentalen Verzerrungen entstehen durch die Unfähigkeit des Individuums, das rechte Gleichgewicht zu finden zwischen Begehren und Begehrtem, zwischen Subjekt und Objekt, zwischen Besitzstreben (jeglicher Ordnung und jeglichen Grades) und dem Gewahrsein über die wahren Bedürfnisse, zwischen dem eigenen *jīva*-Ich und den anderen *jīva*-Ich, zwischen dem Partiellen und dem Universalen. Die treibende Kraft des Wesens in seinen verschiedensten Ausprägungen besteht also aus *rajas*, aus Begehren und Leidenschaft, die das intelligible Licht verdunkeln. Wenn dem Menschen Natur und Ziel dieser *rajas*-Sphäre bewusst werden, wird sich in ihm eine vollständige Umwälzung der Lebenswerte vollziehen.

Der Yoga konfrontiert den Menschen mit sich selbst und seinen Verantwortlichkeiten und nagelt ihn an seinen unausweichlichen *dharma*. Der kategorische Imperativ der *Gītā* lautet: Verstehe dich, wandle dich um, transzendiere dich! Der Mensch kann und *muss* dies tun, wenn er der Selbstzerstörung entgehen will. Weder Götter noch Dämonen sind schuld daran, wenn er wünscht, in den Abgrund gezogen zu werden. Der Mensch hat die Fähigkeit und Möglichkeit in sich, ein Gott oder ein Dämon zu sein, ein Heiliger oder ein Mörder, ein Weiser oder ein Unwissender: Er allein bestimmt die Richtung und trifft die Wahl, er entscheidet zwischen Glückseligkeit und Konflikt, Leid und Schmerz.

Die »initiatische Handlung« erfordert bestimmte Qualifikationen oder Voraussetzungen des Neophyten:

1. die Beherrschung der psychischen Energien, damit eine »Geschicklichkeit im Handeln« erlangt werden kann
2. die sinnlich-emotionale Loslösung von den Früchten dieses Handelns, damit jene Art des rein ichbezogenen Handelns, das nur im Interesse von Anziehung-Abstoßung agiert, transzendiert werden kann.

Die erforderliche Beherrschung ist mehr als nur eine äußerliche Selbstkontrolle oder die Hemmung gewisser unterbewusster Impulse. Sie betrifft die gesamte Sphäre des *feinstofflichen Körpers* des Wesens und führt zu einer Beherrschung der *prāṇā*-Energien in den verschiedenen Schwingungszuständen. Sie verlangt, dass man sich hinter dem *manas* verankert. Denn nur so kann das reine Bewusstsein die dreifache Individualwelt lenken. Auf diese Weise wird die Handlung nicht durch die rohe Kraft des »Ich-Sinns« gelenkt, sondern durch einen Punkt, der die gesamte psychische und physische Wirkungsebene transzendiert. Dieser Punkt deckt sich mit dem synthetischen Verstand (*buddhi*). Hier entsteht der richtige Beweggrund, denn die *buddhi* ist die ausschlaggebende Energie, die mit den transpersonalen Ebenen verbunden ist. Ein *kṣatriya* handelt also nicht, weil er durch das empirische Ich angetrieben wird, sondern weil er von universalen Ebenen zu universalen Zielen geführt wird. Das zu verstehen ist von größter Wichtigkeit, denn das rechte Handeln muss mit dem gesamten Wesen in Einklang stehen und nicht nur mit dem individuellen Ich und seinen unbedeutenden und materiellen Absichten. Kṛṣṇa wiederholt immer wieder seine Aufforderung an Arjuna, sich mit Ihm zu vereinen und in Ihm Zuflucht zu finden, der Er das universale Bewusstsein repräsentiert.

Diese Art der Kontrolle und Beherrschung des psychischen Reaktionsapparats verlangt natürlich eine Loslösung von den Früchten der Handlung und fördert zwei Dinge:

a) die Fähigkeit, nicht in den Strudel der sinnlich-reagierenden und anziehenden Energie hineingezogen zu werden, nicht von der eigenen Bewegung mitgerissen zu werden, denn das würde bedeuten, aus dem transzendenten Zentrum oder Punkt hinunterzufallen.

b) die Fähigkeit, eine karmische Rückkehrreaktion zu vermeiden.

Daraus wird ersichtlich, dass die ganze Loslösung psychischer Natur ist – was sie noch schwieriger macht. Wenn es beim Beherrschen der Energien notwendig ist, sich kraftvoll von aller Trägheit loszureißen, welche die vektorielle (auf Trägern basierende) Individualität bestimmt, muss – abgesehen von einem yogischen Verständnis des energetischen Aufbaus des Menschen – das Bewusstsein während der Loslösung von bestimmten Identifikationen weggelenkt werden, die typisch für die Ego-Anhäufung sind (siehe die Identifikation bei Punkt 3 der Anmerkungen zu Kapitel II): und zwar von Zentripetalkräften, die das Ich an das Objekt oder Ereignis binden. Das Prinzip der Loslösung ist von fundamentaler esoterischer Bedeutung.

Die Wünsche nach Sieg, Ruhm, Anerkennung usw. müssen vollkommen transzendiert werden.

Arjuna, der Initiand, muss eine reine Handlung ausführen, die ohne jegliche Verhaftung ist. Kṛṣṇa sagt, dass sogar verdienstvolles Handeln gefangen nehmen kann.

»Wer die *buddhi* erobert hat, gibt jede mehr oder weniger verdienstvolle Handlung auf. Widme dich also dem Yoga: Der Yoga ist Geschicklichkeit im Handeln.« (*II, 50*)

»Oh Dhanaṁjaya, im Yoga konzentriert, führe die Handlung aus und verzichte auf Verhaftung. Sei gleichmütig bei Erfolg und bei Misserfolg: Das vollkommene innere Gleichgewicht [das dadurch entsteht] nennt sich Yoga.« (*II, 48*)

Dies ist das zweite Kapitel mit dem Titel
»Die Verwirklichung nach dem Sāṁkhya«.

ANMERKUNGEN ZU KAPITEL II

Arjuna begeht einen dreifachen Irrtum:

1. Er betrachtet nur die Form beziehungsweise den Körper. Das verzerrt und verengt seine Anschauung der Wahrheit.
2. Er weigert sich zu kämpfen. Dadurch verrät er seine gesellschaftliche Stellung im großen Lebenszusammenhang und vernachlässigt die dieser Stellung innewohnenden Pflichten.
3. Er schenkt dem Gefühl Gehör, das ihn an die anderen Formen bindet, auch wenn es sich dabei um die eigenen Verwandten handelt. Das zeigt, dass er die gemeinhin übliche und begrenzte Moralvorstellung des Clans nicht transzendiert hat. (Arjuna betonte ja die Tatsache, dass auf der anderen Seite Verwandte und Freunde stehen.)

Zuallererst muss Arjuna begreifen, dass das Wesen in seiner Gesamtheit nicht nur aus dem physischen Körper besteht. Jenseits dieser »Erscheinung« lebt die wahre Wirklichkeit des Menschen: das Selbst, der *ātman*. Arjuna muss also den Horizont seiner Anschauung erweitern und verstehen lernen, dass die Formen nichts anderes sind als qualifizierte (mit Eigenschaften versehene) Modifikationen der *prakṛti*.

Der Lehrer versucht daher, ihm den Unterschied zwischen dem eigenschaftslosen Selbst und dem formalen Ich zu erklären, zwischen dem Absoluten und dem Werden, zwischen dem, was dauerhaft ist, und dem, was entsteht und vergeht.

> »Diese Körper des unzerstörbaren, unvergleichlichen, ewigen Selbst werden als vergänglich bezeichnet. Kämpfe also, oh Bhārata.« (*II, 18*)

> »Beide, derjenige, der glaubt, getötet zu werden, und derjenige, der denkt, er töte, irren sich. *Das* [das Selbst] kann weder töten noch getötet werden.« (*II, 19*)

Mit diesen Worten will der Lehrer das Herz seines Schülers erleuchten. Arjuna soll nicht an der veränderlichen Form haften bleiben, sondern mit der tiefgründigen Natur des Seins identisch werden, das unzerstörbar ist. Dann schenkt der Meister ein weiteres Mal Erleuchtung, damit Arjuna auch seinen zweiten Irrtum transzendieren kann:

> »Und dann, in Anbetracht deines eigenen *dharma*, sollst du nicht zögern: Für einen *kṣatriya* gibt es nichts Besseres als einen rechtmäßigen Kampf.« (*II, 31*)

Wie man sieht, versucht Kṛṣṇa Arjuna zur Würde seiner Kaste wiederzuerwecken. Durch feiges Verhalten hatte er nämlich die Stellung seines gesellschaftlichen Ranges vergessen und verraten. Der zweite Schritt besteht nun darin, den eigenen existenziellen Zustand klar und intuitiv zu erkennen. Arjuna ist weder ein *saṁnyāsin* (einer, der allem entsagt) noch ein *vaiśya* (Erzeuger von Reichtümern) oder jemand anderes. Er ist ein *kṣatriya* und als solcher muss er sich bewegen, sprechen und handeln. Dies zu vergessen bedeutet, eine unausweichliche Pflicht (*dharma*) nicht zu erfüllen: gegenüber sich selbst, gegenüber der Gesellschaft und gegenüber dem Meister, der stets in Erwartung des für die Initiation bereiten Schülers ist. Die existenzielle Modalität des *kṣatriya* besteht darin, auf der physischen Ebene zu handeln, und in diesem speziellen Fall darin, in die Schlacht zu ziehen und zu kämpfen. Damit Arjuna aber nicht denkt, dass dieser Ansporn zum Handeln und zum Kämpfen ein Handeln um des einfachen Handelns willen und ein Töten um des einfachen Tötens willen beinhalte, beginnt Kṛṣṇa, die Fundamente dessen zu legen, was das rechte Handeln (der richtige Beweggrund und die richtige Verhaltensweise) eines *kṣatriya* sein muss.

Der *kṣatriya*, der an die Tore der Initiation klopft, muss nicht nur die exakten Aufgaben seines Ranges, sondern auch sein spezielles, auf seine bestimmte Ordnung bezogenes Handeln kennen lernen. Er muss also begreifen lernen, wann, wie und warum er wirken und handeln muss. In diesem vollkommenen Gleichgewicht kann das ausschlaggebende transzendente Zentrum nicht mehr in den Strudel der begehrenden Kräfte hineingezogen werden, welche Abspaltung und Fall zur Folge haben können.

Wenn wir für einen Moment die *kṣatriya*-Perspektive verlassen, sehen wir, dass die zu bekämpfenden Feinde nicht mehr außerhalb, sondern innerhalb von uns sind.

Wen oder was müssen wir bekämpfen? Wir müssen unsere rastlosen Triebe, unsere Wünsche, unsere einseitigen und konfliktgeladenen Leidenschaften, die Ego-Ideale des Einzelnen oder der Gruppe so lange bekämpfen, bis das Selbst siegreich auf dem »Feld« triumphiert.

Für Kṛṣṇa sind diese Feinde oder Begierden vergängliche »Wesenheiten«, die früher oder später »niedergeschlagen« werden müssen. Warum sollten wir uns also davor fürchten, einen Feind zu bekämpfen, dessen Schicksal es ist zu sterben?

Die Schlacht muss in drei Angriffsphasen konkretisiert werden:

a) bewusstheitliche Loslösung und anschließend Fixierung im Zentrums des Wesens

b) Rektifikation (Reinigung) der individuellen Energien

c) Auflösung dessen, was niederschlägt und gefangen nimmt.

Wie man bemerken kann, ist dies ein alchemistischer Prozess der Fixierung, Rektifikation und Auflösung der individuellen Zusammensetzung.[1]

---

[1] Bezüglich der alchemistischen Phasen siehe bei Raphael, *La Triplice Via del Fuoco*, Rom 2. Aufl. 1999 und die englische Übersetzung: *The Threefold Pathway Of Fire*, New York 2000, *La Via del Fuoco secondo la Qabbālāh*, Rom 3. Aufl. 1999 und die englische Übersetzung: *Pathway Of Fire – Initiation Into The Kabbalah*, York Beach, Maine (USA) 1993 und *Jenseits der Illusion des Ich*, Hammelburg 1996 sowie von Śaṅkara, *Aparokṣānubhūti*, Rom 2. Aufl. 1995 und *Vivekacūḍāmaṇi, ebd.*

KAPITEL III

KARMAYOGA

Arjuna sprach:

1
Janārdana, wenn du meinst, dass die Erkenntnis (buddhi) dem Handeln überlegen sei, warum drängst du mich dann zu dieser schrecklichen Tat, oh Keśava?

2
Mit deinen zweideutigen Worten verwirrst du auf gewisse Weise meinen Verstand. Sag mir mit Entschlossenheit, wie ich mein Wohl erlangen kann.

In *sūtra 49 ff.* sagt Kṛṣṇa, der *Buddhiyoga* sei dem Handeln um des Handelns willen überlegen. Die Handlung muss sich in das Prinzip einfügen beziehungsweise der metaphysischen Anschauung unterordnen. Arjuna hat diesen subtilen Zusammenhang jedoch noch nicht begriffen, sodass Verwirrung in seinem Verstand entsteht. Er reduziert das Problem auf diese Frage: Ist die Erkenntnis dem Handeln oder das Handeln der Erkenntnis überlegen?

Śṛī Bhagavān antwortete:

3
Oh Anagha [Arjuna], wie ich dir bereits gesagt habe, gibt es auf dieser Welt einen zweifachen Weg: den, der sich auf

den Sāṁkhyayoga bezieht, dessen Mittel die Erkenntnis (jñāna) ist, und den, der sich auf den Karmayoga bezieht, dessen Mittel die Handlung ist.

4
Nicht durch die Weigerung zu handeln kann der Mensch die Freiheit vom Handeln erreichen, noch erlangt er durch das einfache Aufgeben [aller Handlungen] die Vollkommenheit des samādhi.

5
Außerdem kann niemand, nicht einmal für einen Augenblick lang, verharren ohne zu handeln, da er durch die Eigenschaften (guṇa) der prakṛti unvermeidlich zum Handeln gedrängt wird.

Quietismus und Fatalismus werden aus der *Gītā* und damit aus der wahren überlieferten Lehre verbannt. Selbst der *saṁnyāsin*, welcher der Welt entsagt und offensichtlich gelernt hat jenes Handeln zu beherrschen, das sich auf die Individualität und deren sinnlichen Attribute bezieht, wird von einer anderen Art von Handlung angespornt, die sich auf den *buddhi*-Ebenen äußert; dieses Handeln ist ein kontemplatives *Erforschen*, das auf die Enthüllung der einen und einzigen Wirklichkeit ausgerichtet ist. Jede Forschungsaktivität ist, auch wenn sie in vollkommener Einsamkeit verrichtet wird, eine enthüllende, dynamische Handlung. Erst wenn der Verwirklichte die wahre *Essenz* erlangt hat, hört jede Bewegung auf und jede Handlung – im Sinn von Bewegung – verschwindet aus Mangel an natürlichen Voraussetzungen. In diesem Fall ist das Wesen außerhalb von jeder Dualität, einschließlich jener Dualität Handlung-Handlungslosigkeit, die sich definitiv auf die manifeste *prakṛti*-Ebene und auf eine spezielle

Ordnung existenzieller Hierarchien bezieht. Der *puruṣa* bleibt, obgleich er die erste Ursache aller möglichen Erscheinungserzeugnisse ist, fest und konstant in seiner Konfiguration (siehe *XII, 13 ff*. und *XVIII, 4 ff*.). Und noch etwas: Solange das Individuum die drei *guṇa* nicht in ein vollkommenes Gleichgewicht gebracht hat, wird es von ihnen sogar gegen seinen Willen zum Handeln gedrängt.

6
Wer, obgleich er die Handlungsorgane (karmendriya) beherrscht, weiter an die Sinnesobjekte denkt, täuscht sich und wird als heuchlerisch bezeichnet.

7
Wer hingegen, oh Arjuna, die Sinne mit dem Verstand zügelt und ohne Verhaftung den Karmayoga beginnt, der triumphiert mit der Fähigkeit des Handelns [über die anderen].

Der Meister warnt vor gewissen Täuschungen oder Demagogien, die typisch für falsche Yogis sind. Es mag Individuen geben, die dem Anschein nach verhaftungslos gegenüber den sinnlichen Dingen sind, die aber in ihrem Innern ständig an sie denken. Sie zeigen eine Art von moralistisch fundierter, äußerer Gehemmtheit, die *Substanz* aber bleibt unberührt. Es erübrigt sich zu sagen, dass diesen Pseudolehrern nicht nur die Verwirklichung fehlt, sondern dass sie im Laufe der Zeit sogar Konflikte, Spannungen und Neurosen erzeugen. Die erforderliche Loslösung ergibt sich:

1. aus der philosophischen Erkenntnis des Seins
2. aus der Teilhabe des Bewusstseins an der intuitiv erfassten, spirituellen Anschauung

3. aus der Kenntnis der psychischen Energien und ihrer unterbewussten Motivationen (*saṁskāra*); das beinhaltet auch, die Natur des objektivierenden *rajas* zu verstehen
4. aus der grenzenlosen Liebe zu Erkenntnis und Verwirklichung.

Wenn ein Problem verstanden wird, kann es keine Gehemmtheit geben, und wenn es keine Gehemmtheit gibt, erfolgt die ganzheitliche Lösung jenes Problems.

8
Führe also die erforderliche Handlung aus, denn Handeln ist besser als Untätigkeit [Trägheit]; ohne zu handeln könntest du nicht einmal deinen Körper am Leben erhalten.

Der Trägheit und der Untätigkeit – Ursachen mentalen Verfalls – sind die Handlung und das Tätigsein vorzuziehen. Man kann gewiss nicht behaupten, dass die östliche Überlieferung Quietismus und psychische Stagnation predige.

Die Handlung ist also der Nicht-Handlung (*akarmaṇaḥ*) beziehungsweise der Handlungsweigerung überlegen.

9
Abgesehen von der Handlung, die auf dem Opfer basiert [nicht bindendes Handeln], ist die Welt an Handlung gebunden, oh Kaunteya; führe daher deine Handlung als Opfer aus, frei von Verhaftung.

10
In weit zurückliegenden Zeiten sagte Prajāpati, der die Menschen zusammen mit dem Opfer erschaffen hat:

»Vermehrt euch durch dies [das Opfer], und das möge die Kuh des Überflusses (kāmadhuk) für euch sein, die eure Wünsche erfüllt:

11
Mit ihm nährt die Deva und die Deva mögen euch nähren, und indem ihr euch gegenseitig nährt, erlangt ihr das höchste Gute.

12
Denn die durch das Opfer unterstützten Götter werden euch ihre Gefälligkeiten erweisen.« Wer diese Gefälligkeiten genießt ohne sie zu erwidern, ist zweifellos ein Dieb.

Prajāpati ist der Herr aller Geschöpfe, der höchste Gott der vedischen Epoche. Er ist gleichbedeutend mit Brahmā. Im *Manu* lesen wir: »Brahmā schuf die Götter (*Deva*) und das ewige Opfer.« Im Grunde ist die Manifestation selbst ein göttliches Opfer.

Kāmadhuk ist die mythische Kuh von Indra, deren Milch alle Wünsche erfüllt.

In diesen *sūtra* wird die gegenseitige Abhängigkeit zwischen den Göttern und den Menschen sowie ihre gemeinsame harmonische Arbeit hervorgehoben.

Vom Gesichtspunkt der Überlieferung aus existieren im Universum unbegrenzte Hierarchien manifester – untermenschlicher, menschlicher und übermenschlicher – Wesen. Der Einklang zwischen ihnen führt zu einem ausgewogenen und glücklichen kosmischen Leben.

Jede Hierarchie bietet dem universalen Zusammenhang bestimmte, ihr innewohnende Eigenschaften, wir können sagen bestimmte Färbungen, die in harmonischer Wechselbeziehung mit der manifesten Totalität zu einem freien Fluss der gesamten Bandbreite des universalen Schwingungszustands beziehungsweise des reichlich vorhandenen Lichts göttlichen Geistes führen.

Wenn sich das Individuum einer bestimmten Lebenshierarchie metallisiert, abspaltet und von der Natur isoliert, unterbricht es die Verbindungen zu dieser vitalen Universalität und blockiert so den freien Fluss der qualifizierten und qualifizierenden Energie.

In der antiken Gesellschaft der Überlieferung galt der Mensch als eines – nicht als das Einzige – unter vielen manifesten Wesen, und er versuchte sich mit dem kosmischen Rhythmus in Verbindung zu bringen, um Einklang, Vereinigung und Erfüllung zu finden.

Das vedische Ritual beinhaltete in seinem esoterischen Teil die Kenntnis der Hierarchien und die Art sich ihnen zu nähern. Der Ritus war eine Wissenschaft. Wir tun gut daran, uns diese Wahrheit in Erinnerung zu rufen, da sie Stoff zu tiefgründigem Nachdenken liefern kann: Das Individuum der Überlieferung besaß ein Verständnis von der Einzigartigkeit des Ganzen, es kannte die hierarchische Lebenszusammensetzung auf den verschiedenen Schwingungsebenen des Seins und war sich bewusst, dass eine Disharmonie im Bereich einer Hierarchie den Lebensraum stören würde.

13
Die Rechtschaffenen, die sich von den Speisen des Opfers ernähren, werden von allen Irrtümern befreit; die Niederträchtigen aber, die den Tisch nur für sich selbst decken, ernähren sich mit Zuwiderhandlungen.

Das ist ein Hinweis auf die vedische Überlieferung: Nach ihr müssen die Hindus den Tag mit einer Opferhandlung beginnen, das heißt, sie müssen zuerst ein Wesen nähren, bevor sie selbst ihre erste Mahlzeit einnehmen. Das beinhaltet die Einsicht, dass wir auf der manifesten Ebene nicht die Einzigen sind und daher auch nicht so handeln dürfen, als ob wir es wären. Das Leben verlangt »Teilhabe« auf allen Wirkungsebenen.

14
Aus der Nahrung entstehen die Lebewesen. Aus dem Regen stammt die Nahrung, das Opfer erzeugt den Regen und aus dem Handeln entsteht das Opfer.

»Wer alleine isst, der allein ist ein Sünder.«[1]

»Das Opfer aus geschmolzener Butter, die ins Feuer geworfen wird, steigt gleichmäßig als Dampf gen Himmel: Von der Sonne fällt es als Regen herab, aus dem Regen entstehen die Pflanzen, aus den Pflanzen beziehen die Geschöpfe Nahrung und Leben.«[2]

15
Wisse, dass aus Brahmā selbst die Handlung (karma) hervorgeht und Brahmā dem Absoluten [Brahman] entspringt. So basiert Brahman, welches alles durchdringt, auf dem Opfer.

Diese Unterscheidung bezieht sich – der Metaphysik des *Vedānta* zufolge – auf *Brahman* oder das Prinzip:

---

[1] *Ṛg Veda X, 117, 6*

[2] *Manu III, 76*

Brahman oder *Brahma*
das unmanifeste Absolute oder *Nirguṇa*

↓

Brahmā oder *Īśvara*
das bewegte Erste; das kausale-keimhafte Prinzip
das Eine, das die gesamte Manifestation in sich enthält

↓

Śiva – Viṣṇu – Brahmā

*Brāhm*ā ist das Prinzip der Manifestation des Universums, *Viṣṇu* ist das Prinzip der Erhaltung und *Śiva* das Prinzip der Transformation und Auflösung. Diese Namen sind als Vergegenständlichungen von Prinzipien zu verstehen, denen nichts Individuelles und Partielles innewohnt. Der Anthropomorphismus ist eine Verhaltensweise des abgespaltenen, empirischen Verstandes, dem es nicht gelingt ein formloses und unpersönliches Prinzip zu begreifen und zu beweisen.

In *Brahman nirguṇa* existieren alle unendlichen Ausdrucksformen der Manifestation und der Manifestationslosigkeit, während in *Brahmā eine* der möglichen, konkreten, objektiven Ausdrucksformen mit allen unbegrenzten Modalitäten, die sich daraus ergeben können, existiert. Der existenzielle Zustand *Brahmās* ist aufgrund seiner ihm innewohnenden Beschaffenheit ein Zustand des Übergangs und der Begrenzung, da er *(Brahmā)*, nachdem sich die Ursache und die Enthüllung beziehungsweise die mehr oder weniger vielfache existenzielle Entfaltung erschöpft haben, ins unbedingte und unendliche *Brahman* zurückkehrt. *Brahman* ist mehr als *Brahmā*, denn *Brahmā* entspringt *Brahman* und bildet nur *eine* manifeste oder enthüllte Modalität des *Brahman*.

Zu einem besseren Verständnis dieser metaphysischen Vorstellung greifen wir auf die – wenn auch blasse – Analogie der Sphäre der physischen Elektronen zurück (obwohl es auf der metaphysischen Ebene eigentlich keinen Sinn macht von physischen Elementen zu sprechen).

Die gesamte Masse der Elementarteilchen (*Brahman*) enthält die Potenzialität unbestimmter atomarer und molekularer Bewegungen in sich.

Das Atom (*Brahmā*) dagegen, das aus einer Verbindung dieser Teilchen entsteht, ist bereits determiniert, bestimmt, mit Eigenschaften ausgestattet (*saguṇa*), und bildet den ersten Baustein oder Archetypen des gesamten molekularen Lebens. Ohne das Atom existieren die Moleküle nicht und demzufolge gibt es keine Körper beziehungsweise Formen oder Gewebe, das heißt, kein mit Eigenschaften ausgestattetes Leben; ohne *Brahmā* also kein Universum der Namen und der Formen.

Wir haben:

die undifferenzierte elementare Essenz
(*Brahman nirguṇa*)

↓

die feinstoffliche Ureinheit
(*Brahman saguṇa*)

das Atom ursprünglichen Lebens; das bewegte Erste dessen,
was eine Modalität qualifizierten Lebens darstellen kann

↓

Das Atom seinerseits ist dreifach: Proton, Neutron und Elektron und diese Dreiheit stellt nichts anderes dar als die atomare Einheit.

Daraus resultiert:

↓

die objektive manifeste Vielfalt
(*Śiva – Viṣṇu – Brahmā*)

Moleküle oder *jīva*, die Attribute oder Eigenschaften enthüllen,
welche stets dem bewegten Ersten innewohnen.

Dies ist, um es zu wiederholen, nur eine Analogie, denn die Metaphysik kann nicht mit der physischen Ebene verglichen werden.

Dieses *sūtra* sollte man sich gut einprägen. Dann wird man besser verstehen, was der Meister seinem Schüler Arjuna in den folgenden Kapiteln zu sagen hat.

16
Wer auf dieser Welt nicht dazu beiträgt, [dass sich] das Rad [des Werdens] [dreht], und wer [nur] der [egoistischen] Sinnenlust frönt, lebt vergeblich, oh Pārtha.

17
Aber für den, der seine Freude nur im Selbst findet, der durch das Selbst zufriedengestellt ist und im Selbst seinen Frieden entdeckt, existiert keinerlei Pflicht mehr, die erfüllt werden muss.

18
Weder die Handlung (kṛtena) noch die Nicht-Handlung können so ein Wesen auf dieser Welt mehr interessieren; es ist von niemandem mehr abhängig; außerdem gibt es keinerlei Grund mehr, Zuflucht bei den Wesen zu suchen.

Die Worte des Meisters könnten von neuem Verwirrung stiften: Einerseits lobt er die Handlung, anderseits sagt er jedoch, die Erkenntnis als Opfer sei dem Handeln überlegen. Wir wollen nun an das anknüpfen, was anderswo gesagt wurde, um diese Lehranweisungen besser verstehen zu können.

Vor allem aber sollte betont werden, dass sich Kṛṣṇa in *sūtra 17* auf denjenigen bezieht, der sich des Selbst im Selbst erfreut, das heißt, auf den Verwirklichten oder auf den (von der *avidyā*) Befreiten, und nicht auf den Neophyten oder gar auf das weltliche Individuum, das sich mit der Frage der Erkenntnis und Verwirklichung noch gar nicht beschäftigt hat. Für letzteren gilt der Inhalt des *sūtra 16*.

Ferner sollte hervorgehoben werden, dass die Lehre verschiedene Stadien und Momente eines einzigen Verwirklichungsereignisses untersucht, das sich graduell unterscheidet, wobei jeder Grad seinen eigenen, exakten Aufbau aus Ursache-Wirkung hat. Arjuna muss ein ganz bestimmtes *dharma* erfüllen und benötigt die seiner speziellen Ordnung entsprechende Initiation. Zuerst schwingt sich der Lehrer in bestimmte metaphysische Höhen hinauf, danach steigt er wieder herab auf die Ebene des individuellen Zustands von Arjuna und kehrt zu dessen unmittelbarer Problemstellung zurück. Den erneuten Abstieg können wir ab *sūtra 19 ff.* verfolgen: »Deshalb führe beständig die deinem *dharma* innewohnende Handlung aus ...« wie Janaka und die anderen, welche die Vollkommenheit durch das Handeln erreicht haben.

Wenn wir diese beiden *sūtra* genauer betrachten, können wir bemerken, dass wir dem metaphysischen Gewahrsein des vollkommenen Verwirklichten gegenüberstehen. Dieses Gewahrsein aber beinhaltet zunächst einmal die Frage, ob der menschliche *jīva* die Erfüllung, den Frieden, die Harmonie und die Freude im

Sinne eines optimalen Existenzzustandes in sich selbst finden kann oder nicht.

Wenn er es nicht kann, bleiben ihm nur zwei Wege:

a) die vollkommene Resignation gegenüber einem unvermeidbaren Ereignis und ein Weiterleben, Weiterkämpfen und Weiterhandeln, um ausweglos Konflikt und Schmerz zu erfahren – ein jämmerliches Schicksal für ein selbstbewusstes Wesen.

b) die Ablehnung der eigenen Lebensumstände und die Selbstzerstörung in dem Glauben, dadurch einem grausamen und sinnlosen Schicksal ein Ende zu setzen.

Beide Wege sind im Grunde irrational und unlogisch. Wenn der menschliche *jīva* jedoch die Erfüllung in sich finden kann, liegen die Dinge offensichtlich anders und das Leben erhält eine gewisse Bedeutung.

Nun sagt die Überlieferung, dass er die optimale Erfüllung auf der manifesten Ebene *in sich* finden kann. Das ist eine Sache, die in Betracht gezogen werden sollte. Bis zum heutigen Tag gab und gibt es Wesen, die diese überlieferte Wahrheit nicht nur theoretisch oder scheinbar, sondern vielmehr durch ihr eigenes Leben enthüllten und enthüllen, sodass diese Wahrheit empirisch bewiesen ist.

Ob der Mensch gegenüber dem, was er sieht, gleichgültig ist oder aufgrund seiner blinden Vorurteile gar nicht sehen will, ist unwichtig. Die Wahrheit existiert trotzdem.

Jede wahre Initiationslehre strebt danach, all diejenigen, die wirklich suchen wollen, zur *Pax profunda* und Erfüllung zu führen.

»... klopft an, dann wird euch geöffnet. Denn wer bittet, der empfängt; ...«[1] »Im Haus meines Vaters gibt es viele Wohnungen.«[2] – So heißt es im Evangelium der Christen und jeder, der möchte, kann in diesem unermesslichen Gebäude, welches das manifeste Universum darstellt, ein Zimmer erhalten.

Wenn der Mensch bis gestern die Unwissenheit mit ihren konfliktgeladenen Attributen gewählt hat, dann kann er sich von heute an für die Verwirklichung und Erkenntnis mit ihren Attributen aus Rhythmus und Harmonie entscheiden.

> »... für den, der seine Freude nur im Selbst findet, der durch das Selbst zufriedengestellt ist und im Selbst seinen Frieden entdeckt, existiert keinerlei Pflicht mehr, die erfüllt werden muss.« (*III, 17*)

Warum? Zuallererst sollten wir uns fragen, wer es ist, der in Wirklichkeit handelt, wer es ist, der in Wirklichkeit Bewegung, Bestimmung und Ereignis erzeugt.

Wir haben gesehen, dass der höchste *puruṣa*, das wahre Sein, die Essenz der Essenzen, der absolute *ātman* in uns, ebenso weit entfernt und »isoliert« (*kaivalya*) wie die Sonne bleibt, obgleich er alles belebt. Das Absolute kann sich weder bewegen, von einem Ort zu einem anderen gehen, noch etwas wünschen oder genießen, denn sonst wäre es nicht das Absolute. Das Manifeste dagegen bildet den zeitlich-räumlichen Prozess eines Zustandes, der in einen anderen übergeht. Die Handlung (oder das *karma*) sorgt dafür, dass es in kontinuierlicher Veränderung bleibt. Es kann nur dann bestehen bleiben, wenn die Handlung oder Ursache fortdauert. Ein Augenblick des Stillstands würde die Welt zum Einsturz bringen.

---

[1] *Matthäus 7, 7-8*

[2] *Johannes 14, 2*

Wenn der *ātman* also nicht das materielle Handelnde des Handelns ist, müssen wir uns noch einmal fragen, was es denn ist, das in uns handelt, was es ist, das den Prozess oder das Werden realisiert.

Betrachten wir noch einmal den Aufbau des Wesens. Dabei hatten wir gesagt, dass es einen ursprünglichen Punkt gibt, der, wenn er sich polarisiert, einen dritten Faktor erhält: den individualisierten, mit Eigenschaften versehenen *jīva* mit seiner festgelegten Bewegung.

Und dieser von der unmanifesten polaren Einheit erzeugte *jīva* kann sich durch seine besondere Eigenschaft in drei Richtungen bewegen, die aus der Sphäre seiner Potenzialitäten hervorgehen:

a) Er kann sich der ursprünglichen Einheit zuwenden: das bedeutet Wiedereingliederung.

b) Er kann zu einer Handlungweise tendieren, die Erleuchtung oder das Gewahrsein aus dem ursprünglichen Kern empfängt; in diesem Fall wird der *jīva* zu einem Kanal, Werkzeug und Logos-Vorposten des Kerns auf gewissen Schwingungsebenen des Seins. Das bedeutet den Besitz einer bewussten Bindung. So kann sich der *jīva* oder Kanal in der Welt befinden ohne von dieser Welt zu sein. Dies ist der optimale Zustand des Wesens auf der Ebene der Eigenschaften.

c) Er kann seine ganze Aufmersamkeit nach außen richten und dabei seinen Ursprung beziehungsweise seine eigene Quelle verhüllen und demzufolge einen doppelten Irrtum (*avidyā*) begehen:

1. Er hält sich für absolut, selbstständig und unabhängig, obwohl er es gar nicht ist.
2. In diesem Werden versucht er, um seine Unvollständigkeit ertragen zu können, sich äußerlich, außerhalb von sich, mit dem zu vervollständigen, was er auf der Ebene der Erscheinungen vorfindet. Das führt zu einem Drang nach Besitz jeglicher Ordnung und jeglichen Grades.

Wenn wir einen Augenblick innehalten, stellen wir fest, dass der verkörperte *jīva* genau durch diesen Mangel an Vollständigkeit, die aus der Tatsache rührt, dass er ein abgetrennter *jīva* ist, zum Handeln getrieben wird.

Wir können sogar sagen, dass das Erzeugen von Handlungen, die ihn befriedigen können, für ihn unter diesem Aspekt eine fundamentale und unabdingbare Notwendigkeit ist. Da er sich ausschließlich auf das Objekt bezieht, wird er zwangsläufig von ihm unterjocht und der kontinuierliche Drang zur Veräußerlichung zieht ihn – aus Mangel an Selbstgewahrsein – unaufhörlich von einer Gegebenheit, deren anziehende Faszination nachlässt, zur nächsten, in einer Kette des endlosen Rückpralls. Dieses anstrengende, mühselige und qualvolle Wandern ist das Elendste seines *saṁsāra*.

Duryodhana bewegt sich aus Herrschsucht, Machthunger und Gier nach Ruhm usw., da er nicht in Frieden mit sich selbst und kein Vollkommener ist, andernfalls würde er innehalten.

Auf die Frage, wer es nun ist, der handelt, können wir antworten: Es ist der individualisierte, inkarnierte, verkörperte *jīva*, eine Projektion des *ātman*. Im Traum oder in der Welt ist derjenige, der handelt, der Träumer oder der Erfahrende – eine einfache Projektion des *buddhi*-Verstandes.

Warum handelt er? Da sich sein wahrer Ursprung verdunkelt hat und er das Bewusstsein seiner selbst als existenzielle absolute Modalität verloren hat, versucht er, Kompensationen außerhalb seiner Noumenalität zu finden und sich in projizierten Gegebenheiten zu vervollständigen. So wandert seine Aufmerksamkeit in einer ununterbrochenen Reihe von Bewegungen, die sich jedoch als bindend und unauflösbar erweisen, von einem Objekt zum anderen.

Das Individuum befindet sich auf einer ewigen Suche nach Glück und Wohlbefinden, aber es fragt sich nicht, in welcher Richtung es suchen soll um sein dringliches Problem der Unvollkommenheit wirklich lösen zu können.

Für den aber, der sich diese Frage bereits gestellt und der den rettenden Weg gefunden hat, gibt es keine Übertragungsbewegung und -handlung mehr, die ausgeführt werden muss. Ihn interessieren die diese Welt betreffende Handlung und die Handlungslosigkeit nicht mehr, da er diese Welt ja verlassen hat.

Bei jeder Handlung sind drei Dinge zu beachten:

a) das handelnde Subjekt

b) die spezifische Handlung, dargestellt durch den anziehenden Akt, der Beziehung festlegt

c) das Objekt (die Gegebenheit), das außerhalb vom Subjekt gelegen ist und auf welches die Handlung ausgeübt wird.

Diese drei Größen sind es, die wir stets auf der empirischen Ebene vorfinden, und als solche beziehen sie sich auf die Welt des Werdens. Wie aber können wir auf der Ebene des Einen-ohne-Zweiten die Dreiheit, die Vielheit und die Differenziertheit finden? Da es kein Zweites gibt, verschwindet das Objekt und natürlich auch die Beziehung zu ihm. Mit anderen Worten: Es fehlt die Hauptvoraussetzung für eine mögliche Handlung – gleich welcher Art sie sein mag.

19
Deshalb führe beständig die deinem dharma innewohnende Handlung aus, ohne Verhaftung, denn wahrlich, wer ohne Verhaftung handelt, erreicht das Höchste.

20
Janaka und die anderen haben durch Handlung die Vollkommenheit erreicht; so musst du um der Einheit der Welt [des Gleichgewichts] willen handeln.

Janaka war König von Mithilā und Vater der Sitā, Ehefrau des Rāma. Er regierte so, dass er nicht-handelnd schien. Er hatte das Ich-Gefühl (*ahaṁkāra*) aufgegeben.

Der Lehrer steigt wieder auf die Bewusstseinsebene seines Schülers herab, weil er natürlich nicht vergisst, welches *dharma* Arjuna hat und welche Art der Initiation daher in Angriff genommen werden muss.

21
Das, was ein großer Mensch tut, tun auch die anderen. Die Leute folgen dem Maßstab, den er setzt.

Hier sehen wir, welchen Sinn die Verantwortung hat, die ein Individuum trägt, das eine bestimmte Stellung innehat; für viele Menschen repräsentiert so ein Individuum einen Leuchtturm.

22
Oh Pārtha, es gibt nichts in diesen drei Welten, das von Mir getan werden muss, und nichts, das Ich haben muss und das nicht gelöst worden ist; dennoch handle Ich [obwohl Ich außerhalb davon bleibe].

Die drei Welten sind die grobstoffliche, die feinstoffliche und die kausale Welt; jenseits davon existiert der *Vierte*, *Turīya* oder *Brahman*. Auch in der *Qabbālāh* gibt es drei Welten: *Briah*, *Jetzirah* und *Assiah*; jenseits von ihnen ist *Atzilut*, der nichtmanifeste, absolute Zustand.

23
Denn wenn Ich nicht unermüdlich am Handeln teilnehmen würde, oh Pārtha, würden die Menschen meinem Beispiel folgen.

24
Und diese Welten würden verschwinden und Ich wäre die Ursache für die Vermischung der gesellschaftlichen Klassen und die Vernichtung der Geschöpfe.

25
Wie die Unwissenden, oh Bhārata, als Sklaven der Handlung handeln, so muss der Weise ohne Verhaftung handeln um die Welt zu erhalten.

26
Der Weise darf keine Verwirrung im Verstand der unwissenden Sklaven der Handlung stiften. Derjenige, der erkennt, muss dafür sorgen, dass die Handlungen ausgeglichenen Geistes vollzogen werden.

27
Alle Handlungen werden durch die guṇa angeregt. Wer jedoch von seinem [empirischen] Ich unterjocht wird, denkt: »Ich bin es, der handelt.«

28
Wer den Unterschied zwischen den Eigenschaften und der Handlung begreift, der erkennt, dass es die guṇa sind, die

auf die guṇa reagieren, und erzeugt [daher] keinerlei Verhaftung mehr, oh Mahābāhu.

Mit dem Schwert der Unterscheidung (*viveka*) muss zwischen der Energie des Begehrens und dem Subjekt, das begehrt, sowie dem begehrten Objekt unterschieden werden.

Manchmal identifiziert sich der Mensch so sehr mit seiner energetischen Zusammensetzung, dass er mit ihr verschmilzt und dann glaubt, *er* sei es, der begehrt und handelt. Statt dessen sollte er lernen folgendermaßen zu sich selbst zu sprechen: Eine emotionsgeladene Energie hat sich meiner bemächtigt und drängt mich in eine bestimmte Richtung.

Prakṛti stellt die kosmische Substanz dar, den negativen Pol des Seins, und der *jīva*, der aus der polaren Verbindung entsteht, wird durch die ihr innewohnenden Eigenschaften angeregt und angespornt.

29
Aber diejenigen, die durch die guṇa verwirrt sind, binden sich an die Funktionen der guṇa. Der Mensch, der eine vollkommene Erkenntnis hat, darf diejenigen nicht verwirren, die eine unvollkommene Erkenntnis haben.

Dieses *sūtra* ist äußerst wichtig und bedarf keines weiteren Kommentars: Es offenbart sich von allein.

30
Widme Mir deine Handlungen, mit deinem Herzen im ursprünglichen Selbst (adhyātma) verankert, frei von jedem Begehren, vom Egoismus und von psychischer Erregung, [und] kämpfe.

31
Diejenigen, welche kontinuierlich meiner Lehre folgen, voll Vertrauen und frei von Kritik, werden von der Bindung an die Werke (karmabhiḥ) befreit.

Kṛṣṇa lehrt seinen *kṣatriya*-Schüler das rechte Handeln und die richtige psychologische Haltung, die er einnehmen muss.

32
Aber diejenigen, welche meine Lehre verachten und ihr nicht folgen, wisse, dass sie ohne Unterscheidungsvermögen bleiben werden, getäuscht und dem Verderben geweiht.

33
Auch der Weise handelt seiner Natur getreu. Alle Geschöpfe folgen ihren jeweiligen Neigungen. Was nützt es, Gewalt anzuwenden?

Jedes Individuum hat sein eigenes, durch die früher ausgeführten Taten zur Reife gelangtes *karma* und *dharma*, die weder durch Auflehnung noch durch Gewalt aufgelöst werden können. Nicht durch Gewalt kann das eigene Schicksal transzendiert werden, sondern nur durch das Verständnis der Ereignisse und aller existierenden Reaktionen auf das Leben.

34
Die Anziehung und die Abneigung gegenüber den Objekten sind dem entsprechenden Sinnesorgan innewohnend: Diesen beiden möge sich niemand unterwerfen, denn sie sind die zwei Feinde.

35
Besser [ist] der eigene dharma, auch wenn er unvollkommen erfüllt wird, als der dharma der anderen, auch

wenn er vollkommen erfüllt wird. Es ist besser in Erfüllung des eigenen dharma zu sterben, denn der eines anderen richtet Schaden an.

Einem Menschen kann geholfen werden, wenn man ihn in die Lage versetzt zu wachsen und Erleuchtung zu empfangen: Die darauf folgenden Schritte muss er alleine tun; sie stellvertretend für ihn zu gehen würde bedeuten, dass sich sein Wachstum verzögert.

Arjuna sprach:

36
Aber wodurch, oh Vārṣṇeya, wird der Mensch genötigt, unterjocht, auch gegen seinen Willen?

Śrī Bhagavān antwortete:

37
Durch Begehren (kāma) und durch Leidenschaft und Wut (krodhaḥ), welche durch die guṇa-Eigenschaft rajas entstanden sind und alles auf unheilvolle Weise verschlingen. Wisse, dass auf der Welt dieses [rajas] unser Feind ist.

38
Wie das Feuer von Rauch bedeckt ist, der Spiegel von Staub, der Embryo vom Amnion, so ist diese [Erkenntnis] von jenem [rajas] überdeckt.

39
Die Erkenntnis ist [also] von diesem ständigen Feind umhüllt, oh Kaunteya, unersättliches Feuer, das die Form des Begehrens annimmt.

40
Es [rajas] wohnt in den Sinnen (indriya), im Verstand (manas) und im Intellekt (buddhi), deshalb verhüllt es die Erkenntnis und verwirrt damit die verkörperte Seele [jīva].

41
Darum beginne, oh Bester unter den Bhārata, deine Sinne zu kontrollieren, und töte den Zerstörer der unterscheidenden Erkenntnis und jener spirituellen [Weisheit].

Vijñāna bedeutet die unterscheidende Erkenntnis; *jñāna* die synthetische oder heilige Erkenntnis.

42
Es wird gesagt, dass die Sinne (indriya) groß sind, größer als die Sinne ist der Verstand (manas), dem Verstand überlegen ist der reine Intellekt (buddhi) und größer als der Intellekt ist Es [das Selbst].

Siehe die Anmerkung über den Aufbau des Wesens gemäß der überlieferten Lehre des *Vedānta* (Kap. II, Seite 57).

43
Nachdem du verstanden hast, was dem reinen Intellekt überlegen ist, und indem du das Selbst durch das Selbst stärkst, oh Mahābāhu, töte also den Feind, der in Gestalt der Begierde auftritt und sich so schwer vernichten lässt.

Dies ist das dritte Kapitel mit dem Titel »Karmayoga«.

ANMERKUNGEN ZU KAPITEL III

Arjuna gelingt es nicht seinen gegenwärtigen Zustand zu begreifen. Außerdem preist der Lehrer die Erkenntnis des *Sāṁkhya*, sodass Arjuna vor einem Scheideweg steht: Soll er handeln oder soll er sich auf die Ebene des *samādhi* und der Kontemplation begeben?

Kṛṣṇa greift ein. Es gibt zwei Wege, die zur Vollkommenheit führen: den der Erkenntnis und der Kontemplation sowie den des Handelns; Arjuna muss den Weg des Handelns einschlagen, da dieser seiner Stellung mehr entspricht.

Kṛṣṇa macht allerdings eine Einschränkung: Für den vollkommenen Verwirklichten ergeben das Handeln und das Nicht-Handeln, die Erkenntnis und die Handlung keinen Sinn mehr, da er jene Dualität oder Polarität überschritten hat. Dann erklärt Kṛṣṇa die Funktion des Opfers als rituelle Handlung (*karma*, dieses Wort wird auch in dieser Bedeutung verwendet, es ist sogar der technische Begriff dafür). Dabei spricht er vom Opfer in seinem wahren Zusammenhang und in seiner wahren Bedeutung und unterstreicht die Haltung der Verhaftungslosigkeit, die gegenüber den Früchten der rituellen Handlung einzunehmen ist. Kṛṣṇa will dem Opfer einen tiefgründigeren und eindeutigeren Wert geben, damit es zur Befreiung führen kann anstatt in Gefangenschaft. Jede Bewegung muss frei von Ego-Interesse und frei vom Wunsch nach Belohnung sein; jede Bewegung muss einen ausschließlich zentrifugalen Beweggrund haben. Diese Art des Vorgehens bildet die Grundlage und das wesentliche Prinzip des *Karmayoga* (Yoga des rechten oder reinen Handelns). Das ist für Arjuna der Schlüssel zur Erfüllung seines *dharma* als *kṣatriya*.

Für das richtige Verständnis des *Karmayoga* ist erforderlich, dass man zwischen dem Selbst, der Handlung und den *guṇa* (den anregenden Eigenschaften der Natur), die Erzeuger von Ereignissen oder Veränderungen sind, unterscheidet. Kṛṣṇa empfiehlt der Aufmerksamkeit Arjunas die Meditation über das Problem des Unterscheidens. Wenn die Meditation vertieft wird, kann man verstehen, dass es einen Unterschied gibt zwischen dem inneren Herrn, der reagierenden Zugkraft, die Handlung oder Bewegung bestimmt, und dem äußeren Objekt, auf das diese Kraft angewendet wird, sowie der Frucht, die diese Handlung auf unvermeidbare Weise mit sich bringt. Die Identität mit den Früchten verursacht eine Bindung an sie, ein Ertragen ihrer – mehr oder weniger verdienstvollen – gefangen nehmenden Bahn. Um nicht von dieser mitreißenden Energie übermannt zu werden und somit nicht die richtige Anschauung und die gleichmütige und heitere Entscheidungsfähigkeit zu verlieren, muss der »Ausschlag gebende« innere Herr in der Lage sein, die Identifikation mit all diesen Gegebenheiten zu beseitigen. Arjuna befindet sich an dem Punkt, eine Handlung auszuführen. Wir alle führen alle möglichen Handlungen aus: Welche Handlung ist richtig, rechtschaffen und vollkommen?

Die Lehre der *Gītā* kann wertvoll und essenziell für uns alle sein. Man sollte gründlich über sie *meditieren*, denn keinerlei Form von Yoga kann auf die Meditation verzichten. Aus der korrekten Meditation erwächst die Erkenntnis über das rechte Handeln, und wer richtig handelt, kann anderen ein Führer sein.

»Das, was ein großer Mensch tut, tun auch die anderen. Die Leute folgen dem Maßstab, den er setzt.« (*III, 21*)

Der Lehrer verdeutlicht auf klare Weise, dass der Yoga weder theoretisch noch mental diskursiv ist noch dass er eine theoretische Philosophie ist, bei der das Bewusstsein von dieser Erkenntnis abgetrennt ist. Ferner kann sich jemand nicht als Yogi bezeichnen, bloß weil er die Schriften kennt oder aber intellektuelle oder kreative Fähigkeiten besitzt. Ein Yogi zeichnet sich dadurch aus, dass er Erkenntnis, Liebe und tiefen Frieden unter seinesgleichen enthüllt, weil in ihm eine ganzheitliche Katharsis stattgefunden hat.

Keine andere Autorität als seine eigene Lebensführung, die effektive Verwirklichung und Befreiung von der *avidyā* oder Unwissenheit kann ihm den Titel des Yogi verleihen.

Arjuna möchte wissen, was den Menschen an das Rad des Werdens bindet. Sein Meister zögert nicht zu antworten, dass es das Begehren sei mit allen dazugehörigen Leidenschaften, welches das Leben des Individuums verzehre. Die durch Erwerb und heftige Begierden stark elektrifizierte, explodierende Kraft *rajas* muss beruhigt und transzendiert werden.

Die *Upanischaden*, die *Gītā* und auch die Lehre Buddhas handeln von dieser *prakṛti* oder Energie, welche Konflikt und Schmerz verursacht. Der *jīva* beziehungsweise der Mensch kann sich ihr entledigen, weil er die Möglichkeit in sich hat andere energetische Attribute auszudrücken, die harmonisierend und erhebend wirken. Für einen *kṣatriya* – und all diejenigen, die sich auf der Ebene der Handlung und Bewegung befinden – ist es unabdingbar die Natur der eigenen Beweggründe verstehen zu lernen, um Handlungen zu vermeiden, die früher oder später bereut werden müssen.

»Es wird gesagt, dass die Sinne groß sind, größer als die Sinne ist der Verstand, dem Verstand überlegen ist der reine Intellekt, und größer als der Intellekt ist Es.« (*III, 42*)

Dieses Es ist der *ātman*, das Selbst, *Brahman*, das alles durchdringt, obgleich Es außerhalb von jeder molekularen Modifikation ist. In diesem *sūtra* legt Kṛṣṇa das Fundament für die verschiedenen Yoga-Arten, die den unterschiedlichen Bewusstseinsebenen entsprechen. Er beginnt mit bestimmten grundlegenden Stützen: Beim *Bhaktiyoga* und beim *Karmayoga* sind es die Sinnesorgane, beim *Rājayoga* ist es der Verstand, beim *Buddhiyoga* der Intellekt und der *Ātmayoga* basiert für das Selbst auf dem Selbst. Aus psychologischer Sicht stellt Kṛṣṇa außerdem eine Hierarchie der Bewusstseinszustände vor, die sich entlang einer ansteigenden Kurve anordnen: Je höher man steigt, desto mehr Erfüllung und Harmonie findet man vor, verbunden mit mehr Freiheit und der Befreiung von der *avidyā* (Unkenntnis).

KAPITEL IV

LOB DES JÑĀNAYOGA

Śṛī Bhagavan sprach:

1
Seinerzeit verkündete ich Vivasvān diesen unvergänglichen Yoga. Vivasvān übermittelte ihn Manu und Manu gab ihn an Ikṣvāku weiter.

Vivasvān ist die Sonne oder der sonnengleiche Held; Manu ist sein Sohn und der erste göttliche König der Sonnendynastie. Ikṣvāku ist der Sohn von Manu. Der Yoga ist ein Zweig der Überlieferung, die nicht-menschlichen Ursprungs ist.

2
Und so lernten ihn in der Nachfolge die königlichen Weisen kennen; dann ist dieser Yoga im Laufe der Zeit auf der Erde in Vergessenheit geraten, oh Paraṁtapa.

3
Heute enthülle ich dir diesen uralten Yoga, denn du bist mir ergeben und mein Freund. Er enthält wahrlich das höchste Geheimnis (rahasyaṁ uttamam).

Zu allen Zeiten gab es Propheten wie Rāma, Kṛṣṇa, Buddha, Śaṁkarācārya, große *Ṛṣi* und all die anderen (um nur jene des Ostens zu nennen), welche die überlieferte Lehre »übermittelt«

haben. In Zeit und Raum sind immer wieder – mehr oder weniger große – Meister erschienen, um den Bedürftigen das »Lebenswasser« zu reichen. Die Menschheit ist noch nie allein gelassen worden. Der Grund dafür, dass es Zeiten der Verdunkelung gab und weiterhin – wie heutzutage bei uns – gibt, liegt darin, dass sich die Gesellschaft in einen derart egoistischen Materialismus hinein bewegt hat, dass die Gegenwart großer Seelen nutzlos und sogar von Nachteil ist. Aber auch in solchen Zeiten gab und gibt es stets Seelen, die »herabsteigen«, um hier und dort die Flamme der Überlieferung zu nähren – gerade so viel, als nötig ist, und nicht mehr.

Der Lehrer hat Arjuna jenen Yoga wieder-enthüllt, der zum höchsten *Frieden* führt, zu dem Frieden, den der Mensch verzweifelt herbeisehnt, den er aber aus irrationalen Gründen oder Schwäche nicht erlangen kann. Auch Jesus hat »seinen Frieden, nicht jenen, den die Welt gibt« angeboten, doch auf sein Angebot ist bis heute noch keine Reaktion erfolgt. Der Mensch kann – stets in Bezug auf seine unbestimmten Wunschmöglichkeiten – die materiellen Probleme lösen, im Rahmen des Möglichen die Elemente erobern, aber solange er sich nicht selbst erobert, wird er nie den Herzensfrieden finden können, welcher die erste Voraussetzung darstellt, auf der alle Handlungen und Erkenntnisse basieren müssen.

> »Oh Bhārata, jedes Mal, wenn das Gesetz (*dharma*) verfällt und die Zügellosigkeit die Oberhand gewinnt, manifestiere Ich mich. (IV, 7)

Dieser Yoga, der Vivasvān, Manu, Arjuna usw. übermittelt worden ist, gehört auch uns; er ist für jene Herzen, die den wahren und echten Frieden suchen, nicht jenen, den die Welt anbietet.

Arjuna sagte:

4
Die Geburt von Vivasvān ist früher, [während] deine Geburt später ist; wie soll ich also verstehen, dass du ihn [den Yoga] als Erster offenbart hast?

Jesus sagte: »Noch ehe Abraham wurde, bin ich.« (*Johannes 8, 58*) Auch Buddha bekannte, Meister einer großen Zahl von Bodhisattvas gewesen zu sein. (*Saddharmapuṇḍarīka XV, 1*)

Śṛī Bhagavān sprach:

5
Zahlreich sind meine vergangenen Leben und auch die deinen, oh Arjuna. Nur dass Ich sie alle kenne, während du sie nicht kennst, oh Paraṁtapa.

6
Obgleich Ich das Nicht-Geborene und das unzerstörbare Selbst bin, obgleich Ich der Herr aller Geschöpfe bin, in meiner eigenen Natur verankert, trete Ich durch meine māyā-Kraft in die Existenz ein.

Wir können zwei grundlegende Begriffe festhalten: das Selbst, das der Zeitlosigkeit angehört und daher ohne Entstehung, Wachstum und Tod ist, und die *māyā* als Werkzeug oder instrumentale Ursache einer »Erscheinung«, eines Ereignisses oder Phänomens. Wir haben also drei essenzielle Elemente, die uns das richtige Verständnis der Wirklichkeit geben:

1. das Wesen
2. die *māyā*, das Reaktionswerkzeug
3. die Erscheinung oder die objektive formale oder sinnliche Konkretisierung.

Jenseits der drei Elemente gibt es stets den *Vierten*, das Absolute: *Das,* welches jenseits aller Betrachtungsmöglichkeiten ist. Auf der manifesten Ebene erscheint *Das* als menschlicher, planetarischer und kosmischer *jīva* (Wesen).

Das Wesen bestimmt, die *māyā* führt aus und das Phänomen oder die Erscheinung taucht auf, aber nur das Wesen ist absolut und wirklich, der Rest ist nichts weiter als Licht und Schatten.

Eine Form ist nichts anderes als eine bestimmte »momentane« und instabile *māyā*-Konfiguration, die von einem handelnden Denker, von einem menschlichen oder übermenschlichen, verkörperten *jīva* erdacht worden ist.

Die *māyā* ist der Stoff, aus dem die »Träume« der Götter und Menschen sind. Sie ist *prakṛti*, die formende Substanz, welche die menschlichen, göttlichen, planetarischen und stellaren Formen bildet. Sie ist das Werkzeug, mit dem die Wunder vollbracht werden, sie ist der Uräther, mit dem der Geist durch seinen Hauch Wesen und Universen erschafft, sie ist Zeit beziehungsweise Geschichte. Alles entsteht durch einfaches »*māyā*-Spiel« und alles verschwindet durch dasselbe Spiel. Bewunderswerte Magie oder Kraft, die, wenn sie nicht richtig beherrscht wird, versklaven kann.

Das ist der Grund, warum man im Osten sagt, das Universum sei nur eine Erscheinung oder Täuschung. Im Grunde und aus dieser Perspektive gibt es keine menschliche, planetare oder galaktische Form, die nicht ein Prozess der Phänomene wäre, der erscheint und verschwindet; paradoxerweise ist er gleichzeitig wirklich und unwirklich, ein Ereignis, das entsteht, wächst und stirbt.

Eine Wirklichkeit ist, wie wir gesehen haben, eine Wirklichkeit, wenn sie identisch mit sich selbst ist, wenn sie konstant ist, wenn sie immer und überall existiert, innerhalb und außerhalb der Zeit, wenn sie nicht von anderen Wirklichkeiten abhängt und wenn nichts Widersprüchliches in ihr ist. Kṛṣṇa versucht Arjuna zu erklären, wer das wahre Wesen in ihm ist, wer handelt und was zum Handeln veranlasst.

Der Herr des Lebens, das Wesen par excellence, befindet sich außerhalb des *māyā*-Spiels.

Kraft seiner *māyā* »erscheint« Er in dem, was wir das Werden nennen; so tritt Er in vollkommenem Bewusstsein nach Belieben ein und aus und bewahrt stets seine Identität, während die normalen Sterblichen, die den Weg der *avidyā* gewählt haben, nicht nur ihre Identität verlieren, nachdem sie einmal in das Werden eingetreten sind, und nicht nur nicht mehr austreten können, wann sie wollen und wie sie es wollen, sondern blind dem kapriziösen *rajas*-Begehren der *māyā*-Energie gehorchen müssen. Mit anderen Worten: Sie müssen sich nach den unterschiedlichen, unvermeidbaren und unausweichlichen Bewegungen oder Veränderungen der *māyā* richten – das heißt, geboren werden und sterben –, wie der nächtliche Träumer, der von der illusionären Kraft der eigenen Traumprojektion unterjocht wird.

Als absolutes Sein kennt Kṛṣṇa all seine Erscheinungsformen. Arjuna, der diesen Grad der Verwirklichung noch nicht erreicht hat, ist sich nur des jeweils aktuellen Moments bewusst, das heißt, er ist an Zeit-Raum gebunden. Wir können daraus schließen, dass Kṛṣṇa in den verschiedensten Formen erscheint, ohne sich mit ihnen zu identifizieren. Somit bleibt er identisch mit sich selbst, im Gegensatz zu den Menschen, die sich – von der *avidyā* ergriffen – mit der momentanen Erscheinung identifizieren und dadurch in unvermeidbaren Widerspruch zum darauf folgenden Moment geraten.

7
Oh Bhārata, jedes Mal, wenn das Gesetz (dharma) verfällt und die Zügellosigkeit die Oberhand gewinnt (adharma), manifestiere Ich mich [erscheine Ich].

Hier wird das Herabkommen des *Avatāra* angedeutet.

Avatāra bedeutet »Herabkommen« und wörtlich: »derjenige, welcher die Herabkunft vollzieht«. Ein *Avatāra* verkörpert ein mehr oder weniger vollkommenes Prinzip unpersönlicher Ordnung.

Die höheren Intelligenzen sind immer unpersönlich und formlos, auch wenn sie sich im Bereich der Manifestation äußern. Es gibt *Avatāra* auf verschiedenen Stufen und mit verschiedenen Aufgaben, welche sich nicht nur mittels einer physischen Inkarnation äußern können, sondern auch auf vielerlei andere Arten. Ihre Weisheit kann:

1. das Bewusstsein der Menschen zur Wiedererweckung der Natur des Selbst anregen
2. das *dharma* eines Volkes, einer Rasse usw. »gerade richten«
3. ein bestimmtes neues *dharma* bei Anbruch eines neuen Zyklus einrichten.

Es ist klar, dass in all diesen Fällen im kollektiven Bereich langsam oder plötzlich eine Umwälzung der Werte und Bewusstseinsrichtungen stattfindet. *Dharma* bedeutet im Grunde Seinsweise und die spezielle Natur eines Wesens weist auf seine existenzielle Modalität hin.

Buddha, Lao Tse, Rāma, Kṛṣṇa, Śaṅkarācārya, Jesus und andere müssen als *Avatāra* betrachtet werden.

8
Zum Schutz der Rechtschaffenen, zur Beseitigung der Niederträchtigen, zur Wiederherstellung des Gesetzes enthülle Ich mich von Zeit zu Zeit.

9
Jeder, der die wahre Essenz meiner göttlichen Geburt und meines Werkes kennt, wird nicht mehr wiedergeboren, oh Arjuna, sondern kommt zu Mir.

Wer sich zum wahren Zustand des *Avatāra* erhebt, der wird nicht mehr wiedergeboren; der befreit sich von der *avidyā* oder Unwissenheit. Das Herabkommen des *Avatāra* ist ein wirksames und Heil bringendes Mittel für jene, welche die Welt der *māyā* transzendieren und sich selbst in sich selbst wiederfinden wollen. *Er* hilft uns das zu sein, was wir in Wirklichkeit schon sind. So wird das Prinzip zu Fleisch und das Fleisch erhebt sich zum Prinzip. Wer das »Wasser« des *Avatāra* trinkt, löscht seinen Durst für alle Ewigkeit.

10
Frei von Leidenschaft, Furcht und Jähzorn, von Mir erfüllt, mit Mir als Zuflucht, durch das Feuer der Erkenntnis gereinigt, haben viele meinen Seinszustand (bhāvam) erreicht.

11
Wie die Menschen auf Mich zukommen, so komme Ich ihnen entgegen. Wohin sie sich auch [wenden], stets folgen sie meinem Weg, oh Pārtha.

Jeder Weg führt ins Herz des Seins. Dieses *sūtra* unterstreicht die Toleranz der hinduistischen Geisteshaltung. Würde es in seiner wahren Essenz verstanden werden, würden alle Kämpfe, das Sektierertum und jede Form von fanatischem Absolutismus aufhören.

12
Diejenigen, welche die Frucht des karma begehren, mögen auf diese Weise den Deva opfern, denn der Genuss auf dieser menschlichen Welt entsteht aus dem karma.

Karma bedeutet auch rituelle Handlung und durch diesen Ritualismus kann man sich den anderen übermenschlichen Hierarchien nähern. Bemerkenswert ist, dass in der *Gītā* die drei klassischen Formen der Annäherung an das Transzendente – Handlung, Kult und Ritus sowie Erkenntnis – vereint sind.

Madhusūdana sagt, dass die *Veden* zur Annäherung an das Sein – welches *sat, cit ānanda* ist – drei Modalitäten anbieten, die das Handeln, das Opfern und das Erkennen betreffen.

13
Gemäß der Unterteilungen der Eigenschaften (guṇa) und Handlungen (karma) wurde von Mir das vierfache System der Gesellschaftsordnungen geschaffen. Wisse, dass Ich, obgleich [ihr] Schöpfer, nicht-handelnd und unbewegt bin.

Der Überlieferung zufolge repräsentieren die Gesellschaftsordnungen die verschiedenen menschlichen Temperamente. Die Individuen werden gemäß ihren angeborenen Neigungen, Eigenschaften und ihrer Entschlussfähigkeit in verschiedene Gruppen eingeteilt – natürlich nicht in einem starrem Sinn. Im Laufe der Zeit degenerierten die Gesellschaftsordnungen und bis zum heutigen Tag sind sie nicht in der Lage das Ideal der *Gītā* widerzuspiegeln.

Die von der Überlieferung angegebene Anordnung der indischen Gesellschaft basiert auf dieser Struktur:

Erste Ordnung: *Brāhmaṇa*

Priester (aber nicht im Sinn des westlichen Klerus); als Inhaber der überlieferten Lehre bilden sie die »Brücke« zwischen dem Metaphysischen und dem Physischen

geistliche und spirituelle Autorität

ihr entspringt die

zweite Ordnung: *Kṣatriya*

temporäre Macht; Regierungskunst

abhängig von dieser ist die

dritte Ordnung: *Vaiśya*

Arbeiter in der Wirtschaft, Erzeuger von Reichtum

sowie die

vierte Ordnung: *Śūdra*

Arbeitnehmer im Allgemeinen.

Auch die dritte Ordnung der *vaiśya* hat ihre eigene Initiation. Sie gibt ihr das Recht auf die ihr und den beiden ersten Ordnungen gemeinsame Qualifikation des *ārya* oder Adeligen und des »zweimal Geborenen« *dvija*, eine Qualifikation des wahren *brāhmaṇa*.

Man beachte, dass die Unterteilung in die gesellschaftlichen Ordnungen gemäß der *guṇa*-Zusammensetzungen und der Handlungsweise erfolgt und nicht nach Geburt oder Geschlecht.

14
Die Handlungen berühren mich nicht und in Mir ist kein Begehren nach Genuss. Wer mich so kennt, wird nicht durch die Handlungen gebunden.

15
In diesem Bewusstsein haben die Menschen der Vergangenheit gehandelt, die zur Befreiung [von der avidyā] strebten. Daher führe auch du die Handlung nach dem Vorbild der Vorfahren aus.

16
Was ist Handeln? Was ist Nicht-Handeln? Selbst die Weisen sind in diesem Punkt ratlos. Ich werde dir enthüllen, was Handeln ist, und wenn du das verstehst, wirst du vom Irrtum befreit sein.

17
Es ist notwendig zu verstehen, was Handeln ist, und ebenso, was nicht-richtiges Handeln ist, und [ferner], was Nicht-Handeln ist. Schwierig ist die Natur des Handelns.

18
Wer das Nicht-Handeln (akarma) im Handeln (karma) sieht und das Handeln im Nicht-Handeln, der ist der Weiseste unter den Menschen, einer, der den Yoga verwirklicht hat, der alles vollendet hat.

Śaṅkara kommentiert:

Handlung bedeutet das, was getan wird, es ist Handlung im Allgemeinen. Die Nicht-Handlung kann in der Handlung und die Handlung in der Nicht-Handlung gesehen werden, da sowohl die Nicht-Handlung (*nivṛtti*) als auch die Handlung (*vṛtti*) einen Handelnden voraussetzen. Allerdings sind all unsere durch die Handlung und den Handelnden charakterisierten Erfahrungen nur im Zustand der *avidyā* möglich, nur wenn wir das Wirkliche (*vastu*) noch nicht erlangt haben. Wer die Nicht-Handlung in der Handlung sieht und die Handlung in der Nicht-Handlung, ist weise unter den Menschen, der ist ein Yogi (*yukta*, *Yogin*), der hat alle Handlungen vollendet. Deshalb wird derjenige gepriesen, der die Handlung in der Nicht-Handlung sieht und umgekehrt.

Einwand: Was bedeutet der Widerspruch »Wer die Nicht-Handlung in der Handlung und die Handlung in der Nicht-Handlung sehen kann«? Gewiss kann die Handlung niemals diesen Widerspruch realisieren.

Antwort: Dieser Einwand passt nicht zu unserer Auslegung. Dem Kenntnislosen erscheint das, was in Wirklichkeit Nicht-Handlung ist, als Handlung, und das, was in Wirklichkeit Handlung ist, erscheint ihm als Nicht-Handlung. Mit dem Ziel, ihre wahre Natur zu lehren, sagt der Herr: »Wer die Nicht-Handlung in der Handlung sieht, ...« usw. Daher besteht keinerlei Widerspruch. Es muss eine nackte Wahrheit sein, das, was der Herr hier zu lehren beabsichtigt, denn Er hat gesagt, dass derjenige, der diese Anschauung der Handlung und der Nicht-Handlung verwirklicht, weise sei, und Er hat das Argument eingeführt, indem Er sagt, dass es viel zu lernen gebe über die Handlung und die Nicht-Handlung (*IV, 17*). Er hat auch gesagt: »Wenn du das erkennst, wirst du frei von

Irrtum sein« (*IV, 16*); und die Freiheit vom Irrtum kann gewiss nicht durch *falsche* Erkenntnis erreicht werden. Daher sollten wir verstehen, dass die Handlung und die Nicht-Handlung von den Lebewesen missverstanden werden und dass der Herr, der die falsche Anschauung beseitigen will, die man von ihnen hat, lehrt: »Wer die Nicht-Handlung in der Handlung sieht, ...« usw. Außerdem kann man weder behaupten, dass sich die Nicht-Handlung in der Handlung befindet oder in ihr enthalten ist wie die Früchte des Jujube (*badara*) in einem Gefäß, noch kann man sagen, dass sich die Handlung in der Nicht-Handlung befindet: Denn die Nicht-Handlung ist nur die Abwesenheit von Handlung. Deshalb (muss das, was der Herr lehren will, sein), dass die Handlung und die Nicht-Handlung nicht richtig verstanden werden und dass die eine mit der anderen verwechselt wird, so wie die Fata Morgana für Wasser oder Perlmutt für Silber gehalten wird.

Einwand: Die Handlung ist stets Handlung für alle; sie erscheint nie als etwas anderes.

Antwort: Nein. Wenn das Schiff in Bewegung ist, scheinen sich die am Ufer unbewegt stehenden Bäume für den Menschen, der an Bord des Schiffes ist, in die entgegengesetzte Richtung zu bewegen; bewegte Körper, die weit entfernt von den Augen sind, scheinen bewegungslos zu sein. Analog dazu (im Falle des Selbst) wird die Nicht-Handlung mit der Handlung verwechselt und die Handlung mit der Nicht-Handlung. Um daher diesen falschen Eindruck zu beseitigen, erklärt der Herr: »Wer die Nicht-Handlung in der Handlung sieht, ...« usw.

Obgleich mehr als einmal auf diesen Einwand geantwortet worden ist, vergessen jene, die über lange Zeit hinweg der Täuschung erlegen waren und dabei wiederholt irregeführt wurden, die Wahrheit, selbst wenn sie noch so oft gelehrt worden ist, und erheben immer wieder Einwände, die auf falschen Voraussetzungen gründen. Daher antwortet der Herr häufig auf diese Einwände, weil Er sieht, wie schwierig es für uns ist, das Wirkliche zu erkennen.

Die Wahrheit, dass das Selbst nicht handelt – so klar von der *Śruti*, der *Smṛti* und der Vernunft ausgedrückt –, wird auch hier in Kapitel IV, *sūtra 20-24* gelehrt; und es wird auch im Folgenden daran erinnert werden. Es ist jedoch eine tief verwurzelte Gewohnheit des Verstandes, die Handlung mit dem nicht-handelnden Selbst in Verbindung zu bringen, obschon es seiner wahren Natur entgegengesetzt ist, weshalb selbst die Weisen bezüglich der Natur der Handlung und der Nicht-Handlung ratlos sind (*IV, 16*). Die Handlung gehört zum physischen Körper (*deha*) usw., aber der Mensch schreibt sie fälschlicherweise dem Selbst zu und stellt sich vor: »Ich bin der Handelnde, mein ist die Handlung, durch mich wird die Frucht des Handelns geerntet.« Genauso schreibt er dem Selbst irrtümlicherweise das Aufhören (der Aktivität) zu, das in Wirklichkeit zum Körper und zu den Sinnen gehört wie auch das Glück, das auf das Aufhören (der Aktivität) folgt. Er stellt sich vor: »Ich werde ruhig bleiben, sodass ich glücklich werden kann, ohne Sorge und ohne zu handeln; jetzt tue ich nichts, ich bin ruhig und glücklich.« Um diese falsche Vorstellung zu beseitigen, sagt der Herr: »Wer die Nicht-Handlung in der Handlung sieht, ...« usw.

Nun, die Handlung, die zum Körper und zu den Sinnen gehört, wird, während sie ihre Handlungsnatur weiter beibehält, irrtümlich dem Selbst zugeschrieben, das handlungslos und unveränderlich ist; deshalb denkt selbst ein gelehrter Mensch: Das Selbst handelt. Der Satz bedeutet daher: Wer die Nicht-Handlung in der Handlung sieht, das heißt, wer genau weiß, dass die Handlung – die gewöhnlich von allen dem Selbst zugeschrieben wird – ihm in Wahrheit nicht angehört, genauso wie die Bewegung in Wirklichkeit nicht von den Bäumen (am Uferrand) ausgeht, die sich (für den Menschen an Bord des Schiffes) in entgegengesetzte Richtung zu bewegen scheinen; und wer die Handlung in der Nicht-Handlung sieht, das heißt, wer weiß, dass die Nicht-Handlung Handlung ist, da die Nicht-Handlung nichts als das Aufhören der Aktivitäten des Körpers und des Verstandes ist und wie die Handlung irrtümlich dem Selbst zugeschrieben wird und das Gefühl von Egotismus, ausgedrückt in den Worten »Ich bin ruhig, ich handle nicht und bin glücklich«, hervorruft; wer das Wesen der Handlung und der Nicht-Handlung, das soeben erklärt wurde, verwirklichen kann, ist weise unter den Menschen; der ist ein Yogi, ein Ausführer von Handlung. Der ist frei vom Irrtum; der hat alles erreicht.«[1]

19
Wessen Handlungen vom Anreiz des Begehrens frei sind, wessen Handlungen vom Feuer der Erkenntnis verzehrt werden, den nennen die Weisen weise.

20
Wer jede Verhaftung an die Früchte des Handelns aufgibt, ist immer in Frieden, daher sucht er keine Zuflucht in irgendetwas; er erzeugt keinerlei Handeln, obwohl er [effektiv] handelt.

Geschick im Handeln bedeutet nicht nur, von der energetischen Bewegung, der Erzeugerin des Ereignisses, frei zu sein, sondern

---

[1] Śaṅkara, *Bhagavadgītābhāṣya* IV, 18; Übersetzung aus dem Sanskrit von Alladi Mahadeva Sastry; V. Sadanand, Madras

ebenso von der Wirkung dieses Ereignisses. Unter diesen Umständen handelt man nicht, obgleich man effektiv handelt, und man handelt, obgleich man tatenlos erscheint. Die Handlung wohnt stets der *prakṛti* inne, der *puruṣa* ist nicht-handelnd.

21
Ohne Begehren, Herr über den Verstand und das eigene Ich, führt er, nachdem er jedes Verlangen aufgegeben hat, ohne zu irren [nunmehr] die Handlung nur in Bezug auf den physischen Körper aus.

Wer das individuelle Ich aufgelöst hat, braucht nur noch seinen physischen Körper zu erhalten (*prārabdhakarma*).

22
Zufrieden mit dem, was ihm der Zufall bringt, frei von Gegensätzen, ohne Neid, gleichmütig bei Erfolg und bei Misserfolg, ist er, obgleich er handelt, nicht [an die Früchte] gebunden.

23
Für den, der verhaftungslos ist, der befreit ist, dessen Verstand fest in der Erkenntnis verankert ist und dessen Handlung ein Opfer darstellt, löst sich das karma [als karmische Kette von Ursache und Wirkung] restlos auf.

24
Brahma ist die Opferhandlung, Brahma ist die Opfergabe. Von Brahma [selbst] werden sie [Opferhandlung und Opfergabe] ins Opferfeuer gegeben, das Brahma ist. Brahma ist das Ziel desjenigen, der am Werk ist, denn Brahma ist dieses Werk.

Alles ist *Brahma* und jedes Ding erscheint und existiert nur durch *Es*.

25
Einige Yogis opfern den Deva, andere opfern das Selbst durch das Selbst im Feuer von Brahma.
26
Einige opfern das Gehör und die anderen Sinne im Feuer der Selbstbeherrschung, andere opfern den Klang und viele andere Sinnesobjekte im Feuer der Sinne.

27
Wieder andere opfern im Feuer des Yoga, [das] durch die Erkenntnis entzündet und durch die Herrschaft über alle Sinnesfunktionen und Lebensenergien erlangt [worden ist].

28
Und einige opfern auf ähnliche Weise materielle Dinge, Askese, Yoga-Übungen, und andere wiederum – Asketen, die ihr Gelübde abgelegt haben – opfern ihr Studium und ihre Lehre.

29
Andere, die sich dem prāṇāyāma widmen, der den Fluss des Ein- und Ausatmens reguliert, opfern beim Ausatmen die Einatmung und beim Einatmen die Ausatmung.

Das bezieht sich auf die Technik des *prāṇāyāma* im *Haṭhayoga* und *Rājayoga*.

30
Andere, die wenig Nahrung zu sich nehmen, opfern den Lebenshauch im Lebenshauch selbst. Sie alle kennen das Opfer und durch das Opfer beseitigen sie die Unreinheiten.

31
Diejenigen, die Ambrosia essen, Rest der Opfergabe, vereinigen sich mit dem unvergänglichen Brahma. Weder diese Welt noch die andere [Welt] ist für den, der nicht opfert, oh Bester unter den Kuru.

32
So sind verschiedene Arten von Opfern im Mund von Brahma hergerichtet. Wisse, dass sie alle durch Handeln entstanden sind, und wenn du das begreifst, wirst du befreit werden.

Für die Verwirklichung ist die Selbstbestimmung Essenz und Grundlage eines jeden Opfers. Daher werden alle Handlungen, die nach Verwirklichung streben, als Mittel der Askese betrachtet. Das vedische *yajña*, die Kontrolle über den Verstand, die Beherrschung des *prāṇā*, das Opfern materieller Güter, die Abstinenz usw., jede Form der Selbstkontrolle, die auf uneigennützige Weise geübt wird, kann als Opfer bezeichnet werden; und zwar dann, wenn es vom Gesichtspunkt des empirischen Ich betrachtet wird.

33
Höher als alle materiellen Opfer ist das Opfer der Erkenntnis, oh Paraṁtapa. Alle Handlungen, ohne irgendeine Ausnahme, oh Pārtha, lösen sich in der Erkenntnis oder Weisheit auf.

34
Lerne das, indem du dich zu Füßen des Guru setzt, Fragen stellst und dienst. Die Weisen, welche die Wahrheit gesehen haben, werden dir das Objekt der Erkenntnis zeigen.

35
Und wenn du das begreifst, oh Pāṇdava, wirst du nicht mehr in Verwirrung geraten und derart wirst du alle Wesen ohne jegliche Ausnahme im ātman und daher in Mir sehen.

36
Selbst wenn du der Schlimmste aller Unwürdigen sein solltest, kannst du jeden Irrtum überwinden, wenn du dich vom Floß der Erkenntnis übersetzen lässt.

37
Wie das brennende Feuer seinen Brennstoff zu Asche macht, so, oh Arjuna, macht das Feuer der Erkenntnis (jñāna) alle Handlungen zu Asche.

38
In dieser Welt gibt es nichts, was reinigender ist als die Erkenntnis, und wer nach der Vollkommenheit im Yoga strebt, wird sie mit der Zeit von ganz alleine im ātman finden.

39
Wer Glauben (śraddhā) hat, und [durch die Erkenntnis oder Weisheit] angeregt ist, wer Herr seiner Sinne ist, erlangt die Erkenntnis oder Weisheit, und nachdem er sie erreicht hat, erlangt er bald darauf den höchsten Frieden.

40
Wer aber keine Erkenntnis hat, keinen Glauben, wer voller Zweifel ist, für dessen Individualität gibt es keine Rettung. Für den, der zweifelt, gibt es kein Glück, weder in dieser Welt noch in der anderen.

41
Wer durch den Yoga [auf die Früchte] der Handlungen verzichtet hat, die Zweifel mit Hilfe der Erkenntnis zerstreut hat und sich selbst beherrscht, oh Dhanaṁjaya, ist nicht mehr an die Handlung gebunden.

42
Zerreiße daher mit dem Schwert der Erkenntnis diesen durch Unkenntnis (ajñāna) erzeugten Zweifel, der in dein Herz gedrungen ist. Widme dich dem Yoga und erhebe dich, oh Bhārata.

Ab *sūtra 33 ff.* legt der Lehrer den Akzent auf den Yoga der Erkenntnis und Weisheit (*Jñānayoga*). Er will Arjuna verständlich machen, dass keine Handlung – sei sie profaner oder spiritueller Ordnung – vom vollkommenen Bewusstsein dessen, was man tut, vom Verständnis der Handlung selbst und von der Übereinstimmung der Handlung mit der Einheit des Lebens absehen kann. Eine Handlung ist das direkte Sicherzeugen einer Einsicht des höheren Intellekts. Selbst wenn sie ohne Gedanken erscheint, entspricht dies nicht der Wahrheit, da jede Handlung auf implizite Weise einen Gedanken voraussetzt; und wenn der Gedanke nicht mit dem Wahren und dem Rechten übereinstimmt, wird sich auch die Handlung als falsch erweisen. Wir können sogar sagen, dass das Handeln die Erkenntnis voraussetzt und dass nur der Weise in der Lage ist richtig zu handeln. Daher war in der Überlieferung die zweite Gesellschaftsordnung auf gewisse Weise von der ersten Ordnung abhängig, die auf der Ebene der Erkenntnis und Weisheit operierte.

Arjuna bremst sich, verliert den Mut, ist verwirrt und zweifelt, eben weil ihm die Erkenntnis fehlt, die ihn bezüglich des Handelns erleuchten kann. Kṛṣṇa kommt zu Hilfe, um ihn zu der höheren

Erkenntnis anzuregen. Wenn jede Handlung auf ein bestimmtes empirisches Ziel gerichtet ist und dieses Ziel nichts anderes ist als ein Glied in der Kette des letzten großen Ziels, dann besteht die Aufgabe des Schülers darin, die Sphäre der Urprinzipien verstehen zu lernen, welche Stütze und Daseinsgrund aller Handlungen sind. Nachdem sich die Menschheit von der Überlieferung, welche die Inkarnation der Prinzipien repräsentiert, getrennt hat, strebte ihr Handeln einem immer verzweifelter werdenden Individualismus entgegen, der den physischen Ich-Körper (also nicht den Menschen in seiner Ganzheit) in den Mittelpunkt des Universums stellte.

In der *Gītā* haben wir auf der einen Seite Duryodhana, der vom Gesichtspunkt des individuellen und konfliktgeladenen Ich aus handelt, also vom Prinzip abgespalten ist; auf der anderen Seite steht Arjuna, der Handlungen ausführt, die dem Prinzip unterworfen sind. Auf der einen Seite haben wir ein analytisches und individuelles Denken, auf der anderen Seite ein synthetisches und universales Denken. Kṛṣṇas Lehre enthüllt dem Schüler die Erkenntnis des Seins und des Werdens, das, was entsteht und was vergeht, das, was dauerhaft und was nicht dauerhaft ist, den kosmischen *Dharma* und den individuellen *dharma*, das, was die Dualitäten bedeuten und mit sich bringen usw. Diese Erkenntnis ist es – wie wir im Folgenden sehen werden – durch welche Arjuna, nachdem die Zweifel und Ängste seines individuellen Verstandes beseitigt worden sind, sich schließlich wieder erhebt, zum Bogen greift und *auf weise Art* den Kampf aufnimmt.

Die Hindu-Überlieferung legt den Akzent auf die *jijñāsā* (Nachforschung) und das *manana* (Reflexion), das in der *Gītā paripraśna* genannt wird. Mit anderen Worten: Die Meditation – gleich welcher Dimension (analytisch-diskursiv, reflexiv, intuitiv, usw. mit und ohne Samen) – ist Grundlage und Essenz jeder Nachforschung und Askese.

Drei Elemente enthält ein rechtschaffenes Leben und Handeln und sie werden in diesen letzten *sūtra* genannt:

a) den Glauben im Sinne eines kraftvollen und ausdauernden Strebens; ohne ihn kann es weder Nachforschung noch Handlung geben; der Glaube muss allerdings von Gewissheit über das Endergebnis durchdrungen sein, da man keine Nachforschung betreibt, die früher oder später nicht zu Erkenntnis und Weisheit führt

b) die Erkenntnis; aber nicht nur jene analytische und empirische (die sich auf die Erscheinung bezieht), sondern auch die intuitive und synthetische Erkenntnis, die auf das Universale gerichtet ist

c) die Erfahrung oder Folgehandlung als direkten Ausdruck der Erkenntnis oder die »Besitznahme« der Erkenntnis.

Dies ist das vierte Kapitel mit dem Titel
»Lob des Jñānayoga«.

ANMERKUNGEN ZU KAPITEL IV

Im vierten Kapitel verweilt Kṛṣṇa bei einigen wichtigen Punkten seiner Lehranweisung, die wir so zusammenfassen können:

1. der transzendente Aspekt der Lehre und seine Kontinuität
2. das energetische Ungleichgewicht des Lebens, das im Laufe der Zeit dazu drängt, zum Gleichgewicht zurückzukehren
3. der Begriff des *Avatāra* und seine Mission
4. was ist das Handeln, das Nicht-Handeln und das nicht-richtige Handeln?
5. die Erkenntnis als Voraussetzung allen Handelns und Entscheidens, des Nicht-Handelns und des rechten Handelns
6. verschiedene Askesen mit den entsprechenden Opfern.

Das *Yogaśāstra* gehört der Überlieferung an, die – wie wir bereits gesagt haben – früher entstanden ist als die Menschheit. Im Laufe der Zeitalter hat es »Übermittler« gegeben, die sie leider auf unangemessene Weise dargelegt haben. Die Überlieferung repräsentiert die heilige Wissenschaft, während alle anderen Wissenschaften als profan betrachtet werden können. Das bedeutet, dass sie das *Essenzielle* ist; der Rest knüpft auf konsequente Weise an sie an. Dieser Anschauung zufolge muss daher alles Relative der Erkenntnis der Urprinzipien unterworfen werden. Das empirische Relative wird nicht verkannt, sondern an den richtigen Platz gestellt und in dem ihm angemessenen Maße in Betracht gezogen. Die Welt des Werdens oder der *māyā* kann ihre Daseinsberechtigung in nichts anderem finden als im Metaphysischen und Transzendenten, das heißt: auf der Ebene der Einheit. Wer sie von dieser Ebene trennt, verfällt einem der brutalsten Agnostizismen und deformierenden Verzerrungen; wer sie zur absoluten Wahrheit erhebt, stellt die Wirklichkeit auf den Kopf (genau das können wir im *kaliyuga* beobachten).

Und eine Menschheit, welche die Wirklichkeit der Dinge auf den Kopf gestellt sieht, geht zwangsläufig dem Abgrund entgegen. Eine Gesellschaft, die all ihre Energien in schlichten Erfahrungen des Werdens, des Relativen und des magischen *māyā*-Spiels aufbraucht, muss zwangsläufig sterben. Eine Kultur, die alles auf das Maß der Individualität als Ziel ihrer selbst reduziert, sinkt zwangsläufig, Schritt für Schritt, bis zum untersten Grad hinab; zwangsläufig muss sie den Genuss von Bedürfnissen suchen, die ausschließlich der grobstofflichen Seite der menschlichen Natur innewohnen; es handelt sich um Bedürfnisse, die im Grunde illusorisch sind und nichts anderes tun als stets neue heterogene Bedürfnisse zu erzeugen, denn sie wurzeln im Zustand dessen, was nicht ist.

Die Überlieferung ist weder eine *theoretische* oder eruditive Metaphysik noch eine *diskursive* Philosophie oder eine *dogmatische* Religion.

Kṛṣṇa erläutert Arjuna einige Aspekte der Urprinzipien, weil es ihm, der sich in der Welt des Werdens befindet, weder gelingt sein Handeln in den universalen Zusammenhang einzuordnen noch einige seiner Zweifel auszuräumen.

Wenn wir sagen, dass das Relative (oder das Werden) von einem absoluten Prinzip abhängt – und es kann gar nicht anders sein – müssen wir einsehen, dass jedes Mal, wenn dieses Relative ein wenig über die erlaubten Grenzen seiner Wirkungsmöglichkeiten hinaustritt, Ungleichgewicht und Disharmonie erzeugt werden, die Konsequenzen für das gesamte universale Leben haben. Wenn dann die Schwelle an der Grenze ihrer Verfügbarkeit berührt wird, was zu einer tiefen Krise in den betreffenden Bewusstseinseinheiten führt, entwickelt sich, als Reaktion daraus, die Tendenz das Gleichgewicht wiederherzustellen, und dieses Gleichgewicht oder die Rektifikation kann von großen Seelen beschleunigt und gelenkt werden, welche, mit dem Prinzip vereint, die Dinge aus einer erweiterten und synthetischen, sagen wir: universalen Perspektive heraus verstehen. Wenn wir die Geschichte betrachten, kommen wir nicht umhin, besondere Augenblicke zu entdecken, in denen ein »Geraderichten« des Verstandes oder Bewusstseins mit den daraus folgenden menschlichen Begebenheiten vollzogen worden ist. Und in diese Perspektive fügt sich die Figur des *Avatāra* auf jeglicher – großen oder kleinen – Äußerungsebene. Das bedeutet jedoch nicht, dass zum »Geraderichten« zwangsläufig ein *Avatāra* notwendig ist; das Individuum selbst kann, inspiriert durch höhere Prinzipien, jenes erwünschte »Geraderichten« vollziehen. In seiner ganzheitlichen Zusammensetzung, in seiner vollkommenen Dimension besteht es nicht nur aus *māyā*, sondern auch aus etwas Stabilerem, Konstantem, Universalem und Absolutem. Es genügt der Versuch in Demut den »Ich-Kult« des gesamten Humanismus zu transzendieren, der sich von der ursprünglichen Einheit abgetrennt hat.

Was ist richtiges Handeln und was ist nicht-richtiges Handeln? In Anbetracht dessen, was wir eben gesagt haben, können wir folgern, dass richtiges Handeln das ist, was auf die Erleuchtung des höheren Prinzips des Menschen reagiert, was sich in die Welt der Universalien einfügt.

Zweifel, Verwirrtheit, Gelähmtsein im Handeln selbst oder die ungeordnete und lärmende Hyperaktivität sind Aspekte, die eine mentale Verhaltensweise zur Folge haben, die ausschließlich auf das gefangen nehmende Relative gerichtet ist.

Wir können eine richtige harmonische Handlung ausführen, wenn sie von der heiligen Erkenntnis geführt wird, die nichts mit einer akademischen, theologischen oder philosophischen Wissenschaftlichkeit gemeinsam hat.

Der Wert der *Gītā* ist enorm groß, wenn man bedenkt, dass sie auf der Handlung basiert, der sich niemand entziehen und der niemand entsagen kann. Unter gewissen Aspekten sind wir alle *kṣatriya*, weil wir alle in einen – manchmal ungleichen – Kampf um Leben oder Tod (*vidyā-avidyā*) verstrickt sind. Da die »überlieferte Erkenntnis« jedoch – wir sagen das zum wiederholten Mal – weder eine profane Kultur noch ein Gedankenspiel ist, verlangt sie bestimmte Voraussetzungen oder Qualifikationen, die allein die höhere Erfüllung heranreifen lassen können.

Die Schwierigkeit des Wesens besteht darin, dass es sich weigert, überindividuelle Attribute zu enthüllen. Wenn der Mensch, der dem Weg des geringsten Widerstandes folgt, in Unwissenheit versinkt, muss er, um diese Unvollkommenheit in den Schatten stellen und transzendieren zu können, notwendigerweise erkennen, aber die Erkenntnis erfordert (zunächst) Opfer und es ist eben der Opferaltar, von dem er sich entfernt und dadurch dem Konflikt den Vorzug gibt.

Der Yoga ist das Werkzeug oder Floß, das uns zum Gestade der Vollkommenheit und Harmonie überführen kann: Kṛṣṇa kann unser Lehrer sein, das Selbst, während Duryodhana unser empirisches Ich darstellt: Ob wir unser Glück oder Unglück, die Erkenntnis beziehungsweise Befreiung oder die *avidyā*-Gefangenschaft finden werden, hängt davon ab, wem der beiden wir folgen wollen. Die Entscheidung muss vom Individuum selbst getroffen werden, in voller Freiheit, mit Verständnis und Opferbereitschaft.

In der Hindu-Überlieferung gibt es fünf Hauptformen des Opfers (*yajña*), die täglich zu vollbringen sind:

1. *Opfer für die Tiere* (*bhūtayajña*): Der biologische Organismus des Menschen ähnelt dem der Tiere. Mit den subhumanen Reichen teilt das Individuum gewisse Besitztümer und Erzeugnisse, daher besteht eine Wechselbeziehung zwischen ihnen. Aufgabe des Menschen ist es, die Bedürfnisse und Aktivitäten der subhumanen Natur zu schützen. Vor den Mahlzeiten muss das Familienoberhaupt seine »niedrigeren Brüder« nähren; er muss die Fortdauer ihres Lebens gewährleisten.

2. *Opfer für die Vorfahren* (*pitṛyajña*): Dank der Arbeit und der Opfer derjeniger, die nicht mehr auf der physischen Ebene sind, konnten unsere Kultur und unsere Zivilisation entstehen und sich entwickeln; wir sind ihnen etwas schuldig und es gebührt sich, für diese Vorfahren Kulte zu zelebrieren.

3. *Opfer für die großen Weisen* (*ṛṣiyajña*): Sie haben unserer Existenz den rechten Wert gegeben, sie haben uns zum Wiedererwachen geführt; daher sollte man sie ehren und ihrer gedenken.

4 *Opfer für unsere Nächsten* (*narayajña*): Wir haben Pflichten gegenüber unseren Nächsten, mit denen wir Lebenserfahrungen teilen, und unsere gesellschaftlichen Beziehungen sind sehr eng. In jedem Wesen wohnt Gott und indem wir unseren Nächsten respektieren, respektieren wir Gott.

5. *Opfer für die Götter* (*devayajña*): In der Hindu-Überlieferung werden viele Gottheiten (Indra, Varuṇa, Mitra, Sūrya, und andere, welche qualitative Aspekte des höchsten *Īṣvara* darstellen) durch bestimmte Riten geehrt. Dabei lassen sich die Hindus vom Uropfer des *puruṣa* inspirieren, der sich selbst geopfert hat, damit die *prakṛti* keimen und wachsen kann.

Das Opfer mittels der Erkenntnis enthält zwei Aspekte:

a) einen negativen Aspekt: Durch das Aussondern all dessen, was nicht dauerhaft ist (*neti-neti*), gelangt man zum unveränderlichen Substrat. Hier wird das Opfer der Unterscheidung (*viveka*), der Loslösung oder Entsagung (*vairāgya*) verlangt.

b) einen positiven Aspekt: Indem man unaufhörlich die Ge genwart des Göttlichen beschwört und sich auf seine Vollkommenheit beruft, befreit man sich schrittweise von den Unreinheiten.

Jede Handlung bietet die Gelegenheit ein persönliches Opfer zu vollbringen.

KAPITEL V

DER YOGA DER WAHREN HANDLUNGSENTSAGUNG

Arjuna sprach:

1
Oh Kṛṣṇa, du preist die Handlungsentsagung und ebenfalls den Yoga [der Handlung]. Welcher der beiden [Wege] ist der bessere? Sag es mir klar und deutlich.

Arjuna kommt auf das Gespräch über die beiden Wege zurück. Nachdem er von Kṛṣṇa vernommen hatte: »Wie das brennende Feuer seinen Brennstoff zu Asche macht, so macht das Feuer der Erkenntnis alle Handlungen zu Asche.« (*IV, 37*), fragt er noch einmal, ob es sich lohnt, jenen Kampf in Angriff zu nehmen.

Śṛī Bhagavān antwortete:

2
Die Handlungsentsagung (saṁnyāsa) und der Karmayoga führen zum höchsten Glück, aber [für dich] ist der Karmayoga der bessere von den beiden.

Wir erinnern uns daran, dass Arjuna zur Gesellschaftsordnung der *kṣatriya* gehört, die sich mittels der Handlung und Bewegung ausdrückt. Mit diesem Träger also muss der Anwärter lernen, sich selbst zu transzendieren.

> »Und dann, in Anbetracht deines eigenen *dharma*, solltest du nicht zögern: Für einen *kṣatriya* gibt es nichts Besseres als einen rechtmäßigen Kampf.« (*II, 31*)
>
> »Oh Anagha, wie ich dir bereits gesagt habe, gibt es auf dieser Welt einen zweifachen Weg: den, der sich auf den *Śaṁkhya-yoga* bezieht, dessen Mittel die Erkenntnis (*jñāna*) ist, und den, der sich auf den *Karmayoga* bezieht, dessen Mittel die Handlung ist.« (*III, 3*)

Wir dürfen uns also nicht verwirren lassen, wenn der Lehrer die eine oder andere Art der Annäherung preist oder wenn er von dem vollkommenen Verwirklichten spricht, der jedes Handeln transzendiert hat.

Diese drei Momente der Askese können wir wie folgt zusammenfassen:

1. Der Verwirklichte oder Befreite

In Kapitel III, 17 haben wir gesehen, dass es für den, der sich in das Selbst wiedereingegliedert hat, nichts mehr gibt, was getan werden muss. Weder die Nicht-Handlung noch die Handlung ist von Bedeutung (außer der Handlung, die sich durch einen spirituellen Einfluss oder einen speziellen *dharma* äußert, was aber weniger eine Handlung an sich ist als vielmehr ein schlichtes Sichenthüllen wie bei einer Rose, die ihren Duft ausströmt).

In Kapitel IV, 21 vernehmen wir, dass der Verwirklichte nur noch die Handlungen auszuführen hat, welche der Erhaltung seines physischen Körpers dienen.

In Kapitel IV, 3 lesen wir, dass für den Weisen, der nach dem Yoga strebt, die Handlung das rechte Mittel ist, dass aber für den, der den Yoga (die Einheit) bereits erobert hat, die tiefe Seelenruhe die richtige Haltung ist.

In Kapitel VI, 7-8 sagt der Meister, wer im Selbst weile, wer die Heiterkeit erlangt habe, sei ganz im Selbst gesammelt und bleibe gleichmütig gegenüber Wärme und Kälte, Glück und Pech, Ehre und Unehre; ebenso in Kapitel V, 13.

In Kapitel XVIII, 49 ff. schließlich sagt Kṛṣṇa ausdrücklich, dass derjenige, der sich von jeder Verhaftung freigemacht und das eigene empirische Ich besiegt hat, jenen Zustand erlangt, der jede Art des Handelns transzendiert. Siehe auch Kapitel V, 8-9 und Kapitel XIII, 13-19. Es empfiehlt sich, die beiden Wege zu untersuchen, die in Kapitel III, 3 und Kapitel V, 5 in Verbindung gebracht werden.

2. Kṣatriya-Anwärter

Offensichtlich beabsichtigt der Lehrer, Arjuna auf die Normen und die Philosophie des *Karmayoga* hinzulenken: auf das richtige Handeln bei gleichzeitiger Verhaftungslosigkeit gegenüber den Früchten. Das richtige Handeln muss mit dem Bewusstsein Kṛṣṇas, der das universale Bewusstsein darstellt, verknüpft werden. Das beinhaltet also ein Sichbewegen, welches das empirische Wesen transzendiert. Dieses fünfte Kapitel ist vor allem der wahren Entsagung gewidmet, die die erste Grundlage des *Karmayoga* bildet.

3. Saṁnyāsin-Anwärter

Das ist der Weg der Kontemplation in ihrer wahren Bedeutung; der Pfad der Erkenntnis und der Meditation. Auch hier existiert Handlung, aber die einer inneren Nachforschung; es ist eine Bewegung innerhalb der Meditations- und Erkenntnistätigkeit. Diese Handlung oder Bewegung in Richtung der letzten Wahrheit hört dann auf, wenn diese Wahrheit erkannt und enthüllt worden ist (siehe das folgende *sūtra 3* mit dem entsprechenden Kommentar).

3
Ein unerschütterlicher saṁnyāsin ist derjenige, der keine Abneigungen oder Begierden hat, sodass er, der sich von der Dualität frei gemacht hat, oh Mahābāhu, frei von jeder Bindung ist.

Ein *saṁnyāsin* lässt sich auf der Ebene der Kontemplation vollständig absorbieren, um die letzte Wahrheit zu entdecken und jene Wahrheit zu *sein*: jene Wahrheit, die *in* uns und nicht außerhalb von uns ist. Sich von der Dualität freizumachen bedeutet die Nicht-Dualität (*Advaita*) zu verwirklichen.

4
Die Kinder und nicht die Weisen behaupten, dass das Sāṁkhya und der Yoga [Karmayoga] verschieden seien. Wer fest in einem [der beiden] verankert ist, erlangt die Früchte von beiden.

5
Jenen Zustand, den man durch das Sāṁkhya erlangt, erlangt man ebenso durch den Yoga. Wer erkennt, dass das Sāṁkhya und der Yoga eins sind, sieht [richtig].

6
Aber es ist schwer, den Verzicht [auf die Früchte der Handlung] zu erreichen, ohne den Yoga, oh Mahābāhu. Der dem Yoga ergebene Asket (muni) erreicht Brahma ganz schnell.

7
Wer unaufhörlich dem Yoga ergeben ist, wer sein Ego gereinigt und die Sinne unter Kontrolle hat, wer Herr seiner selbst ist und wessen ātmā sich auf alle Wesen erweitert

hat, wird, selbst wenn er Handlung erzeugt, nicht von ihr befleckt.

8
Wer sich vereinigt hat und wer die Essenz der Erscheinungen kennt, muss sagen: Ich tue in Wirklichkeit nichts. Während er sieht, hört, berührt, riecht, isst [schmeckt], geht, schläft, atmet,

9
spricht, abführt, greift, die Augen öffnet und schließt, muss er sagen: Die Sinne bewegen sich zwischen den sinnlich wahrnehmbaren Objekten.

Wir wissen mittlerweile, dass das, was handelt, nicht das Selbst, sondern definitiv die *prakṛti*-Substanz ist, aus der alle Erscheinungen, der indiviuelle *jīva* inbegriffen, hervorgehen. Das Selbst bleibt immer gleich weit von Handlung und Trägheit entfernt. *Prakṛti* ist also die substanzielle Ursache aller Ereignisse oder Bewegungen. Wir denken, dass wir uns bewegen, weil wir an sinnliche Organe und Beweger, die nur einfache funktionelle Werkzeuge sind, gebunden sind und uns mit ihnen identifizieren. Wie könnte sich das Absolute oder das Eine-ohne-Zweites bewegen? Wie könnte es aus sich selbst heraustreten? Wie könnte es sich verändern und Handlungen oder Nicht-Handlungen erzeugen? Diese Art der Bewegung, die uns bekannt ist und von der wir sprechen, bezieht sich auf die empirische Welt, sie ist eine mentale Vorstellung, nur ein Begriff.

10
Wer, nachdem er die Verhaftung transzendiert hat, handelt und seine Werke Brahma widmet, bleibt vom Irrtum frei, wie ein Lotusblatt mitten im Wasser.

11
Zur Reinigung des Ego vollziehen die Yogis [die dem Karmayoga folgen] ihre Handlungen mit dem Körper, dem Verstand, dem höheren Intellekt oder auch nur mit den Sinnen und entsagen dabei der Verhaftung.

12
Wer dem Yoga folgt und der Frucht der Handlung entsagt, erlangt einen gefestigten Frieden; wer dem Yoga aber nicht folgt, bleibt, der Frucht der Handlung verhaftet und von den Begierden getrieben, in Gefangenschaft.

13
Jeder Art von Handlung entsagend wohnt die Seele, Herrin ihrer selbst, glücklich in der Stadt der neun Tore, ohne zu handeln und ohne Ursache von Aktivität zu sein.

Das Selbst weilt im Mittelpunkt seiner verschiedenen Körper oder Hüllen, ohne Handlung oder anziehende beziehungsweise abstoßende Bewegungen zu erzeugen. Die "Stadt der neun Tore" ist der Körper; die verschiedenen Öffnungen sind Hinweise auf Mund, Ohren usw.

14
Der Herr erzeugt keine Handlungen in der Welt, noch schafft er eine Verbindung zwischen Handlung und Frucht [der Handlung], wie es die Menschen tun, sondern äußert [nur] die Essenz seiner Natur.

Der Herr ist das höchste Selbst, *ātman*, unbewegter Mittelpunkt, außerhalb von Zeit-Raum und Kausalität.

15
Derjenige, der alles durchdringt, akzeptiert weder Vorzüge noch Mängel von irgendjemandem. Die Erkenntnis ist von der Unwissenheit umhüllt: Deshalb sind die Sterblichen verwirrt.

16
Denen, deren Unwissenheit von der Erkenntnis vernichtet worden ist, enthüllt sie [die Erkenntnis] wie eine strahlende Sonne die höchste Wirklichkeit.

17
Diejenigen, deren Unreinheit durch die Erkenntnis gereinigt ist, die sich mit dem Verstand auf Das konzentrieren, die in Das eingetaucht, in Dem verankert und nur Dem gewidmet sind, gehen an einen Ort, von dem sie nicht mehr zurückkehren werden.

Das (*Tat*) ist *Brahman nirguṇa*; es gibt keine anderen Bezeichnungen dafür, weil das Absolute außerhalb jeder Bestimmung und Vereigenschaftlichung ist. Oft wird es durch Negation gekennzeichnet, weil es eben keine Eigenschaften hat.

18
Die [wahren] Weisen sind jene, die mit demselben Auge einen mit Weisheit und Demut gekrönten brāhmana, eine Kuh, einen Elefanten, einen Hund, einen śvapāke [Hundefleischesser] ansehen.

Wer gleichmütig gegenüber allem und allen bleibt, wer sogar die Kastenunterschiede überwunden hat, wer jede für die Individualität typische Dualität überschritten hat, kann sich wirklich als weise betrachten.

19
Auch in dieser Welt werden alle Dinge von denjenigen bewältigt, die einen vollkommen gelassenen Verstand haben. Brahma ist reine Essenz und stets identisch mit sich selbst, deshalb sind diejenigen fest mit Brahman verbunden.

Die Verwirklichung kann außerhalb von Zeit-Raum erlangt werden, denn *Brahman* ist das allgegenwärtige und alles durchdringende Absolute.

20
Wer einen unerschütterlichen und unbeirrbaren Intellekt hat, wer Brahman kennt und wer in Brahman verankert ist, kann sich weder freuen, wenn er erhält, was angenehm ist, noch sich ärgern, wenn er erhält, was unangenehm ist.

21
Wessen Ich nicht an den sinnlichen Objekten haftet, der findet seine Freude im Selbst. Derjenige, der sich durch den Yoga in Brahman befindet, erfreut sich eines unwandelbaren Glückes.

22
Die Freuden, die durch die Gegebenheiten der Sinne entstehen, sind in Wahrheit nichts anderes als eine Quelle von Konflikten; sie haben einen Anfang und [notwendigerweise] ein Ende, oh Sohn der Kuntī; nicht in ihnen also findet der Weise seine Freude.

23
Wer auf dieser Welt, bevor er den Körper verlässt, fähig ist, dem Ansturm der Begierden und des Zorns zu wi-

derstehen, der ist ein in sich selbst vereinter Mensch, ein glückliches Wesen.

24
Wer die innere Freude, die innere Fröhlichkeit und die innere Erleuchtung gefunden hat, der ist ein Yogi, welcher in Brahman verankert, das nirvāṇa des Brahman (brahmanirvāṇam) erlangt.

Das bedeutet die Auslöschung des individuellen Ich mit allem, was dazu gehört.

25
Die Weisen, welche die Unreinheit [die Unwissenheit] vernichtet haben, die sich von der Dualität frei gemacht haben, die Herren ihrer selbst sind und Mitleid mit allen Wesen empfinden, erlangen das nirvāṇa des Brahman.

Durch die Vernichtung der Unwissenheit – Ursache aller Übel – wird die Einheit erlangt, und sie enthält das, was wir auf der empirischen Ebene Vielheit oder Differenziation nennen. So gelten Gleichmut, Mitleid und Liebe allen manifestierten Wesen und nicht nur dem menschlichen Zustand, der ja nur einer von vielen Zuständen ist. Wer das Eine erreicht hat, in dem ist alles enthalten: von der Amöbe bis zum höchsten Engelszustand. Der Ausdruck *chinnadvaidhā* (die Dualität brechen) reflektiert die *advaita*-Anschauung des Yājñavalkya in der *Bṛhadāraṇyaka Upaniṣad* und somit die Anschauung Śaṅkaras.

26
In diesen Asketen, die sich, von Begehren und Reizbarkeit befreit, selbst beherrscht und die Erkenntnis des ātman erlangt haben, lebt das nirvāṇa des Brahman.

27
Der Weise, der die Wahrnehmungen der sinnlich wahrnehmbaren Objekte transzendiert, der sich auf den Punkt zwischen den Augenbrauen konzentriert, der den in den Nasenlöchern abwechselnden Fluss der Ein- und Ausatmung (prāṇāpānau) harmonisiert,

Der Lehrer weist in diesem *sūtra* auf die Übung zur Regulierung des Atmens, das heißt auf den *prāṇāyāma* hin; in Kapitel IV, 29 hatte er ihn bereits erwähnt.

Der *prāṇāyāma* ist ein wesentlicher Bestandteil des Yoga, vor allem des *Haṭhayoga* und des *Rājayoga* und dessen, was aus ihnen resultiert. Da es sich dabei um eine spezielle und komplizierte Technik handelt, ist es unmöglich sie in ihrer Gesamtheit darzulegen, auch deswegen, weil sie, und das muss betont werden, äußerst gefährlich ist.

Dennoch möchten wir ein paar Dinge erklären, um den Neophyten in die richtige Richtung zu lenken.

Das Wesen des *prāṇāyāma* ist in den beiden Worten *prāṇa* und *āyāma* (zusammenziehen, einschränken, beherrschen) enthalten, die diesen Begriff bilden; das heißt also: die Beherrschung und die Kontrolle des *prāṇa*. Was aber ist der *prāṇa*?

Er ist die Gesamtheit der universalen Energien. Daher existiert er auf allen Manifestationsebenen. Das objektive Universum ist aus *ākāśa* (dem ersten der fünf *bhūta* oder Elemente) und *prāṇa* gebildet. Wenn der *prāṇa* auf den *ākāśa* wirkt, beginnen die Formen sich zusammenzusetzen und lebendig zu werden. *Prāṇa* ist noumenale Bewegung. Während er sich auf den stillen Wassern des *ākāśa* entfaltet, organisiert er die fein- und die grobstoffliche Form. Der Elektromagnetismus und sogar die Schwerkraft der Körper sind Wirkungen des *prāṇa*. In Bezug auf den Aufbau des Wesens hatten wir fünf Hüllen erwähnt, die kreisförmig den *ātman* umschließen. Eine dieser Hüllen ist wie gesagt die Hülle aus *prāṇā* (*prāṇamayakośa*), die hier eine ganz bestimmte Funktion hat. Sie befindet sich zwischen der mentalen Hülle (*manomayakośa*) und der Hülle aus Physisch-Grobstofflichem (*annamayakośa*). Das bedeutet, dass das *manas* nur mittels des *prāṇā*-Körpers in Kontakt zur dichten Materie treten und sich in der objektiven Welt ausdrücken kann. Wir hatten auch gesagt, dass sich die sieben Kraftzentren (*cakra*) in diesem Körper befinden; durch sie legt sich der *jīva* auf der physisch-dichten Ebene fest: auf unbewusste Weise in den unvorbereiteten Menschen und auf bewusste Weise in den Yogis.

Ein weiterer wichtiger Tatbestand sollte untersucht werden: Der *prāṇa* ist nicht nur der Vermittler zwischen Verstand und Substanz, sondern auch zwischen Bewusstsein und Verstand. So vereint er in sich die Merkmale der materiellen Substanz (auch der Verstand ist materialisierter oder kondensierter *prāṇa*) und des Bewusstseins und kann daher als Reaktionswerkzeug sowohl des einen als auch des anderen dienen.

Aus dieser knappen Darlegung können wir bereits den tiefgründigen und unschätzbaren Wert des *prāṇāyāma* erahnen: Durch die Beherrschung des *prāṇa* haben wir automatisch den physisch-dichten Körper unter Kontrolle, denn er ist abhängig vom *prāṇa*. Der Herzschlag, der Blutkreislauf und selbst die Atmung usw. werden durch den *prāṇa* reguliert.

Obgleich sie verschieden sind, stehen der *prāṇa* und die organische Atmung in einer ganz präzisen Verbindung zueinander. Durch Einwirkung auf die Atmung kann man den *prāṇa*-Strom beeinflussen. Wir sollten aber nicht vergessen, dass der Atmungsprozess (die Umformung von Sauerstoff in Kohlensäure) nicht identisch ist mit dem *prāṇa*-Strom. Die organische Atmung wird durch die *prāṇa*-Atmung, die feinstofflicher ist, bewirkt und nicht umgekehrt.

Die *anna*-Hülle und die *prāṇa*-Hülle sind also nicht dasselbe, aber sie stehen in Verbindung oder Wechselbeziehung zueinander. Zahlreich und verschieden sind die Techniken, die sich der organischen Atmung zur Kontrolle und Manipulation des *prāṇa* bedienen. Jeder erfahrene Yogi hat vermutlich seine eigene persönliche Technik, die er selbstverständlich geheim hält, da sie für Uneingeweihte eine Gefahr darstellen könnte.

Hierzu möchten wir dem qualifizierten Neophyten lediglich einen Hinweis geben: Der *prāṇāyāma* ist das Ergebnis eines über lange Zeit hinweg geübten *pūraka* und *recaka* (Einatmung-Ausatmung), bis jener Zustand erreicht wird, der sich *kumbhaka* nennt. Nach unermüdlichem, vorsichtigem und intelligentem Üben kann die Aufmerksamkeit vom *pūraka* und *recaka* abgewendet und auf den *kumbhaka*-Zustand konzentriert werden. Diese Art von *prāṇāyāma*, *kevala kumbhaka* genannt, gibt die vollständige Kontrolle über den *prāṇa* und lässt, indem er das Emportauchen gewisser *siddhi* fördert und, was noch wichtiger ist, auf günstige Weise das Wurzel-*cakra* elektrifiziert, die *kuṇḍalinī* aufsteigen. Im klassischen Yoga gibt es drei Arten, *kumbhaka* zu bewirken; eine vierte Möglichkeit ist nur wenigen vorbehalten.

Die zentrale und delikate Handlung des *prāṇāyāma* ist die des *kumbhaka*-Zustands (des Anhaltens des Atems), der, das möchten wir wiederholen, gleichzeitig die gefährlichste Phase des gesamten *prāṇāyāma* ist.

Der *jñāni* entfesselt die im *mūlādhāra*-Zentrum eingeschlossene atomare Energie durch Methoden des Intellekts: durch *viveka* (Unterscheidungsvermögen) und *vairāya* (Verhaftungslosigkeit). Dieses System birgt keinerlei Gefahr.

28
der die Sinne, den Verstand und den höheren Intellekt beherrscht, der nach Befreiung strebt, der sich von Begierde, Angst und Zorn frei macht, ist in Wahrheit für immer frei.

29
Wer Mich als den erkennt, der sich an Opfern und Askesen erfreut, den höchsten Herrn des Universums und den Freund aller Geschöpfe, erlangt den Frieden.

Dies ist das fünfte Kapitel mit dem Titel
»Der Yoga der wahren Handlungsentsagung«.

ANMERKUNGEN ZU KAPITEL V

Bis jetzt stellte Arjuna Fragen bezüglich der Handlung und Nicht-Handlung und verlangte nach einer spezifischen Erkenntnis. Kṛṣṇa beginnt nun, seinen Schüler zum Bewusstsein dessen wiederzuerwecken, was er gegenwärtig ist, und unterrichtet ihn schrittweise über jenes *quid*, das außerhalb von Zeit und Raum ist. Im Laufe des Gesprächs konnten wir mitverfolgen, wie die verschiedenen Annäherungsweisen des Neophyten an die letzte Wirklichkeit dargelegt wurden. In Arjuna haben diese verschiedenen Aspekte des Weges Verwirrung erzeugt und der Meister versucht sie nun aufzulösen, indem er die wesentlichsten Punkte der Lehre erläutert.

Später wird der Lehrer auf bestimmte Themen zurückkommen, allerdings unter anderen Gesichtspunkten, auch deswegen, weil Arjuna inzwischen die Angelpunkte der Lehre begriffen hat. In diesem fünften Kapitel nimmt Kṛṣṇa auf den Wunsch Arjunas das Thema des *Karmayoga* wieder auf. Arjunas Bewusstsein befindet sich auf der Ebene des Werdens und da er bestimmte Handlungen – Wirkung seines *karma* – in Angriff nehmen muss, will er sich wiederfinden. Was soll er tun? Da er seinem *karma* nicht entrinnen kann, bleibt ihm nur ein einziger Weg: der des Handelns. Aber wie soll er handeln? Alle Handlungen erzeugen Wirkungen, die sich ihrerseits als positiv oder negativ, angenehm oder unangenehm, sowohl für ihn selbst als auch für die anderen erweisen können.

Wenn wir uns allerdings mit der Thematik unserer eigenen Vollkommenheit beschäftigen, fragen wir uns natürlich: Sind wir zwangsläufig von dieser Lust-Schmerz-Dualität abhängig oder können wir aus ihr heraustreten? Ist sie unserer Existenz angeboren oder ist sie nur das Ergebnis einer Reaktion unseres Bewusstseins? Dazu möchten wir einige grundlegende Dinge näher untersuchen:

1. die Natur der Lust-Schmerz-Dualität
2. welcher existenziellen Sphäre sie angehört
3. die richtige Verhaltensweise gegenüber dieser Polarität
4. ihre mögliche Transzendierung.

Was ist Lust beziehungsweise Schmerz? Wie entstehen Schmerz, Leid, Glück usw. in uns?

Mit unseren Sinnesorganen betrachten wir einen Sonnenuntergang, eine Blume, ein angenehmes Objekt und reagieren auf diesen Akt der Wahrnehmung mit einer bestimmten »psychischen Bewegung«, die, wenn sie positiv geladen ist, Freude und zentrifugale Ausstrahlung erzeugt, während sie, wenn sie negativ geladen ist, je nachdem Traurigkeit, Unbehagen, Trübsinn oder Schmerz erzeugt.

Der ganze Prozess hat folgende Bestandteile:

a) ein handelndes Wesen

b) eine Beziehung, die Kontakt und Osmose mit dem Objekt herstellt, das sich außerhalb oder innerhalb des Individuums befindet (das heißt: mit dem vorgestellten Objekt).

c) ein sinnlich wahrnehmbarer Zustand, der auf diesen Kontakt reagiert; die Reaktion kann angenehm oder unangenehm

> sein (erinnern wir uns daran, dass jenseits dieser drei Zustände der unbedingte *Vierte* dauerhaft bestehen bleibt).

Auf den ersten Blick mag das Objekt als die effektive Ursache unserer Reaktion erscheinen, weil wir glauben, dass dieses Objekt die positive oder neagtive Empfindung in uns auslöst.

Diese Sichtweise ist jedoch oberflächlich und entspricht nicht der Wahrheit. Denn dieselben Objekte, die eine bestimmte Reaktion in uns hervorrufen, rufen in anderen Menschen andere Reaktionen hervor und in wieder anderen rufen sie gar keine Reaktion hervor. Das bedeutet, dass das Objekt nicht die wahre Ursache unserer Reaktion sein kann. Wenn uns die Lust und der Schmerz also nicht von äußeren Gegebenheiten vermittelt werden, müssen sie sich in uns befinden. Wir können daher sagen: Das Objekt ist, was es ist, aber unsere *Reaktion* darauf ist abhängig von der speziellen Struktur unserer Psyche. Die Lust-Schmerz-Dualität ist psychischer Natur; sie ist energetisch und befindet sich innerhalb des Menschen. Wenn der Mensch diese Polarität auflösen möchte, kann er also nicht umhin, in sich hinein zu blicken. Aber wohin? Wenn wir den Menschen auf empirische Weise zerlegen, sehen wir, dass er aus organischen Trieben, Emotionen oder Gefühlen und Gedanken besteht. In welche Sphäre müssen wir uns daher begeben?

Nähern wir uns noch einmal einer Blume und vertiefen uns für einen Augenblick in sie: Was geschieht? Eine innere Bewegung der Anmut ist da; es herrscht ein Zustand, der, sagen wir, etwas bewegt, der angenehm ist, es besteht eine Elektrizität, die sich bewegt, wächst und eine Empfindung verschafft, der wir den Namen eines ästhetischen Gefühls geben. In diesem ganzen Prozess schweigen die Gedanken, sie sind still; mehr noch, wenn sie sich bewegen würden, würden sie das Geschehnis stören.

Wenn wir uns hingegen mit dem Auge des Verstandes dieser Blume nähern, gehen die Gedanken ans Werk und beginnen einen Prozess der mentalen Vorstellungen, der Analyse, des Vergleichs, der Klassifizierung, bis sie für die Blume einen Begriff gefunden und festgelegt haben. In dieser Bewegung ist eine konzentrierte Aufmerksamkeit des *Nachforschens* und der Begrifflichmachung, obwohl sie auf der ideellen, mentalen Vorstellung basiert. Bei der ersten Bewegung herrscht heitere Aufmerksamkeit, eine Unmittelbarheit in der Reaktion, während es bei der anderen Bewegung um das Zusammensetzen von Daten, um die Überführung von Ideen geht.

Begriffliche Nachforschung und ästhetischer Genuss sind die beiden Faktoren, mit denen sich das Individuum bewegt. Verweilen wir einen Moment lang bei der emotionalen Sphäre und nehmen wir an, dass jene Reaktion – von der wir zuvor gesprochen haben – genau dieser emotionalen Sphäre entspringt, die sich ihrerseits gemäß dem Gesetz von Anziehung-Abstoßung bestimmt.

Bei der Betrachtung von Arjunas Verhalten können wir sagen, dass seine Angst nicht vom äußeren Ereignis oder Objekt, dem er sich stellen muss, verursacht worden ist, sondern von seiner inneren Reaktion. Seine Reaktion ist eine Bewegung, die, indem sie seinen gesamten psychoorganischen Raum aufwirbelt und elektrisch auflädt, ihn mitreißt und zu bestimmten Konsequenzen zwingt. Die Lust-Schmerz-Dualität ist also eine spezielle emotionale Bewegung, die eine bestimmte Art von Verhalten auslöst, das entweder angenehm oder unangenehm ist, denn beide Pole können nicht gleichzeitig im Bewusstsein erfahren werden – so wie die Unwissenheit und die Erkenntnis nicht gleichzeitig erfahren werden können.

Jede Bewegung ist jedoch eine relative Größe und definiert sich in Bezug auf etwas anderes: die Lust in Beziehung zum

Schmerz und umgekehrt. Wir kennen die Lust, weil wir den Schmerz gespürt haben. An diesem Punkt drängt sich demzufolge eine Frage auf: Ist diese Sphäre, die der unaufhörlichen Bewegung oder dem Werden unterworfen ist, real? Kann so ein Wirbel je die Grundlage, Stütze und die Konstante bilden, auf welcher der Herzensfrieden errichtet werden soll?

Die Konstante existiert, und sie ist das Wesen, nicht die Psyche, da sie die Wirkung erfährt und daher nicht die Ursache sein kann. Außerdem kann ihr Verhalten nicht mit dem der Reaktion identisch sein; im Gegenteil, genau hier liegt die Möglichkeit, eine richtige Verhaltensweise gegenüber der emotionalen Sphäre festzulegen, welche die Ursache der konfliktgeladenen Dualität ist. Wir müssen begreifen, dass dieses Hin und Her der Erfahrung beendet werden kann, sodass alle polaren Bewegungen transzendiert werden können. Unsere Absicht ist also, die Antithese des *Ja* und des *Nein*, welche die letzte Wahrheit verdunkelt, zu überwinden. Die Antinomie existiert in Wirklichkeit gar nicht: Unsere psychische Reaktion ist es, die diese Antithese erzeugt. Die Entdeckung, dass alles auf die Einheit zurückgeführt werden kann, bedeutet, dass die wahre Erkenntnis und das wahre Bewusstsein der eigenen Natur gleichzeitig die Erkenntnis der universalen Natur ist. Die Enthüllung des Selbst offenbart, dass die Einteilung der Dinge in duale und vielfältige Aspekte einfach durch das Empfinden des bruchstückhaften Individuums bewirkt wird, und es lässt erkennen, dass sich im Grunde alle Polaritäten im transzendenten Prinzip auflösen. Für den aber, der die Identität des *Ja* und des *Nein* noch nicht begriffen hat, bleibt die Lust Lust und der Schmerz Schmerz.

Das ist die Situation des Arjuna, der auf dem Kriegswagen in sich zusammengesunken, von einer Psyche überwältigt wird, die auf Furcht und Schmerz reagiert. Er muss kämpfen und kann keinen Rückzieher machen. Und während er handelt, weiß er, dass er – besiegt oder als Sieger – weiter in Konflikt bleiben wird. Welcher Weg kann der Ausweg sein? Nicht auf physische Weise zieht der Meister ihn mit seiner »magischen Kraft« aus dem Kampf; nein, stattdessen »nagelt« er ihn an die Pflicht und die Handlung. Das Leben kann nicht vermieden werden und manchmal bringt der Gedanke ans Handeln noch vor diesem Handeln wahre Verzweiflung mit sich. Die emotionale Sphäre steht im Mittelpunkt unseres Schicksals.

Die *Gītā* bietet eine philosophische, ethische und auch wissenschaftliche Lösung. Der göttliche Lehrer will Arjuna eigentlich Folgendes sagen: Nicht von der Handlung sollst du dich loslösen und befreien – schon deswegen nicht, weil du es gar nicht kannst –, sondern von deinen sinnlichen Reaktionen und von deiner falschen mentalen Vorstellung.

Wir müssen also vor allem die emotionale Sphäre neu erziehen, ohne dabei die Gedankensphäre auszulassen. Für ersteres sorgt der *Karmayoga*, der die emotionalen Energien in die richtige Richtung lenkt und sie mit richtigen Handlungen beschäftigt (dadurch kann keinerlei Handlung vermieden werden). Für die Gedankensphäre sorgt der *Jñānayoga*, der zu den Universalien führt. So können Gedanken und Emotionen oder Gefühle wunderbar, in yogischer Einheit, auf der Ebene des Werdens wirken, ohne je wieder Konflikte und Schmerzen zu erzeugen. Die richtige Anschauung erzeugt richtiges Handeln und das richtige Handeln, das technisch realisiert worden ist und mit dem universalen *Dharma* übereinstimmt, ist frei von allen Polaritäten, die der Täuschung unterworfen sind.

das Grobe kann nicht das Feine verstehen

KAPITEL VI

DHYĀNAYOGA

Śrī Bhagavān sprach:

1
Wer die seiner Pflicht innewohnende Handlung ausführt, ohne Verhaftung an der Frucht der Handlung, der ist ein saṁnyāsin und ein Yogi, nicht, wer das heilige Feuer nicht anzündet und passiv ist.

Nicht weil wir bestimmte Dinge ausführen – auch wenn sie in den Wirkungsbereich demutsvoller Menschen gehören – oder die Familie verlassen haben, um uns in den Wald zurückzuziehen, können wir uns als *saṁnyāsin* oder als Yogi bezeichnen. Das, was definitiv zählt, ist nicht der äußere Akt an und für sich, sondern die adäquate psychologische Veranlagung. Die Verhaftungslosigkeit ist eine psychische Verhaltensweise, die schwer zu erlangen ist: Wie wir einsam in einem Wald leben können, ohne dabei wirklich alleine zu sein, so können wir mitten in einer Menschenmenge sein und uns dennoch vollkommen von ihr isolieren.

2
Wisse, oh Pāṇḍava, dass das, was wir Entsagung (saṁnyāsa) nennen, in Wahrheit Yoga ist, denn niemand kann ein Yogi sein, [bevor] er nicht den egoistischen Gefühlen entsagt hat.

3
Für den Weisen, der nach dem Yoga strebt, ist die Handlung das [richtige] Mittel, aber für den, der sich [bereits] zum Yoga erhoben hat, ist das [richtige] Mittel der tiefe Frieden (śama).

Man muss zwischen der Situation des Schülers, der nach Verwirklichung strebt, und jener des vollkommen Verwirklichten unterscheiden. Über diese Unterscheidung haben wir bereits gesprochen.

4
Wenn der Mensch nicht mehr an die Sinnesobjekte und an die Handlungen gebunden ist und all seinen Vorstellungen entsagt hat, wird er als Yogi bezeichnet.

Wenn man die Emotionen oder Gefühle und den Fluss des umherirrenden Denkens vollständig beherrscht, ist man Herr über das gesamte Kontaktwerkzeug.

5
Der Mensch muss sich selbst durch sich selbst erheben; er darf sich [also] nicht erniedrigen, denn nur er ist Freund seiner selbst und [demzufolge] ist nur er Feind seiner selbst.

6
Wer sich selbst zu beherrschen gelernt hat, hat sich selbst zum Freund; aber jener Mensch, der die Selbstbeherrschung nicht erlangt hat, ist sich selbst gegenüber ablehnend wie ein Feind.

7
Wer das individuelle Ich beherrschen gelernt hat, verwirklicht sich als Selbst und bleibt immer derselbe, bei

Kälte und Wärme, bei Freude und Kummer, in Ehre und Schande.

Die Uressenz ist in uns; sie bildet die stets unbewegte Leinwand, auf der sich das Hell-Dunkel des Werdens einwebt. Es ist die Aufgabe des *jīva*, des freien Widerscheins der Essenz, sich als unteilbarer und reiner *ātman* wiederzufinden und zu offenbaren. Da wir alle die *Freiheit* haben uns auf vielfältige Weise auszudrücken, können wir uns erniedrigen oder erheben, dem Weg der *avidyā*-Unwissenheit oder dem der *vidyā*-Erkenntnis folgen, die Früchte der Handlung genießen oder handeln ohne zu handeln, uns verlieren oder uns wiederfinden. Der Mensch kann die Willenskraft oder die Trägkeit, die Intelligenz oder den Stumpfsinn, die Freude oder die Traurigkeit in sich wachrufen. All das kann der Mensch oder das Wesen tun, da er trotz allem der Natur des Einen angehört.

8
Wer in der Weisheit und der [unterscheidenden] Erkenntnis Zufriedenheit findet, wer unerschütterlich und Herr seiner Sinne ist, wer mit Gleichmut einen Erdklumpen, einen Stein, einen Goldbarren betrachtet, wird ein Yogi genannt.

Der Schüler, der alle Polaritäten transzendiert hat, findet durch die Auflösung der individuellen Zusammensetzung den Frieden. Und die begierdelose Freude strahlt stets unveränderlich in ihm. Die Entwicklung des Gleichmuts führt ihn schrittweise dazu, das Ganze unter dem Gesetz der Einheit zu sehen.

9
Wer mit Unparteilichkeit (sama) die Bekannten, die Freunde und die Feinde, die Fremden, die Verwandten und alle anderen, diejenigen, die hassen, diejenigen, die aufrüh-

rerisch sind, die Guten und die Bösen betrachtet, der unterscheidet sich [von allen].

»... denn er lässt seine Sonne aufgehen über Bösen und Guten, und er lässt regnen über Gerechte und Ungerechte.«[1]

10
Ganz allein muss der Yogi, der sich an einen einsamen Ort zurückzieht, den Verstand und das Ich beherrscht, sich von jeder Hoffnung auf Begehren und Besitz befreit, den Verstand unaufhörlich auf den ātma konzentrieren.

11
Mit einem Sitz, weder zu hoch noch zu niedrig, möge der Yogi an einem nicht verunreinigten Ort, der mit kuśa-Kraut [Pflanze, die für kultische Handlungen verwendet wird], einer Antilopenhaut und einem Tuch bedeckt ist,

12
dort sitzend möge [der Yogi], indem er den Verstand auf einen einzigen Punkt konzentriert, das citta [die mentale Substanz] und die indriya beherrscht, sich zu seiner eigenen Reinigung dem Yoga widmen.

13
Den Körper, den Kopf und den Hals in aufrechter und regloser Haltung, den Blick auf die Nasenspitze [gerichtet] und ohne umherzuschauen,

14
mit heiterem Gemüt und frei von Angst, beständig im Gelübde des brahmacarya [Gelübde der Enthaltsamkeit],

---

[1] *Matthäus V, 45*

den Verstand beherrschend durch die auf Mich konzentrierten Gedanken, in Einklang möge [der Yogi] sitzen, mit Mir als seinem einzigen Ziel.

15
Der Yogi, der sich, mit beherrschtem Verstand, stets in Einklang hält, erlangt den Frieden und das nirvāṇa, die in Mir sind.

In diesen *sūtra* weist Kṛṣṇa vor allem auf die Technik der mentalen Disziplinierung nach dem klassischen Schema der *Yoga-sūtra* des Patañjali hin.

Diese Yoga-Technik besteht darin, das Bewusstsein aus dem Wachzustand in jenen des Tiefschlafs oder des Kausalkörpers zu erheben, der den Kelch darstellt, in dem sich der *soma* befindet, das Elixier der Ewigkeit, der Nektar der befreiten Götter. Bei dieser *sādhanā* scheinbarer Einsamkeit müssen wir uns reinigen, indem wir den Schwingungsaspekt verwandeln und langsam unsere verschiedenen Schatten transzendieren, welche uns auf der Ebene von Zeit und Raum gefangen halten.

Der *Dhyānayoga* ist der Yoga der Meditation, von welcher keine Yoga-Art absehen kann. Die Meditation ist der Schlüssel, der schrittweise die verschiedenen Türen öffnet, die das »Sancta Sanctorum«, das Himmlische Jerusalem, *Īśvara* oder den Glorienkörper, der unsterblich macht, bewachen.

16
Aber der Yoga, oh Arjuna, ist weder für diejenigen, die zu viel oder die gar nichts essen, noch für diejenigen, welche die Gewohnheit haben, zu viel zu schlafen oder zu lange Zeit wach zu bleiben.

17
Maßvoll beim Essen, bei der Fortpflanzung, bei den Handlungen [des Lebens], beim Schlaf und im Wachzustand zu sein, [das ist] der Yoga, der die Konflikte vernichtet.

Wir tun gut daran, einen Moment lang bei diesen beiden *sūtra* zu verweilen, denn sie erklären die richtige psychologische Annäherungsweise an den Yoga. Die *sādhanā* (die Askese oder die spirituelle Richtung, der sich der Schüler hingibt) sollte weder eine »Tour de Force« oder ein Gewaltmarsch noch eine Rechtfertigung für die undefinierten Schwächen des »Schattens« sein: Sie sollte maßvolles Handeln sein, das von gesundem Menschenverstand geprägt ist.

18
Wenn der Verstand still ist, ohne sinnliche Begierden, fest im ātman verankert, sagt man, dass er die Harmonie des Yoga erlangt habe.

19
Gleich einer Flamme, die an windgeschütztem Ort nicht flackert, ist der Yogi, der den Verstand beherrscht und sich mit dem Selbst vereinigt hat.

20
Wenn das Denken durch die Übung des Yoga aufgehoben wird, wenn der Weise, der den ātman durch das Selbst [jīva] sieht, die Freude des Selbst genießt,

21
wenn er jene höchste Freude erkennt, die, unerreichbar für die Sinne, nur durch die buddhi gefunden werden kann, wenn er sich – fest in ihr verankert – nicht mehr von der Wahrheit entfernen kann,

22
wenn er, nachdem er sich zu diesem Zustand erhoben hat, versteht, dass es für ihn keinen höheren Gewinn geben kann als diesen [Zustand]; wenn er, fest in ihm verankert, nicht einmal mehr von tiefstem Leid erschüttert wird:

23
Wisse, dass diese [totale] Verhaftungslosigkeit in Bezug auf alle konfliktgeladenen Dinge der Welt Yoga genannt wird. Der Yoga muss jedoch mit unerschütterlicher Entschlossenheit geübt werden und mit einem Willen, der sich niemals beugen lässt.

24
[Der Yogi] soll ohne jeglichen Vorbehalt allen durch die Vorstellung erzeugten Begierden entsagen, indem er die Gesamtheit der Sinne zügelt,

25
und mit dem gefestigten und entschlossenen höheren Intellekt soll er schrittweise alle Aktivitäten transzendieren, den Verstand auf das Selbst richten und sich nichts anderes mehr vorstellen.

26
Sollte der Verstand aus irgendeinem Grund in Erregung geraten und schwanken, muss er gebremst und auf das Selbst gerichtet werden.

In diesen *sūtra* wird das *manas* als psychischer Aspekt in Betracht gezogen. Das *manas* ist die unvollständige energetische Zusammensetzung, die den Kontakt mit dem Objekt oder der Welt herstellt. Wir müssen den Prozess kennen lernen, durch den wir das Selbst erfahren können, das aus Glückseligkeit besteht. Das *manas* stellt das empirische Bewusstsein, das individuelle Denken dar, das formaler Ordnung ist, während die *buddhi* nicht-formaler Ordnung ist. Das Ich wendet sich stets nach außen und diese Neigung verursacht verschiedene Bewegungen im Verstand: Empfindungen, Wünsche, Neigungen usw., die jene Dualität der Anziehung und Abstoßung erzeugen, von der wir bereits gesprochen haben.

Nun ist das *manas* neben dem *citta*, dem *ahaṁkāra* und der *buddhi* eines der vier Attribute des *antaḥkaraṇa* (des inneren Organs) und kann als einfache Wirkung betrachtet werden, nicht als Ursache. Patañjali sagt in seinen *Yogasūtra*, dass sich das Selbst enthüllt, wenn sich alle Wirkungen in ihre Ursachen auflösen. Die Urursache des gesamten *antaḥkaraṇa* ist das *Mahat* oder der universale *Verstand*, vergleichbar mit *Īśvara*. Das individuelle *manas* ist nichts anderes als ein Funke des universalen Feuers (*Mahat*). Das Werk des Yoga besteht also darin, *auf bewusste Weise* den Teil mit dem Ganzen wiederzuvereinen. Solange das Individuum Sklave des äußeren Objekts und aller inneren individuellen Gegebenheiten bleibt, kann es nicht mit der Ursache kommunizieren.

Der Yoga erlaubt, das Einzelne mit dem Universalen wiederzuvereinen, oder besser, den Teil mit dem Ganzen, den peripheren Funken mit dem zentralen Feuer zu verbinden; das ist ein Werk der Wiedereingliederung und Auflösung. Außerdem kann man in diesem Zustand endlich die effektiven Ursachen der Bewegung des Verstandes selbst und damit aller veräußerlichten Dinge, die Ego-Projektion inbegriffen, verstehen.

Vom empirischen Gesichtspunkt aus haben wir gesehen, dass das *manas* nach außen gerichtet ist. Es streckt seinen Rüssel aus und nimmt die Dinge in Besitz. Als äußerlich gilt jedoch auch das Unterbewusstsein, denn ein unterbewusster Inhalt kann stets das Objekt einer Wahrnehmung sein. So entfaltet das *manas* seine sinnlich wahrnehmbare Natur in dieser zweifachen Richtung, nach außen und nach innen.

Die Wirklichkeit scheint also aus zwei Polen – einem äußeren und einem inneren – zu bestehen, die im Grunde den beiden Welten, der grobstofflichen und der feinstofflichen Welt, entsprechen. Wenn einer der beiden Pole überwiegt, herrscht Ungleichgewicht und Disharmonie. Das bedeutet, dass das Individuum, welches zwischen der objektiven und der subjektiven Ebene hin und her pendelt, in Konflikt ist. Um das Problem dieser Schaukelbewegung oder Oszillation zu lösen, muss man bis zum Ursprung der Polarität, das heißt, bis zum *Mahat*, der großen Ursache (*kāraṇa*), zurückgehen, wo die Polarität Auflösung und Einheit findet.

Diese *sūtra* betonen, dass das *manas* von den sinnlichen Objekten getrennt und das gefestigte Bewusstsein in die *buddhi* gelegt werden muss.

> »... und mit dem gefestigten und entschlossenen höheren Intellekt soll er schrittweise alle Aktivitäten transzendieren, den Verstand auf das Selbst richten und sich nichts anderes mehr vorstellen.« (*VI, 25*)

Die *buddhi*, das (von unten nach oben betrachtet) vierte Element des *antaḥkaraṇa*, besteht aus feinerer Substanz als das *manas* und bildet psychologisch gesehen die Intelligenz. Die Gegebenheiten können wir deswegen verstehen, weil wir ein intelligentes Prinzip in uns haben, das uns erlaubt, nicht nur auf *unmittelbare* Weise erleuchtet zu sein, sondern auch unter verschiedenen Möglichkeiten auszuwählen und demzufolge eine Entscheidung zu treffen. Wir können sagen, dass die *buddhi* das *manas* regiert, und je ruhiger das *manas* ist, desto mehr kann die *buddhi* ihre Kräfte entfalten. Manchmal wird sie mit dem *Mahat* verglichen, dessen erste Bestimmung sie bildet, so wie das *Mahat* die erste Bestimmung der *prakṛti* ist. Die *buddhi* ist ein Widerschein des *Mahat*, so wie das *manas* ein individueller Widerschein der *buddhi* ist. Daher ist die *buddhi* in Beziehung zur menschlichen Individualität oder zu anderen individuellen Zuständen die unmittelbare, aber transzendente Gegebenheit. Kurz, sie verbindet die Individualität mit der Personalität, das Einzelne mit dem Universalen.

Zur Verdeutlichung mag folgendes Schaubild dienen:

Prakṛti

↓

Mahat

universaler Verstand

↓

buddhi-jīva

Zentrum des gesamten Wesens, relativ unsterblich,
Widerschein des *Mahat* auf bestimmten Schwingungsebenen

↓

manas

das Individualisierte mit den Empfindungsorganen, dem *ahaṁkāra* (Ich-Sinn) usw.; Individualität des Augenblicks, die sich in der grob- und feinstofflichen Sphäre befinden kann; das liegt daran, dass das ganzheitliche Wesen unbestimmte Entwicklungsmöglichkeiten besitzt; eine dieser Möglichkeiten ist, wie gesagt, die rein menschliche Entwicklung.

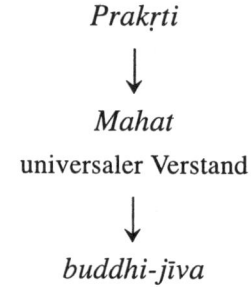

Das *manas* kann heute klar sein, die Dinge begreifen und ein gutes Gedächtnis haben, morgen hingegen kann es umwölkt und stumpf sein und Gedächtnislücken aufweisen; was jedoch nie fehlt ist das *Bewusstsein zu sein*. Auch die *buddhi* kann auf intermittierende Weise funktionieren: Bestimmten Momenten großer Gewissheit, Sicherheit bei Entschlüssen und genialen Intuitionen können sich Momente der Verdunklung überlagern. Die *buddhi* kann sich sogar (durch verschiedene Vorfälle bedingt) vom individuellen *manas*-Prinzip trennen; daraus resultieren der Idiot und der Dummkopf. Aber auch hier, das möchten wir wiederholen, fehlt nie das *Bewusstsein zu sein*. Das ist ein wichtiger Punkt.

Die verschiedenen Aspekte des *antaḥkaraṇa* sind der Veränderung, der kontinuierlichen Fluktuation unterworfen, während das Bewusstsein des Wesens (ohne irgendeine andere Bestimmung) immer bestehen bleibt, weil es die Grundlage bildet, die dauerhafte Leinwand, auf der sich die wandernden Ausdrucksformen der verschiedenen mit Eigenschaften versehenen Hüllen oder Träger erzeugen. Es sind *sat* und *cit*, die Existenz und das Bewusstsein auf der Ebene des Manifesten jeglicher Ordnung.

Die *Gītā* weist uns den Weg, wie wir uns mit der universalen Seele wiederverbinden können. Um diesen ganzen Prozess (möglichst und vor allem am Anfang unter einer erfahrenen Führung) bewerkstelligen zu können, ist ein großes Quantum an Arbeit zur Reinigung, Neuorganisation und Auflösung des *antaḥkaraṇa* notwendig. Mit anderen Worten: Man muss in sich selbst und durch sich selbst eine Revolution durchführen.

27

So sinkt höchste Freude in den Yogi, dessen Verstand Ruhe gefunden hat, dessen Leidenschaften ausgelöscht sind und der unbefleckt mit Brahma eins geworden ist.

before I see anything I see god

28
Der von jedem Irrtum befreite und unaufhörlich zur Vereinigung hingezogene Yogi erreicht mit Leichtigkeit die unendliche Glückseligkeit durch den Kontakt mit Brahma.

29
Wessen Ich durch die Yoga-Übung transzendiert worden ist, der sieht das Selbst in allen Geschöpfen und alle Geschöpfe im Selbst; so sieht er überall [gleichermaßen] die Einheit.

Wer sich auf der Ebene des *Īśvara* als der einzigen Ursache (*Mahat*) des gesamten Sicherzeugens der Formen und der Namen aufgelöst hat, kann nicht umhin auf der Erde, im Himmel und an jedem Ort die Ureinheit zu sehen. Analog dazu kann er nicht umhin in den unterschiedlichen physisch-dichten Formen – seien sie mineralischer, pflanzlicher, tierischer oder menschlicher Natur – die elementare Einheit zu sehen, Grundlage und Träger jeder planetarischen, molekularen Differenziation.

30
Wer Mich [als universales Bewusstsein] überall sieht und alles in Mir, den kann niemand von Mir trennen, und Ich werde Mich nie von ihm trennen.

31
Der Yogi der, in der Einheit wohnend, Mich in allen Lebewesen gegenwärtig bewundert, lebt in Mir, ganz gleich wie er lebt.

32
Wer den Schmerz und die Freude aller auf sich bezieht, gilt als vollkommener Yogi, oh Arjuna.

Mit anderen Worten: Wer das Leid und die Freude der anderen mitempfinden kann, entdeckt, dass er den anderen nichts antun möchte, was er nicht selbst ertragen will. Schon mit diesen *sūtra* *29* bis *32* kann man – wenn man lange Zeit über sie meditiert und Erfahrungen gesammelt hat – zur Vereinigung oder effektiven Verwirklichung gelangen; sie sind die Krönung der Yoga-Praktik, die in den vorhergehenden *sūtra* dargelegt ist.

Arjuna sprach:

33
Oh Madhusūdana, bei diesem Yoga, den du in Begriffen des Gleichmuts dargelegt hast, sehe ich wegen der Rastlosigkeit des manas keine beständige Anwendung.

34
Denn das manas, oh Kṛṣṇa, ist stürmisch, mächtig und rastlos. Es ist so schwer es zu beherrschen, genauso schwer, wie den Wind anzuhalten.

Arjuna beginnt seinen Weg zu begreifen und über die Lehre des Meisters nachzudenken. Er stellt fest, dass das *manas* oder der Verstand ein Vulkan ist: Noch ehe es gelingt, eine Anhäufung von Ideen oder Vorstellungen auszulöschen, werden schon neue projiziert.

Es ist schwierig die Bewegung der Gedanken zu bremsen, aber Kṛṣṇa antwortet mit denselben Worten wie Patañjali, dass dies durch dauerndes Üben und Leidenschaftslosigkeit doch gelingen könne. Natürlich geht es nicht darum, den Verstand auszulöschen, sondern darum seine Erzeugnisse zu beherrschen und ihn bei Bedarf anzuhalten.

Patañjali definiert den Yoga als die »Aufhebung der Modifikationen des Verstandes (*citta-vṛtti-nirodhaḥ*)«[1].

In der Tat sind eine Idee und ein Gedanke nichts anderes als Modifikationen der mentalen Substanz. Der Verstand selbst in seiner homogenen Einheit jedoch ist mehr als seine Träume oder Produkte – wie zum Beispiel das Wasser mehr ist als das Eis, das nur eine seiner zahlreichen Bestimmungen oder Möglichkeiten darstellt. Das Wasser beziehungsweise das Bewusstsein ist durch die Identifizierung mit dem Erzeugnis Eis begrenzt und konditioniert, so wie das Bewusstsein des Individuums durch die Identifizierung mit den verschiedenen mentalen Modifikationen getrübt und eingeschränkt ist; genauso wie, auf einer höheren Windung der Spirale, das Bewusstsein des Wesens durch die Identifizierung mit einem seiner Erzeugnisse (zum Beispiel mit dem rein menschlichen Zustand) eingeschränkt wird.

Zwischen einem Gedanken und dem nächsten oder besser gesagt zwischen einer Vorstellung und der nächsten existiert ein *continuum* (ein Hiatus, eine Kluft), das die mentale Substanz im unmodifizierten Zustand darstellt. Es ist erforderlich, dieses *continuum* auszudehnen, sodass das Diskontinuierliche (die Vorstellung oder Form) so weit verlangsamt wird, bis das Wesen Herr des Prozesses von Eintreten und Austreten, manifest und unmanifest wird.

Śrī Bhagavān antwortete:

35

Zweifellos, oh Mahābāhu, ist das manas schwer zu beherrschen und es ist auch unbeständig; dennoch, oh

---

[1] Patañjali, *La Via Regale della Realizzazione (Yogadarśana)*, Rom, 2. Auflage 1997

Kaunteya, kann man es durch kontinuierliche Übung und Leidenschaftslosigkeit (vairāgya) beherrschen lernen.

36
Sicher ist der Yoga für den, der nicht die mindeste Beherrschung über das Ich hat, schwer zu üben, wer aber fleißig ist und durch entsprechende Mittel eine [gewisse] Beherrschung erlangt, kann ihn verwirklichen.

Arjuna sagte:

37
Welchen Weg kann derjenige einschlagen, dem es, obgleich er von Glauben erfüllt ist, nicht gelingt, sich zu erheben und der nicht zur Vollkommenheit des Yoga gelangen kann, weil sein Verstand vom Yoga abgelenkt ist, oh Kṛīṣṇa?

Wohin werden wir gehen, wenn es uns in dieser Inkarnation nicht gelingt, die Vereinigung zu verwirklichen? Werden wir uns im Nichts verlieren? Diese Frage ist typisch für das individuelle Ich: Es hat Angst davor, sich zu verlieren, ausgelöscht, vernichtet zu werden. Es will sich beruhigen und verlangt daher eine Erklärung.

38
Ist derjenige, der auf beiden [Wegen: dem der abschließenden Befreiung und dem des Himmels] versagt, der keinerlei Stütze hat, der sich auf dem Weg, der zum Brahman führt, verirrt hat, verloren wie eine Wolke, die verschwindet, oh Mahābāhu?

39
Oh Kṛṣṇa, zerstreue vollständig meinen Zweifel, denn niemand außer Dir ist in der Lage dies zu tun.

Śrī Bhagavān erwiderte:

40
Oh Pārtha, für ihn existiert keinerlei Vernichtung weder in dieser noch in der anderen Welt, denn wer würdevoll handelt, kann nicht auf den Weg des Untergangs geraten.

Nichts kehrt ins Nichts zurück, da nichts aus dem Nichts entstanden ist.

41
Nachdem er das Reich der Wohldenkenden erlangt und dort jahrelang ununterbrochen gewohnt hat, wird derjenige, der den Yoga unterbrochen hat, in einem Haus reiner und an Qualitäten reich ausgestatteter [Menschen] wiedergeboren werden.

42
Oder er wird in einer Familie weiser Yogis wiedergeboren; so eine Geburt ist [für die Mehrheit] sehr schwer in der Welt zu erreichen.

43
In diesem [privilegierten] Zustand erwirbt er jene Wirkung der Meditation aus dem vorigen Leben zurück und dadurch gestärkt empfängt er einen stärkeren Impuls, die Vollkommenheit zu erlangen, oh Kurunandana.

44
Seine Yoga-Übung der Vergangenheit drängt ihn unwiderstehlich immer weiter voran; so versucht er noch einmal die Erkenntnis zu ergreifen, und schon allein durch diesen Akt erhebt er sich über das [bloße] Wort Brahman (śabdabrahma) [oder das rein diskursive Wort der Schriften].

45
Aber der Yogi, der mit Ausdauer arbeitet, erlangt, vom Irrtum gereinigt, im Laufe der wiederholten Geburten vervollkommnet, das höchste Ziel.

46
Der Yogi ist dem büßenden Asketen (tapasvin), denen, die [nur] die Kenntnis [der Schriften] haben, und auch denen, welche die Riten (karman) vollziehen, überlegen; sei deshalb, oh Arjuna, ein Yogi.

47
Und von allen Yogis halte Ich denjenigen für den ausgeglichensten, der voller Glauben an Mich denkt, immer in Mir wohnt und sich in Liebe hingibt.

—

Dies ist das sechste Kapitel mit dem Titel »Dhyānayoga«.

ANMERKUNGEN ZU KAPITEL VI

Die grundlegenden Punkte dieses Kapitels sind:

1. Begriff der Verhaftungslosigkeit
2. die yogische Arbeit muss vom Individuum in Angriff genommen werden; von außen kann ihm niemand die Verwirklichung oder Befreiung geben
3. Yogische Meditation
4. die wahre Verhaftungslosigkeit erreicht man durch Abtrennung des *manas* (als inneres Organ) von den Sinnesobjekten
5. Ureinheit des universalen Lebens
6. Weg des »post mortem«

Die Verhaftungslosigkeit wird, wie wir gesehen haben, nicht äußerlich oder durch die Unterdrückung bestimmter Bedürfnisse bewirkt. Nicht indem wir uns physisch von der Gesellschaft isolieren, erreichen wir die Verhaftungslosigkeit. Sie wird durch das Nachlassen des Begehrens nach dahinschwindenden Ereignissen oder Objekten bewirkt. Im Prozess der Loslösung vom phänomenalen Leben und den tiefgründigsten unterbewussten Schlupfwinkeln treten wir in Kontakt mit dem Leben, dem Ursprung selbst des Wesens.

Nur das Verhalten mentaler Verhaftungslosigkeit versetzt den Denkenden in die Lage, an hohem und geheimem Ort zu sein und von diesem Zentrum des Friedens aus auf yogische Weise zu arbeiten. Und in dem Maß, in dem das Ich für sich selbst stirbt, taucht die Verhaftungslosigkeit empor und offenbart sich.

Der Yoga ist ein individueller Befreiungsweg und natürlich kann nur derjenige, welcher sich mit diesem Prozess beschäftigt, ihn auch selbst durchführen und verwirklichen; niemand sonst könnte das für ihn erledigen.

> »Eine Krankheit verschwindet nicht, indem man einfach den Namen der Medizin ausspricht; man muss sie einnehmen. Hoffe also nicht, dass du allein durch die Wiederholung des Namens *Brahman* das Selbst erkennen kannst.«[1]

Auch der *Avatāra* ist ein kraftvolles Mittel, ein Führer, ein Rettungsanker, eine *Brücke*; dennoch bleibt es stets die Aufgabe des Individuums, die *tamas*- und *rajas*-Eigenschaften, die in seiner *prakṛti* oder Substanz vorhanden sind, aufzulösen. Der Mensch kann Freund oder Feind seiner selbst sein, abhängig von der Richtung, in die er seine Energien leiten will.

Durch kontinuierliche Meditiation und die Ausführung der Übungen gelangt er sicher zum höchsten Ziel, auch wenn dies ein ganzes Leben lang dauern könnte.

Die Meditation ist der Ausschlag gebende Faktor des Yoga, da sie den Verstand oder das Bewusstsein in die Lage versetzt sich wieder in Richtung der *buddhi*-Sphäre zu orientieren. Es gibt verschiedene Arten der Meditation. Sie entsprechen den jeweiligen Temperamenten, je nach Neigung des Schülers und

---

[1] Saṅkara, *Vivekacūḍāmaṇi 62, ebd.*

seiner Bewusstseinsfokussierung auf den einen oder anderen Körper oder Träger.

Durch die Meditation können wir das innere Organ (*antaḥ-karaṇa*) beherrschen lernen und somit alle verschiedenen Neigungen, Ansprüche und erwünschten Eigenschaften lenken. Das erste wesentliche Ziel des Yogi ist wie gesagt das *manas* zu beherrschen und sich als Bewusstseinszentrum in die *buddhi* zu verlagern, von wo er dann den Schatten der in Bewegung befindlichen Individualität lenken kann. Dies ist der technische Aspekt der wahren Loslösung von den Handlungen der *indriya* und von den Früchten der ausgeführten Handlung. Die Loslösung von der Begierde oder Handlung können wir nicht dadurch erreichen, dass wir andere Begierden entwickeln oder Handlungen ausführen. Wir können nicht das Werden verlassen, während wir gleichzeitig auf der Ebene des Werdens Entscheidungen treffen. Wir können nicht in die ursprüngliche Einheit eingehen, wenn wir mit dem Bewusstsein in der Welt der Vielheit bleiben.

Die Vereinigung mit der ursprünglichen Einheit, mit *Īśvara* oder *Brahmā* (die Namen sind dabei unwichtig), ist das Ziel des Yoga, mehr noch, sie ist der Yoga. Essenziell ist das Sein ohne Wandlung. Um »das Selbst in allen Geschöpfen und alle Geschöpfe im Selbst zu sehen« müssen wir die noumenale Basis des Ganzen erreichen, die von:

a) Dauerhaftigkeit und Unbewegtheit

b) Identität

c) Universalität

d) Einheit

durchdrungen ist.

Die Logik der Vernunft – jene, die am ehesten akzeptabel ist – sagt uns, dass die Wirklichkeit stets in der Zeit und außerhalb der Zeit, im Bewegten und im Unbewegten ist. Eine Wirklichkeit ist sie nur dann, wenn sie – wie wir bereits gesagt haben – ewig andauernd, unveränderlich und nicht widersprüchlich ist. Nehmen wir als gültiges Kriterium den Begriff des »ewig Andauernden«.

Die Akzeptanz dieses Begriffes als grundlegendes Merkmal der Existenz oder Wirklichkeit wird zwangsläufig von der anderen Akzeptanz des Merkmals der Identität begleitet.

Trotz der scheinbaren Veränderung der Erscheinungen besitzt jedes Ding seine präzise und ihm innewohnende, existenzielle Identität. Obwohl zum Beispiel ein Kind wächst und älter wird und im Verlauf seines Lebens jede Zelle ersetzt und transformiert wird, handelt es sich dennoch stets um ein und dasselbe identische Wesen. Genauso ist und bleibt die *prakṛti* stets die *prakṛti*, obgleich sie Schwingungsveränderungen und formalen, konstruktiven Prozessen unterliegt; mit anderen Worten: Eine Gegebenheit verändert nicht ihre spezifische Urnatur, auch wenn sie dem Prozess oder Werden unterliegt. Die Akzeptanz der Identität wird von Universalität begleitet. Die Substanz ist, wie wir gesehen haben, identisch mit ihrer Essenz, und diese Identität bezieht sich nicht nur auf einen Teil ihrer Existenz, denn sonst gäbe es vielfältige Essenzen oder Naturen, die sich auf widersprüchliche Weise äußern würden.

Das Konstante und das Identische befinden sich in ihrem universalen Existenzzustand. Das Einzelne existiert nicht, wenn es nicht auf den Bereich des Universalen bezogen und zurückgeführt wird. Das, was einen Menschen kennzeichnet, findet sich, trotz seiner äußerlichen Wandelbarkeit, in allen Menschen. »Das, was ein Mensch ist«, ist das Universale, das in allen Menschen, die zu allen Zeiten und an allen Orten geboren werden und wachsen, zu finden ist. Jede Erscheinung knüpft an ein *quid* kosmischer Ordnung an, in dem alle einzelnen und speziellen Erscheinungen ihren Daseinsgrund und ihre Bedeutung finden.

Die Struktur der Existenz in Dingen, die scheinbar unterschiedlich sind, aber eine konstante, identische und universale Natur haben, führt uns zur letzten Behauptung, dass die Existenz eine Einheit ist.
So bleibt das Individuum, obwohl es aus vielen Teilen, verschiedenen Organen, der Psyche usw. besteht, dennoch stets ein einziges Ding.
Die vier oben genannten Faktoren: Dauerhaftigkeit und Unbewegtheit, Identität, Universalität und Einheit sind wesensgleich mit der Ureinheit, und der Yoga, der eine auf Erfahrung basierende Philosophie ist, ermöglicht nicht die Enthüllung der begrifflichen, sondern der bewusstheitlichen und wirklichen Evidenz.

> »Wessen Ich durch die Yoga-Übung transzendiert worden ist, der sieht das Selbst in allen Geschöpfen und alle Geschöpfe im Selbst; so sieht er überall die Einheit.« (*VI, 29*)

Der Zustand des »post mortem« darf nicht als Verlust von etwas betrachtet werden. In jedem Zustand können Eigenschaften und Neigungen entwickelt werden, und obgleich man die Freiheit hat diesen Zustand *unter anderen Bedingungen* wieder aufzunehmen, gibt es stets die Möglichkeit, die Entwicklung fortzusetzen oder die Neigung bis zur vollständigen Ausschöpfung zu unterstützen.

KAPITEL VII

DER YOGA DER ERKENNTNIS UND DER UNTERSCHEIDENDEN WISSENSCHAFT

Śrī Bhagavān sprach:

1
Höre, oh Pārtha, wie du – dem Yoga gewidmet, mit dem Verstand auf Mich konzentriert und in Mir Zuflucht suchend – Mich ohne irgendeinen Zweifel vollständig erkennen kannst.

2
Ich gebe dir das Wissen, mit der entsprechend richtigen Wissenschaft der Unterscheidung, in der gesamten Fülle; besitzt man es, bleibt nichts übrig, was auf dieser Welt [noch] kennen zu lernen ist.

Genau dieselben Dinge erfährt Parmenides von der Göttin, das heißt, dass es zwei Ordnungen von Wahrheit gibt: die höchste oder absolute sowie die empirische oder phänomenale Wahrheit, welche von ersterer abhängig ist: »Nun sollst du alles erfahren, sowohl der wohlgerundeten Wahrheit unerschütterlich Herz, wie auch der Sterblichen Meinungen, denen nicht innewohnt wahre Gewissheit.«[1]

---

[1] Parmenides, *Lehrgedicht 1, 29*, zitiert bei Raphael, *Advaita Vedānta – Der Weg der Nicht-Dualität*, Bielefeld 3. Auflage 2001

3
Aber unter tausend Menschen bemühen sich nur wenige zur Vollkommenheit zu gelangen und von denen, die sich bemühend der Vollkommenheit nähern, gelingt es nur einem, Mich in der Essenz zu erkennen.

4
Die Erde, das Wasser, das Feuer, die Luft, der Äther, das manas, die buddhi, der ahaṁkāra bilden meine in acht Teile geteilte prakṛti.

5
Dies ist die niedere (apara) prakṛti-Natur. Lerne auch meine andere Natur kennen, die höher (para) ist und aus der vitalen Seele besteht, oh Mahābāhu, durch welche die Welt aufrechterhalten wird.

Die *prakṛti* (oder *māyā* oder Substanz) hat zwei Aspekte, einen intelligiblen höheren und einen sinnlich wahrnehmbaren niedrigeren. Mit dem ersten Aspekt bildet die Substanz Formen, die eher an die Kausalität und das Prinzip angepasst sind, mit dem zweiten Aspekt bildet sie weniger vollkommene Formen, die »schwerer«, grobstofflich und träge sind. Im Vergleich dazu haben wir bei Platon zum einen die intelligible χώρα (Substanz) und zum anderen eine zweite, schwächer reagierende Substanz sinnlicher Ordnung.

6
Wisse, dass alle Wesen diese Matrix haben. Ich bin der Ursprung und die Auflösung (pralaya) des gesamten Universums (jagat).

Īśvara, der universale Gott oder die universale Person, besitzt diese polare Natur: eine höchste (*para*) Natur, welche das Leben selbst ist, und eine andere nicht-höchste (*apara*) Natur, dargestellt durch die Welt der Veränderungen. Auch die *jīva* – gleich welcher Ordnung sie angehören – sind nichts anderes als Bewusstseinsmomente im Inneren des großen *Īśvara*.

7
Oh Dhanaṁjaya, es gibt nichts, was mich übertrifft, alle Dinge hängen von Mir ab, wie die Perlen vom Faden [der sie hält].

8
Ich bin der Geschmack im Wasser, oh Sohn der Kuntī, ich bin das Licht in der Sonne und im Mond; ich bin der praṇava (Aum) in allen Veden, ich bin der Klang im Äther und die Kraft in den Wesen.

9
Ich bin der reine Duft in der Erde, der Glanz im Feuer, ich bin das Leben in allen Geschöpfen und die Askese in den Asketen.

10
Oh Pārtha, wisse, dass Ich der ewige Same (bījaṁ) aller Wesen bin; der Intellekt der Weisen und die Kraft der Tapferen.

11
Ich bin die Energie der Starken, frei von Begierde und Leidenschaft. In den Geschöpfen, oh Herr der Bhārata, bin ich das Streben, das nicht in Widerspruch zum dharma steht.

Unsere Begierden und Leidenschaften können wir – je nach unseren Neigungen – nach oben oder nach unten lenken. Das dem richtigen menschlichen *dharma* innewohnende Streben zielt auf die Enthüllung der Vollkommenheit und Harmonie des *ātman*.

12
Wisse, dass die sattva-, rajas- und tamas-Eigenschaften alle von Mir stammen: Ich bin nicht in ihnen, aber sie sind in Mir.

13
Dieses ganze Universum (mohitam), das durch die Eigenschaften der drei guṇa bestimmt ist, enthält Mich nicht, [der Ich] sie transzendiere und unvergänglich bin.

Īśvara ist der immanente, aber auch der transzendente Gott (*apara* und *para*). Die Manifestation (oder das Objekt) mit ihren drei *guṇa* entsteht und verschwindet, *Īśvara* (*para-Īśvara*) jedoch bleibt bestehen, da er mehr ist als die Manifestation oder Modifikation. Man sollte daran denken, dass der Gottesbegriff der *Gītā*, des *Vedānta* und der Überlieferung im Allgemeinen nicht pantheistisch ist (siehe dazu auch *sūtra 4* in Kapitel IX).

14
In Wahrheit ist es schwer, diese meine göttliche Energie, die aus den drei guṇa gebildet ist, zu überwinden. [Aber] die māyā wird von denen überwunden, die in Mir Zuflucht finden.

Es ist schwer, die *māyā* oder gleichförmige Bewegung zu überwinden, da es dem verkörperten *jīva* nicht gelingt, im Mittelpunkt verankert zu bleiben und das Werden zu betrachten, ohne von ihm berührt oder verstrickt zu werden. Aber durch Yoga-Übung transzendiert er schrittweise den Strudel der Vergänglichkeit und erobert so den stabilen Zustand eines Felsen (wie es im Evangelium der Christen heißt).

15
Die Boshaften, die Unwissenden, die Feiglinge, deren Verstand durch Täuschung getrübt ist und die an der Natur der Asura [Dämonen] teilhaben, finden keine Zuflucht in Mir.

Diejenigen, die von der energetischen Kraft und Ausrichtung des *rajas* und des *tamas* beherrscht und unterdrückt werden, sind weit von dem Zustand entfernt, der notwendig ist, um sich auf das Transzendente zu konzentrieren.

Das Universum besteht aus Schwingungen verschiedenen Grades und jeder *jīva* kann sich mit dem Grad, der seiner Bewusstseinsschwingung entspricht, in Einklang bringen.

16
Diejenigen, die mich durch rechtes Wirken (sukṛtinaḥ) ehren, lassen sich in vier Gruppen einteilen, oh Arjuna: jene, die leiden, jene, welche die Erkenntnis suchen, jene, die versuchen, ihre materiellen Umstände zu verbessern [jene, die fleißig sind] und der jñāni [der die Weisheit besitzt], oh Herr der Bhārata.

Es sind jene, die eine Veranlagung zur asketischen Lebensweise haben und dem *dharma* gemäß handeln. Die vier Kategorien sind: die Leidenden, die Erkenntnis Suchenden, die Arbeitsamen, die sich fleißig bemühen, ihre materiellen Lebensumstände zu verbessern, und die Weisen (*jñāni*).

17
Von diesen, den anderen überlegen, ist der jñāñi, stets identisch mit dem Einen und dem Einzigen geweiht. In Wahrheit bin ich dem jñāñi über alle Maßen lieb und er ist es Mir.

18
Edel sind sie sicherlich alle, aber den jñāñi halte Ich wirklich für den ātman [für Mich selbst]. Vereint mit dem ātman findet er [offensichtlich] Zuflucht in Mir als dem höchsten Ziel.

19
Am Ende vieler Leben kommt derjenige, der sich der Weisheit (jñānavān) gewidmet hat, zu Mir und sagt: Vāsudeva ist alles. Eine so große Seele ist selten zu finden.

Diese drei *sūtra* veranschaulichen uns deutlich, wie Kṛṣṇa den *jñāni* sieht. Nur der *jñāni* gelangt ins innerste Herz des Manifesten und Nicht-Manifesten, nur der *jñāni* kann der *avidyā* oder *māyā* den Schleier entreißen und das Geheimnis der Geheimnisse »verstehen«: *Brahman*. Nur der *jñāni* wirkt auf der objektiven Ebene ohne jegliche Verhaftung; er haftet weder an der Handlung an sich und für sich noch an den Früchten der Handlung. Nur der *jñāni* erhebt sich über die Riten, die duale Gottesanbetung und die Kräfte (*siddhi*), nur der *jñāni* kann sagen, was Śaṅkara im *Nirvāṇaṣaṭka 5* schreibt:

»Ich kenne weder Tod noch Angst,
weder den Unterschied von Klasse oder Rang.
Ich habe weder Vater noch Mutter, weder Freund noch Meister oder Schüler.
Ich bin die absolute Erkenntnis und die Glückseligkeit.
Ich bin das alles durchdringende Selbst.«

20
Diejenigen, deren Verständnis durch dieses oder jenes Begehren getrübt ist, vollziehen verschiedene Riten, die ihrer Natur entsprechen, und gehen zu anderen Gottheiten.

21
Aber den aufrichtigen Gläubigen mache Ich unerschütterlich, egal welche Form des Glaubens er gewählt hat.

22
Mit diesem Glauben ausgestattet sucht er die Gunst der [göttlichen] Form für sich zu gewinnen, von der er erhält, was er begehrt, aber in Wahrheit bin Ich es, der entscheidet.

Sehr viele Menschen werden, obgleich sie aufrichtig sind, stets von einem *Begehren* nach etwas, von einem eitlen Wunsch, die Gottheit für sich zu gewinnen, bewegt, sogar durch Opfer.

Alle gefangen nehmenden Handlungen entspringen einem Drang nach Aneignung, nach Besitz, und dieser Drang entsteht durch die Vorstellung des Ich als der Mittelpunkt und die Ursache des menschlichen Umherwandern.

Das Leben *ist*; es braucht nur *verstanden* und enthüllt zu werden. Und das ist ein reiner, unschuldiger, unverfälschter Akt großer Einfachheit, ohne Egoismus und Selbstbezug.
Aber was ist dieses Ich, dieser verführerische, elektrische Punkt, der absorbiert, ansammelt und unterjocht?

23
Die Frucht aber, in Besitz derer, [die von] begrenzter Intelligenz [sind], dauert kurz. Diejenigen, welche die Deva bewundern, gehen zu den Deva, aber diejenigen, die Mich bewundern, kommen zu Mir.

Diejenigen, die nicht zur höchsten Erkenntnis gelangt sind, wenden sich an die Schutzgötter, um irgendeinen himmlischen oder irdischen Lohn zu erhalten. Das Begehren entsteht jedoch aus dem Ich, das sich relativ und unerfüllt fühlt, und zum Ich gelangen Früchte, die nur von kurzer Dauer sind. Dem Unbeständigen kann nichts als Unbeständiges gegeben werden, dem Ich oder der Erscheinung kann nur eine Fata Morgana, ein Phänomen entsprechen.

24
Die Wesen ohne Unterscheidungsvermögen glauben, dass Ich, das Unmanifeste, in die Manifestation gefallen sei; [in Wirklichkeit] sind sie sich nicht bewusst, dass meine höchste Essenz ohne Veränderung ist und alle Dinge transzendiert.

Dieses *sūtra* bräuchte eigentlich einen Kommentar, so umfangreich wie ein ganzes Buch. Seine metaphysische Anschauung kann durch ein entsprechendes Verständnis oder Werkzeug, wie es die *buddhi* ist, in ihrer richtigen Dimension begriffen werden.

In Bezug auf die Entstehung des Lebens gibt es folgende Auffassungen:

a) aus dem Nichts geschaffen (*creato ex nihilo)*

b) ausgeströmt oder entstanden (Emanation)

c) weder geschaffen noch ausgeströmt oder entstanden, sondern nur eine Erscheinung, ein Widerschein, ein Bild, das der einen Wirklichkeit, die keine zweite hat, überlagert ist; aus dieser Perspektive verschwinden alle Dualitäten einschließlich der Dualität des Manifesten-Unmanifesten.

Die erste Auffassung ist kreationistisch, die zweite emanationistisch, und die dritte entspricht dem *Advaita Vedānta* von Gauḍapāda und Śaṅkara, einer der kühnsten aller uns bekannten Spekulationen.[1]

Das *sūtra* drückt aus, dass das Unmanifeste nicht ins Manifeste, das Eigenschaftslose nicht ins »Vereigenschaftlichte« gefallen ist. Wie könnte anderseits das Absolute ins Relative fallen, das Nicht-Entstandene plötzlich entstanden sein? Wie könnte das Zeitlose die Zeit sein oder sie erzeugen? Wie könnte die absolute Einheit dual oder vielfältig werden?

Wenn wir diese Behauptungen als wahr annehmen, müssen wir unsere begriffliche Vorstellung über das, was wir Manifestation, Werden, Schöpfung usw. nennen, neu überdenken. Es kann zum Beispiel sein, dass das, was wir zu sehen behaupten, dem Begriff der Wirklichkeit oder der letzten Wahrheit gar nicht entspricht.

Wer über dieses *sūtra* meditieren will, sollte vor allen Dingen definieren, was die Wahrheit, die Wirklichkeit, was das Absolute ist.

Was versteht man unter wahr, wirklich, absolut?

Aus unseren Antworten können verschiedene und sogar widersprüchliche Lehren und Haltungen hervorgehen, obwohl die Wirklichkeit an und für sich immer dieselbe bleibt, da sie außerhalb jedes begrifflichen Rahmens steht.

Kommen wir noch einmal auf unsere Definition der absoluten Wirklichkeit zurück. Absolut wirklich ist sie: wenn sie unabhängig von anderen Wirklichkeiten ist; wenn sie aus sich selbst heraus

---

[1] Eine ausführliche Darlegung des *Advaita Vedānta* siehe bei Śaṅkara, *Vivekacūḍāmaṇi*, Rom 2. Auflage 1989 und in Kapitel VII »Der Advaita Vedānta des Śaṅkara« bei S. Radhakrishnan, *Indische Philosophie Band II*, Darmstadt, Baden-Baden, Genf 1956

lebt; wenn sie unabhängig, selbstständig, unveränderlich ist; wenn sie in und außerhalb der Zeit konstant bleibt; wenn sie keine Entstehung hat, denn ansonsten müsste sie ein Ende haben, also verschwinden; wenn sie kein Erzeugnis und keine Wirkung ist und auch keine Ursache, denn die Ursache impliziert bereits eine Bestimmung: Ursache von was?

Wenn daher eine – innere oder äußere, subjektive oder objektive – Gegebenheit nicht unserer Definition entspricht, müssen wir notwendigerweise daraus schließen, dass sie nicht wirklich oder absolut ist, und wenn sie nicht absolut ist, müssen wir uns fragen: Was haben wir an Wahrem gesehen? Wie können wir das, was wir gesehen haben, verstehen?

Das Postulat eines Universums, das aus dem Sein *hervorgegangen* ist, bedeutet das Akzeptieren einer pantheistischen Anschauung. Gott wird Natur, er transformiert sich und erschöpft sich im Kosmos, er unterliegt dem Wandel; es ist ein Gott oder ein Sein, das wird und *nicht ist*.

Der Schmerz, das Leid, der Konflikt, die Krankheit sind Teile Gottes und können weder transzendiert noch aufgelöst werden, da sie wirklich sind wie das Sein. Keine Dualität kann überwunden werden, weil sie dem Ausströmer oder Gott wesensgleich ist. Die Wesen sind gezwungen, in der Manifestation und im konfliktgeladenen Dualismus zu leben. Es gibt keinen Ausweg für sie: Wohin gehen sie, wenn das Ganze nur Werden und Prozess ist? Wo finden sie Zuflucht, wenn jenseits von Gott oder des Universumss keinerlei dauerhafte Wirklichkeit existiert? Auf welche Weise wird man von Befreiung und Rettung sprechen können, wenn die sich verändernde Natur keinen transzendenten Zustand der Synthese oder Auflösung bietet?

In solch einer Art von Wirklichkeit bleibt den Wesen – vom Stein bis zum größten *Deva* – nur ein Ziel: die Resignation.

Wenn alles Gott (oder Natur oder Werden) ist, dann ist jede Gegebenheit – sei sie eine Fata Morgana, Leid, Gewalt, Perversion, Intelligenz oder Unwissenheit – absolut und wirklich. Unter gewissen Gesichtspunkten ist das die Auffassung des Heraklit (alles wird, alles fließt, da es nichts Unbewegtes gibt), aber nicht die Anschauung Platons und Plotins. Es ist eine wissenschaftsgläubige, profane Auffassung, die alles als Phänomen oder Erscheinung begreift. Die Natur ist in der Tat eine Erscheinung, weshalb der pantheistische Gott ein Gott der Erscheinungen ist, ein *māyā*-Gott. Es ist auch die Auffassung des Helotentums, die Anschauung des Pankosmismus, in dem Gott mit der Welt gleichgesetzt wird.

Ferner: Die Schöpfung *ex nihilo* ist nicht akzeptabel, schon aus dem einfachen Grund, weil man aus dem Nichts nichts erschaffen kann; außer dass man jenes Nichts als wirklich betrachten möchte. Die Behauptung also »Gott erschuf das Universum aus dem Nichts« bedeutet, dass das Sein dem Nicht-Sein (für den Buddhismus: *Mahāyāṇa śūnya*) entspringt, welches die Welt der Namen und der Formen transzendiert. Unter diesem Gesichtspunkt ist das Sein die erste Bestimmung des Nicht-Seins oder des metaphysischen Seins. So heißt es auch in der *Qabbālāh*, dass *Kether* (Gott oder das Sein) dem *Ain Soph* entspringt, das dem Unendlichen, dem Nichts oder dem metaphysischen Absoluten entspricht.

> »Dieses Universum, fürwahr, war am Anfang im Nicht-Sein, daraus entstand das Sein und dieses schuf aus sich selbst das Selbst.«[1]

Siehe dazu auch *sūtra 17* in Kapitel XV.

[1] *Taittiriya Upaniṣad II, VII, 1*

25
Verborgen durch meine Entfaltungskraft (yogamāyā) [welche die Welt der Namen und der Formen erscheinen lässt] bin Ich nicht allen bekannt. Diese verhüllte und verwirrte Welt kennt Mich, den Nicht-Geborenen, den Unbewegten nicht.

Der profane Mensch verwechselt den Traum mit dem Träumer und umgekehrt. Ihm gelingt zwar, den Traum, die Ursache des Konflikts, zu betrachten und zu genießen, aber weder den Träumer noch den letzten Ursprung oder die Leinwand, auf welcher der Traum und der Träumer erscheinen. Die *jīva*, die in die Welt der Täuschung eingetaucht sind, werden unaufhörlich von der Geschichte, dem Werden mitgerissen, ohne auch nur im Geringsten die Existenz jenes Nicht-Entstandenen und Unbewegten zu bemerken, welches die Quelle der Erfüllung ist.

26
Oh Arjuna, Ich kenne die vergangenen, gegenwärtigen und zukünftigen Wesen, aber niemand kennt Mich.

Weil Kṛṣṇa, der außerhalb von Zeit und Prozess ist, im Mittelpunkt eines jeden existierenden Kreises steht, kann er gleichzeitig alle Punkte sehen, die diese Kreislinie bilden.

27
Oh Bhārata, alle Wesen dieser manifestierten Welt sind Beute der Täuschung über die durch Anziehung und Abstoßung erzeugten Gegensatzpaare.

28
Aber die Menschen, die verdienstvoll handeln und deren Irrtum, der sie früher verschlang, beendet ist, die von der

Täuschung über die Gegensätze befreit sind, ehren Mich beständig in ihren Gelübden.

29
Diejenigen, die in Mir Zuflucht gefunden haben und nach der Befreiung von Geburt [im Text: Alter] und Tod streben, kennen Brahman, das ursprüngliche Selbst (adhyātma), und das ganze karma [das Prinzip des Handelns].

30
Jene, die mich als adhibhūta, adhidaiva und adhiyajña kennen, erkennen Mich, indem sie sich nach innen konzentrieren, auch im Moment ihres Todes.

Der Lehrer, der seine Unterweisung fortsetzt, lädt Arjuna ein, über neue Gedanken oder Samen zu meditieren.

Dies ist das siebte Kapitel mit dem Titel
»Der Yoga der Erkenntnis
und der unterscheidenden Wissenschaft«.

ANMERKUNGEN ZU KAPITEL VII

Das unterscheidende Wissen (die empirische Wissenschaft) ist ein Ausfluss der überlieferten Wissenschaft, während die Erkenntnis oder Weisheit als solche in den Bereich der reinen Metaphysik gehört.

Der Lehrer zeigt Arjuna, dass die *māyā* mit den drei *guṇa* beim Punkt oder *Īśvara* beginnt, dass aber dieser Punkt außerhalb der scheinbaren »*māyā*-Bewegung« bleibt.

Die individualisierten *jīva* hingegen werden von der *māyā* und den *guṇa* bestimmt. Das Wesen hat auf der Projektionsebene folgende Eigenschaften:

das Selbst {
buddhi
ahaṁkāra }
manas } *bhūta*

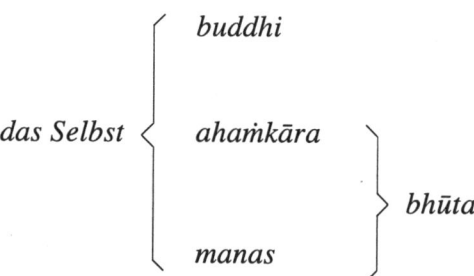

Buddhi: Determinations- oder Bestimmungsprinzip, manchmal auch mit dem *jīva* verbunden; es ist informeller *Ordnung*.

Ahaṁkāra: Gefühl des Ich, Ich-Sinn, mit dem *manas* verbunden; der Eindruck, eine Erfahrung auf ein bestimmtes Ich zu beziehen: »Dies oder jenes habe *ich* empfunden.«

Manas: individualisierter Verstand; feinstoffliche, formale Manifestation.

Bhūta: die fünf sinnlich wahrnehmbaren Elemente, aus denen alle Körper gebildet werden: Erde, Wasser, Luft usw.

Ein *indriya*-Sinn nimmt also wahr, ein Handlungsorgan führt aus, der *manas*-Verstand steht im Mittelpunkt und sammelt die Daten auf analytische und selektive Weise, die *buddhi* entscheidet und der *ahaṁkāra* assimiliert die Erfahrung in Bezug auf ein Ich. Aber was ist dieses Ich?

Immer wenn wir Erfahrungen machen, beziehen wir sie auf ein Ich. So sagen wir zum Beispiel: Ich habe dies gemacht, das wurde von mir getan. Wir sagen auch: *mein* Körper, ich schule *meinen* Verstand. Auf was gründet der Glaube an die Existenz eines Ich oder Ego? Existiert denn wirklich ein Ich, das unabhängig vom Verstand, von den Eindrücken, oder anders gesagt von den psychischen Prozessen ist?

Gewiss, wir können nicht sagen: »Ich existiere nicht.« Der Akt selbst der Verneinung bestätigt die Existenz des Wesens. Das, was wir unterstreichen wollen, ist nicht die Tatsache, dass die Existenz nicht verneint werden kann, sondern die Frage, ob diese Existenz ein Ego hat, eine Neigung zu getrenntem Besitz, kurz, ob sie einen »Ich-Sinn« (*ahaṁkāra*) hat.

Fragen wir uns weiter: Hat das Ich, das von den psychischen Energieprozessen getrennt ist, als Zustand der Beziehung und Dauerhaftigkeit seine Gültigkeit und eine klar definierte Existenz?

Wir wollen diese Begriffe vertiefen, um eine plausible Lösung zu finden.

Das psychische Wesen können wir folgendermaßen darstellen:

- das Selbst
  - mentaler oder psychischer Dynamismus
    - Eindruck oder Wahrnehmung
    - Impuls zu »tun«
    - Bewusstsein von (etwas)
  - körperlicher Dynamismus

Beim Sichbestimmen gibt es kein Individuum, das nicht an dem einen oder anderen dieser Prozesse teilhat.

Wenn die Analyse eines gegebenen Individuums keine andere Eigenschaft außerhalb dieser Prozesse offenbaren würde, müssen wir uns fragen, auf was die Behauptung basieren könnte, nach der jene Komponente, die Ich genannt wird, angeblich existiert.

Normalerweise sagen wir, dass bestimmte Gedanken, Eindrücke und so weiter zu einem bestimmten Ich gehören, und behaupten mit Selbstverständlichkeit, dass abgesehen von dem, was man besitzt (Gedanken, Gewohnheiten, Eindrücke, Bewusstsein von etwas, usw.), ein Inhaber dieser Prozesse existiert.

Wenn wir aber auf experimentellem Weg das Problem in seiner Gesamtheit betrachten, müssen wir einsehen, dass das Ich oder besser der Ich-Sinn nicht von den Prozessen getrennt existiert. Wir können sogar sagen, dass der Ich-Sinn ein weiterer Prozess ist, den man den Prozessen des Eindrucks oder der Wahrnehmung usw. hinzufügen kann, und das Ganze gehört definitiv zur Kategorie des Mentalen.

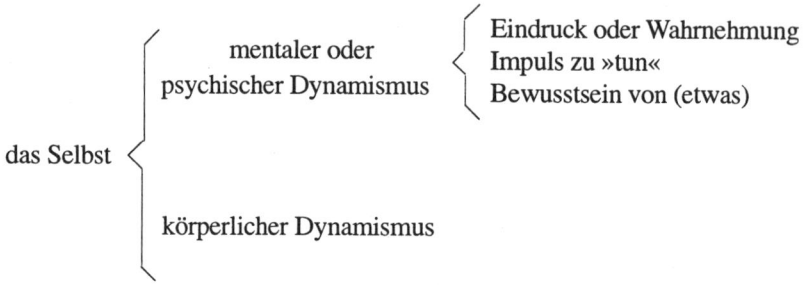

Das Ich ist also eine mentale Kategorie. Wenn wir uns zum Beispiel mit der Yoga-Technik des *pratyāhāra* (Rückzug von den Sinnen oder Prozessen) in einen Zustand der Stille oder Ruhe versetzen, verschwindet der Ich-Sinn.

Das Ich taucht auf, wenn ein *Denkprozess* im Gange ist, wenn die psychischen Prozesse in Bewegung gesetzt werden. Das Ich von heute ist nicht das Ich von gestern, das Ich im Wachzustand ist nicht das Ich des Traums und das Ich eines Individuums ist nicht dasselbe Ich wie das eines anderen Individuums und so weiter. Das kann genau deswegen geschehen, da es sich um einen sinnlich wahrnehmbaren Prozess in der Art aller psychischen Prozesse handelt.

Für den Yoga ist der *ahaṁkāra* dem *manas (*dem individuellen Denken) sozusagen wesensgleich; wenn das *manas* sich beruhigt oder verschwindet, verschwindet auch das Ich, so wie die Empfindung durch die *pratyāhāra*-Abstraktion verschwindet.
Im Grunde ist die präzise Konfiguration der *anattā* (Verneinung der Substanzialität des Ich) des Buddha mit dem gleichzusetzen, was wir gesagt haben. Er verneint nicht das Selbst als reine *Nirvāṇa*-Existenz, sondern den Begriff des Ich als autonomes Zentrum, das unabhängig von den psychischen Prozessen ist.

»Daher sage ich, dass der *Tathāgata* die Befreiung verwirklicht hat und daher von der Verhaftung befreit ist, denn jede Art von Vorstellung, Agitation, anmaßender Anschauung, die sich auf ein Ich oder alles, was zu einem Ich gehört, bezieht, ist vergangen, hat sich schrittweise aufgelöst, hat aufgehört, ist weggeschickt und verlassen worden.«[1]

---

[1] *Majjhimanikāya sutta 72*

Diese psychischen Bewegungen verursachen Konflikt, da wir tatsächlich eine falsche Auffassung von ihnen haben, nach der wir sie auf ein inexistentes Ich beziehen. Durch die Verhaftung des Ich an den Prozessen und ihren Handlungen oder Früchten entstehen Konflikt und Leid. Konflikt und Leid werden weder vom Objekt noch von den Prozessen selbst erzeugt, sondern vom Ich-Sinn, der *die Erfahrung auf sich bezieht*, der in Bezug auf eine eindeutige Richtung Erfahrungen macht. Nicht das objektive Leben, sondern die *Reaktion* unseres Ego auf dieses Leben muss bekämpft oder umgeformt werden.

Das Ich ist ein mentales Gebilde, das durch die Erinnerung, das Unterbewusstsein und den Mangel an Wachsamkeit fortlebt.

Ohne den Ich-Sinn könnte sich die Existenz in der reichen Fülle der Gegenwart ohne Unterscheidungen oder Unterteilungen offenbaren: Alle intellektuellen und emotionalen Erfahrungen, die um ihrer selbst willen gemacht werden, führen nicht zur Erfüllung, sondern zur Stärkung des Ich, zur Spezialisierung des Ich, zur Behauptung des Ich, zur Ausdehnung, zur Pseudoerfüllung des Ich, mit anderen Worten: zur *avidyā*.

> »Der *Herr* erzeugt keine Handlungen in der Welt, noch schafft er eine Verbindung zwischen Handlung und Frucht [der Handlung], wie es die Menschen tun, sondern äußert [nur] die Essenz seiner Natur.« (*V, 14*)

KAPITEL VIII

BRAHMAYOGA: DER YOGA DES UNZERSTÖRBAREN ABSOLUTEN

Arjuna sprach:

1
Was ist das Brahman? Was ist das adhyātma? Was ist das karma, oh Puruṣottama? Was wird adhibhūta genannt? Was wird adhidaiva genannt?

2
Was ist der adhiyajña in diesem Körper und wie [erwirbt man ihn], oh Madhusūdana? Und wie gibst du dich in der Stunde des Todes denen zu erkennen, die zur Beherrschung ihrer selbst gelangt sind?

Śrī Bhāgavan erwiderte:

3
Brahman ist das Unzerstörbare und das Höchste. Die individuelle Grundessenz ist adhyātma [das ursprüngliche Selbst]. Der ursprüngliche Manifestationsimpuls, Ursache der Existenz der Wesen, wird karma genannt.

4
Die primären Elemente der Natur [die veränderlich sind] nennt man adhibhūta. Adhidaiva ist der universale Geist [Hiraṇyagarbha], der allen Dingen, die göttlich sind, das Leben schenkt. Adhiyajña ist meine Gegenwart hier unten

im Körper, Ursprung der Opfer, oh Bester unter den Lebenden.

Das *adhyātma*, mit dem *jīvatman* identisch, ist der im Körper oder besser in den verschiedenen Körpern oder Hüllen wohnende »Genießer«. *Adhidaiva* ist der universale Geist, der Erste unter den Göttern, der in der feinstofflichen Welt residiert und die ersten Elemente (*adhibhūta*) der grobstofflichen Ebene zum Leben erweckt. *Brahma* oder *Brahman* ist das unterschiedslose Absolute, die unzerstörbare Essenz und die unendliche Potenzialität aller existierenden Dinge oder Ereignisse.

Das *karma* als Handlungsprinzip ist der Urimpuls, der eine »bestimmte« ursprüngliche Potenzialität auf die Ebene der Enthüllung bringt; mit anderen Worten, die Potenz geht in den Akt über. Der entscheidende Anstoß für diesen Übergang kommt vom *karma*. Der Akt besteht aus dem Werden oder Prozess mit seinem dreifachen Stadium: Entstehung, Wachstum, Tod oder besser Abstraktion. Als Pole des *Brahman* enthalten die *prakṛti* und der *Puruṣa* bestimmte Prinzipien, die für undefinierte Entwicklungen empfänglich sind (siehe Schaubild auf Seite 203).[1]

Puruṣa und *prakṛti* umfassen also die unbegrenzte Manifestationsmöglichkeit: In ihnen finden wir jede existierende keimtragende Dualität und Eigenschaft. Jeder *jīva* jeglicher Dimension und jeglichen Grades kann diese Eigenschaften ausdrücken oder manifestieren, und jede Eigenschaft wird von bestimmten Gesetzen (*dharma*) konditioniert. Einige *jīva* befinden sich auf dem Weg der Veräußerlichung oder des »Abstiegs« (auch wenn dieses Wort ungenau ist); andere dagegen kehren ins virtuelle Zentrum zurück, zur Verinnerlichung oder besser zur Abstraktion von der formalen und formlosen Ebene.

---

[1] Zur weiteren Vertiefung siehe Vasugupta, *Śiva Sūtra*, Abhinavagupta, *Paramārthasāra*, Rom 1987 und die *Sāṁkhyakārikā*, Rom 1994.

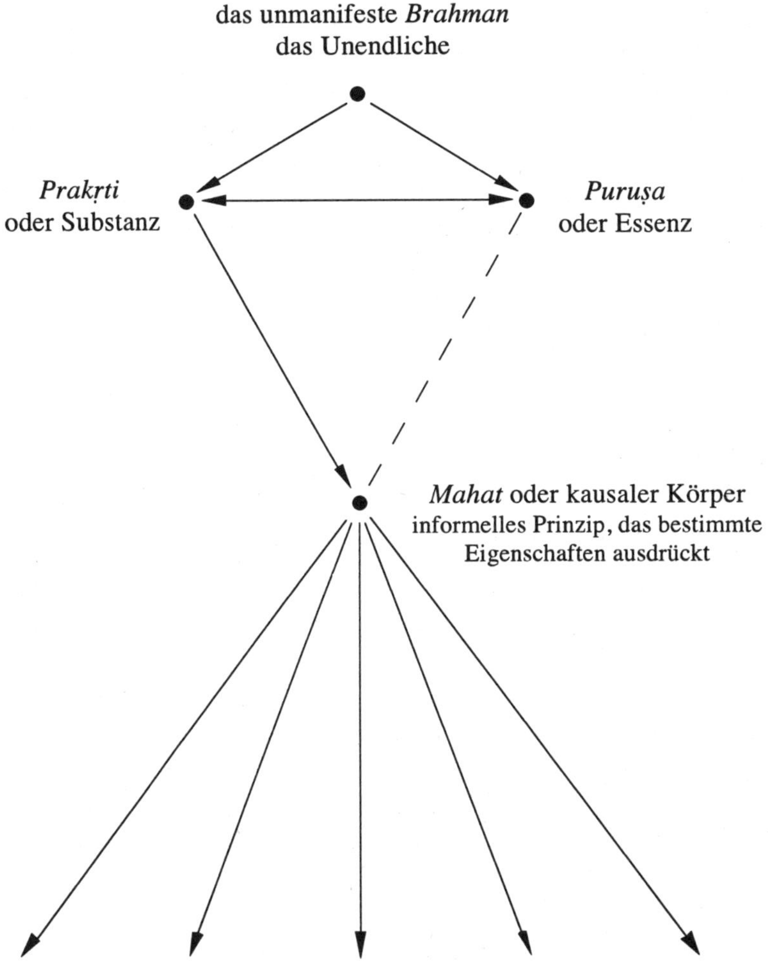

Entfaltung des Prinzips oder Übergang des Prinzips von der Potenz zum Akt; es unterliegt dem dreifachen Geschehen: Geburt (*Brahmā*), Wachstum (*Viṣṇu*), Abstraktion (*Śiva*).

Zuweilen herrscht großes Unverständnis über diese beiden grundlegenden Wege; der eine ist nicht besser als der andere, noch ist der eine wahrer als der andere. Jedes Werden oder jeder Prozess folgt dem unabwendbaren Gesetz von Geburt, Wachstum und Abstraktion: Der Samen einer Blume beginnt seine keimtragende Geburt, er wächst und verschwindet dann; dasselbe wird von einem Planeten oder Stern gesagt; jede einzelne Phase des Prozesses ist weder überlegener oder besser als eine andere. Auch die Abstraktion gehört zur Harmonie des Samens und nur die irrationale Identifikation mit einem der drei Stadien kann zu dem Glauben führen, dass zum Beispiel das Wachstum besser sei als die Abstraktion oder umgekehrt.

Es gibt *jīva*, die sich ausdehnen (Ausatmung), und andere, die sich zusammenziehen (Einatmung). Man geht davon aus, dass die meisten Menschen *Viṣṇu*-Anhänger sind (das bedeutet: Ausatmung, Wachstum und Expansion einer *prakṛti*-Eigenschaft; Liebe und Hingabe, unterscheidende Erkenntnis, Förderung von Idealen usw.), während eine Minderheit Śiva verehrt und daher für die abschließende Abstraktion bereit ist. Diese Minderheit muss noch unterteilt werden, denn einige von ihnen suchen die Abstraktion weniger, weil sie *Reife* erlangt haben, sondern mehr aus Frustration über die zeitlich-räumliche Unmöglichkeit, eine der *prakṛti*-Eigenschaften auszudrücken oder zu enthüllen, oder durch den Drang des Begehrens, eine Modalität manifesten Lebens zu objektivieren, die sich von der bereits bekannten und erfahrenen unterscheidet.

5

Wer im Moment des Todes den Verstand nur auf Mich richtet, geht zweifellos in meinen Seinszustand (madbhāvam) ein.

Damit der Verstand im Moment des Todes von der göttlichen Gegenwart erfüllt sein kann, muss er natürlich während seines ganzen Lebens vom Göttlichen erfüllt gewesen sein.

6
Wer den Körper verlässt, geht dahin, wohin sein Denken gerichtet ist, oh Kaunteya, denn er gelangt immer in den spirituellen Zustand, der dem [was er denkt] entspricht.

Die Energie folgt dem Gedanken, daher legt sich der *jīva* gemäß seinem Denken fest.

7
Erinnere dich deshalb in jedem Augenblick an Mich und kämpfe [um Mich zu verwirklichen]. Mit dem Intellekt und den psychischen Fähigkeiten (manobuddhi) auf Mich konzentriert wirst du zweifellos zu Mir kommen.

8
Wer sich unaufhörlich der Meditation widmet ohne abzuschweifen, oh Pārtha, und wer durch die fortwährende Übung den Yoga verwirklicht, erlangt den höchsten Geist.

9
Jeder, der über den Alten Seher meditiert, den Herrscher [des Universums], kleiner als ein Atom, der alles stützt, dessen Form nicht wahrnehmbar ist, strahlend jenseits von jeder Finsternis,

10
erreicht zum Zeitpunkt des Todes, voller Glauben, mit unerschütterlichem Verstand und der Kraft des Yoga, indem er die Lebensenergie, so wie es sich gehört, zwischen den

Augenbrauen konzentriert, den höchsten, strahlenden Puruṣa [Īśvara, den persönlichen Gott].

11
Ich werde dir kurz jenen Zustand beschreiben, den die in der Weisheit der Veden Gelehrten als unzerstörbar betrachten, in den die von den Leidenschaften befreiten Asketen eingehen und für den sie das brahmacarya-Gelübde [Gelübde der Entsagung-Enthaltsamkeit] ablegen.

12
Wer alle Tore des Körpers verriegelt, den Verstand ins Herz führt, die Lebensenergie ins Zentrum zwischen den Augenbrauen lenkt, wohl verankert in der Konzentration (yogadhārana) ist,

13
wer die eine und heilige Silbe Aum, die Brahman ist, ausspricht und nur an Mich denkt, erlangt, wenn er seinen Körper verlässt, das höchste Ziel.

14
Oh Pārtha, für den Yogi, dessen Verstand stets auf Mich gerichtet ist und der kein anderes Objekt hat außer Mir, der selbstbeherrscht ist, für den bin Ich leicht erreichbar.

15
Nachdem diese großen Seelen zu Mir gekommen sind, werden sie nicht mehr an einem vergänglichen und leidvollen Ort wiedergeboren werden, da sie die höchste Vollkommenheit erlangt haben.

Ist man einmal befreit, kehrt man nicht mehr auf die Ebene der Dualität zurück, oder falls man aus freier Entscheidung zurückkehrt, wird man nicht mehr von Konflikt und Leid berührt. Man möge sich daran erinnern, dass die Befreiung vom Gesichtspunkt der empirischen Ebene einen Bewusstseinszustand darstellt.

16
Alle Welten, oh Arjuna, beginnend mit jener des Brahmā, sind der Wiedergeburt unterworfen. Wer aber zu Mir kommt, oh Sohn der Kuntī, kennt keine Wiedergeburt mehr.

Die gesamte grobstoffliche, feinstoffliche, keimtragende-kausale Manifestation ist – vom individuellen Gesichtspunkt aus – Geburt, Wachstum und Abstraktion unterworfen; mit anderen Worten: der Veränderung. Der formale Projektionsprozess ist Zeit-Raum-Geschichte und daher das Werden der Dinge. Die Identifikation mit dem Prozess führt auf nicht-wieder-gut-zu-machende Weise zu einer Unterwerfung unter die unaufhörliche Bewusstseinstransformation. Der Versuch, das Unbeständige und Vergängliche festzuhalten, ist vergeblich, auch wenn das Individuum manchmal verzweifelt versucht es zu tun.

17
Diejenigen, die den Tag des Brahmā kennen, der tausend yuga dauert, kennen auch die Nacht [des Brahmā].

Der Tag ist gleichbedeutend mit der manifestierenden Entwicklung oder dem Prozess, während die Nacht der *pralaya* ist, die Dunkelheit oder der Schlaf der Manifestation. Diese Zyklen wechseln sich ab, wie Wachzustand und Schlaf beim Menschen. Es existiert eine ganze Wissenschaft über die Zyklen und entsprechenden Zeitabschnitte; sie sind Forschungsgegenstand der heiligen Wissenschaft.

18
Bei Tagesanbruch enthüllt sich alles, was manifest (vyakta) ist, durch das Nicht-Manifeste. Bei Anbruch der Nacht löst sich das Manifeste in das auf, was wir nicht-manifest nennen.

19
All diese Wesen, die mehrmals erscheinen und verschwinden, lösen sich bei Anbruch der Nacht auf und werden bei Tagesanbruch wiedergeboren, oh Pārtha.

Das Formlose und Nicht-Manifeste ist die *prakṛti*, welche der informelle-potenzielle-kausale Zustand aller Prozesse ist, und jedes Ereignis oder jeder Prozess hat seinen eigenen Rhythmus von Aus- und Eintreten, von Wachzustand und Schlaf bis zur definitiven Auflösung. Als Bewusstseinswiderschein des *Īśvara* kehrt jedes Wesen in den kausalen Zustand zurück, während sich der Körper oder die Form, durch die sich jener Bewusstseinswiderschein enthüllt, vollständig auflöst und den Zustand formloser, ursprünglicher Substanz wieder aufnimmt.

20
Jenseits dieses Formlosen (avyakta) gibt es eine andere Existenz, unvergänglich und nicht-manifest, die nie vergeht, auch wenn alle Wesen vergehen.

21
Diese nicht-manifeste [Existenz] wird auch das höchste Zustandslose genannt; diejenigen, die es erreichen, kehren nie wieder zurück. Es ist mein höchster Wohnsitz.

Jenseits der *prakṛti,* in der jede Modifikation beginnt und sich wieder auflöst, existiert das absolute, ewig unveränderliche *Brahman*, die wahre höchste Wirklichkeit: *Das*, ohne Zeit-Raum und

Kausalität, das Nicht-Geborene, das Eine-ohne-Zweites. Der reine metaphysische Weg des *Advaita Vedānta*, des Einen-ohne-Zweites führt zu diesem höchsten Ziel.

So haben wir *vyakta*, das Manifeste, *avyakta*, das ursprüngliche Nicht-Manifeste oder das universale Eine; und schließlich das höchste Unbedingte (*akṣara*), jenseits von *vyakta* und *avyakta*.

In platonischen Begriffen ausgedrückt haben wir die sinnlich wahrnehmbare Manifestation, die intelligible Sphäre des Seins und schließlich das Eine-Eine oder Eine-Gute, welches das sinnlich Wahrnehmbare und das Intelligible beherrscht und auch ihr metaphysisches Fundament bildet.

22
So beschaffen ist der höchste Puruṣa, in dem alle Wesen wohnen und der das ganze Universum projiziert; er kann und muss durch unerschütterliche Hingabe verwirklicht werden, oh Pārtha.

23
Nun werde Ich dir, oh Fürst der Bhārata, erklären, in welchem Zeitraum diejenigen, die zur Vereinigung streben, die manifeste Existenz verlassen, sei es um nicht mehr wiederzukehren oder sei es um wiederzukehren.

24
Wenn die Yogis bei Feuer, Licht, Tag, zunehmendem Halbmond und während der sechs Monate, in denen die Sonne zum nördlichen Himmel aufsteigt, hinscheiden, gehen sie, da sie das Brahman kennen, in Brahman ein.

25
Wenn die Yogis bei Rauch, Nacht, abnehmendem Halbmond und während der sechs Monate, in denen die Sonne zum

südlichen Himmel absteigt, hinscheiden, kehren sie, ins Mondlicht (Sphäre des Mondes) eingehend, [in neue Manifestationszustände] zurück.

Die *sūtra 24* und *25* sind der *Bṛhadāraṇyaka Upaniṣad* entnommen.

26
Licht und Dunkelheit sind die ewigen Wege der Welt. Auf dem einen geht das Wesen und kehrt nicht mehr zurück; auf dem anderen dagegen kehrt es zurück [in die Manifestation].

27
Der Yogi, der diese beiden Wege kennt, oh Pārtha, wird nicht irregeführt. Verwirkliche deshalb mit Standhaftigkeit den Yoga, oh Arjuna.

28
Der Yogi, der all dies verstanden hat, sucht nicht mehr nach der Frucht verdienstvollen Handelns, das mit dem Studium der Veden, den Opfern, der Enthaltsamkeit und den Almosen verbunden ist; deshalb erlangt er den höchsten Ursprungszustand.

Der Symbolismus der beiden Wege – des Sonnen- und des Mondweges – wird an verschiedenen Stellen der *Veden* und daher der *Upanischaden* dargelegt und bezieht sich auf den posthumen Zustand der Individualität, nachdem sie die physisch-grobstoffliche Ebene verlassen hat.

Der *pitṛyāṇa*-Weg geht über die Sphäre des Mondes nicht hinaus: Demzufolge kann sich derjenige, der ihm folgt, nicht aus dem formalen Zustand befreien. Die lunare Sphäre entspricht dem, was wir »kosmisches Unterbewusstsein« nennen könnten; es ist die Wohnstätte der Ahnen, Vorfahren, die Erzeugerin des gegenwärtigen Zyklus.

Der *devayāna*-Weg hingegen führt zu den höheren Zuständen des Wesens, also zur Transzendenz der Individualität in ihrer allgemeinsten Auffassung.

In der Welt des Mondes lösen sich die Formen auf, die ihren Zyklus abgeschlossen oder ihre Reife erlangt haben, in ihr existiert jedoch der Keim der zukünftigen Körper der *jīva*, die noch empirische Erfahrungen machen müssen. Erinnern wir uns: Wo eine Individualität ist, muss auch eine Form, ein Körper oder Ausdrucksträger vorhanden sein. Die Mondsphäre bildet die Demarkationslinie zwischen den nicht-individuellen Zuständen und jenen unteren, formalen, individuellen Zuständen; sie ist der mittlere Punkt zwischen Himmel und Unterwelt und gleichzeitig der »Schwellenwächter«. Wird er überwunden, ist der Weg frei in die formlosen Welten; andernfalls kehrt man in die Welt der Menschen zurück.

Dies ist das achte Kapitel mit dem Titel
»Brahmayoga: der Yoga des unzerstörbaren Absoluten«.

ANMERKUNGEN ZU KAPITEL VIII

Dieses Kapitel erläutert einige grundlegende Begriffe der Lehre der Überlieferung: den unbedingten Zustand des *Brahman*, die Entstehung, das Wachstum und die Abstraktion der Manifestation mit den entsprechenden kosmischen Zyklen von Aktivität und Ruhe, den Faktor Verstand im Menschen und die beiden symbolischen Wege: den Mond- und den Sonnenweg.

> »Nie entsteht Es und nie stirbt Es. Da Es immer gewesen ist, kann Es nicht aufhören zu sein. Nicht-geboren, dauerhaft, unvergänglich, uralt, wird Es nicht einmal getötet, wenn der Körper getötet wird.« (*II, 20*)

Das ist das *Brahman nirguṇa* außerhalb von Zeit-Raum und Kausalität. Da man Ihm keinerlei Attribut oder Eigenschaft geben kann, wird es einfach *Das* genannt.

In der *Māṇḍūkyakārikā* wird Es als der *Vierte* oder das *Turīya* bezeichnet:

> »Die Weisen denken, dass der *Vierte* – welcher weder die innere (subjektive) noch die äußere (objektive) oder gleichzeitig diese und jene Welt kennt und welcher schließlich (nicht einmal) eine Einheit ganzheitlichen Bewusstseins ist, da *er* weder bewusst noch unbewusst ist – unsichtbar (*aḍṛṣṭa*), nicht-handelnd (*avyavahārya*), unbegreiflich (*agrāhya*), undefinierbar (*alakṣaṇa*), undenkbar (*acintya*), unbeschreibbar

(*avyapadeśya*) ist; *er* ist die einzige Essenz der Selbsterkenntnis, ohne jegliche Spur von Manifestation, Erfüllung aus Frieden und Glückseligkeit ohne Dualität: *Er* ist der *ātman* und als solcher muss *er* erkannt werden.«[1]

Der *Vierte* ist im wahren Sinn des Wortes das Unendliche, da es die Negation aller existierenden Begrenzungen ausdrückt. Die Begrenzung hingegen ist die formale und formlose, die individuelle und universale Manifestation. Die Begrenzung ist das kosmische Werden, durch *prakṛti* und *Puruṣa* (Ursubstanz und Essenz), den negativen und positiven Pol, entstanden, die in ihrer Wechselbeziehung das »auf Elektrizität basierende, phänomenale Universum« erzeugen. In dieser Welt der Unbeständigkeit, Veränderlichkeit und Zeitweiligkeit (*saṃsāra*) erfahren die *jīva* aller Ordnungen und Grade Attribute oder Eigenschaften und genießen deren Früchte.

Der *Wille zu sein* lässt den menschlichen und nichtmenschlichen *jīva* im phänomenalen Lebensszenarium auftauchen. Auf der *prakṛti*-Ebene hat der *jīva* die Freiheit die verschiedenen Stufen der universalen Existenz hinauf- oder hinabzusteigen. Sein mentales Feuer weist ihm die Richtung, es hebt oder senkt ihn, es macht ihn zu dem, was er in einem besonderen räumlichen Augenblick ist.

Im gesamten Universum gibt es nichts zu akzeptieren oder abzulehnen; jedes Ereignis oder Ding resultiert aus der mentalen Richtung der *jīva*, die in den Prozess einbezogen sind. Jede Situation, jeder schöpferische Aspekt, jede Lebensweise ist nichts anderes als das Produkt des Denkens, welches eine Form und einen Namen angenommen hat.

---

[1] Gauḍapāda, *Māṇḍūkyakārikā* mit einem Kommentar von Raphael, Freiburg i. Br. 2001

»Man muss fürwahr mit aller Kraft diese Gedanken reinigen, die nichts anderes sind als der *saṁsāra* selbst. Man wird das, was man denkt, dies ist das ewige Geheimnis.«[1]

Die Kenntnis dieser beiden Wege (des Mond- und des Sonnenwegs) ist sehr wichtig; man sollte über den *pitṛyāṇa*-Weg (*Mani*) und den *devayāṇa*-Weg meditieren, um Missverständnisse zu vermeiden.

»Weißt du, welcher Eingang auf den Weg der Götter und welcher auf den Weg der Manen führt? Weißt du, durch welche Handlungen der Einlass auf den Weg der Götter oder auf den Weg der Manen verdient wird? Denn wir alle haben dem *Ṛṣi* zugehört, der sagt: Ich habe gehört, dass es zwei Wege für die Sterblichen gibt, einer führt zu den Göttern, der andere zu den Manen. – Śvetaketu sprach: Ich kann dir keinerlei Antwort geben.«[2]

Der *pitṛyāṇa*-Weg (der Weg der Manen) ist der Weg derer, die, nachdem sie den *ahaṁkāra* (den Ich-Sinn) mit seinen entsprechenden Erzeugnissen nicht aufgelöst und den physischen Körper verlassen haben (physischer Tod), so lange im unteren *taijasa* bleiben, bis die nicht-aufgelösten Samen (*saṁskāra*) zu weiteren Vergegenständlichungen oder Wiedergeburten drängen.

Der *devayāṇa*-Weg (der Weg der *Deva*) ist der Weg derer, die, nachdem sie den *ahaṁkāra* aufgelöst haben und nicht mehr von den individuellen, formalen Welten angezogen werden, in die formlosen (*arūpa*), universalen und uranfänglichen Sphären schweben und dabei natürlich die gesamte individuelle Existenzsphäre überwinden.

---

1 *Maitry Upaniṣad VI, 34*

2 *Bṛhadāraṇyaka Upaniṣad VI, II, 2*

Arjuna muss mit Kṛṣṇa, der das universale Bewusstsein repräsentiert, identisch werden, damit er den *ahaṁkāra*, die Individuation beziehungsweise das abgetrennte Ego-Bewusstsein mit seiner Ansammlung aus Unterbewusstem transzendieren kann.

Der wahre Tod ist nicht der Tod des physisch dichten Körpers, sondern jener beständigere und bedeutendere Tod der Individualität. Der ausschließlich physische Tod beinhaltet stets eine Wiedergeburt in die Welt der Manen. Der Tod der gesamten Individualität bedeutet hingegen, dass man die Ketten der »Seelenwanderung« gesprengt hat.

Die wahre Initiation oder Einweihung führt zu dieser Art von Tod (dem initiatischen Tod); wenn sie nicht dahin führt, ist sie lediglich eine äußerliche, oberflächliche Zeremonie, die nur die emotionale Sphäre berührt.[1]

Diese beiden Wege existieren nicht nur in der *Vedānta*-Lehre, sondern auch in der Lehre des alten Ägypten und der griechischen Antike.

Für Plutarch (der ein großer Priester im Tempel von Delphi war) hat der Mond zwei Öffnungen: Die eine, »Gefilde der Hinkunft« (*Elysion*) genannt, blickt auf die Sonne; aus ihr brechen die glückseligen Seelen nach ihrem *zweiten Tod* zur Sonne auf: Das ist der Sonnenweg. Die andere Öffnung, »Gefilde der Persephone« genannt, blickt auf die Erde; aus dieser Öffnung kehren die ungereinigten Seelen in die Zeugung zurück: Das ist der Mondweg.

Beide Zweige der Überlieferung verwenden sogar dieselben Begriffe.

---

[1] zur Vertiefung siehe auch Gauḍapāda, *Māṇḍūkyakārikā, ebd.*

Platon beschreibt die beiden Wege im Rahmen der Erzählung des Er, Sohn des Armenios:

»Er sagte aber, nachdem seine Seele ausgefahren, sei sie mit vielen anderen gewandelt, und sie wären an einen wunderbaren Ort gekommen, wo in der Erde zwei aneinander grenzende Spalten gewesen und am Himmel gleichfalls zwei andere ihnen gegenüber. Zwischen diesen seien Richter gesessen, welche, nachdem sie die Seelen durch ihren Richterspruch geschieden, den Gerechten befohlen hätten, den Weg rechts nach oben durch den Himmel einzuschlagen, nachdem sie ihnen Zeichen dessen, weswegen sie gerichtet worden, vorne angehängt, den Ungerechten aber den Weg links nach unten, und auch diese hätten hinten Zeichen gehabt von allem, was sie getan.«[1]

[1] Platon, *Politeia X, 614 c-d*, Sämtliche Werke, Hamburg 1957

KAPITEL IX

DER YOGA DER KÖNIGLICHEN ERKENNTNIS UND DES HÖCHSTEN GEHEIMNISSES

Śrī Bhagavān sprach:

1
Dir, der du nicht ruchlos bist, werde ich die verborgene Weisheit (jñāna), vereint mit der unterscheidenden Erkenntnis (vijñāna), offenbaren; so wirst du vom Irrtum befreit sein.

2
Es ist die königliche Erkenntnis (rājavidyā), die nicht vergänglich und der leicht zu folgen ist, es ist das höchste Geheimnis (rājaguhyaṁ), der größte Reiniger, der sich dem dharma entsprechend durch die Erfahrung enthüllt.

Diese Art der Erkenntnis ist nicht rational oder diskursiv, sondern muss erfahren werden. Der Yoga bedeutet – wie jeder andere Verwirklichungsweg – unmittelbare Erfahrung.

3
Die Wesen ohne Glaube an dieses Lebensgesetz [das die königliche Erkenntnis ist], erreichen mich nicht, oh Paraṁtapa, und kehren auf den Weg der Welt der Sterblichen [in die Inkarnation] zurück.

4
Von Mir, dem Nicht-Manifesten, strömt dieses ganze Universum aus; alle Wesen wohnen in Mir, aber Ich transzendiere sie.

5
Und dennoch sind auch die Wesen [als Formen oder Erscheinungen] nicht Ich: in Anbetracht meiner überlegenen Kraft (Yoga), meines Selbst, Wurzel und Stütze aller Wesen, obgleich es jenseits von ihnen ist.

Die Welt der Namen und der Formen (die Erscheinung) findet ihre Matrix in *Īśvara*, dem kosmischen *Jīva*. Er ist mehr als alle Wesen, da er ihr Ursprung, ihr Anfang und ihre Stütze ist, obgleich er sich außerhalb des Werdens befindet. In diesen *sūtra* wird die immanente Gottheit (*sūtra 11*) und die transzendente Gottheit behandelt. (Wie wir sehen, ist keine Spur von Pantheismus in der *Gītā*.)

6
Wie die unermessliche, in Bewegung befindliche Atmosphäre ihre Grundlage im Raum (ākāśa) hat, so musst du wissen, dass alle Wesen ihre Grundlage in Mir finden.

7
Am Ende eines kalpa [kosmischen Zeitalters] kehrt alles Lebendige in meine Essenz zurück, oh Kaunteya, und zu Beginn eines kalpa projiziere Ich es von neuem.

8
Mittels meiner Natur (prakṛti) erzeuge Ich diese Vielfalt der Wesen, die ohne eigene Kraft und der prakṛti unterworfen sind.

Das höchste Wesen drückt sich hier als *prakṛti*-Aspekt aus, der die seienden Dinge formt und sie gleichzeitig am Ende eines Zyklus wieder absorbiert. All die verschiedenen manifesten und erzeugten Wesen sind nicht absolut, selbstständig und aus sich selbst existierend, sondern werden durch die *Prakṛti*, die negative Polarität des höchsten Wesens, am Leben erhalten; ihre Wurzeln befinden sich im *Brahman nirguṇa*. Daher können sie, obwohl sie der *prakṛti* oder Bewegung unterliegen, ins unbewegte *Brahman*, das Eine-ohne-Zweites, zurückkehren, welches das einzige, wirkliche und letzte Fundament des Ganzen ist.

9
Auch dieser Prozess, oh Dhanaṁjaya, bindet Mich nicht, der Ich losgelöst bleibe und nicht-identifiziert.

10
Die prakṛti erzeugt die beweglichen und unbeweglichen Wesen unter meiner Führung; deshalb, oh Kaunteya, dreht und wendet sich das Universum.

Mit seiner »magischen Kraft« (*māyā*) projiziert das höchste Wesen seine Formen oder Vorstellungen und das Universum erscheint, ohne dass Es durch sie beeinträchtigt, unterjocht wird oder sich mit ihnen identifiziert. Es ist der absolute Herr über die *māyā* und regelt das universale Hin- und Herfließen durch sein Aus- und Einatmen. Man beachte, dass alle Körper oder Formen der Wesen und der verschiedenen Existenzebenen aus der *Prakṛti* stammen, während das reine Bewusstsein oder das reine Sein aus dem höchsten *Puruṣa*, der *sat-cit-ānanda* ist, stammt. Wir können ferner sagen, dass das Sein die metaphysische Grundlage des intelligiblen wie auch des sinnlich wahrnehmbaren Existenten ist. Da es das Fundament, die Ursache (αἰτία) und die *arché* ist, ist es immanent und transzendent; das, ohne welches diese Wirklichkeit gar nicht existieren kann.

11

Diejenigen, deren Verstand getrübt ist, erkennen mich nicht, wenn Ich mich in der menschlichen Form verberge, da sie meine Existenz als höchster Herr der universalen Wesen nicht ahnen.

Als Einheit in der scheinbaren Vielheit ist das höchste Wesen in allen Wesen immanent, die jedoch, da sie sich mit den äußeren Hüllen oder Formen und ihren Erzeugnissen identifizieren, nicht ahnen, dass sich das Göttliche in ihrer eigenen tiefsten Essenz befindet. Wenn sich der Mensch seinem verborgensten Unbewussten zuwendet, kann er nicht umhin, die Lebenseinheit, den Ursprung allen Entstehens und Vergehens, den höchsten *Puruṣa*, den alles durchdringenden *ātman* zu finden.

12

Genährt von vergeblichen Hoffnungen, leeren Aktivitäten und Kenntnissen, ohne Urteilsvermögen, finden sie Gefallen an der illusorischen Natur der Rākṣasa [bösen Geister] und Asura [Dämonen].

Die individualisierten *jīva* machen nichts anderes, als sich an die transeunten und trügerischen Erzeugnisse der formalen Welt, der *Prakṛti* (*mohinī prakṛti*) zu binden; dabei geraten sie unausweichlich in psychologische Konflikte, in Entfremdung, ohne im Geringsten darüber nachzudenken, dass sich die Glückseligkeit in ihnen selbst, in ihrer vollkommenen und göttlichen Essenz (*ātman* oder *Puruṣa*) befindet.

13

Die Mahātma [die großen Seelen] aber, oh Pārtha, die in der göttlichen Essenz wohnen und Mich als ewig währende Quelle der Wesen erkennen, ehren Mich mit dem allein auf Mich gerichteten Verstand.

Hier haben wir die Konfiguration der beiden Wege: den der Wesen, die sich der Welt der *Asura*, Ursache von Konflikt und Schmerz, zuwenden, und jenen der großen Seelen, die sich der Welt des Göttlichen, Ursache von Harmonie und Glückseligkeit (*daivī prakṛti*) zuwenden. Jeder *jīva* kann sich entscheiden, welchen Weg er gehen möchte, obgleich er früher oder später in seine wahre Essenz eingehen wird, die Vollkommenheit oder Glückseligkeit ist. Die *Gītā* und daher jede andere Lehre der Überlieferung lehrt nicht den ewigen Verlust des Wesens (diese Auffassung wäre antiphilosophisch); das Wesen kann gar nicht anders, als im Zeit-Raum zu seiner essenziellen, ursprünglichen Harmonie wiederzuerwachen. Alle *Avatāra,* alle Verwirklichten usw. unterstützen und regen dazu an, die Vollkommenheit oder Glückseligkeit zu *sein*. Es gibt keine einzige Individualität welcher Ordnung und welchen Grades auch immer, die wirklich allein ist: Stets eilen ihr große Seelen und *Avatāra* zu Hilfe.

14
Indem sie Mich mit starkem Nachdruck stets verherrlichen, fest verankert in ihren Gelübden, ehrerbietig zu Mir und ewig vereint mit Mir sind, huldigen sie Mir.

15
Andere ehren Mich mit dem Opfer der Erkenntnis als das Eine, als das Verschiedene oder als das Vielfältige der unzähligen Gesichter.

Einige verehren das Eine in seiner ungeteilten Natur, andere verehren es als Dualität und wieder andere als Vielheit und Verschiedenheit. Das sind die verschiedenen Annäherungsweisen an das große Leben, die der *Vedānta* als *advaita*, *viśiṣṭādvaita* und *dvaita* bezeichnet.

16
Ich bin Kratu, der Yajña und der Svadhā [drei Arten von Opfern, die von den Schriften vorgeschrieben werden]; Ich bin das auṣadha [Opferpflanze, welche die Nahrung aller Lebewesen symbolisiert], Ich bin der mantra, Ich bin die flüssige Butter, Ich bin das Feuer, Ich bin der Gegenstand des Opfers.

17
Von dem gesamten Universum bin Ich Vater-Mutter (Puruṣa-prakṛti), der Erhalter und der Urahne, Ich bin der Gegenstand jeder [existierenden] Erkenntnis, das Mittel zur Reinigung, Ich bin der auṁkāra [AUM]; Ich bin der Ṛg, Sāma und Yajur Veda [die drei Haupt-Veden].

Dieses *sūtra* nimmt Bezug auf den persönlichen Gott, Vater und Mutter des Manifestierten.

Sūtra 20, Kapitel X und *sūtra 15*, Kapitel XV beziehen sich auf den immanenten Aspekt der Gottheit, während *sūtra 18*, Kapitel XV auf den transzendenten und unpersönlichen Aspekt des Göttlichen hinweist.

18
Ich bin das Ziel, die Stütze, der Herr, der Zeuge, die Wohnstätte, die Zuflucht, der Freund, Ich bin der Ursprung und die Auflösung, das Fundament, der Ruhezustand, der unzerstörbare Samen.

19
Ich bin die Wärme, sende den Regen und halte ihn auf, Ich bin die Unsterblichkeit und auch der Tod, Ich bin das Sein und das Nichtsein [das Werden], oh Arjuna.

Wie man sieht, ist die letzte Wirklichkeit jenseits des Seins; also jenseits der Existenz (*sat*) und der Nicht-Existenz (*asat*).

20
Diejenigen, welche die drei Veden kennen, soma trinken, von den Lastern gereinigt sind, opfern Mir und fragen Mich nach dem Weg des Himmels. Nachdem sie in die heilige Welt des Herrn der Deva (Indra) gelangt sind, genießen sie im Himmel die Gastmahle der Götter.

Der *soma* ist der symbolische Trank der Götter, das Quecksilber der Alchimisten, die »noumenale leuchtende Substanz«, die unsterblich macht wie die Götter.

21
Nachdem sie die weite Welt des Himmels genossen und ihren Verdienst ausgeschöpft haben, kehren sie in die Welt der Sterblichen zurück. So erhalten sie, die begierig nach Genuss sind, getreu der Lehre der drei Veden das Kommen und Zurückkehren.

Die Unsterblichkeit in den drei Welten bildet noch nicht die vollständige Befreiung. Wir können uns zwar von gewissen einzelnen Konditionierungen freimachen, aber das verhindert nicht, dass wir für die gesamte Dauer eines *kalpa* im Manifesten, Grobstofflichen oder Feinstofflichen bleiben müssen. Es gibt »Wege« und Lehren, die in die Sphäre der Unsterblichen führen, aus der man austritt und in die man zurückkehrt, weil sie eben noch im Bereich des Manifesten liegt. Und es gibt andere Wege (rein metaphysischer Ordnung), die zur ganzheitlichen Befreiung führen, zur höchsten Identität, die außerhalb von Zeit, Raum und Kausalität ist. Die erstgenannten Wege können als die Wege der *kṣatriya* bezeichnet werden, letzere als die Wege der *brāhmaṇa*.

Dem, was wir über die beiden Wege (*pitṛyāṇa* und *devayāṇa*) gesagt haben, können wir noch hinzufügen, dass es Wege gibt, die sogar über die Götter hinaus führen. Das beinhaltet den »zweiten Tod«; der erste ist der Tod der Individualität, während der Tod des physisch-dichten Körpers kein Tod ist, sondern nur eine Zustandsveränderung.

22
Aber denen, die Mich ehren und ihren Verstand auf Mich gerichtet halten, die stets Vertrauen haben, gewähre Ich volle Sicherheit und unausbleiblichen Besitz.

23
Selbst diejenigen, welche mit Glaube und Hingabe andere Deva verehren, verehren in Wirklichkeit immer nur Mich, oh Kaunteya, auch wenn sie es nicht nach den wahren Vorschriften tun.

Stets wertvoll bleibt das Gebet, das an eine Gottheit gerichtet und unserem momentanen Bewusstseinszustand entsprechend formuliert wird, vorausgesetzt, es geschieht aus einem reinen Beweggrund und mit aufrichtiger Hingabe.

24
In Wahrheit genieße Ich alle Opfer und bin ihr Herr, aber diejenigen, die Mich in meiner Essenz nicht kennen, sind dazu bestimmt zu fallen [weil sie sich nicht direkt mit dem Einen vereinigen].

25
Diejenigen, welche die Deva verehren, gehen zu den Deva, jene, welche die Pitṛ verehren, gehen zu den Pitṛ, jene, welche die Bhūta verehren, gehen zu den Bhūta, aber diejenigen, die Mich verehren, kommen zu Mir.

Wenn sich der Mensch mit seinem Herzen an die Götter wendet, geht er zu den Göttern, wenn er sich den niederen und bösen Geistern zuwendet, geht er zu ihnen, wenn er sich *Īśvara* oder dem Einen zuwendet, geht er zu *Īśvara*; wenn er sich dem *Brahman nirguṇa* zuwendet, geht er ins unbedingte und absolute *Brahman* ein.

Das Wesen kann sich ein schmerzenreiches Gefängnis bauen oder grenzenlose Glückseligkeit: Die Erkenntnis führt zu den Göttern jeder Ordnung und jeden Grades, die Unwissenheit zu den *Bhūta*, die Weisheit (welche die Überwindung der einen und der anderen darstellt) führt zu *Brahman*, das ohne Zweites ist.

26
Wenn Mir jemand mit Hingabe, Liebe und mit reinem Herzen ein Blatt, eine Blume, eine Frucht oder Wasser anbietet, nehme Ich es an.

Jeder Akt des Schenkens – sei er noch so gering und bescheiden – wird, wenn er aus Liebe erfolgt, stets vom Höchsten geschätzt.

27
Was immer du tust, was immer du isst, was immer du als Opfer darbringst, was immer du gibst, welche asketische Mühe du auf dich nehmen magst, oh Kaunteya, tu es so, als ob du Mir etwas schuldig wärest.

Das große Leben gibt alles und wir schulden ihm alles: Auf diese Weise befreien wir uns von der Verhaftung an den Früchten des Handelns, und jede Handlung wird von universalen Instanzen motiviert.

28
Und so wirst du von den Bindungen des karma befreit, das gute und schlechte Früchte erzeugt; mit dem Verstand auf den Yoga der Entsagung konzentriert und frei wirst du Mich erreichen können.

29
Ich bin für alle Wesen der Gleiche: Niemand ist verdammenswert für Mich, noch kann sich jemand als mein Liebling bezeichnen, aber jene, die Mich mit Hingabe ehren, jene sind ganz gewiss in Mir und Ich bin in ihnen.

Die Liebe Gottes ist weder besitzergreifend oder ausschließlich noch separatistisch: Wie das Sonnenlicht breitet sie sich über den Gerechten und Ungerechten, Heiligen und Ruchlosen, Reichen und Armen aus.

30
Selbst ein Mensch, der auf verwerfliche Weise gehandelt hat, muss, wenn er ausschließlich Mich verehrt, als kluger Mensch betrachtet werden, da er [die Ausrichtung seines Lebens] richtig gewählt hat.

Auch der Bösewicht erlangt Frieden, wenn er mit der rechten Absicht im Inneren seines Herzens die verwerflichen Wege des äußerlichen Lebens verlässt.

31
Er wird bald zu einem rechtschaffenen Menschen und macht sich auf den Weg in den ewigen Frieden. Oh Kaunteya, sei dir sicher, dass derjenige, der Mir treu ist, nie verloren ist.

32
All diejenigen, die Zuflucht in Mir finden, oh Pārtha, gleich welchen Ursprungs sie sind – ob vaiśya, Frau und auch śūdra – alle erreichen das höchste Ziel.

Die Lehre der *Gītā* ist universal, sie transzendiert alle Unterschiede der Kasten, der Rassen und der Geschlechter. Deshalb kann sie den Gläubigen nicht die emotionalen Beweggründe liefern, um eine Sekte zu gründen und sich auf eine religiöse Ausschließlichkeit hin zu orientieren. Die *Gītā* wendet sich an all jene Herzen, die anzuklopfen wissen.

Die Frau in Indien hatte zur Zeit der *Gītā* nicht dieselben Privilegien wie der Mann. Trotz dieser gesellschaftlichen Sitten und der Epoche gelang es der *Gītā*, eine Einheit der Lehren und der Herzen zu schaffen: Sie erhebt sich zu Gipfeln wahrer, allumfassender Liebe, die sogar die »kastenlosen« *paria* einschließt. Hierin gründet das Wunder dieses Werks.

33
Nicht anders die tugendhaften Brāhmaṇa und die weisen und ergebenen Könige. Und du, der du in diese Welt des Übergangs und Schmerzes gefallen bist, ehre Mich mit Inbrunst.

34
Richte deinen Verstand auf Mich, sei Mir ergeben, opfere, indem du Mir Ehre erweist. Dem Yoga folgend wirst du zu Mir kommen, der Ich deine höchste Zuflucht bin.

Dies ist das neunte Kapitel mit dem Titel
»Der Yoga der königlichen Erkenntnis
und des höchsten Geheimnisses«.

ANMERKUNGEN ZU KAPITEL IX

Dieses Kapitel enthält Gedankengut der initiatischen Lehre:

1. Die Erkenntnis darf nicht nur Theorie sein. Der individuelle Verstand kann aufgrund seiner besonderen Beschaffenheit nur einzelne Aspekte der einen Wirklichkeit erfahren. Aber selbst wenn er sie alle vereinen könnte, um das Mosaik zu vervollständigen, wäre die letzte Wirklichkeit immer noch nicht realisiert, da die absolute Wirklichkeit nicht die Summe der zusammengefügten Einzelteile ist.
   So ist auch der Mensch in seiner tiefsten Essenz nicht die Summe seiner verschiedenen physischen Organe; einzeln genommen und dann mit anderen zusammengefügt bilden sie nicht den Menschen als Ganzes.
   Im Verwirklichungsprozess sind zwei Dinge zu beachten:
   a) die synthetische, überbewusste Intuition der Wahrheit
   b) die Anpassung des Bewusstseins an diese Wahrheit.

Die Intuition ist der erste entscheidende Faktor der Askese, da sie die Essenz des Wirklichen enthüllt und – im Rahmen des Möglichen – mit Begriffen und Worten des begrenzten mentalen Trägers bekleidet werden kann.

Es reicht nicht, das Absolute oder Wirkliche intuitiv zu erahnen: Man muss jenes intuitiv erahnte Wirkliche mit ganzem

Bewusstsein *sein*. Und das ist der heikelste und wichtigste Punkt der Askese, denn das energetische Ego-Agglomerat, das auf die *avidyā*-Schwingung ausgerichtet ist, hat Schwierigkeiten sich auf die Wahrheit einzustimmen. Wir können über die Einheit des Lebens nachdenken, reden oder schreiben, ohne jene Lebenseinheit zu sein. Das ist der Unterschied zwischen einem vollkommenen Verwirklichten und einem Pädagogen oder Lehrer, der auf eruditiver Ebene unterrichtet. In dieser zweiten Verwirklichungsphase können sich wahre Krisen ereignen, abgesehen von Neuorganisationen der psychischen Energien, Anpassungen im Bereich des Mentalen und der Umwelt, Umwälzungen der Werte des empirischen Lebens und so weiter. In diesem Stadium wird die »Transfiguration« des *jīva* bewirkt, der von der Bewegung vereinnahmt ist.

2. Eine grundlegende Anmerkung zieht sich, aus verschiedenen Blickwinkeln betrachtet, durch den ganzen Text.
   Als ungeteilte Einheit findet sich das Wesen jenseits von Prozess, Bewegung, Veränderung, da es die Leinwand und die Basis ist, auf der sich alle Erscheinungen entfalten, genauso wie der Bewegungsprozess der verschiedenen chemischen Elemente nicht die »elektronische Einheit« beeinträchtigt. Der Lehrer verweilt bei einigen grundlegenden Fragen der initiatischen Thematik, da es notwendig ist zu verstehen, was Prozess oder Bewegung eigentlich ist und was diesen Prozess bestimmt; was erscheint und verschwindet und was bestehen bleibt. Bei der Erforschung der letzten Wirklichkeit sollten wir die Textstellen, die das, was Zeit und Zeitlosigkeit, das Werden und das Konstante ist, erklären, gründlich studieren und über sie meditieren.

3. All das können wir verstehen, wenn wir daran denken, dass wir, solange wir mit dem Werden oder Prozess identifiziert bleiben, die uranfängliche Essenz nicht entdecken können, die dem Werden zugrunde liegt.

   »Diejenigen, deren Verstand getrübt ist, erkennen Mich nicht, wenn Ich mich in der menschlichen Form verberge, ...« (*IX, 11*)

Narziss, der sich mit seinem Schatten, seiner Projektion identifiziert hat, befindet sich in einem Zustand der Dunkelheit und des »Todes« und vergisst somit seinen Bewusstseinszustand. Genauso geschieht es dem *jīva*, der sich, durch seinen individualisierten Zustand getrübt, für eine energetische »Zusammensetzung« hält, die Eigenschaften und eine gewisse Art von Bewegung ausdrückt; daher kann er seine darunter liegende Essenz nicht verstehen; ihm ist seine Konstante entglitten, sein unvergängliches und unzerstörbares Noumenon.

3. Der Lehrer erläutert Arjuna die verschiedenen Annäherungsformen an Ihn, die Gottheit: Einige betrachten Ihn als das Eine, andere als die Zwei, wieder andere als die differenzierte Drei. Aus diesen drei Annäherungsformen entstehen drei Lehren, die einander nicht widersprechen, wenn sie aus den richtigen Blickwinkeln betrachtet werden. Die ontologische Auffassung führt alles auf das uranfängliche Eine zurück, die religiös-devotionale Auffassung betrachtet das Geschöpf im Allgemeinen als verschieden vom Schöpfer, sodass sie in einen manchmal unüberbrückbaren Dualismus mündet. Auch das *Sāṁkhyadarśana* – nicht das *Darśana* der *Gītā* – postuliert die Wirklichkeit als ewig dual: *Puruṣa* und *prakṛti*; Letztere wird auf dem Induktionsweg durch Ersteren befruchtet.

Andere Lehren bleiben bei der manifesten Pluralität stehen, aber all diese Formen der Annäherung sind nichts anderes als »Bewusstseinsmomente« des *jīva*.

4. Da Kṛṣṇa die ungeteilte Einheit ist, ist er mit sich selbst identisch. Wie könnte er also trennen, teilen, auswählen oder bevorzugen? Die Sonne ist im Zeit-Raum für alle *jīva* gleichermaßen da. Sie erleuchtet alle ohne Unterschied, und alle können ihre Energie aufnehmen. Diese Universalität kann das Individuum aufgreifen und leben, um so zu einem ausstrahlenden Zentrum aus Licht zu werden.

KAPITEL X

DER YOGA DER HÖCHSTEN MANIFESTATION

Śrī Bhagavān sprach:

1
Und vernimm weiter, oh Mahābāhu, mein höchstes Wort, an dem du Gefallen findest. Zu deinem Wohl will Ich es dir offenbaren.

2
Weder die Heerscharen der Deva noch die großen Weisen kennen meinen Ursprung, weil Ich die einzige Quelle der Deva und auch der Weisen bin.

Der ewige *Īśvara* ist der Gott der Menschen, der Götter und aller *jīva*.

3
Wer mich als Nicht-Geborenen kennt, ohne Anfang und höchsten Herrn, der ist frei unter den Sterblichen, von jeder Täuschung und von allen Lastern befreit.

Wenn man zum Bewusstsein des absoluten *Brahman*, des Nicht-Geborenen gelangt, verschwinden Täuschung und Verwirrung, der Verstand schweigt und das Herz offenbart Erfüllung.

4
Die reine Vernunft, die Erkenntnis, die Nicht-Verwirrung, die Geduld, die Wahrhaftigkeit, die Selbstbeherrschung, die innere Ruhe, Lust-Schmerz, Geburt-Tod, die Furcht, der Mut,

5
die Gewaltlosigkeit, der Gleichmut, die Zufriedenheit, die Strenge, die Großzügigkeit, der Ruhm und die Schande sind die verschiedenen Eigenschaften der Wesen, und diese stammen von Mir.

Jede Dualität befindet sich im Herzen der *prakṛti*: Aus ihr entstehen alle existierenden Verbindungen. Die *jīva* können – wie wir bereits gesagt haben – Freude oder Schmerz, Unwissenheit oder Erkenntnis mit den entsprechenden Konsequenzen erfahren.

6
Die sieben großen Weisen ebenso wie die vier Manava, aus denen alle Wesen dieser Welt entstammen, sind durch meinen Verstand entstanden und Teil meiner Natur.

Aus dem Verstand des Brahmā sind die größeren und kleineren Baumeister der Manifestation hervorgegangen. Sie verkörpern die universalen Prinzipien, die sich durch Formen enthüllen.

7
Wer meine glorreiche Manifestation und meine Macht wahrhaft kennt, ist ganz gewiss mit Mir vereint: Darüber besteht kein Zweifel.

8
Ich bin der Ursprung von allem, von Mir aus bestimmt sich alles: So verstehend ehren Mich die mit Konzentration befähigten Weisen.

Alle Wesen haben dieselbe Natur wie *Īśvara*. Aber diese Natur oder Essenz muss hinter den bewegten Formen, hinter der Szenerie des Werdens, hinter den Erscheinungen gesucht werden.

9
Indem sie an Mich denken, Mir das Leben widmen, sich gegenseitig unterweisen und unaufhörlich von Mir sprechen, sind sie stets zufrieden und glückselig in Mir.

10
Denen, die stets ergeben sind und Mich mit Liebe ehren, öffne Ich die buddhi, mit der sie Mich finden können.

Nur mit der *buddhi*, welche ein universales und synthetisches Prinzip ausdrückt, kann man die natürliche Essenz des Göttlichen finden. Nur die überbewusste Intuition, die unmittelbares Verstehen beinhaltet, kann das Göttliche hinter der Erscheinung enthüllen.

11
Voll Mitgefühl für sie, vernichte Ich, während Ich in ihnen bleibe und gleichzeitig in dem Mir eigenen Zustand verweile, mit der ausstrahlenden Flamme der Erkenntnis die Finsternis, die aus der Unwissenheit stammt.

Die Erkenntnis oder Gnosis ist Werk der *buddhi*, die das geeignete Werkzeug ist, um die *avidyā* oder Unwissenheit zu besiegen und zu transzendieren.

Arjuna sagte:

12
Du bist das höchste Brahman, die höchste Zuflucht, der höchste Reiniger, der Herr, die göttliche Person, der Erste, der Nicht-Geborene, der Allgegenwärtige.

Nun versteht Arjuna die Wahrheit, die ihm der Lehrer offenbart hat, und zeigt seine Zustimmung.

13
Alle Weisen haben dir so zugejubelt, auch der göttliche Seher Nārada, Asita, Devala und Vyāsa. Du selbst erklärst es mir [anderseits].

14
Oh Keśava, all das, was du mir sagst, halte ich für wahr. Weder die Deva noch die Dānavā oder Bhagavān kennen deine Manifestation.

15
Oh Puruṣottama [höchster Herr], du kennst dich selbst durch dich selbst, [du, der du] Schöpfer aller Dinge [bist], Herr aller Wesen, Gott der Deva, Herrscher der Welt (jagatpate),

16
lass dich herab, um rückhaltlos deine göttlichen Formen zu offenbaren, mit denen du die Universen enthüllst, in denen du wohnst.

Arjuna hat verstanden, dass sich das Sein mittels der Formen oder Erscheinungen ausdrückt. Daher drängt er seinen Meister ihm das Geheimnis der Erscheinungen zu enthüllen, die entstehen, sich entwickeln und sich umformen.

17
Oh Yogi, wie kann ich dich in der konstanten Meditation erkennen? Über welchen deiner Aspekte soll ich meditieren, oh Bhagavān?

Arjuna weiß Bescheid über den Zustand des »Herrn des Lebens« mit und ohne Form und möchte nun wissen, über welchen der beiden Aspekte er meditieren soll.

18
Oh Janārdana, erzähle mir weiter ausführlich über deine Manifestation und deinen Yoga: Ich werde nicht satt deinen Worten zu lauschen, die wie Nektar sind.

Śrī Bhagavān antwortete:

19
So sei es, oh Bester unter den Kuru, auch wenn Ich dir nur die Hauptaspekte meiner göttlichen Manifestationen darlege, da meine existenzielle Beschaffenheit grenzenlos ist.

20
Oh Guḍākeśa, Ich bin der ātmā, der im Herzen aller Wesen wohnt, Ich bin der Anfang, die Mitte und das Ende all dessen, was ist.

»Nachdem der Weise den *ātmā* in sich geschaut hat, der schwer zu sehen ist, der im Verborgenen ruht, der im Herzen, in der Höhlung wohnt, der der Alte ist, gibt er mit der Verwirklichung des *Adhyātmayoga* die Dualität von Lust und Schmerz auf.«[1]

---

[1] *Kaṭha Upaniṣad I, II, 12*

21
Unter den Āditya bin Ich Viṣṇu, unter den Himmelslichtern die strahlende Sonne, unter den Marut bin Ich Marīci, unter den Sternen der Mond.

Die Āditya sind die sieben (später zwölf) Kinder der Aditi, Mutter der Götter, Personifikation des unendlichen Raums. Viṣṇu ist einer der Āditya.

Marut ist die Personifikation der Winde, deren Herr Marīci ist. Der Mond ist als astronomischer Hinweis zu verstehen.

22
Von den Veden bin Ich der Sāma Veda, von den Deva bin Ich Vāsava [Indra], von den Sinnen bin Ich die Psyche (manas) und von den Wesen bin Ich das Bewusstsein (cetanā).

23
Von den Rudra bin Ich Śaṅkara, von den Yakṣa und Rākṣasa bin Ich Vittéśa, von den Vasu bin Ich Pāvaka, von den Bergen bin Ich Meru.

Śaṅkara oder Śiva, der Umformer und der Erneuerer, ist die erste Person der *Trimūrti* (die aus Śiva, Viṣṇu und Brahmā besteht). Er wird auch Rudra genannt. Vittéśa, ein anderer Name des Kubera, ist der Gott der Reichtümer, König der Yakṣa und der Rākṣasa.

Die acht Vasu sind Halbgötter und verkörpern das Wasser, den Polarstern, den Mond, die Erde, den Wind, das Feuer (Pāvaka), die Morgenröte und das Licht.

Meru ist der mythische Berg, um den die Planeten kreisen; er ist die Achse der Welt.

24
Oh Pārtha, wisse, dass Ich von den Purodhasa der Herrscher Bṛhaṣpati bin; von den Heeresführern bin Ich Skanda; von den Meeren der Ozean.

Bṛhaṣpati ist der Gott der Weiṣheit und der Beredsamkeit, Verkörperung der Religion und der Hingabe. Die Purohita-Priester bilden die bedeutendste Klasse der *brāhmaṇa*. Sie sind die Ratgeber und Minister des Königs und Erzieher ihrer Kinder. Skanda ist der Kriegsgott, Sohn von Śiva und Pārvatī.

25
Von den großen Weisen bin Ich Bhṛgu, von den Worten bin Ich nur die eine Silbe [OM], von den Opfern bin Ich die Gabe des gemurmelten japa, von den unveränderlichen Dingen bin Ich der Himālaya.

Bhṛgu ist einer der sieben (manchmal auch zehn) Stammesväter der Menschheit, geboren aus dem Geist Brahmās.

26
Von allen Bäumen bin Ich der Aśvattha, und unter den göttlichen Weisen bin Ich Nārada, unter den Gandharva bin Ich Citraratha, unter den Vollkommenen bin Ich der muni Kapila.

Der Aśvattha ist der heilige Baum, mystisches Symbol des Lebens. Von ihm ist auch in Kapitel XV die Rede.

Die Gandharva sind himmlische Sänger, Halbgötter; ihr Herrscher ist Citraratha.

Kapila ist der Kodifikator des *Sāṁkhyadarśana*.

27

Von den Pferden, wisse, dass Ich Ucchaiḥśrava bin, aus Ambrosia gezeugt; von den königlichen Elefanten bin Ich Airāvata, und unter den Wesen bin Ich der Herrscher.

Ucchaiḥśrava ist das Pferd und Airāvata ist der Elefant von Indra, dem Herrn der vedischen Götter.

28

Von den Waffen bin Ich der Blitz, von den Kühen bin Ich Kāmadhuk, von den Erzeugern bin Ich Kandarpa, von den Schlangen bin Ich Vāsuki.

Kāmadhuk, auch Sabala genannt, ist die mythologische Kuh, die Wünsche erhört.

Vāsuki ist der Herrscher über gewisse halbmenschliche Wesenheiten, Schlangen genannt.

29

Von den Nāga bin Ich Ananta, von den im Wasser lebenden Wesen bin Ich Varuṇa, von den Ahnen bin Ich Aryaman, unter den Regierenden bin Ich Yama.

Auch die Nāga sind Schlangen. Ananta ist Vāsuki in Form einer Schlange, auf der Viṣṇu unter den Wassern sitzt, vor Beginn der Manifestation.

Varuṇa ist der größte Gott der vedischen Mythologie; er trägt den Himmel und daher die »kosmischen Wasser«.

Aryaman, einer der Āditya, ist der Beschützer der Gesellschaft der Ārya, besonders in Bezug auf die Familie.

Yama, Sohn der Sonne, ist der Gott des Todes und Richter über die Verstorbenen. In der *Kaṭha Upaniṣad* empfängt er Nachiketas und erläutert ihm die Lehre, die zur Befreiung führt.

30
Von den Daitya bin Ich Prahlāda, von den Rechnern bin Ich die Zeit, von den Tieren bin Ich der König [Löwe] und von den Vögeln Vainateya.

Die Daitya sind Dämonen, halbmenschliche Wesen, deren Herrscher Prahlāda ist. Vainateya ist Viṣṇus Adler Garuḍa.

31
Von den Reinigern bin Ich Vāya, unter den Kriegern bin Ich Rāma, von den Fischen bin Ich Makara, von den Flüssen bin Ich die Tochter von Jāhnavī [Ganges].

Vāyu ist der Wind, der Atem des Varuṇa, der im Kosmos dem *prāṇa* entspricht, insbesondere dem *udāna* im Mikrokosmos. Rāma, der Held des Rāmāyana, ist die siebte Manifestation Viṣṇus und Kṛṣṇa ist die achte. Auf dem Rücken des Fisches Makara überquerte Varuṇa den kosmischen Ozean.

32
Von den geschaffenen Dingen bin Ich der Anfang, das Ende und auch die Mitte, oh Arjuna. Von den Wissenschaften bin Ich die des ātman (adhyātmavidyā); unter denen, die nachdenken, bin Ich das Objekt.

Anfang: keimhaft-kausaler Aspekt, *Īśvara*

Mitte: universal-feinstofflicher Aspekt, *Hiraṇyagarbha*

Ende: grobstofflicher Aspekt, *Virāt*

Die Wissenschaft des *ātman* ist die heilige Erkenntnis, die zum Verständnis des *Ganzen* und zum *nirvāṇa*, zur Glückseligkeit führt.

33
Von den Buchstaben bin Ich der Buchstabe A, von den zusammengesetzten Wörtern bin Ich dvandva, Ich bin auch die endlose Zeit, Spender der zahllosen Gesichter.

Das Wort *dvandva* deutet im Sanskrit auf zwei Begriffe hin, die vereint wie ein einziges Wort dekliniert werden und entgegengesetzte Bedeutungen haben. Die indischen Grammatiker zählen sechs Kategorien von zusammengesetzten Worten; die *dvandva* gehören zur Hauptkategorie. Kṛṣṇas Form ist die Zeit (*kāla*).

34
Ich bin der Tod, der alles verschlingt, und der Ursprung von allem, was sein wird. Von den weiblichen Dingen bin Ich die Glorie, die würdevolle Schönheit, die Sprache, die Erinnerung, die Intelligenz, die Beständigkeit, die Geduld.

35
Von den Hymnen bin Ich das Bṛhatsāman, von den Versfüßen bin Ich Gāyatrī, von den Monaten der Mārgaśīrṣa und von den Jahreszeiten die der Blumen.

Bṛhatsāman ist eine der Hymnen des *Sāma Veda*. *Gāyatrī* ist einer der poetischen Versfüße im Sanskrit. Der *gāyatrī*-Vers III, 62, 10 des *Ṛg Veda* gilt den Hindus als heiligster aller Verse.

Mārgaśīrṣa befindet sich in der Sternenkonstellation des Steinbocks, in welche der Mond im Monat Dezember eintritt.

36
Ich bin die List des Spielers, der Ruhm der Ruhmreichen; Ich bin der Sieg, Ich bin die Entschlossenheit, die Güte in den Guten.

37
Unter den Vṛṣṇi bin Ich Vāsudeva, unter den Pāṇḍava bin Ich Dhanaṁjaya, unter den muni bin Ich Vyāsa und unter den Dichtern bin Ich der Poet Uśanā.

38
Von denjenigen, die regieren, bin Ich das Zepter, Ich bin die Klugheit derer, die siegen wollen, von den Mysterien bin Ich das Geheimnis, Ich bin das Wissen der Weisen.

39
Außerdem bin Ich das, was der Samen aller Dinge ist, oh Arjuna. Ferner gibt es nichts, was ohne Mich bewegt oder nicht-bewegt werden kann, was existieren oder nicht-existieren kann.

40
Es gibt keine Grenze für meinen göttlichen Ausdruck und das, was Ich dir in Kürze offenbart habe, oh Paraṁtapa, ist nur ein Teil davon.

41
Wisse, dass alles Glorreiche, Mächtige, Schöne einem Teilchen meiner Herrlichkeit entspringt.

42
Aber wozu brauchst du, oh Arjuna, eine so weit gefächerte Erkenntnis? Obwohl Ich das gesamte Universum nur mit einem Teil von Mir ausdrücke, bleibe Ich unbewegt.

Brahman ist immanent und transzendent.

»Das erste Viertel (*pāda*) ist *vaiśvānara*, dessen Sphäre (des Handelns) der Wachzustand ist; er ist sich der äußeren Objekte bewusst, ...«

»Das zweite Viertel (*pāda*) ist *taijasa* (der Leuchtende), dessen Handlungssphäre der Traumzustand ist; das Bewusstsein ist hier nach innen gewendet. ... und erfährt die feinstofflichen Objekte.«

»Dies ist der Zustand des Tiefschlafs, in dem der Schlafende keinerlei Objekt mehr genießt und keinerlei Traum erfährt. Das dritte Viertel (*pāda*) ist *prājña*, dessen Handlungssphäre eben der Tiefschlaf ist. In ihm bleibt alles undifferenziert; in Wahrheit ist er eine Einheit reinen Bewusstseins. ...«

»Die Weisen denken, dass der *Vierte* – der weder die innere (subjektive) noch jene äußere (objektive) Welt, noch zur gleichen Zeit diese und jene kennt, und der schließlich nicht (einmal) eine ganzheitliche Bewusstseinseinheit ist, da er weder bewusst noch unbewusst – *adṛṣṭa*: unsichtbar, *avyavahārya*: nicht-handelnd, *agrāhya*: unbegreifbar, *alakṣaṇa*: undefinierbar, *acintya*: undenkbar, *avyapadeśya*: unbeschreibbar ist; er ist das einzige *pratyayasāra*: Essenz der Selbsterkenntnis, ohne irgendeine Spur von Manifestation, Fülle aus Frieden und Glückseligkeit ohne Dualität: Er ist der *ātman* und als solcher muss er erkannt werden.«[1]

Dieser letzte »Teil« (der stets das Eine ist, obgleich er viergeteilt *erscheint*) ist vollkommen unmanifest und transzendent. Die gesamte Manifestation ist nichts als ein unwesentlicher Teil des Unendlichen.

Dies ist das zehnte Kapitel mit dem Titel
»Der Yoga der höchsten Manifestation«.

---

[1] Gauḍapāda, *Māṇḍūkyakārikā III, IV, V, VII,* mit einem Kommentar von Raphael, *ebd.*

ANMERKUNGEN ZU KAPITEL X

In diesem zehnten Kapitel erklärt Kṛṣṇa das Prinzip des Einen, das alle existierenden Dinge der Gegenwart und der Zukunft enthält, und das Prinzip der Schöpfer- und Manifestationswesen. Das ist die heilige Kosmogonie der Überlieferung.

Aditi, die Unbegrenzte, die Mutter, ist die Erzeugerin der sieben Hauptgötter (Varuṇa, Mitra, Aryaman, Bhaga, Dakṣa, Aṁśa, Sūrya). Sie bleibt unverändert und im Gleichgewicht angesichts der verschiedenen Schöpferwesen und -elemente, während die Götter oder das, was wir mit diesem Begriff bezeichnen, die materiellen Baumeister des großen universalen Körpers des Seins sind.

Das Universum ist nicht durch *Īśvara*, das ursprüngliche Eine, manifestiert oder erbaut worden, sondern durch seinen göttlichen »Boten«. Sowohl die Bibel als auch Platon erwähnen Götter in ihrer Funktion als Baumeister und auch der Mensch ist in seinem individuellen Bereich ein Baumeister. Aber hinter den demiurgischen Wesen verbirgt sich das *Prinzip*, dem alles entstammt.

> »Weder die Heerscharen der *Deva* noch die großen Weisen kennen meinen Ursprung, weil Ich die einzige Quelle der *Deva* und auch der Weisen bin.« *(X, 2)*

»Die sieben großen Weisen ebenso wie die vier Manava, aus denen alle Wesen dieser Welt entstammen, sind durch meinen Verstand entstanden und Teil meiner Natur.« (*X, 6*)

Die göttlichen Baumeister, die kosmischen Verrichter, die Bewahrer der Kunst des Bauens, sind aus *Īśvaras* Geist geboren. Sie sind die wahren Verantwortlichen für die Errichtung des großen existenziellen Tempels.

»Oh Guḍākeśa, Ich bin der *ātmā*, der im Herzen aller Wesen wohnt, Ich bin der Anfang, die Mitte und das Ende all dessen, was ist.« (*X, 20*)

Das Ziel des Yoga ist die Vereinigung mit dem universalen Prinzip des Einen.

Diese Symbologie der Theogonie und Kosmogonie findet sich nicht nur in der Überlieferung der Hindus, sondern auch in der des Westens: im alten Ägypten und in der griechischen Antike.

In der *Qabbālāh* haben wir analog dazu die sieben *Sephiroth*, die aus der ursprünglichen *Triade* (Kether, Chokmah, Binah) oder *Trimūrti* entstanden sind, die ihrerseits aus dem *Ainsoph* oder dem Einen oder dem unendlichen Absoluten hervorgegangen ist (siehe Schaubild auf Seite 246). Die sieben *Sephiroth* sind die Schöpfer-Götter des Universums, sie sind die Prinzipien, welche die Bildung der Manifestation aktivieren. Aus der Bibel kennen wir die *Elohīm* (Götter), die Baumeister (sie entsprechen der Legion der hinduistischen *Deva)*, und *Yahweh*, ihren Vater, das Prinzip, welches den einen Gott der christlichen Überlieferung darstellt. So haben wir eine Abfolge, die vom Einen ausgeht, das alles enthält: Sie offenbart durch das Werk der Baumeister-Götter oder intelligenten Prinzipien – die natürlich unpersönlicher Natur sind – die Vielheit der Dinge bis hin zum letzten Ereignis, das wir die physisch-grobstoffliche Welt nennen. Auf der Ebene des Manifesten gibt es eine Abstufung der Ordnungen beziehungsweise eine Skala der ab- und aufsteigenden Werte, die durch die sichtbaren und (für den Menschen) unsichtbaren Hierarchien symbolisiert werden.

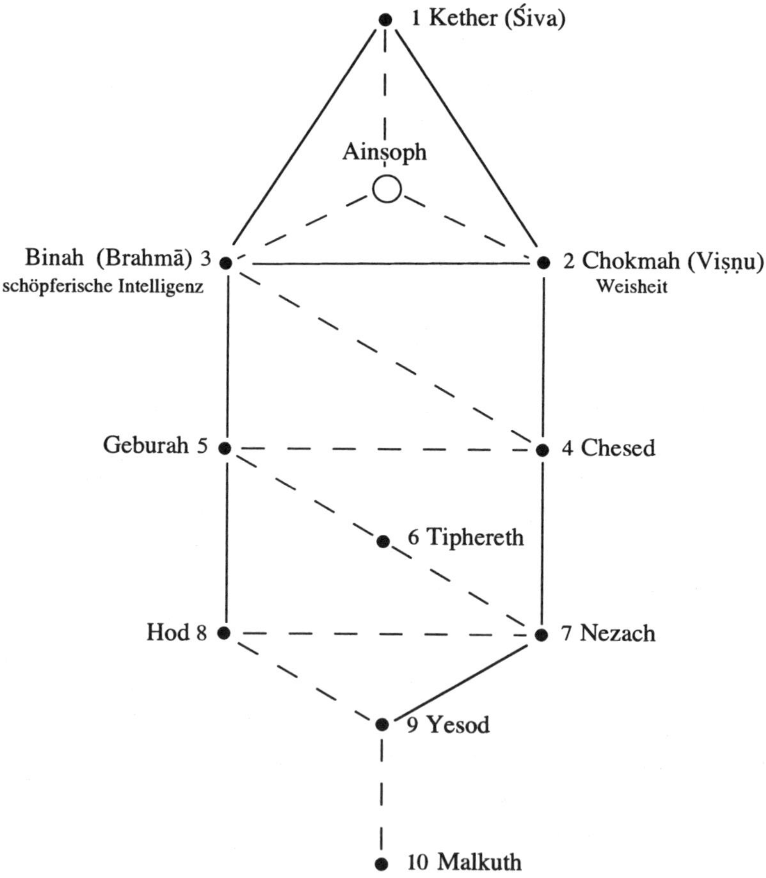

KAPITEL XI

DIE SCHAU DER UNIVERSALEN FORM

Arjuna sprach:

1

Das Gespräch über das tiefgründige Problem des adhyātma, das du mir aus Mitgefühl offenbart hast, hat meine Unwissenheit zerstreut.

2

Den Vorgang des Entstehens und Vergehens der Lebewesen so wie deine unvergängliche Größe habe ich von dir, oh Lotusäugiger, ausführlich vernommen.

3

Das, was du über dich selbst gesagt hast, ist so, oh höchster Herr. [Jetzt] wünsche ich, deine göttliche Gestalt kennen zu lernen, oh Puruṣottama. alldurchdringendes Bewusstsein

Arjuna hat seine Unwissenheit bezüglich der Vielheit der formalen Wesen beseitigt und die Anschauung des *Adhyātmayoga* begriffen. Seine rein verstandesmäßige Erkenntnis möchte er nun durch die direkte Erfahrung ersetzen. Daher bittet er den Meister, ihm die kosmische Bewegung zu zeigen, welche die Formen oder Ereignisse erzeugt.

4
Wenn du, oh Mächtiger, denkst, dass es mir möglich ist sie kennen zu lernen, oh Herr des Yoga, so zeig mir dein unvergängliches Bildnis (ātmānam avyayam).

Śrī Bhagavān erwiderte:

5
Schaue, oh Pārtha, die Hunderte, vielmehr Tausende von Gestalten verschiedener Farbe und unterschiedlicher Aspekte an.

6
Schaue die Āditya, die Vasu, die Rudra, die Aṣvin und auch die Maruta an, schaue, oh Bhārata, viele nie zuvor gesehene Wunder an.

Die Aśvin entsprechen den Dioskuren der griechischen Mythologie, den Söhnen des Zeus.

7
Schaue in meinem [einzigen] Körper, oh Gudākeṣa, das gesamte Universum in der Einheit, in seiner Bewegung und in seiner Unbewegtheit an und alles andere, was du zu sehen wünschst.

Die Wichtigkeit dieses *sūtra* besteht darin, dass die ontologische Anschauung des Vielfachen im Einen und des Einen im Vielfachen enthüllt wird. Es entspricht dem Einen-Vielen der platonischen Lehre, das heißt dem Sein.

8
Aber mit diesen deinen [sinnlichen] Augen kannst du Mich nicht sehen, daher gebe Ich dir das göttliche Auge: Betrachte jetzt meine göttliche Kraft.

Der göttliche Lehrer willigt ein, seinem Schüler die kosmische Schöpfungsbewegung zu enthüllen. Zuvor muss er ihm jedoch das Auge Śivas verleihen, jenes Auge des feinstofflichen Sehens, das befähigt die anderen Schwingungsdimensionen des Seins wahrzunehmen. Arjuna ist im Begriff in das Innere beziehungsweise die verborgene Seite der Manifestation zu *sehen* und das Eine-Viele in seiner noumenalen und phänomenalen Entfaltung zu schauen, obgleich er sich auf der Ebene der Dualität befindet; so wie wir, wenn wir das Gehäuse einer Uhr öffnen, mit dem sinnlichen Auge den komplexen Mechanismus der Bewegung sehen können, welche das Werden oder die Zeit erzeugt.

Saṁjaya sagte:

9
Nachdem Hari so gesprochen hatte, oh König, offenbarte der große Meister des Yoga dem Pārtha seine erhabene und göttliche Gestalt:

10
Aus vielen Mündern und unzähligen Augen, aus vielen wunderbaren Aspekten und Verzierungen, viele göttliche Waffen schwingend,

11
gebundene Kränze und himmlische Gewänder, Salben göttlichen Dufts, voller Wunder, mit dem in alle Richtungen gewandten Blick.

12
Wenn auf einmal am Himmel das Licht von tausend Sonnen erstrahlen würde, könnte es dem hellen Licht des höchsten Seins gleichen.

13
Da sah der Pāṇḍava das ganze Universum als Eines-Vieles im großen Körper des Gottes der Götter.

14
Voll Staunen, mit gesträubtem Haar, mit geneigtem Haupt vor Gott und aneinander gelegten Handflächen sprach Dhanaṁjaya so:

Arjuna sagte:

15
Oh Gott, in deiner Form erblicke ich alle Götter, alle Stufen der Evolution mit ihren verschiedenen Eigenschaften, Brahmā, der auf seinem Lotusthron sitzt, alle Ṛṣi und die göttlichen Schlangen [Nāga].

16
Überall, mit unzähligen Formen, Augen, Bäuchen, Armen sehe ich dich, oh Herr des Ganzen, oh unendliche Form, in dir unterscheide ich weder Anfang, Mitte noch Ende.

17
Dich sehe ich überall als strahlendes Licht, das mich blendet, mit Diskus, Zepter und Diadem versehen, unermesslich, hell leuchtend wie flammendes Feuer oder eine Sonne.

18
Du bist unzerstörbar, das Höchste, was es zu verstehen gibt, du bist die größte Stütze des gesamten Universums, der unvergängliche Hüter des ewigen dharma; ich stelle mir dich als ursprünglichen Puruṣa vor.

19
Ich sehe dich ohne Anfang, ohne Mitte und ohne Ende, mit unendlicher Macht ausgestattet und mit vielen Armen, mit Augen welche Sonne und Mond sind, mit dem Gesicht aus flammendem Feuer, [ich sehe], wie du mit deinem Glanz dieses Universum erwärmst.

20
Die Erde, der Himmel und alle Zwischenbereiche sind ausgefüllt von dir allein. Der Anblick deiner wunderbaren und herausragenden Gestalt, oh großes Sein, erschüttert die drei Welten.

21
In dich treten die Scharen der Sura ein, mit aneinander gelegten Handflächen. Einige preisen dich aus Furcht. Die Schar der Maharṣi und der Siddha singen »svasti« und verherrlichen dich mit jubilierenden Hymnen.

Su-asti: Glückwunschbekundung höchsten Grades.

22
Die Rudra, die Āditya, die Vasava, die Sādhya, die Viśve, die Aśvin, die Marut, die Uṣmapā und die Scharen der Gandharva, der Yakṣa, der Asura und der Siddha, sie alle schauen dich voller Erstaunen an.

23
Der Anblick deiner überwältigenden Gestalt mit vielen Mündern und unzähligen Augen, zahllosen Armen, Beinen und Füßen, mit vielen Bäuchen, vielen Furcht erregenden Zähnen, oh Mahābāhu, erschüttert die Welten und auch mich.

24
Während ich dich sehe, so groß wie die Himmel, in allen Farben leuchtend, mit weit geöffnetem Mund und riesigen und strahlenden Augen, bin ich im tiefsten Innern meines Herzens erschüttert, ohne Friede und Kraft, oh Viṣṇu.

25
Während ich deine Münder mit den Furcht erregenden Zähnen ansehe, ähnlich den verschlingenden Flammen der Zeit, fühle ich mich verloren und finde keinerlei Halt mehr. Sei gütig, oh Herr der Deva, Stütze des Universums.

26
Jene da unten, die Söhne von Dhṛtarāṣṭra, die Vielzahl der Könige der Erde und Bhīṣma und Droṇa und der Sohn von Sūta [das heißt, Karṇa], zusammen mit unseren Kriegsführern

27
sehe ich in deine Münder mit den Furcht erregenden Zähnen stürzen: Einige bleiben zwischen deinen Zähnen stecken und ihre Köpfe werden zu Staub zermalmt.

28
Wie die zahllosen Ströme der Flüsse zum Ozean hinfließen, so strömen diese Helden der Menschenwelt in deine flammenden Münder.

29
Wie die Mücken in schnellem Flug ins brennende Feuer fliegen um vernichtet zu werden, so stürzen die Lebewesen in deine Münder um vernichtet zu werden (nāśāya).

30
Du verschlingst alle Menschengeschlechter, indem du sie in deinen glühenden Rachen steckst. Nachdem du den Raum mit deiner Ausstrahlung erfüllt hast, oh Viṣṇu, umfasst du das Universum mit deinen brennenden Strahlen.

31
Enthülle mir, wer du in dieser schrecklichen Gestalt bist. Ehre sei dir, oh Höchster unter den Göttern. Sei gütig: Ich möchte dich in deinem Wesenskern kennen lernen, da ich dein Handeln nicht begreife.

Diese Schreckensbeschreibung ist natürlich symbolisch zu verstehen. Arjuna ist es gelungen, den kosmischen Atem in seiner vollen Aktivität zu schauen. In letzter Konsequenz aber hat er Angst bekommen, als er sieht, wie die Zeit die Formen verschlingt. Śiva ist der *transformative* Aspekt, welcher das Leben jenseits der Formen trägt beziehungsweise welcher die Form oder Masse in formlose Energie zurückverwandelt. Von einem empirischen Standpunkt aus gesehen ist Śiva der Zerstörer der Formen: So wird er in einigen symbolischen Figuren beim Verschlingen seiner Kinder dargestellt. Diese Seite des Göttlichen, welche die effektiv auflösende ist, versteht Arjuna nicht. Er bittet Kṛṣṇa, ihm das Motiv eines solchen Handelns zu enthüllen.

Śrī Bhagavān antwortete:

32
Ich bin die Zeit, Zerstörer des zur Reife gelangten Universums, und daher [bin ich] damit beschäftigt, die Geschlechter [der Menschen] auszulöschen. Auch ohne dein Eingreifen werden sich diese in gegnerischen Heeren aufgestellten Krieger auslöschen.

33
Stehe deshalb auf und erobere den Ruhm. Besiege die Feinde und kümmere dich um ein blühendes Reich. [Wisse, dass] diese Krieger schon seit langer Zeit von Mir als verschwunden betrachtet werden. Du bist nur das Werkzeug [dessen, was geschehen muss], oh Savyasācin.

34
Droṇa, Bhīṣma, Jayadratha, Karṇa und ebenso die anderen tapferen Krieger, die von Mir bereits ausgeschaltet worden sind, vernichte sie ohne jegliche Angst. Kämpfe und du wirst deine Feinde besiegen.

Kṛṣṇa enthüllt ihm sein schivaitisches Antlitz: Alles auf der Ebene des Manifesten, was von Mir stammt, das entsteht und stirbt; durch Mich gelingt es einem Wesen oder Ereignis nicht, rechtzeitg zu entstehen, bevor es wieder verschwunden ist, zurück ins Formlose, transzendiert.

Das Universum der Namen und Formen ist nichts anderes als ein Kaleidoskop des Erscheinens und Verwindens, Mühsal der Elemente, Atome, die kommen, verschwinden, zurückkehren in einem unaufhörlichen Strudel. Leben: Ewigkeit und blitzartiger Moment, Kraft und Schwäche, ewiger Augenblick, Erscheinen und Verschwinden.

Arjuna, der *kṣatriya*-Schüler, ist das Werkzeug des unabwendbaren Untergangs der Form. Kṛṣṇa persönlich befiehlt ihm, den kosmischen *Dharma*, der zur Reife gelangt ist, zu erfüllen. Wir, einfache Wanderer auf dem Weg des Konflikts, dürfen den Befehl, der an Arjuna gerichtet ist, nicht ausführen. Wir sind keine Werkzeuge des Universalen, wir dürfen nicht töten, obschon wir über das unvermeidbare Verschwinden der Form informiert sind. Wir würden negatives *karma* auf uns laden, wenn wir töten würden.

Jeder *jīva* hat – wie wir – das Recht zu »träumen«, jeder *jīva* hat das Recht zu leben und zu kämpfen, um jenen Leuchtturm zu entdecken, der früher oder später in den großen Hafen der Glückseligkeit geleiten wird. Es empfiehlt sich, über den ersten Satz des *sūtra 32* gut nachzudenken: »Ich bin die Zeit, Zerstörer des zur Reife gelangten Universums ...« Śiva enthüllt sich erst dann, wenn die Ernte reif ist.

Saṁjaya sprach:

35
Hört diese Worte von Keśava, Kirītin [Arjuna], der in große Angst versetzt sich mit aneinander gelegten Handflächen verbeugte und mit erstickter Stimme von neuem zu Kṛṣṇa sprach.

Arjuna sagte:

36
Oh Hṛṣīkeśa, das Universum genießt deinen Ruhm und erfreut sich mit Recht daran. Erschreckt fliehen die Rakṣāṁsi in alle Richtungen und die Scharen der Siddha werfen sich nieder und verehren dich.

37
Und aus welchem Grund sollten sie dir keine Ehre erweisen, oh großes Sein, dir, der du größer als Brahmā bist und der Ursprung jeden Lebensausdrucks? Oh Unendlicher, Herr der Deva, Zuflucht des Universums, du bist das immer währende Ewige, das Sein und das Werden und das, was diese Begriffe transzendiert.

Arjuna unterstreicht noch einmal, dass die höchste Wirklichkeit höher ist als selbst Brahmā, der Schöpfer, und dass sie jenseits von Existenz und Nicht-Existenz (*sat* und *asat*) ist.

38
Du bist der Erste der Deva (Ādideva), der ursprüngliche Puruṣa, die höchste Stütze des Ganzen. Du bist derjenige, der erkennt, und das, was erkannt werden muss, du bist die höchste Wohnstatt; Du, unendliche Gestalt, durchdringst alles.

39
Du bist Vāyu, Yama, Agni, Varuṇa, Śaśānka und Prajāpati, der große Alte. Heil, dir sei tausend Mal Heil. Dir sei Heil und noch einmal Heil.

40
Heil sei dir auf der Stirn, Heil sei dir auf dem Rücken, jedem Teil von dir sei Heil, oh Ganzes. Mit deiner grenzenlosen, unermesslichen Kraft besitzt du alles, weil du das Ganze bist.

41
Was ich aus Nachlässigkeit oder aus Liebe – weil ich dich [nur] für einen Freund hielt und deine Herrlichkeit missachtet habe – tollkühn zu dir gesagt haben mag, als ich dich »Oh Kṛṣṇa, oh Yādava, oh Gefährte« rief, oder

42
falls ich dich aus Spaß, beim Spiel, schlafend, sitzend oder essend, allein oder in Gesellschaft ungebührlich behandelt haben sollte, oh Unerschütterlicher und Unendlicher, bitte ich dich um Verzeihung.

Oft wagt das empirische Ich aus unwissender Überheblichkeit und aus Stolz, das Leben, die Natur und sogar Gott selbst herauszufordern. Aber kaum sieht es die unermessliche Schöpfungs- oder Zerstörungskraft am Werk, krümmt es sich wie ein geschlagener Hund und stottert jenen Namen Gottes, den es zuvor vernachlässigt oder beleidigt hat.

43
Du bist der Herr des Universums, des Beweglichen und des Unbeweglichen, du bist der Kultgegenstand und der verehrende Guru. Niemand kann Dir ebenbürtig sein. Wer in den drei Welten kann dich daher übertreffen?

44
Darum verbeuge ich mich vor dir, ich huldige dir und flehe dich an: Sei nachsichtig, oh Herr, wie ein Vater mit seinem Sohn, der Freund mit seinem Freund, der Liebhaber mit seiner Geliebten.

45
Beim Anblick dessen, was nie zuvor gesehen worden ist, frohlocke ich und mein Verstand ist verwirrt. Zeige mir, oh Herr, deine [andere] Gestalt. Sei gütig, Herr der Deva, Zuflucht des Universums.

46
Wie zuvor, mit Diadem, Zepter und Diskus in der Hand, wünsche ich dich zu sehen. Oh du, der du tausend Arme und zahllose Formen besitzt, nimm die der vier Arme an.

Arjuna, der schockiert ist von dem Aspekt, der die zur Reife gelangten Formen verschlingt, will lieber jenes Prinzip anschauen, das die Vorstellung des gütigen Vaters widerspiegelt, der bewahrt und barmherzig ist.

Śrī Bhagavān erwiderte:

47
Ich habe dir den Gefallen getan, oh Arjuna, Mich durch die Kraft meines Yoga in der höchsten Gestalt zu zeigen, die strahlend, universal, unendlich, ursprünglich ist, in

jener Gestalt, die noch niemand außer dir je zuvor gesehen hat.

48
Weder durch die Veden, die Opfer, die Barmherzigkeit noch durch die Handlungen oder die Askese kann Ich in dieser Gestalt von irgend jemandem außer von dir, oh Held der Kuru, in der Welt der Sterblichen gesehen werden.

49
Erschrecke nicht und hab keine Angst, weil du mich in meiner Furcht erregenden Gestalt gesehen hast. Blicke [nun] wieder auf meine gewohnte Gestalt. Befreie dich so von jeder Angst und sei frohen Herzens.

Saṁjaya sprach:

50
Nachdem Vāsudeva so zu Arjuna gesprochen hat, zeigte er ihm wieder seine Gestalt und so tröstete der Mahātma jenen, der erschrocken war, durch sein mildes Aussehen.

Arjuna sagte:

51
Beim Anblick deiner milden menschlichen Gestalt, oh Janārdana, kann ich wieder froh sein und in meinen normalen Zustand zurückkehren.

Die Schau des ersten Aspekts der Gottheit – des Transformators und Auflösers –, ist unerträglich für das Bewusstsein des Menschen, der sein Ich und seine Form liebt und der sich mit den Eigenschaften der Erscheinung identifiziert. Viel tröstender für das Individuum, das um Hilfe bittet und Verständnis sucht, ist daher das Aussehen des Vaters, der die Formen bewahrt und schützt.

Śrī Bhagavān erwiderte:

52
Diese meine Gestalt, die auch du gesehen hast, ist äußerst schwer zu erblicken; selbst die Deva sehnen sich ständig danach, sie zu schauen.

53
Weder durch die Veden noch die Askese oder durch die Opfer kann Ich, [wie Ich dir bereits gesagt habe], in dieser Gestalt gesehen werden, in der du Mich kurz zuvor erblickt hast.

54
Durch unerschütterliche Liebe, oh Arjuna, kann Ich unter diesem Aspekt erkannt, gesehen und durchdrungen werden, oh Paraṁtapa.

55
Wer um Meinetwillen handelt, wer Mich als letztes Ziel betrachtet, wer Mir, von jeder Verhaftung befreit, Ehre erweist, wer frei von Feindseligkeit ist gegenüber allen Lebewesen, der erreicht Mich, oh Pāṇḍava.

Nur durch unerschütterliche Hingabe an das Eine kann dieses Eine verwirklicht werden. Nur durch grenzenlose Liebe zur Wahrheit kann diese Wahrheit verstanden und enthüllt werden.

Dies ist das elfte Kapitel mit dem Titel
»Die Schau der universalen Form«.

ANMERKUNGEN ZU KAPITEL XI

> »*Das* ist das Unendliche [*Brahman*] und dieses [Universum] ist auch das Unendliche:
> Das Unendliche stammt aus dem Unendlichen; nimmt man das Unendliche dem Unendlichen weg, bleibt stets das Unendliche.«[1]

Für den *Vedānta* ist *Brahman* alles und selbst das Universum, oder das, was wir mit diesem Begriff bezeichnen, ist nichts anderes als *Brahman*. Da es das Unendliche ist, kann es keine andere absolute Wirklichkeit außerhalb des *Brahman* geben.

Wenn man das Universum, das heißt, die Welt der Namen und der Formen, als letzte Wahrheit betrachtet, begeht man einen doppelten Irrtum, denn

1. hat das Universum eine Entstehung, eine Entwicklung und ein Ende; das heißt, dass es uns als ein Transformationsprozess erscheint, weshalb es ...
2. notwendigerweise von etwas abhängen muss, dessen Grundlage und Substrat es bildet.

Die Erscheinung oder das Universum ist die Wirkung einer ersten Ursache. Um als solche gegenüber dem Bewegten und Verän-

---

[1] Anrufung der *Bṛhadāraṇyaka Upaniṣad*

derlichen bestehen zu können, muss sie die Eigenschaft der Konstanten, des ewig Gültigen, des stets mit sich selbst Identischen haben. So haben wir eine Ursache mit der Möglichkeit eine Erscheinung zu erzeugen und die Erscheinung an und für sich selbst. Die Erscheinung kann nicht, wie wir zuvor gesagt haben, von der Ursache getrennt werden, sonst würden wir einer logischen Absurdität aufsitzen. Die Erscheinung ist nichts anderes als die Ursache, die eine bestimmte Konfiguration annimmt, ohne dabei ihre Natur zu verändern. In diesem Sinn wird Wasser zur Erscheinung Eis, ohne dabei seine ursprüngliche qualitative Essenz zu verlieren. Die Erscheinung ist die Entfaltung eines Prinzips. Daher können wir sagen, dass das Manifeste oder die Erscheinung die Entfaltung der ersten Ursache ist. Der Schlüssel zum richtigen Verständnis des Manifesten liegt in dem Wort »Bewegung« – natürlich von einem empirischen Standpunkt aus betrachtet.

Eine Form, oder auch ein Ereignis, ist nichts anderes als eine bestimmte Art von Bewegung, die einen bestimmten Rhythmus und eine bestimmte Frequenz annimmt. Ein Mineral ist eine rhythmisierte Bewegung mit einer bestimmten Schwingungsfrequenz. Dieser Rhythmus ist nicht vom allgemeinen und universalen Kontext getrennt. Er ist kein Teil für sich, sondern einfach eine Ton des »Zusammenspiels«. Das, was den Menschen gefangen hält, ist sein absoluter Begriff von Zeit und Raum. Er betrachtet diese Größen als die Verbindung getrennter Punkte, die unabhängig voneinander sind.

Die grobstofflich-physische Welt oder das, was wir mit diesem Begriff bezeichnen, wird als unabhängig, absolut, wirklich betrachtet, obwohl sie nichts anderes ist als ein Rhythmus in der großen »universalen Bewegung«, nur ein schwingender Ton in der kosmischen Symphonie des Seins. Es gibt keine in sich selbst geschlossenen Ereignisse oder Formen, da alle das Unendliche voraussetzen, welches weder Teile, Unterschiede noch Unterteilungen oder Veränderungen haben kann.

Das ist das Unendliche, das formlose Urfundament. Dies, als Bewegung oder Universum, ist ebenfalls das Unendliche, da es sich im Grunde in *Dem* auflöst. Das Unendliche, die Bewegung, das Universum stammt aus dem Unendlichen, und wenn man die Bewegung, das Universum wegnimmt oder die »Modifikation« beseitigt, um Ruhe und vollkommenes Gleichgewicht herzustellen, bleibt stets das Unendliche, wir können sagen, die Nicht-Bewegung, die große Stille. Aus dieser Perspektive ist die Kausalität – mit der Wirkung – nichts anderes als eine bequeme Vorstellung des empirischen Verstands, um das, was das analytische Denken nicht begreifen kann, zu erklären oder plausibel zu machen.

Wenn das Ereignis oder Universum Veränderung ist, oder mit anderen Worten Werden, zumindest vom Gesichtspunkt des individuellen Bewusstseins, kann es nur eine Erscheinung sein, eine Luftspiegelung, die erscheint und verschwindet. Diese Feststellung veranlasst uns die Erscheinung oder das Phänomen als nicht-wirklich zu definieren; und solange wir nur das Nicht-Wirkliche erfahren, betrachten und erleben, können wir nicht das Wirkliche verstehen. Da wir andauernd von der unwiderstehlichen Strömung des Bewegten mitgerissen werden, können wir nicht das Unbewegte entdecken.

Wir fassen zusammen:

a) Da ist das Unendliche, und zwar ein einziges Unendliches, das rhythmisch schwingt, obgleich es in seiner Natur des Unveränderlichen verharrt.

b) Da sind die Rhythmen, die im Vergleich zum Unveränderlichen veränderlich erscheinen. Dem *jīva* – der auch ein

Rhythmus ist –, und nur ihm erscheinen diese Rhythmen in einer bestimmten und besonderen Form.

c) Das, was erscheint, hat keine absolute Gültigkeit. Gültigkeit hingegen hat das, was *ist*, das heißt das Unendliche.

d) Wenn das Unendliche überall und immer da ist, können wir es sicher entdecken und jene Rhythmen oder jenes Hell-Dunkel verstehen. Denn wir können nur aus einer realen Bewusstseinsposition heraus das Wirkliche verstehen.

Arjuna hat eine ganz besondere Erfahrung machen dürfen: Er hat die universale Bewegung in ihrer vollen Aktivität und Synthese gesehen. Sie ist ihm in Gestalt unbegrenzter Formen erschienen, die bestimmte Aktivitäten erzeugen. In dieser symphonischen Synthese konnte er auch die Transformation der Formen erkennen; mit anderen Worten, jene Bewegung, die, zur »Reife« gelangt, den »Notenschlüssel« oder Rhythmus verändert. Der Tod ist eine Zustandsveränderung, eine Bewegung, die eine neue Seinsmöglichkeit bestimmt. Arjuna zittert angesichts dieses lebendigen Klopfens. Warum? Ist es nicht eine Bewegung oder ein Rhythmus wie alle anderen? Dieser Schüler identifiziert sich noch mit seiner individuellen Masse oder Bewegung und kann einen formlosen Zustand offensichtlich nicht begreifen. Er liebt seinen Körper, seine besondere Schwingung, und fürchtet den Gedanken, dass das Unendliche diese Erscheinung transformieren oder verschwinden lassen kann. In dem Moment, als Kṛṣṇa seinen menschlichen Aspekt wieder annimmt, beruhigt und entspannt sich die Ich-Form Arjunas.

Der Metaphysik des *Vedānta* zufolge haben wir also ein Werden (eine Bewegung, einen Prozess), ein Hell-Dunkel, das auf der Leinwand des unendlichen *Brahman* »erscheint« und das je nach den verschiedenen philosophischen Interpretationen Folgendes sein kann:

1. wirklich und absolut: das ist eine »absolutistische« Auffassung des Werdens oder Kontingenten; ein auf der Erscheinung beruhender Realismus;
2. nicht-wirklich: Es ist nur eine Halluzination unserer einzelnen Sinne, die Form oder Bewegung existiert nicht; das ist ein absolutistischer Idealismus;
3. wirklich und gleichzeitig unwirklich, je nach dem Gesichtspunkt, den wir einnehmen; so ist der Traum für den nächtlichen Ich-Träumer wirklich; er sieht, berührt und handelt; niemand kann das bezweifeln; aber wenn wir die Dinge richtig betrachten, müssen wir einsehen, dass der Traum nicht wirklich ist.

Weil Arjuna völlig in seinen individuellen Zustand »eingesunken« war, konnte er gar nicht anders als sich vor der schrecklichen Transformation zu fürchten, die jene »Wesen« und seine Freunde erfuhren. Hätte er den Bewusstseinszustand des Wiedererweckten gehabt, das heißt, hätte er mit dem Auge des Erwachten geschaut, dann hätte er alles als einen »Traum« erkennen können.

Das Universum erscheint mit unterschiedlichen Rhythmen. Ziel des *Vedānta*, und daher der *Gītā,* ist es, in allem, was erscheint oder nicht dauerhaft ist, das wirklich Gültige, das wirklich Konstante, das universal Genügende zu finden; denn *das Sein ist das, was es ist*.

KAPITEL XII

DIE WEGE ZUM GÖTTLICHEN

Arjuna fragte:

1
Von denen, die dich ununterbrochen auf diese Weise ehren, und jenen, die das nicht-manifeste Unvergängliche ehren, wer [von von diesen beiden Typen] hat die größere Kenntnis des Yoga?

Arjuna hat intuitiv das Unveränderliche erfasst und das Veränderliche erfahren. Nun möchte er wissen, welche Anhänger bewanderter im Yoga sind, die Verehrer des Veränderlichen [und damit des Einen] oder die Verehrer des Unveränderlichen?

Śrī Bhagavān erwiderte:

2
Die Mich mit dem Verstand auf Mich fixiert, stets ergeben und mit höchstem Glauben verehren, sind auf vollkommene Weise mit Mir vereint.

Der Lehrer kann seinem *kṣatriya*-Schüler nicht anders antworten, als dass *Īśvara* oder das Eine zu ehren sei, das heißt die Gott-Person, das *Brahman saguṇa* (mit Attributen). Es ist geradezu das Ziel des *kṣatriya* den eigenen Willen dem des *Īśvara* oder Vaters unterzuordnen. Es gibt keine höhere Würde für den, der sich auf der Ebene der Handlung bewegt, als für das Göttliche, für den universalen *Dharma* zu kämpfen.

3
Aber jene, die das Unzerstörbare, das Unbeschreibliche, das Unmanifeste, das Allgegenwärtige, das Undenkbare, das Unveränderliche, das Unbewegliche, das Dauerhafte verehren,

4
die gleichmütig in jedem Zustand alle Sinne (indriya) beherrschen, die sich über das Glück aller Wesen freuen: [Auch sie] verwirklichen Mich.

5
Dem Weg derer, deren Verstand auf das Nicht-Manifeste gerichtet ist, ist schwieriger [zu folgen], weil das Nicht-Manifeste schwer zu verwirklichen ist, solange das Bewusstsein an die Form gebunden ist.

Nachdem der Lehrer ihm empfohlen hat, über *Īśvara* oder das Eine zu meditieren, erklärt er den Grund seiner Empfehlung.

Das Unmanifeste (*akṣara*) ist schwer zu erreichen und nicht für alle geeignet, denn der individualisierte *jīva* identifiziert sich mit seinen Modifikationen und wird von seiner eigenen Bewegung mitgerissen. Wenn er sich mit der Frage der Transzendenz beschäftigt, merkt er nicht, dass er mit seinen Handlungen noch mehr Bewegung produziert. Aber es kann auch gar nicht anders sein, als dass Bewegung weitere Bewegung erzeugt. Wenn man sie auflösen will, muss man nur eins tun: anhalten, stehen bleiben und sich als Nicht-Bewegung konstituieren. Aber die Bewegung zu verlangsamen ist eine schwierige Angelegenheit für den individualisierten *jīva*. Weil er Werden ist, kann er das Nicht-Werden nicht begreifen. Weil er Handlung ist, kann er die Nicht-Handlung nicht begreifen. Gerettet wird er durch die Erleuchtung der gereinigten *buddhi*. Durch sie kann das Bewusstsein den Wechsel oder den Sprung vom Diskontinuum zum Kontinuum, vom Werden zum Sein vollziehen.

Der Zustand des *jīva* auf der Ebene des Manifesten gleicht dem des Menschen, der sich inmitten von Meereswogen zu retten versucht. Je mehr er sich bewegt, desto tiefer wird er ins Wasser gezogen, bis er ertrinkt. Je mehr er handelt, desto verzweifelter wird seine Situation. Wenn er sich der Gefahr wirklich entziehen will, muss er eine Handlung ausführen, die jeder Logik und jedem normalen Verhalten scheinbar widerspricht. Anders gesagt: Er muss die Fähigkeit, die Standfestigkeit und die Beherrschung haben, *ruhig* zu bleiben, indem er alles loslässt und seinen nach außen strebenden energetischen Strudel beruhigt. Er muss sich herausziehen, den »toten Mann spielen«. In diesem Nicht-Zustand-Zustand rettet er sich, in diesem scheinbaren Tod findet er das Leben.

Der *jīva* muss also sterben und sich im *Brahman*-Bewusstsein auflösen. Für die Mehrheit ist es allerdings schwer lebendig zu sterben. Solange sie den nötigen Mut nicht dazu aufbringt, ist es besser für sie dem Weg des *Brahman saguṇa* zu folgen, auf dem noch Prozess, Handeln, Aktion enthalten sind.

Die *Gītā* ist selbstverständlich ein Buch für die Mehrheit und äußerst nützlich, wenn man richtiges Handeln und Verhalten in einer Welt des kontinuierlichen Wandels besser verstehen lernen möchte.

6

Aber jene, die Mir ergeben sind, die unaufhörlich mit Hingabe über Mich meditieren, die Mir alle Handlungen überlassen,

7
jene, deren Verstand auf Mich konzentriert ist, die befreie Ich unverzüglich aus dem Ozean von Geburt und Tod, oh Pārtha.

8
Nur in Mich richte deinen Verstand, nur an Mich wende deinen Intellekt und zweifle nicht: Zu Mir wirst du kommen.

9
Aber wenn dein Verstand nicht fähig ist sich fest in Mir zu verankern, dann versuche, oh Dhanaṁjaya, Mich durch die beständige Übung des Yoga (Abhyāsayoga) zu erreichen.

Der *Abhyāsayoga* ist das Ausüben einer Methode, das Befolgen bestimmter Regeln oder einer bestimmten Disziplin, die kontinuierliche Wiederholung einer Anstrengung, das Befolgen bestimmter Vorschriften usw.

10
Wenn du auch dazu unfähig bist, widme Mir all dein Handeln; mit Mir als Ziel wirst du die Vollkommenheit erreichen können.

11
Und wenn du nicht einmal fähig bist dies zu tun, so suche Zuflucht in Meiner Macht, und indem du dein Selbst beherrschst, lege Mir die Frucht deiner Handlungen zu Füßen.

Der Lehrer, der die Schwierigkeiten der *jīva* kennt, die nach Verwirklichung streben, zählt mehrere Wege und Methoden auf, die zum Göttlichen führen:

- die Methode des Glaubens und der Hingabe; Glaube, der weder Zweifel noch Zögern kennt;
- die Methode der beständigen Konzentration auf das Göttliche; sie beinhaltet die Beherrschung des Verstands, sodass man ihn bewusst führen kann;
- die Methode der vollkommenen Liebe zum Geliebten; sie bedeutet, alle Gefühle oder Wünsche und Handlungen auf das Objekt der Liebe zu lenken;
- die Methode, für den Demiurgen zu handeln, ohne die Früchte des Handelns zu begehren; eine ziemlich schwierige Angelegenheit, da das empirische Ich nur Handlung erzeugt, wenn es sich für etwas interessiert; das ist der Weg, den Arjuna gerade beschreitet.

12
Das Erkenntnisstreben ist besser als beständige Übung (abhyāsāt), besser als das Erkenntnisstreben ist die Meditation (dhyāna), der Verzicht auf die Frucht des Handelns ist der Meditation überlegen. Dem Verzicht folgt der Friede (śānti).

Das Erkenntnisstreben oder die Hinwendung zur Gott-Person ist besser als einfache Konzentrationübung, besser als das Erkenntnisstreben ist die Meditation mit Samen, aber der Verzicht auf die Früchte der Handlung ist der Meditation überlegen, weil durch ihn das empirische Ich, Ursache für Seelenwanderung und Konflikt, transzendiert werden kann. Das höchste Opfer ist – wie wir zuvor gesehen haben – die Bestimmungen des individualisierten Ich loszulassen.

asketa kam

göttlichen Nektar

Temperaturentspannt
Besonnenung
aus dem
sein heraus

13

Wer keinerlei Lebewesen gegenüber feindselig ist, wer lie-
benswürdig und mitfühlend ist, wer frei von Egotismus ist,
gleichmütig in Schmerz und Freude, tolerant,

14

zufrieden, entschlossen, ausgeglichen, mit dem manas und
der buddhi auf Mich gerichtet, wer Mir ergeben ist, dieser
Yogi ist Mir lieb.

15

Wer die Welt nicht erschreckt und wer nicht von der Welt
erschreckt wird, wer frei ist von [sinnlichem] Glück und
von Furcht, von Zorn und von Angst, der ist Mir lieb.

ist in meinem Herz
der bin ich

16

Wer rein, bereit, ruhig, gelassen, nichts für sich [selbst]
erwartet, wer auf jede Initiative verzichtet hat, wer Mir
ergeben ist, der ist Mir lieb.

17

Wer nicht jubelt und nicht hasst, sich nicht grämt, keine
Erwartungen hegt, wer, voll Hingabe, auf die Frucht des
Angenehmen und Unangenehmen verzichtet hat, genau der
ist Mir lieb.

18

Wer gleichmütig ist gegenüber Feind und Freund, Ehre
und Schande, Kälte und Wärme, Freude und Schmerz, frei
von jeder Verhaftung,

19

wer unparteiisch ist gegenüber Tadel und Lob, wer, mit
allem zufrieden, in Stille (mauni) lebt, wer, festen Ver-

standes, nicht an einen Wohnsitz gebunden ist [an ihm haftet], wer Mir ergeben ist, der ist Mir lieb.

20
Aber diejenigen, die diesem unvergänglichen dharma folgen, wie er dargelegt worden ist, die Mir ergeben sind, voll Glauben, die Mich als höchstes Ziel haben, die vor allem sind Mir lieb.

Dies ist das zwölfte Kapitel mit dem Titel
»Die Wege zum Göttlichen«.

Yoga der Hingabe

ANMERKUNGEN ZU KAPITEL XII

Es gibt verschiedene Wege, die zum Göttlichen führen, und jeder von uns kann den Weg einschlagen, der den eigenen angeborenen Anlagen und dem eigenen Verhalten am ehesten entspricht. Die *Gītā* ist in ihren Aussagen nicht absolutistisch: Sie lässt nicht zu, dass es nur einen einzigen Weg, einen einzigen Glauben, eine einzige religiöse Sekte gibt. Auch wenn es letztlich nur ein einziges Ziel gibt, stehen dennoch viele Wege zur Verfügung, die zu diesem Ziel führen. Eine tolerante Geisteshaltung, eine scharfsinnige Psychologie und eine synthetische Spiritualität haben in Indien dazu geführt, dass es keine organisierten Religionen gibt, sondern eine »Bewusstseinshaltung«, die zur Transzendenz, zum Göttlichen neigt und die sich in den verschiedenen *sādhanā*[1] ausdrückt.

Jedes Individuum durchlebt einen bestimmten Bewusstseinszustand, der sich von dem anderer Individuen unterscheidet. Daher ist es nicht möglich ihm etwas aufzuerlegen, das für ein anderes Individuum bestimmt ist.

Die Suche nach dem immanenten oder transzendenten Gott ist eine rein individuelle Angelegenheit, wie auch die Suche

---

[1] Über die verschiedenen Wege und *sādhanā* siehe Raphael, *Yoga – Initiationswege zum Transzendenten*, Bielefeld 2. Auflage 2001 und *La Triplice Via del Fuoco, ebd.* und die englische Übersetzung dieses Titels: *The Threefold Pathway Of Fire, ebd.*

nach der empirischen Wahrheit rein individueller Natur ist. Ein Wissenschaftler kann sich zum Beispiel mit einer bestimmten Methodologie, psychologischen Haltung und einer bestimmten Absicht der Forschung widmen, die sich von der eines anderen Forschers unterscheidet.

Jede wahre Suche hat mit Freiheit zu tun und der Lehrer sollte in der Lage sein, *zur Suche anzuregen*, und nicht zur Hörigkeit gegenüber gewissen dogmatischen Annahmen oder einseitigen Wegen.

Man kann nur dann von wahrer Liebe sprechen, wenn sie Toleranz, Demut, Verständnis und Respekt für die spirituelle, philosophische und wissenschaftliche Suche der anderen ausdrückt; sie ist nur dann Liebe, wenn sie initiatische Weisheit und ausdrucksvolle Stille ausstrahlt.

Kṛṣṇa, der vollkommene Yogi, erklärt Arjuna, dass es verschiedene Wege und Meditationsarten gibt, die »den verlorenen Sohn zum Vater zurückbringen«. Dazu muss man das eigene Verhalten und die verschiedenen Modalitäten der Annäherung kennen lernen. Es ist erforderlich, die Natur der eigenen Substanz zu durchdringen, den empfänglichsten Körper oder Träger (Willen, Gefühl, Erkenntnis, Handlung usw.) herauszufinden und vor allem zu verstehen, dass jeder Yoga-Weg – sei er ritueller, mystischer, philosophischer oder anderer Natur – nur ein *Mittel* ist, um zum höchsten und einzigen Ziel aller zu gelangen, und nicht das Ziel selbst. Wir betonen dies, da der Mensch dazu neigt, diese Abfolge auf den Kopf zu stellen: Er betrachtet das Mittel als Ziel und umgekehrt. Die Aussage, ein Weg sei besser als ein anderer, deutet auf Oberflächlichkeit und Blindheit hin. Jede *sādhanā* ist – in der Zeit und im Raum – für das gegebene Herz-Verstand-Bewusstsein wertvoll, das an Transzendenz interessiert ist. Nichts ist leichter, als dass ein Individuum, welches einem bestimmten

Weg gefolgt ist, sich anders orientiert, da der bisherige Weg nicht mehr seinen Bedürfnissen entspricht.

Es gibt Seelen, die hinuntersteigen, andere, die auf der Stelle treten oder wieder aufsteigen. Es gibt *jīva*, die auf dem Weg der Ausatmung sind, und andere auf dem Weg der Einatmung. Der eine mag das ursprüngliche Eine suchen, den kosmischen Vater, der alles aufrechterhält, ein anderer das Unmanifeste und das absolute Eigenschaftslose ohne Name und Form. Einer mag auf der Suche nach dem *Avatāra* sein, ein anderer ehrt die Baumeister-Götter oder die Engel, Erzengel usw. Wenn die Suche im Geist wahrer Hingabe und Toleranz erfolgt, wenn sich das Herz dem Höheren öffnet und das Gefühl zum Transzendenten, Überindividuellen strebt, ist es unwichtig, um welches Gottesobjekt es sich handelt.

Mit diesem tiefgründigen Verständnis für die spirituelle Bewegung des Bruders, mit dieser intelligenten psychologischen Anschauung reift die Weisheitsliebe und enthüllt sich. Und diese Liebe ist es, mit der wir segnen, anregen und wachsen lassen können.

KAPITEL XIII

DER YOGA DER UNTERSCHEIDUNG ZWISCHEN DEM FELD UND DEM KENNER DES FELDES

Arjuna sprach:

Der Puruṣa und die prakṛti, [das heißt] der Kenner des Feldes und das Feld selbst, die Erkenntnis und das Objekt der Erkenntnis, das also, oh Keśava, möchte ich kennen lernen.

Dieses *sūtra* ist nicht numeriert.

Śrī Bhagavān sprach:

1

Dieser Körper wird das Feld genannt, oh Kaunteya, und das erkennende Subjekt nennen die Weisen den Kenner des Feldes.

Kṣetra: das Feld, *Kṣetrajña*: der Kenner des Feldes. Kṛṣṇa erläutert jetzt das Subjekt und das Objekt der Erkenntnis. Wer ist das wahrnehmende Subjekt oder der Kenner des Feldes? Wer ist das Objekt oder das Feld der Erkenntnis?[1]

---

[1] Zu diesem Thema siehe auch Shankara, *Unterscheidung zwischen Selbst und Nicht-Selbst – Drigdrisyaviveka*, Übersetzung aus dem Sanskrit und Kommentar von Raphael, Interlaken 1992

2
Betrachte Mich als den Kenner des Feldes aller Felder, oh Bhārata. Ich betrachte die Kenntnis vom Feld und seinem Kenner als die [wahre] Erkenntnis.

Das ursprüngliche Wesen ist der einzige Kenner und alle Kenner der Welt sind nichts anderes als seine »Bewusstseinsmomente«.

3
Höre kurz von Mir, was das Feld und wie es beschaffen ist, welches seine [formalen] Veränderungen und sein Ursprung sind, wer er [der Kenner] ist und welche Kräfte er hat.

4
[Dies] ist von den Weisen unterschiedlich ausgedrückt worden, durch verschiedenerlei Hymnen, auf einfache Art und durch [umfangreiche] Argumentationen und auch in den sūtra von Brahman [vom Absoluten, mit Bezug auf die klassischen Upanischaden].

Der Lehrer sagt, dass diese Wahrheit in den Schriften der Überlieferung – in den Veden und Upanischaden – und in vielen anderen Werken ausgedrückt worden sei.

5
Die mahābhūta, der ahaṁkāra, die buddhi, die undifferenzierte [Ursubstanz], die elf indriya, die fünf Sinnesobjekte,

6
das Begehren, die Abneigung, die Freude und der Schmerz, der zentrale Sinn der Organe, die Intelligenz, die Stand-

haftigkeit: All das ist kurz gefasst das Feld mit seinen Veränderungen.

Als Objekt der Erkenntnis wird nicht nur die Welt, die uns umgibt, betrachtet, sondern auch unsere verschiedenen Körper oder Hüllen, die Sinne und sogar die *buddhi*. Das bedeutet, dass der Kenner des Feldes jenseits all dieser komplexen Gegebenheiten ist.

7
Demut, Unschuld, Harmlosigkeit, Toleranz, Rechtschaffenheit, Respekt gegenüber dem Lehrer, Reinheit, Ausdauer, Selbstbeherrschung,

8
Gleichgültigkeit gegenüber den Sinnesobjekten, Abwesenheit des Ich-Gefühls, Verständnis für Leid und Schmerz, die Geburt, Tod, Alter und Krankheit innewohnen,

9
Losgelöstheit, ohne krankhafte Anhänglichkeit an Kind, Ehepartner, Haus usw., steter Gleichmut bei erwünschten und unerwünschten Ereignissen,

10
Liebe zu Mir, ausschließliche Vereinigung, Leben an einsamen Orten, Abstand zu Massenansammlungen,

11
Beharrlichkeit in der Erkenntnis des ursprünglichen Selbst, Intuition der Wahrheit: All das stellt die wahre Erkenntnis dar; ihr Gegenteil: die Unwissenheit.

Die wahre Erkenntnis ist also von Liebe, Einheitsstreben, Gleichmut und den anderen in diesem *sūtra* aufgeführten Eigenschaften durchdrungen.

12
Ich offenbare dir das Ziel des Erkennens, das, wenn es erfahren wird, zur Unsterblichkeit führt. Es ist das höchste Brahman, ohne Anfang (anādimat paraṁ brahma), bekannt als weder existent noch nicht-existent (sat-asat).

Brahman ist jenseits jeder möglichen Dualität, einschließlich jener des Existenten und Nicht-Existenten, des Höchsten und Nicht-Höchsten, des Innen und Außen. Es *ist* in seiner Unbedingtheit.

13
Seine Hände und seine Füße, sein Kopf, seine Arme, seine Ohren vervielfachen sich in jedem Teil und überall. Es wohnt im Universum und hüllt alles ein.

Brahman ist durch menschliche Attribute symbolisiert, die sich ins Unendliche erstrecken. Als unvergänglicher *Zeuge* durchdringt es alles, was wir Objekt, Erzeugung oder Manifestation nennen, und ist dessen Fundament.

14
Obgleich es ohne Sinne ist, scheint es sie doch zu besitzen. Es ist von allem losgelöst und dennoch die Stütze aller Dinge. Obgleich es frei ist von der prakṛti, kennt es ihre Eigenschaften.

Brahman hört ohne Ohren, sieht ohne Augen, nimmt ohne Sinne wahr. Sein ist die Allwissenheit ohne die Notwendigkeit von

Kontaktwerkzeugen. Die *prakṛti* ist mit ihren Eigenschaften eine Bestimmung dieses Seins.

15
Es ist innerhalb und außerhalb aller Wesen. Es ist unbewegt und dennoch bewegt, es ist unerkennbar ob seiner Feinheit, es ist fern und dennoch nah.

Brahman kann von einem empirischen Gesichtspunkt aus als Subjekt oder als Objekt der Erkenntnis erscheinen, entfernt, obwohl nah, unbewegt oder bewegt.

16
Es ist ungeteilt und erscheint dennoch geteilt. Es muss als der Schöpfer, der Bewahrer und der Umgestalter aller existierenden Wesen erkannt werden.

Arjuna hat es unter dem Aspekt des Bewahrers und des Umgestalters gesehen. Letzterer hat ihn in Schrecken versetzt.

17
In Wahrheit ist Es das Licht der Lichter, jenseits der Finsternis (tamas), Es ist das Subjekt, das Objekt der Erkenntnis, die Erkenntnis selbst. Sein Sitz ist im Herzen aller Wesen.

Im Absoluten gibt es weder Teile noch Unterschiede. Subjekt und Objekt der Erkenntnis sind nur Begriffe und Vorstellungen des Verstandes. Jede Dualität ist nichts anderes als das Ergebnis der Unwissenheit oder *avidyā*, die das Eine-ohne-Zweites nicht erfassen kann.

Im Herzen aller Wesen wohnt diese Einheit, die sich in der ihr innewohnenden Natur und Essenz enthüllt. Der *ātman* kennt den *ātman*.

18

Kurz sind das Feld, die Erkenntnis und das erkennende Subjekt dargelegt worden. Wenn dies verstanden wird, erreicht der Ergebene Meinen Zustand.

19

Wisse, dass prakṛti und Puruṣa beide ohne Anfang sind und dass die Eigenschaften und Veränderungen ihren Ursprung in der prakṛti haben.

Warum ohne Anfang, wenn *puruṣa* und *prakṛti* ohne Erzeugnisse sind?

Um die Zeit zu erkennen, benötigt man zwei Vergleichsbegriffe: ein Vorher und ein Nachher. Um aussagen zu können, dass eine Gegebenheit entstanden ist, braucht man einen klaren Bezug auf etwas oder einen Zustand, der vor dieser Entstehung existiert hat. Aber welchen Bezug auf ein Vorher kann es im absoluten *Brahman* geben, das ohne Zeit und ohne Teile ist? *Prakṛti*, oder besser die *māyā*, hat, obwohl sie ohne einen bestimmten Anfang ist, ein Ende. Und das ist eine offensichtliche Tatsache in der empirischen Praxis.

20

Prakṛti bestimmt die einzelne Ursache und die Wirkung und [bildet] das Mittel auch des Handelns. Puruṣa ist das genießende Subjekt von Freude und Leid.

Prakṛti ist mit dem Begriff von Zeit-Raum und Ursache-Wirkung-Ursache usw. verbunden. Der *puruṣa*, hier als *jīva* zu verstehen, ist der Nutznießer der Veränderungen der *prakṛti*.

21
Puruṣa [als jīva], der sich für die prakṛti hält, erfährt prakṛti-Eigenschaften. Die Identifikation mit den Eigenschaften ist der Grund für sein Geborenwerden in gutem oder schlechtem Mutterleib.

22
Der höchste puruṣa im Körper wird Zeuge genannt, derjenige, der billigt, unterstützt, sich ausdrückt, der höchste Herr, das höchste Selbst (paramātmā).

Wir haben also den *parapuruṣa* oder *paramātmā* und den *jivātman*. Der *puruṣa* drückt als *jīva*-Nutznießer eine einzelne Bestimmung der Person oder des Selbst aus. Daher muss zwischen dem, was immanent, und dem, was transzendent ist, und zwischen *puruṣa* und *prakṛti* unterschieden werden.

23
Wer den puruṣa und die prakṛti mit ihren innewohnenden Eigenschaften auf diese Weise versteht, wird, gleich in welcher Lage er sich befindet, nie mehr wiedergeboren werden.

24
Einige schauen durch die Meditation über den [individuellen] jīvātman das [universale] ātman in sich, aber andere erreichen dasselbe Ergebnis durch den Sāṁkhya, wieder andere durch den Karmayoga.

25
Einige dagegen ignorieren diese Wege und führen, da sie von anderen davon gehört und gelernt haben, Glaubenshandlungen aus. Auch sie besiegen den Tod, [eben] weil sie sich dem hingeben, was sie gehört haben.

26

Oh Bester unter den Bhārata, wisse, dass jedes bewegliche und unbewegliche Ding, das in die Existenz tritt, durch die Vereinigung des Feldes mit dem Kenner des Feldes erzeugt wird.

Aus diesem *sūtra* wird ersichtlich, dass die Existenz aus der Vereinigung zwischen dem Kenner des Feldes und dem Feld oder Objekt hervorgeht. Zuvor hatten wir eine Abfolge der Projektion von *puruṣa* und *prakṛti* auf der universalen Ebene vorgestellt. Nun wollen wir sie auf der individuellen Ebene skizzieren (siehe Schaubild auf Seite 289).

Der *jīva* ist der Widerschein des *ātman* und seine Polarität ist die *prakṛti* in ihrer ganzen Ausdehnung. Er ist nicht nur der Mittelpunkt einer einzelnen Ausdrucksform individuellen Lebens – von der eine Form die menschliche ist –, sondern der Mittelpunkt aller existierenden Ausdrucksformen, die sich im Manifestierten befinden können.

Er ist der Zeuge und Schauspieler nicht nur eines bestimmten inkarnierten Lebens, sondern aller gegenwärtigen und zukünftigen Leben. Da er ein Erzeugnis ist, hat er kein eigenes Leben. Er ist also nur ein Unwesentliches. Der wahre Verwirklichte hat den *ahaṁkāra* (das empirische Ich) im universalen *jīva* und den universalen *jīva* (das ontologische Ich) im transzendenten *ātman* aufgelöst. Dies entspricht der griechischen Auffassung von *sôma*, *psiché* und *pnêuma* oder *noûs*.

27

Wer in allen Lebewesen den höchsten Herrn sieht, welcher nie vergeht, auch wenn sie [die Lebewesen] vergehen, sieht wirklich.

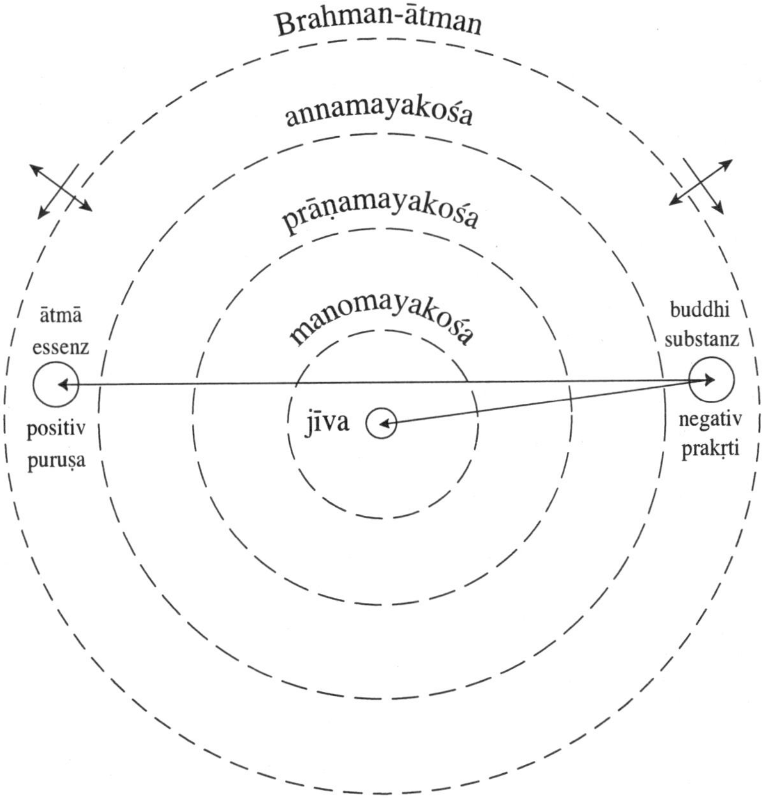
Brahman-ātman
annamayakośa
prāṇamayakośa
manomayakośa
jīva
ātmā
essenz
positiv
puruṣa
buddhi
substanz
negativ
prakṛti

Jede Projektion oder objektive Vorstellung (Subjekt-Objekt) muss früher oder später vergehen, da sie keine absolute Wirklichkeit hat. Nur das *Nicht-Sein* im Sinne des reinen Seins entsteht nicht und vergeht nicht.

28
Wer den Herrn überall fest verankert wohnen sieht, läuft nicht Gefahr, sich durch eigenes Wirken [als Ich] zu verlieren, deshalb erlangt er das höchste Ziel.

29
Wer begreift, dass alle Handlungen nur von der prakṛti erzeugt werden, und wer außerdem versteht, dass das Selbst nicht-handelnd ist, der sieht wirklich.

Das Selbst oder der *ātman* ist jenseits von Raum-Zeit und Kausalität, daher jenseits allen Handelns, aller mentalen Vorstellungen, aller Kulte, Opfer und Erkenntnisse.

30
Wenn er versteht, dass die existenzielle Vielfalt im Einen gründet und von diesem abstammt, erlangt er das Brahman.

Er versteht, sagt Ānandagiri, dass der *ātman* in jeder Bestimmung gegenwärtig ist, da die Ursache aller möglichen Begrenzungen durch diese Einheit des *ātman* absorbiert wird.

31
Obwohl er ohne Anfang und ohne Eigenschaften ist und obwohl er sich in einem Körper befindet, ist dieser unvergängliche paramātmā nicht-handelnd und unbefleckt.

32
Wie der alles durchdringende ākāśa ob seiner Feinheit nicht befleckt ist, so bleibt der ātmā, der in jedem Teil des Körpers gegenwärtig ist, ohne Makel.

33
Wie die Sonne diese Welt erleuchtet, oh Bhārata, so macht der Herr des Feldes das gesamte Feld sichtbar.

Īśvara erleuchtet die gesamte universale Erscheinung (das Objekt).

34
Diejenigen, die mit dem Auge der Erkenntnis den [illusorischen] Unterschied zwischen dem Feld und dem Kenner des Feldes und zwischen der Befreiung der Lebewesen und der prakṛti begreifen, vereinen sich mit dem Höchsten.

Dies ist das dreizehnte Kapitel mit dem Titel
»Der Yoga der Unterscheidung zwischen dem Feld
und dem Kenner des Feldes«.

ANMERKUNGEN ZU KAPITEL XIII

Das Problem des Subjekts und Objekts der Erkenntnis stellt sich zwingend für alle Forscher und vor allem für die Philosophen.

Was ist das Subjekt der Erkenntnis? Was ist das Objekt des Erkennens? Ist diese Dualität absolut? Haben wir also zwei Absolute? Gibt es zwei ewig getrennte Kräfte, die unabhängig voneinander agieren? Sind sie auf harmonische Weise miteinander verbunden oder bekämpfen sie sich? Anders gefragt: Wie ist ihre Beziehung zueinander? Wie konnten zur gleichen Zeit zwei unterschiedliche Gegebenheiten entstehen, wenn jede Gegebenheit das Erzeugnis einer anderen ist? Und können diese beiden Gegebenheiten nicht eine Polarität bilden, die aus einer höheren Einheit hervorgeht? Oder ist das, was wir Dualität nennen, vielleicht ein Spiel aus Licht und Schatten, das von unseren unvollkommenen Sinnen erzeugt worden ist? Können wir jegliches Objekt wirklich erkennen? Und können wir das Subjekt, das erkennt, wahrnehmen?

Diese philosophischen Fragen bezüglich Subjekt und Objekt sind von der indischen Metaphysik in Angriff genommen und ausführlich dargelegt worden. Bei der Untersuchung von Subjekt-Objekt sind drei Faktoren zu beachten:

1. das Objekt als Wahrnehmungsgröße
2. das Werkzeug oder die Erkenntnis als erwerbende Bewegung
3. das Subjekt oder das reale *ens,* welches wahrnimmt.

Da wir diese ganze Thematik hier nicht in angemessener Form erörtern können, greifen wir nur ein paar Punkte heraus, die dem Schüler zum Nachdenken dienen können.

Das Objekt kann innerhalb oder außerhalb des Subjekts sein. Das äußere Objekt betrachten wir als unabhängig vom Verstand oder von der Erkenntnis. In welchem Sinn jedoch kann sich ein Objekt im Inneren eines Subjekts befinden? – Untersuchen wir die mentale Vorstellung eines Baums: Was können wir dabei feststellen? Einerseits haben wir die genaue Vorstellung des Baums; anderseits einen Wahrnehmenden, der den Baum betrachtet, welcher ganz normale Eindrücke im Subjekt auslösen kann. Dieser Zustand ist im Traum offensichtlicher. Daher können wir die Zustände von Traum und Wachsein als zwei Modelle einer subjektiven und objektiven Wirklichkeit betrachten.

Im Traum gibt es zu einem Teil Gegebenheiten außerhalb des Träumers und zum anderen Teil ein handelndes Subjekt, das mit dem Sinnesapparat alle Veränderungen des Objekts wahrnimmt. Wir können berühren, sehen, riechen, mit anderen Worten: die fünf Sinne gebrauchen wie im Wachzustand. So können wir auch überlegen, nachdenken, Zeit-Raum betrachten und Schlussfolgerungen ziehen. Wie wir zuvor gesagt haben, kann das Objekt sogar das träumende Subjekt beeinflussen, welches so die ganze Bandbreite der Gefühle erfahren kann, die in der Dreiheit Anziehung-Abneigung-Gleichmut zusammengefasst sind. Ohne eine Analyse erzwingen zu wollen, ist es leicht zu verstehen, dass der Verstand sich »verdoppeln«, »spalten« oder »polarisieren« kann, so dass er ein wahrnehmendes Subjekt, ein Objekt der Wahrnehmung und sogar das Erkenntniswerkzeug projiziert.

Es muss klar und deutlich werden, dass der Traum beziehungsweise jegliche mentale Vorstellung keine Täuschung oder Illusion ist, und zwar aus zwei Gründen:

a) Trotz jeglicher Formulierung, die dem Traum gegeben werden kann, bleibt die axiomatische Tatsache einer Evidenz von Subjekt-Objekt bestehen – außer, wir wollen die Definition des Wahrnehmungsobjekts ändern.

b) Jede Bewertung, die wir über ihn erstellen können, erfolgt vom Gesichtspunkt des Wachzustandes (das heißt, von einem Zustand aus, der sich von dem des Traums unterscheidet). Und dieser Gesichtspunkt hat den Wert eines entgegengesetzten Zustandes. Wenn wir den Wachzustand allerdings als real betrachten und den Traum nur als einen Widerschein des Wachzustands, müssen wir übereinkommen, dass der Traum keine Illusion sein kann. Denn es ist nicht möglich, dass eine Wirklichkeit (Wachzustand) eine Illusion (Traum) erzeugen oder bestimmen kann.

Ein Objekt (aus dem Lateinischen *obiectum*, »das Entgegengeworfene«, substantiviertes Partizip Perfekt von *obicere* »entgegenwerfen«, vorsetzen) ist die Größe, nach der sich, sei es kognitiv (durch Erkenntnis) oder konativ (durch Anstrengung), das Bewusstsein richtet. Die Wahrhaftigkeit des Objekts hängt also auf innerer oder äußerer Ebene vom wahrnehmenden Handelnden ab. Nun muss man sehen, welchen *Grad an Wirklichkeit* diese beiden Arten von Objekten haben können. Ist das innere oder ist das äußere Objekt real?

Es gibt zwei Denkrichtungen:

– Die Idealisten betrachten die äußere oder innere Größe als eine einfache Erfindung des Bewusstseins. Die äußere Welt ist daher nur in Relation zum Bewusstsein real.

– Die Realisten oder Objektivisten (gnoseologischer Objektivismus) sehen die Dinge als unabhängig von dem, der sie betrachtet. Diese Sichtweise ist vor allem im Westen verbreitet.

Das Problem wird noch umfangreicher, wenn wir vorhaben, das Subjekt (mehr als das Objekt) zu definieren und sehen wollen, mit welchem Erkenntniswerkzeug wir es begreifen können.

Der *Vedānta* macht sich beide beschriebenen Positionen zu Eigen. Das Objekt ist in Bezug auf den individuellen *jīva* real existent und außen befindlich, da es, auch wenn die individuelle Wahrnehmung (oder das Bewusstsein) fehlt, weiterhin bestehen bleibt. Das bedarf keiner Beweise.

Śaṅkara sagt in seinem Kommentar zum *Brahmasūtra*:

> »Dass das Objekt und das Subjekt die jeweilige Sphäre der Begriffe des Nicht-Ich und des Ich umfassen, dass ihr Zustand entgegengesetzt ist wie die Nacht und der Tag und dass sie daher nicht identifiziert oder gegenseitig ausgetauscht werden können, ist ein Argument, das keinerlei Beweis erfordert, da es durch die Vernunft selbst festgelegt ist.«

Auf gewissen individuellen Bewusstseinsebenen werden Subjekt und Objekt zu einer realen und unumstößlichen Dualität. Man muss allerdings auch sehen, dass das Universum, auch wenn es für uns außen ist, nicht gleichermaßen für den kosmischen *Jīva*, *Īśvara* oder Gott – je nach Terminologie – außen ist. Es befindet sich im Verstand oder Bewusstsein des höchsten Wesens. Außerhalb des Seins kann es nichts anderes geben. Wie könnte es in dem einen Bewusstsein ein Innen-Außen geben? Es kann keine Natur außerhalb der Natur geben.

So kann sich unser nächtliches Universum nicht außerhalb unserer mentalen Dimension befinden. Und wenn unser Traumuniversum nichts anderes ist als eine einfache mental-bewusstheitliche Modifikation, können wir dasselbe vom Universum behaupten, das außerhalb von uns liegt.

Ein Stern entsteht, wächst und stirbt im Inneren des göttlichen Bewusstseins – so wie im Traum, in dem eine Gegebenheit im Inneren des mentalen Raums entsteht und stirbt. Die Dualität existiert nur, wenn wir aus einer bestimmten Perspektive betrachten, und zwar aus jener individuellen.

> »[*Brahman*] ist innerhalb und außerhalb aller Wesen [je nach dem, ob man von einem individuellen Gesichtspunkt oder dem des göttlichen Einen betrachtet]. Es ist unbewegt und dennoch bewegt, ... es ist fern und dennoch nah ... es ist ungeteilt und erscheint dennoch geteilt ... es ist das Subjekt, das Objekt der Erkenntnis, die Erkenntnis selbst.« (*XIII, 15-17*)

Dem *Vedānta* nach kann das Universum also real und nicht-real, außen, aber auch innen sein: abhängig von der *relativen* Bewusstseinsposition. Für einen gespaltenen, individualisierten *jīva*, konditioniert durch die *avidyā*, sind der Kenner des Feldes und das Feld beziehungsweise die Dualität zwei vollkommen voneinander verschiedene Dinge, wie der Tag im Vergleich zur Nacht. Wenn jener *jīva* jedoch, von der Erkenntnis erleuchtet, sich wieder mit dem einen Ganzen verbindet und in dem einen Bewusstsein wohnt, das ohne Teile ist, dann existiert die Dualität nicht mehr und kann auch nie mehr existieren, weil sich das gesamte Universum nun in ihm befindet.

Vom Standpunkt der Metaphysik aus stellt sich die Frage der Dualität überhaupt nicht. Für sie ist sie eine logische Absurdität. Wie könnte in der Einheit Gegensatz sein? Wie könnte es Subjekt und Objekt geben, die aufeinander bezogen sind? Wie ist es möglich, dass sich das Absolute bewegt und von einem Ort zum anderen, von einem Zustand zum anderen geht? Wie kann es die Begriffe wirklich und nicht-wirklich geben?

Wenn der Yoga uns auffordert, alle Dualitäten zu überwinden, bedeutet das, unsere Absolutheit wiederzufinden, die ohne Teile, Unterschiede und Veränderung ist.

In Anbetracht der Tatsache, dass das Feld oder Universum, das uns umgibt, und auch unsere existenzielle, getrennte Ego-Dimension dual sind, also relativ, schrieb Max Planck, der Nobelpreisträger der Physik: »Denn alles Relative [und Duale] setzt etwas Absolutes voraus, es hat nur dann einen Sinn, wenn ihm ein Absolutes gegenübersteht.«[1] Und da uns die Dualität oder Vielheit nur in Konflikt und Schmerz führt, »gilt es, *das Absolute, Allgemeingültige, Invariante* herauszufinden, *was in ihnen steckt*.«[2]

Dem *Vedānta* zufolge entspringen alle existierenden Dualitäten dem getrennten, empirischen Verstand, das heißt, sie werden durch die *avidyā* bewirkt. Mit dem rechten intuitiven Unterscheidungsvermögen allerdings, mit der *vidyā* oder Erkenntnis, können wir die *māyā*-Vorstellung beseitigen und das Eine-ohne-Zweites, die absolute Einheit wieder erstrahlen lassen, denn wir sind *Das*.

---

1 Max Planck, *Wissenschaftliche Selbstbiographie*, Leipzig 1948

2 ebd.

DER YOGA DER ÜBERSCHREITUNG
DER DREI GUṆA

Śrī Bhagavān sprach:

1

Noch einmal werde ich dir diese höchste Weisheit erläutern,
die beste aller Kenntnisse, welche die Weisen erkannt und
mit der sie sich zur höchsten Vollkommenheit (paraṁ sidd-
him) erhoben haben.

2

in des Welt
aber
nicht von
der Welt

Da sie diese Erkenntnis verwirklicht und die Identität mit
Mir erlangt haben, werden sie weder beim Akt der Schöp-
fung [des Universums] geboren werden noch während des
Zeitpunktes der Auflösung [des Universums] verstört sein.

Der *jīva*, der sich ins unverursachte *Brahman* wiedereingegliedert
hat, hat jedes mögliche Werden, den zyklischen Bewusstseins-
prozess der Schöpfung und Auflösung oder Transformation hinter
sich gelassen. Jedes Universum entsteht durch die nicht auf-
gelösten Wünsche (*saṁskāra*) der unzähligen *jīva*, durch die
Samen, die danach drängen, sich auszudrücken und aufzublühen.
Das hat der Lehrer bereits in Kapitel VIII, *sūtra 15* gesagt. In
diesem Kapitel beschreibt Kṛṣṇa die *nirguṇa*-Verwirklichung: die

Überschreitung der drei *guṇa* (*nir*: ohne *guṇa*); das heißt das Eine-ohne-Zweites.

3
Das höchste Brahman ist mein Mutterschoß, in ihn lege Ich den Samen (garbha), aus diesem, oh Bhārata, entstehen alle Dinge.

Im großen kosmischen Ei stimuliert der Herr des Lebens den Keim für das universale »Hell-Dunkel«. Jede leuchtende Form oder Vorstellung kommt aus dem universalen Ei und kehrt in es zurück.

4
Welche Formen auch immer in irgendeinem Mutterschoß gezeugt werden mögen, oh Kaunteya, das höchste Brahman ist ihr Mutterschoß, und Ich bin der Vater, der den Samen (bīja) ablegt.

Brahman nirguṇa ist der Mutterschoß [die Matrix] aller Mutterschöße. *Īśvara* ist sein Samen, der eine bestimmte, der Natur jenes Samens entsprechende Manifestation entstehen lässt.

5
Oh Mahābāhu, sattva, rajas und tamas, die guṇa der prakṛti, binden das Unsterbliche, das sich in der Form befindet, an die Form.

6
Sattva, das wegen seiner Reinheit erleuchtend und heilbringend ist, bindet, oh Anagha, durch die Verhaftung an Glück und Erkenntnis.

7

Wisse, oh Kaunteya, dass rajas, da es anziehender Natur ist, durch die Sehnsucht und den Durst nach Leben auftaucht und den Verkörperten an das Handeln bindet.

8

Wisse, dass tamas durch die Unwissenheit entsteht und, indem es alle verkörperten Wesen verhüllt, durch Nachlässigkeit, Trägheit und Gefühllosigkeit bindet, oh Bhārata.

9

Sattva nimmt gefangen mit dem Glück, rajas mit dem Handeln, aber tamas, oh Bhārata, das die Erkenntnis verdunkelt, nimmt gefangen mit der Nachlässigkeit.

10

Sattva ist vorherrschend, wenn es sich rajas und tamas gegenüber behauptet, oh Bhārata, rajas [dagegen] ist vorherrschend, wenn es sattva und tamas besiegt, und tamas offenbart sich, wenn es über sattva und rajas herrscht.

11

Wenn das Licht der Erkenntnis alle Teile des Körpers erleuchtet, ist sattva vorherrschend.

12

Die Gier, der Aktivismus, der Handlungsimpuls, die Rastlosigkeit, das brennende Begehren, all das taucht auf, oh Bester unter den Bhārata, wenn rajas vorherrscht.

13
Die Finsternis, die Trägheit, die Nachlässigkeit, die mentale Verwirrung, all das taucht auf, oh Kurunandana, wenn tamas vorherrscht.

14
Wenn zum Zeitpunkt der Auflösung der Form sattva vorherrscht, geht der Mensch in die Welt der Reinen ein, welche die höchste Weisheit besitzen.

15
Wenn zum Zeitpunkt der Auflösung der Form rajas vorherrscht, wird er [der Mensch] unter denen wiedergeboren, die am Handeln haften. Wenn dann zum Zeitpunkt des Todes tamas vorherrscht, wird er unter denen wiedergeboren, die ohne Vernunft sind.

16
Die Frucht rechten Handelns nennt man rein oder sattvisch; jene von rajas Schmerz; die Frucht von tamas dagegen ist die Unwissenheit.

17
Aus sattva entspringt das jñāna, aus rajas die Gier, aus tamas entstehen Nachlässigkeit, Unwissenheit und mentale Verwirrung.

18
Diejenigen, die fest in sattva verankert sind, gehen nach oben; im Zwischenbereich ist der Sitz der durch rajas Beeinflussten; während die durch tamas Geprägten, die zur niedrigeren Eigenschaft gehören, in die unteren Bereiche eingehen.

19
Wenn der Seher begreift, dass die einzig Handelnden die guṇa sind, und wenn er auch das begreift, was jenseits der guṇa liegt, geht er in meine Essenz ein.

20
Wenn sich die verkörperte Seele über die drei guṇa erhebt, aus denen die Formen entstehen, erlangt sie, da sie sich von Geburt, Tod, Alter und Schmerz befreit hat, die Unsterblichkeit (amṛta).

All die Prinzipien, welche die Natur aller Erscheinungen bestimmen, sind letztendlich mit der *Bewegung* verbunden; sie sind sogar ganz spezielle Aspekte dieser Bewegung. Wenn wir irgendein Objekt nehmen und es in seine physischen, chemischen Bestandteile (Moleküle, Atome, Elektronen, Protonen usw.) zerlegen, stellen wir fest, dass sie letztendlich nichts anderes darstellen als verschiedene Kraft- oder Bewegungsfelder. Wenn wir uns daran erinnern, dass Materie und Energie konvertierbar sind, können wir begreifen, dass die Atome, Moleküle usw. ins Formlose und Immaterielle entschwinden, weil sie nur ein Spiel von Bewegungen verschiedener Art und Komplexität sind.

Die Aussage, dass irgendeine Größe in Bewegung ist, ist gleichbedeutend mit der Aussage, dass sie ihre Stellung wechselt; somit haben wir den Begriff der *Veränderung*.

Die Geschwindigkeit eines Objekts drückt seine Positionsveränderung in Zeit-Raum aus. Nun ist die Geschwindigkeit konstant, solange keine Kräfte auf sie einwirken. Demzufolge verändert sich die vektorielle Geschwindigkeit, wenn ihr eine gewisse Beschleunigung gegeben wird.

Wir möchten stets betonen, dass der Begriff der Bewegung oder Veränderung mit seiner dazugehörigen Vorstellung von Zeit-

Raum-Kausalität keine Eigenschaft des *Brahman* ist, das, aufgrund seiner ungeteilten Einheit und weil es stets identisch mit sich selbst ist, außerhalb jeder begrifflichen Vorstellung von Bewegung bleibt. Śaṅkara bekräftigt dies in seinem Kommentar zur *Māṇḍūkya Upaniṣad*[1]:

> »Was erscheint also? Die Bewegung des Bewusstseins, die durch die Unwissenheit projiziert wird; denn das unbewegte Bewusstsein [*ātman*] kann keine Bewegung haben ...«

Aus empirischer Sicht haben wir:

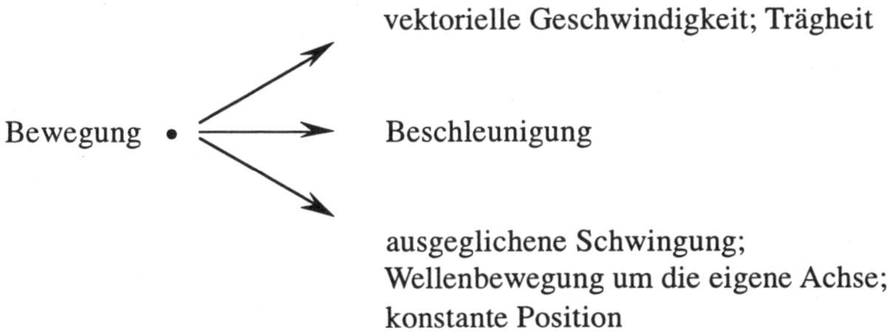

Diese Elemente bilden im Grunde die drei Hauptaspekte der Bewegung. Die *guṇa* sind die Prinzipien, welche die verschiedensten Bewegungsmöglichkeiten oder unterschiedlichen Schwingungsverbindungen nicht nur auf physisch-grobstofflicher Ebene, sondern auch in Beziehung zur gesamten feinstofflichen und kausalen universalen Substanz erzeugen.

[1] *Māṇḍūkya Upaniṣad IV, 47, ebd.*

So ergibt sich folgende Konfiguration:

- Trägheit: *tamas*
- Beschleunigung: *rajas*
- konstante Position: *sattva*

Jedes Mal wenn die *rajas*-Beschleunigung die geradlinige *tamas*-Trägheitsbewegung in Bewegung versetzt, entsteht eine Verhaltensveränderung, Bewusstseinswandlung, Ungleichgewicht. Es ist klar, dass der *jīva* in dieser Disharmonie in Konflikt ist, weil er den bewussten Kontakt zu seiner essenziellen und ursprünglichen Natur verloren hat.

Die konstante Position stellt eine harmonische Mischung aus Beschleunigung und Trägheit dar. So bildet *sattva* den harmonischen Aspekt oder ausgeglichenen Zustand des *rajas* und des *tamas*.

Hier befindet sich der *jīva* auf der Ebene der Nicht-Widerstände, in der Rotationsbewegung um sich selbst – also nicht mehr um äußere Gegebenheiten –, denn die Harmonie bedeutet das virtuelle Verschwinden der Gegensätze und das Erreichen eines Zustands, der gänzlich verschieden und unabhängig von ihnen ist.

Nach dem klassischen Yoga des Patañjali haben die *guṇa* vier Entwicklungsstufen:

Stufen der *guṇa*	Stufen des Bewusstseins
Viśeṣa	*Vitarka*
Aviśeṣa	*Vikāra*
Liṅga	*Ānanda*
Aliṅga	*Asmitā*

Der (spezifische) *viśeṣa* bezieht sich auf den empirisch-selektiven Verstand, der alle Gegebenheiten als getrennt und mit Namen und Form (*nāma-rūpa*) versehen begreift. Wenn man mit diesem Träger betrachtet, scheinen die Dinge eine getrennte und unabhängige Existenz zu besitzen, eine eigene, ihnen innewohnende Wirklichkeit. Sie sind nicht nur vom göttlichen und individuellen Bewusstsein isoliert, sondern auch von ihrem noumenalen Archetyp getrennt. Der Bewusstseinszustand des *vitarka*, der ihm entspricht, ist der, durch den der individualisierte Verstand Begriffsbildungen und Partikularismen mitteilt.

Der (nicht-spezifische, universale, archetypische) *aviśeṣa* reflektiert das Licht des höheren Intellekts, dessen Funktion es ist, die Universalien, die Archetypen zu erfassen. In diesem Stadium befinden wir uns auf der nicht-formalen Ebene. Die entsprechende Bewusstseinsmodalität, die *vikāra* genannt wird, ist sich der Essenz der Dinge, der Welt der Ideen bewusst. In dieser Phase dominiert *sattva*, obgleich es noch durch *rajas* und *tamas* beschattet ist.

Das (feinstoffliche) *liṇga*-Stadium betrifft die eine und einzige Wurzel aller Dinge. Das *ānanda*-Bewusstsein entdeckt, dass die Formen und die Prinzipien, aus denen die Dinge ihr Leben beziehen, mit dem noumenalen oder kausalen universalen Bewusstsein vereint sind. Sie werden so gesehen, als seien sie in ein einziges Bewusstsein eingetaucht: die Vielheit, die ihre Wurzeln in der Einheit des Lebens hat, und alle Wirkungen, die sich auf eine einzige Ursache zurückführen.

Das (unbedingte, nicht charakterisierte) *aliṇga*-Stadium ist jenseits aller Formen, Archetypen, jenseits jeder Einheit oder jedes feinstofflichen Bewusstseinspunktes. In ihm verlieren die Dinge definitiv all ihre »Unterschiede«. Auf dieser Ebene bleibt das reine Bewusstsein (*cit*) ohne Objekte, auch wenn der Begriff Bewusstsein hier ungenau ist. Die *guṇa* sind überschritten oder transzendiert und befinden sich daher im Zustand unmanifestierter Virtualität.

Wir haben also das formale Stadium, das formlose Stadium der Ureinheit und jenes ganzheitlich-undifferenzierte Stadium und diese drei Stadien können wir mit einem Beispiel näher beleuchten: Es gibt undefinierte Gefäße unterschiedlicher Form und mit verschiedenen Namen (formales, getrenntes Stadium). Sie sind aber alle aus derselben Substanz gemacht, der Tonerde, die ihrer Natur nach ohne Form (nicht-formales Stadium) ist und universal. Hier erkennen wir, dass die verschiedenen Gefäße nichts anderes sind als einfache *Modifikationen* der Tonerde, daher haben sie kein eigenes, getrenntes Leben. Ferner ist die Tonerde identisch mit sich selbst und stellt die Ausdehnung eines Urmittelpunktes dar; sie ist daher homogen, ungeteilte Einheit (Stadium der Ureinheit der Essenz). Diese Einheit repräsentiert eine der unendlichen existenziellen Modalitäten des Unbedingten (der metaphysischen Null).

Wir befinden uns also vor vier Aspekten des Seins: *Virāt, Hiraṇyagarbha, Īśvara, Turīya.*

Arjuna sprach:

21
Durch welches Verhalten zeichnet sich derjenige aus, der die drei guṇa überschritten hat, oh Herr? Wie verhält er sich? Und wie ist es ihm gelungen, diese drei guṇa zu überschreiten?

Śrī Bhagavān erwiderte:

22
Wer, oh Pāndava, die Erleuchtung, die Aktivität oder die Unwissenheit, wenn sie auf ihn zukommen, weder zurückweist noch begehrt, wenn er sie nicht besitzt,

23
wer neutral bleibt [bei dem, was geschieht], wer nicht durch die guṇa berührt wird, sich aber der Tatsache bewusst ist, dass es die guṇa sind, die handeln,

24
wer Schmerz und Freude mit Gleichmut betrachtet, wer fest in sich selbst verankert ist, wer einen Erdklumpen, einen Stein oder einen Goldbarren als gleichwertig betrachtet, wer auf gleiche Weise die angenehmen und die unangenehmen Dinge anschaut, wer festen Gemüts ist, wer Tadel und Lob gleichermaßen annimmt,

25
wer der Gleiche bleibt in Ehre und Schande, gegenüber Feinden und Freunden, wer jeden Wunsch aufgibt, der gilt als einer, der die drei guṇa überschritten hat.

26
Wer mich mit dem Bhaktiyoga verehrt und die drei guṇa überwindet, ist fähig, sich mit Brahman zu vereinigen,

27
denn Ich bin die Grundlage des Brahmā, das Unsterbliche, das unzerstörbare dharma und die absolute Glückseligkeit.

Dies ist das vierzehnte Kapitel mit dem Titel
»Der Yoga der Überschreitung der drei guṇa«.

pralaya - kosmische Nacht

ANMERKUNGEN ZU KAPITEL XIV

In diesem Kapitel erläutert der Lehrer die Psychologie der drei *guṇa*, die aus ontologischer, psychologischer und physiologischer Perspektive untersucht werden können. Sie sind Zustände, die der *prakṛti* innewohnen, welche die Wurzel der Gegenständlichkeit ist. In vollkommenem Gleichgewicht befinden sie sich im undifferenzierten Urzustand. Die Zerstörung dieses Gleichgewichts wird durch die Manifestation oder Veränderung bewirkt. Sie dürfen allerdings nicht als Zustände wie Raum, Zeit usw. betrachtet werden, sondern als *Tendenzen*, *Neigungen*, *Anlagen* oder allotropische Modalitäten der *prakṛti*.

Den *guṇa* sind – endlos variablen Proportionen zufolge – alle manifesten Wesen und die drei Welten untergeordnet, sagt Kṛṣṇa in *sūtra 18*.

Die drei *guṇa* sind: *sattva*, rhythmischer Einklang mit der reinen Essenz, es entspricht dem »intellektuellen Licht«, der intelligenten Substanz. *Rajas* entspricht der Ausdehnung, der Bewegung, der Entwicklung, dem leidenschaftlichen Dynamismus. *Tamas* entspricht der trübenden, trägen, dichten Tendenz, die gleichbedeutend mit Unwissenheit (*avidyā*) ist. *Tamas* ist also die Kristallisierung einer Energie, die durch *rajas* charakterisiert ist und *sattva* als Essenz hat.

In Bezug auf das Individuum sind die drei *guṇa* in ganz bestimmten Verhältnissen wechselseitig aufeinander bezogen und entwickeln so ganz bestimmte psychologische Typologien des Menschen (wie die vorhergehenden *sūtra* zeigen). Daher gibt es *tamas-*, *rajas-* und *sattva*-geprägte Individuen. Es hängt vom *jīva* ab, welche Tendenzen er auftauchen lässt. Und die *sūtra 14 ff.* machen deutlich, dass der *jīva*, wenn er will, Herr seines Schicksals sein kann, indem er die eine oder andere Eigenschaft überwinden oder kontrolliert ausdrücken kann. Der Yoga ist angewandte Psychologie und Selbsterfahrung. Und der Schüler, der die *sādhanā* beginnt, muss seine Bewusstseinsposition und die vorherrschenden *guṇa*-Eigenschaften kennen und den intelligenten Willen haben, um – in alchemistischen Begriffen ausgedrückt – das Schwarze (*tamas*) in Rot (*rajas*) und das Rote in Weiß (*sattva*) zu verwandeln.

Das Schwarze bezieht sich auf den physischen Körper, das Rote auf den leidenschaftlich-feinstofflichen Körper und das Weiße auf die *buddhi*. Man muss intensiv mit diesen Ausdruckskörpern arbeiten und sie zum richtigen »Siedepunkt bringen, um bestimmte Wirkungen im Inneren der energetischen Zusammensetzung des *jīva* hervorrufen zu können.

Die *buddhi* selbst ist von den drei Eigenschaften durchdrungen. Allerdings dominiert das *sattva*, weil die *buddhi* näher an der reinen Quelle des *ātman* ist. Um das *buddhi*-Licht empfangen zu können, muss man natürlich in der Lage sein, die *rajas*-Natur der Sphäre von Begehren und Verstand (*kāma-manas*) zu kontrollieren, die unter der Herrschaft des *ahaṁkāra* (Ich-Sinn), der nach Besitz und Identifikation mit dem Objekt strebt, zu ununterbrochener extrovertierter Bewegung oder Beschleunigung neigt.

Arjunas Initiationsprozess besteht darin, diese nach außen treibende Energie beherrschen zu lernen. Er soll ein Handeln erreichen, das von *sattva* durchdrungen ist, und das kann mit folgenden Mitteln gelingen:

a) mit der Kenntnis der Prinzipien (die mit dem Universalen verknüpft sind) a Unterweisung; b Umsetzen; c im Zentrum bleiben
b) mit dem rechten Handeln, bewirkt durch
c) das vollkommene Gleichgewicht des inneren Richtungszentrums, das seinerseits das Resultat der rhythmischen und harmonischen Aktivität des *sattva* in der *buddhi* ist.

Nicht zu vergessen, dass auch der physische Körper den drei *guṇa* unterworfen ist; daher gibt es die durch verschiedene Eigenschaften geprägten Körper.

Nach der traditionellen Yoga-Physiologie beeinflussen die sieben feinstofflichen Energiezentren durch ein weit gespanntes Netz von Nervenknoten die sieben endokrinen Drüsen und alle angrenzenden Bereiche.

Vollkommene *sattva*-Gesundheit ergibt sich, wenn zwischen dem energetischen Zentrum (*cakra*), der Nervenstruktur und der betreffenden Körperzone ein ausgeglichender Kräftefluss existiert. Jede Krankheit ist auf eine Störung der Harmonie der (manchmal auch atomaren) Zellen zurückzuführen. Das elektromagnetische Gleichgewicht kann durch eine richtige Neuverteilung der Energie wiederhergestellt werden.

Ein *tamas*- oder *rajas*-Temperament kann demzufolge bestimmte Krankheiten mit sich bringen. Auch die Ernährung kann *sattva*-, *rajas*- oder *tamas*-geprägt sein. Diese wenigen Andeutungen mögen genügen; sie weisen darauf hin, wie entwicklungsfähig diese Thematik sein kann.

KAPITEL XV

PURUṢOTTAMAYOGA

höchste Bewusstsein
para atman

Śrī Bhagavān sprach:

1
Man sagt, dass der ewige aśvattha die Wurzeln oben und die Zweige unten hat, die Blätter sind die rhythmischen Hymnen [der Veden], und wer ihn versteht, ist ein Kenner der Veden.

2
Seine Zweige breiten sich, durch die guṇa belebt, nach oben und unten aus, seine Triebe sind die feinstofflichen Objekte und unten, in der Welt der Menschen, gibt es die an die Handlungen gebundenen Früchte.

3
In dieser Welt wird weder seine Form noch sein Anfang oder sein Ende wahrgenommen. Wenn man mit dem starken Schwert der Nicht-Verhaftung den festverwurzelten aśvattha gefällt hat,

4
dann muss man jenen Ort [Zustand] aufsuchen, von dem keine Rückkehr [in die Manifestation] mehr möglich ist, und Zuflucht im ursprünglichen Puruṣa nehmen, von dem der Urimpuls [des Manifesten] ausgegangen ist.

Der *aśvattha* ist der Baum, der »das Morgen nicht sieht«, er ist das Symbol des Lebenslaufs. In den Kommentaren von Śaṅkara und Śrīdhara findet sich folgende Beschreibung, die einem *Purāṇa* entnommen ist: »Er hat seine Wurzel im Manifestationslosen und erscheint durch *Seinen* Willen. Sein Stamm ist das universale Erkennen, seine Aushöhlungen sind die Öffnungen der Sinne, seine Zweige die großen und seine Blätter die feinen Elemente. Er bringt strahlende Früchte hervor – die Rechtschaffenheit und die Gottlosigkeit –, deren Wirkungen die Freude und der Schmerz sind. Er ist der ewige Baum des *Brahman*, der jedem Geschöpf Leben spendet: In ihm wohnt *Brahman* und manifestiert sich. Wer diesen Baum mit dem machtvollen Schwert der Unterscheidung fällt und besiegt, erlangt die Glückseligkeit des Höchsten und kehrt nie wieder zurück.«

In der *Kaṭha Upaniṣad* lesen wir: »Mit den Wurzeln nach oben und den Zweigen nach unten, ewig ist dieser Baum der Welt.«

Śaṅkara sagt, dass die nach unten gewandten Zweige die *vāsanā* sind, die unterbewussten Erinnerungen, welche der *jīva* aus seinen vergangenen Erfahrungen mitbringt.

Der Begriff des »universalen Baums« ist überlieferter Ordnung, daher finden wir ihn in allen östlichen wie westlichen Zweigen der Überlieferung.

5

Ohne Stolz und mentale Verwirrung, frei von Verhaftung, beständig auf den adhyātma konzentriert, frei von den Begierden, befreit von der Lust-Schmerz-Dualität, erlangt der Weise, ohne sich zu verlieren, jenen unzerstörbaren Ort.

6

Ihn [diesen Ort] erhellen weder die Sonne noch der Mond noch das Feuer: Er ist meine höchste Wohnstatt, von der diejenigen, die sie erreichen, nie wieder [ins Manifeste] zurückkehren.

In der *Offenbarung des Johannes (XXI, 23)* wird das *himmlische Jerusalem* mit folgenden Worten beschrieben: »Die Stadt braucht weder Sonne noch Mond, die ihr leuchten. Denn die Herrlichkeit Gottes erleuchtet sie und ihr Leuchten ist das Lamm.«

Das *himmlische Jerusalem* entspricht der Stadt Brahmās der Hindus. Das Lamm (lat.: agnus) kann auf den vedischen Agni (die Feuergottheit) zurückgeführt werden.

7

Ein ewiges Fragment von Mir, als lebendige Seele (jīvabhūta) in der Welt der Sterblichen erschienen, zieht die [fünf] Sinne und als sechstes Organ den Verstand (manas) an, die ihre Grundlage in prakṛti finden.

Es empfiehlt sich, gründlich über dieses *sūtra* nachzudenken, da es von enormer Wichtigkeit ist. Der *jīva*, der nur ein widerscheinloser Bruchteil des Prinzips ist, hat dieselbe Natur wie das Prinzip. Es gibt also keine Dualität und Trennung zwischen dem Prinzip und seinem unsterblichen Widerschein oder Lebensstrahl.

Der *jīva* ist, wie wir bereits gesagt haben, ein Bewusstseinsfunken des Brahmā. Auf der Ebene der Sterblichen erscheint er wie eine Seele, die sich bestimmte Sinneswerkzeuge aneignet, indem sie diese belebt. Er ist ein kleiner Körper aus magnetisiertem Licht sozusagen, der existenzielle Möglichkeiten und bestimmte Modalitäten hat.

Śaṅkara sagt, dass das Selbst Teil des Höchsten sei, so wie der in einem Krug befindliche Raum Teil des außerhalb dieses Krugs befindlichen Raums sei.

Der *jīvātman* stellt einen Brennpunkt des Göttlichen dar und kann die unbestimmten, der *prakṛti* innewohnenden Eigenschaften ausdrücken.

8
Wenn der [innere] Herr einen Körper oder eine Form annimmt und wenn er sie ablegt, nimmt er sie (die indriya) mit sich, so wie der Wind die Düfte an einem Ort aufnimmt [und sie dann mit sich fortträgt].

Mit der Entwicklung des Ich-Sinns (*ahaṁkāra*) entstehen auch die Sinnesorgane:

- *manas*, empirischer Verstand, der mit dem *ahaṁkāra* Bewusstsein vereint ist.
- *jñānendriya*, die fünf Sinnesorgane
- *karmendriya*, die fünf Handlungsorgane: die Stimme (*vāc*), die Hände (*pāṇi*), die Füße (*pāda*), die Organe der Zeugung (*upasthā*) und der Ausscheidung (*pāyu*). So haben wir zehn *indriya* und den inneren Sinn, *manas*, der sie zusammenfasst.
- *tanmātra*, die fünf feinen Elemente, die der Essenz des Klangs (*śabda*), des Geruchs (*gandha*), der Form oder Farbe (*rūpa*), des Geschmacks (*rasa*) und des Tastens (*sparśa*) entsprechen.

Der Begriff *tanmātra* bedeutet »Maß«, »Bestimmung« und begrenzt die Ausdehnung einer bestimmten Eigenschaft. Diese Eigenschaften werden, weil sie noch im feinstofflichen, also nicht im körperlichen Zustand sind, auf der manifesten Ebene durch die fünf *bhūta*, die grob- und feinstofflichen Elemente ausgedrückt: Äther (*ākāśa*), Luft (*vāyu*), Feuer (*tejas*), Wasser (*ap*) und Erde (*pṛthivī*). Die grobstoffliche Manifestation wird durch diese Elemente gebildet. Die *tanmātra*, die an allen Fähigkeiten beteiligt sind, bilden die »Essenz« und die *bhūta* die »Substanz« dieser Elemente.

Wenn der innere Herr einen Körper oder eine Form annimmt, das heißt, wenn er sich manifestiert, nimmt er die *indriya* in der oben genannten Reihenfolge mit sich. Wenn er sie verlässt, sammelt er sie in umgekehrtem Sinn wieder ein.

9
Indem er das Ohr, das Auge, den Tastsinn, den Geschmack, den Geruch zusammen mit dem manas gebraucht, tritt er in Kontakt mit den Sinnesobjekten.

10
Diejenigen, die von der Täuschung umhüllt sind, sehen den [inneren] Herrn nicht, der geht oder bleibt und der die guṇa erfährt; diejenigen dagegen, die das Auge der Erkenntnis besitzen, sehen ihn.

11
Die Yogi nehmen ihn in ihrem Inneren wahr, aber die Nicht-Erwachten, deren Verstand nicht diszipliniert ist, werden ihn, so sehr sie sich auch bemühen mögen, nicht sehen können.

Wer den Yoga nicht geübt hat, kann jene »Bewusstseinskontinuität« nicht erobert haben, welche die Unsterblichkeit des inneren Herrn und den Unterschied zwischen diesem und den verschiedenen Kontaktträgern enthüllt.

Die Wirklichkeit, dass ein innerer Herr getrennt von den Trägern existiert, der mittels der *guṇa* den Lebensausdruck charakterisiert, ist eine authentisch erfahrbare Tatsache. Jeder, der die Voraussetzungen dazu hat, kann es erfahren.

12
Erkenne jenes helle Licht, das aus der Sonne kommt und dieses ganze Universum erleuchtet, das im Mond und im Feuer ist, als Meines.

13
Ich komme auf die Erde und erhalte mit der Energie alle Wesen; Ich werde zum schmackhaften soma und nähre so alle Pflanzen.

14
Ich werde vaiśvānara im Körper der Lebewesen und mische prāṇa mit apāna; so koche Ich die vier Arten der Nahrung.

Das heißt, dass er zur transformierenden Energie der verspeisten Elemente wird.

15

Ich wohne im Herzen eines jeden, von Mir stammen die Erinnerung und die Erkenntnis so wie [deren] Verlust. Ich bin auch derjenige, der mittels aller Veden erkannt werden muss. Ich bin auch der Autor des Vedānta und der [wahre] Kenner der Veden.

16
In dieser Welt gibt es zwei puruṣa: Der eine [ist] vergänglich, der andere unzerstörbar; der erste ist unter

allen Wesen aufgeteilt, der andere ist die unveränderliche [Essenz].

17
Es gibt noch einen anderen puruṣa, den höchsten (uttama), der sich Paramātmā nennt und, oh unvergänglicher Herr, in die drei Welten eindringt und sie aufrechterhält.

18
Da Ich das Vergängliche und auch das Unzerstörbare übertreffe, werde Ich in der Welt und in den Veden mit dem Namen des puruṣottama gerufen.

Der Zerstörbare der beiden *puruṣa* ist der *jīva* oder *jīvātmā*, jener »Bewusstseinsmoment« des *ātman* (oder *ātma*), der erscheint und verschwindet, der jedoch angesichts der Individualität, und nicht nur angesichts der körperlichen Individualität, unsterblich erscheinen kann. Der unzerstörbare *Puruṣa* ist der *ātma* im überlieferten Sinn von *Personalität*, er ist der dauerhafte Punkt des Wesens in all seinen Manifestationszuständen. Sie repräsentieren die beiden Vögel, die in den Schriften der *Upanischaden* beschrieben sind. Sie wohnen im gleichen Baum, der eine ist ein psychisches Zentrum, der andere ein metaphysischer Punkt.

»Dort [in diesem Punkt] scheinen weder die Sonne noch der Mond und die Sterne, auch keine Blitze; selbst dieses sichtbare Feuer nicht; alles leuchtet nach der Ausstrahlung des *puruṣa* und all dies [die ganze Individualität] wird durch seinen Glanz erhellt.«[1]

---

[1] *Kaṭha Upaniṣad II, 15*

Der dritte *puruṣa* wird *Paramātmā* genannt. Die Personalität beziehungsweise das Prinzip ist eine Bestimmung von ihm. *Puruṣottama* oder *Paramātmā* ist der universale Geist und kann sogar mit *Brahma*, dem Höchsten verglichen werden, der Grundlage von allem Existenten und Nicht-Existenten.

So ergibt sich folgende Prinzipien-Dreiheit:

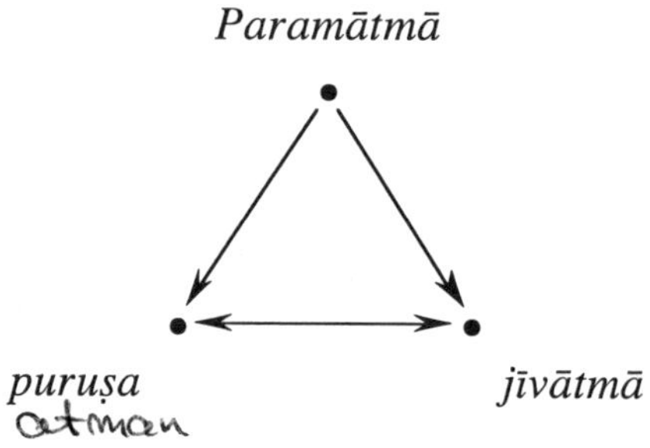

Puruṣa und *jīvātmā* sind die beiden Pole der fernöstlichen Überlieferung, der eine ist inaktiv und gleichbleibend, der andere aktiv und ein Erfahrender. In westlichen Begriffen können wir sie bezeichnen als:

- intelligible Seele
- vernunftgemäße Seele
- sinnlich wahrnehmbare Seele

Wie man feststellen man, präsentiert die *Gītā* den zerstörbaren (manifestierten), den unzerstörbaren (nicht-manifestierten) und den metaphysischen, vollkommen transzendenten Aspekt als Grundlage des Ganzen.

Aus theistischer Sichtweise ergibt sich:

- der immanente Gott (*X, 20; XV, 12 ff.*)
- der persönliche Gott, Vater-Mutter, transzendent (*IX, 17*)
- der unpersönliche und nicht-duale Gott, *advaita* (*XV, 18*)

19
Wer Mich, Puruṣottama, kennt, ohne verwirrt zu sein, der besitzt das ganze Wissen und ehrt Mich mit seinem ganzen Wesen, oh Bhārata.

Jener *jīvātmā*, der sich im *Paramātmā* aufgelöst hat, entdeckt zwangsläufig die Essenz aller Dinge, das »Alpha und Omega« dessen, was ist. Folgendes sollten wir anmerken: Die ersten sechs Kapitel der *Gītā* beziehen sich auf das Individuelle, die nächsten sechs Kapitel auf das Universale und die letzten sechs Kapitel behandeln die ursprüngliche Einheit.

Der Yoga ist ein Weg, der zur Identität mit *Jenem* führt.

20
Diese sehr geheime Wissenschaft wurde von Mir offenbart, oh Anagha. Wer sie verwirklicht, wird weise und braucht nichts mehr zu vollenden, oh Bhārata.

Jede »Ego-Bewegung« ist etwas Nicht-Vollendetes. Erst wenn die Bewegung aufgehört hat, geht das Wesen in seine ganzheitliche Glückseligkeit, Erfüllung oder objektlose Freude ein. Aber damit das geschehen kann, muss man sich verwirklichen, wie dieses *sūtra* betont. Es genügt nicht, darüber zu diskutieren oder *Brahman* auf emotionale Weise herbeizusehnen.

Dies ist das fünfzehnte Kapitel mit dem Titel »Puruṣottamayoga«.

ANMERKUNGEN ZU KAPITEL XV

»Dann muss man jenen Ort [Zustand] aufsuchen, von dem keine Rückkehr mehr möglich ist, und Zuflucht im ursprünglichen *Puruṣa* nehmen, von dem der Urimpuls [der Manifestation aller möglichen konfliktgeladenen Dualitäten] ausgegangen ist.« (*XV, 4*)

Anderswo haben wir gehört, dass das Ziel des Wesens ist, »aus allen diesen Daten das Absolute, Allgemeingültige, Invariante herauszufinden, was in ihnen steckt«[1].

Das können wir tun, da jedes Relative etwas Absolutes, Stabiles, Unveränderliches voraussetzt, in dem wie gesagt kein Prozess und kein Werden ist. Wenn das Absolute also weder eine Hypothese oder erfundene Mutmaßung ist noch eine Größe jenseits der Möglichkeiten des Wesens, dann muss der kategorische Imperativ des Suchenden genau der sein, die ganzheitliche Erfüllung und nicht-duale Glückseligkeit zu finden.

Was ist es, das uns im Dualen, im Vielfältigen und im veränderlichen Prozess festhält? Der *Vedānta* antwortet: die metaphysische Unwissenheit, die *avidyā*, verstanden als Nicht-Kenntnis, Selbst-Vergessenheit, Zerstreutheit des Bewusstseins. Und wenn die *avidyā* die Ursache unserer Knechtschaft ist, sollte

---

[1] Max Planck, *ebd.*

die Aufgabe jedes wahren Suchenden darin bestehen, sich von Blindheit und Unkenntnis zu befreien.

Die Befreiung wird früher oder später zwangsläufig zu einem unumkehrbaren Ereignis für den *jīva*, welcher des Konflikts und der »Sackgasse« müde zu werden beginnt.

Die *Gītā* ist eine synthetische (keine synkretistische) Lehre, die von der Dunkelheit ans Licht, vom Sterblichen zum Leben, vom Werden zum Sein, von der *avidyā* zum *jñāna*, vom unbeständigen Relativen zum unbedingten Absoluten, vom Schein ins Sein führt.

Die Wissenschaft geht stets auf die Suche nach diesen Prinzipien oder dauerhaften und universalen Gesetzen, auf denen das Werden der Dinge beruht. Unaufhörlich nimmt sie jede Fragestellung in Angriff, um die »Konstante« zu entdecken, die von der Erscheinung umhüllt ist.

Max Planck schreibt: »Gleich am Anfang meiner Lebensdarstellung habe ich betont, daß das Suchen nach dem Absoluten mir als die schönste wissenschaftliche Aufgabe erscheint.«[1] Wir ergänzen: nicht nur als die schönste Aufgabe der Wissenschaft, sondern auch als die schönste Aufgabe der Philosophie und aller Wesen, deren Verstand sich mit dem Problem der Existenz beschäftigt.

Wir wissen, dass nur eine Minderheit dieses wissenschaftlich-philosophische Verlangen hat, während die Mehrheit das Werden erträgt ohne darüber nachzudenken. Ebenso wahr ist, dass es notwendig ist, die *tamas*-Geprägten auf geeignete Weise zu einem Gewahrsein ihrer selbst als denkende Wesen anzuregen und den *rajas*-Geprägten, die manchmal Opfer ihres leidenschaftlichen

---

1 *ebd.*

Aktivismus sind, einen eindeutigen Weg zu weisen, der jede menschliche Problematik wirklich auflösen kann.

Die Überlieferung mit ihren verschiedenen Wissenschaften weist einen Weg zum Absoluten und zu den Universalien, der ernsthaft erforscht und erfahren werden will. Der Yoga ist Wissenschaft und Philosophie, Theorie und Praxis, Denken und Handlung.

Puruṣottama enthüllt sich dem, der zu unterscheiden und zu erfahren vermag, dem, der ihn zu lieben weiß.

Der göttliche Lehrer betont in vielen *sūtra* den Aspekt der Hingabe und der Liebe zum Wahren oder Göttlichen, weil sich nur durch Hingabe und Liebe die Wahrheit enthüllen und manifestieren kann. Wo sie fehlen, kann kein wahres Erforschen stattfinden, sondern nur spirituelle oder wissenschaftliche Neugier sein, also nur fruchtloses Wissenwollen.

Die *bhakti* (Hingabe) ist aktiv, wirksam-operativ, umformend-transformierend, auflösend. Auch der Wissenschaftler sollte vor allem ein *bhakta* sein, ein Verehrer der wissenschaftlichen Wahrheit, und in der Lage sein, ihr alles zu opfern. Tatsächlich gab es Menschen, die ihr Leben hingegeben haben um wissenschaftliche Gesetze zu entdecken; es gab auch Yogi, die dasselbe getan haben, um metaphysische Wahrheiten auszudrücken. Aber weder durch Bildung, Wissenanhäufung oder Erinnerung, noch durch das Beobachten, was die Anderen tun, gelingt es, eine Wahrheit zu erfassen und zu verwirklichen. Das zu verstehen ist äußerst wichtig. Es vermeidet Enttäuschungen und erleichtert jene richtige psychologische Haltung, die unabdingbar ist für jede ernst zu nehmende Untersuchung.

In diesem Kapitel legt der Lehrer den Akzent auf den ewigen und dauerhaften *Puruṣa*, jenen *Puruṣa*, der die Gesamtheit aller Zustände in sich vereint. Der *Puruṣa* ist nie den Bedingungen unterworfen, welchen die Individualität unterliegt. In seinen Beziehungen mit ihr bleibt er stets unangetastet und unbefleckt von den undefinierten Veränderungen des Individuums, die hauptsächlich zufälliger und unwesentlicher Natur sind. Es ist die *prakṛti* (oder das *pradhāna*), die alle manifesten Möglichkeiten virtuell enthält, aus welcher die Lichter und Schatten emporsteigen und erscheinen.

Vijñānabhikṣu sagt: »Jegliche Veränderung, von der Urzeugung der Welt bis zu ihrer endgültigen Auflösung, stammt ausschließlich aus der *prakṛti* und ihren Erzeugnissen.« Das heißt, aus den ersten 24 *tattva* des *Sāṁkhya*.

Puruṣa ist das noumenale Prinzip aller Bewegungen. Obgleich er außerhalb des Entwicklungsprozesses bleibt, bestimmt er die Entstehung der Eigenschaften der *prakṛti*. Es gibt daher nichts, was seine Essenz und Unveränderlichkeit beeinträchtigen könnte.

> »Wie das Bild der im Wasser reflektierten Sonne je nach Wellengang flimmert oder vibriert, ohne dennoch weder die anderen reflektierten Objekte noch, um so mehr, die Sonnensphäre selbst zu beeinträchtigen, so verändern die Modifikationen eines Individuums weder ein anderes Individuum noch vor allem den höchsten Ordner.«[1]

Der Ordner ist, wie wir schon gesehen haben, durch *Puruṣottama* repräsentiert, und in seiner Noumenalität ist er mit dem *puruṣa* oder der Persönlichkeit identisch, wie ein Lichtstrahl mit der Sonne. Das Bild der Sonne im Wasser ist der *jīva*, die lebendige Seele, denn er ist effektiv der Widerschein des Lichts des universalen Geistes im Individuum. Der leuchtende Strahl, der das Bild konkretisiert und es mit seiner Quelle verbindet, ist die *buddhi*.

---

[1] *Brahmasūtra, con il commento di Śaṅkara*, Rom 2000

Das Wasser, welches das Sonnenlicht reflektiert, ist im Allgemeinen das Symbol der bildlichen *prakṛti*. Analog dazu lesen wir: »Und Gottes Geist schwebte über dem Wasser.«[1] Der Geist entspricht dem *Puruṣa* und das Wasser der *prakṛti*.

Laut der *Kaṭha Upaniṣad* ist der *puruṣa* die Ursache der Manifestation, ohne selbst durch irgendetwas manifestiert worden zu sein.

Der Gesichtspunkt (*darśana*) des *Saṁkhya* – nicht der, von dem die *Gītā* spricht und der vom *Vedānta* inspiriert ist – beleuchtet vor allem den manifestierenden Aspekt, die Entwicklung der Möglichkeiten der *prakṛti*, denn sein »Gesichtspunkt« ist eher kosmologischer als metaphysischer Ordnung.

Puruṣa ist das eine und einzige Prinzip, auf das alles bezogen werden muss, denn die Suche des wahren Yogi wendet sich ohne irgendein Zögern dem Absoluten zu, dem realen Mittelpunkt des ganzen Seins.

> »Dieser *ātmā*, der im Herzen wohnt, ist kleiner als ein Reiskorn, kleiner als ein Gerstenkorn, kleiner als ein Senfkorn, kleiner als ein Hirsekorn; dieser *ātmā*, der im Herzen wohnt, ist auch größer als die Erde [die grobstoffliche Sphäre], größer als die Atmosphäre [die feinstoffliche Sphäre], größer als der Himmel [die kausale formlose Sphäre], größer als all diese Welten [zusammen; das heißt: das Unbedingte ist mehr als die gesamte Manifestation].«[2]

---

[1] *Genesis I, 2*

[2] *Chāndogya Upaniṣad III, 14, 3*

KAPITEL XVI

DER YOGA DER UNTERSCHEIDUNG ZWISCHEN GÖTTLICHER UND DÄMONISCHER NATUR

Śrī Bhagavan sprach:

1
Unerschrockenheit, Reinheit des Wesens, Festigkeit in Erkenntnis und Kontemplation, Barmherzigkeit, Selbstbeherrschung, Opfer, Studium der Schriften, Askese, Rechtschaffenheit,

2
Gewaltlosigkeit, Wahrhaftigkeit, Befreiung von Zorn, Frieden, Abwesenheit von Bosheit, Mitgefühl mit allem, Abwesenheit von Begierden, Sanftheit, Bescheidenheit, Besonnenheit,

3
Stärke, Vergebung, Geisteskraft, Reinheit, Befreiung von feindseligen Gedanken, Abwesenheit von Stolz: All das, oh Bhārata, gehört dem, der in göttliche Vollkommenheit [hinein]geboren ist.

4
Heuchelei, Arroganz, Eitelheit, Zorn, Hartherzigkeit und Unwissenheit: All das, oh Pārtha, gehört dem, der in einen asura-Zustand [hinein]geboren ist.

5
Die göttliche Vollkommenheit führt zur Befreiung und der asura-Zustand führt in die Knechtschaft. Sorge dich nicht, oh Pāṇḍava, du bist in göttlicher Vollkommenheit geboren.

6
In dieser Welt gibt es zwei Kategorien von Wesen: daiva und asura; die daiva-Wesen wurden ausführlich beschrieben. Höre nun von Mir, oh Pārtha, über die asura.

7
Die asura-Wesen kennen weder den Weg der Handlung noch den des Handlungsverzichts, in ihnen ist weder Reinheit, richtiges Verhalten noch Wahrheit.

8
Sie behaupten, dass das Universum ohne Wahrheit sei, ohne Grundlage [oder moralische Basis], ohne einen Herrn, ohne einen regulierten Kausalzusammenhang und verursacht durch Leidenschaft.

9
Unbeirrt in dieser ihrer Art, [die Dinge] zu sehen, kommen diese Unglückseligen, die verständnislos und voller Gewalt sind, auf die Welt, um sie zu zerstören.

10
Indem sie sich einem unerfüllbaren leidenschaftlichen Begehren hingeben, bekennen sie sich voller Stolz, Heuchelei und Arroganz auf Grund von Unwissenheit zu schlechten Neigungen, sie handeln nach unreinen Beweggründen.

11
Maßlosen Unternehmungen ergeben, die [nur] mit dem Tod enden, verfolgen sie das Ziel durch Befriedigung der Leidenschaften, überzeugt, dass dies alles sei.

Das ist das *carpe diem* des gedankenlosen Materialisten.

12
In Sklaverei gehalten durch die tausend Fesseln des Begehrens, der Lust und dem Zorn ergeben, suchen sie mit unredlichen Mitteln nach Reichtum, bloß um ihre Begierden zu befriedigen.

13
»Heute habe ich dies erhalten, dieses andere werde ich morgen haben. Dieses Gut gehört mir und auch dies andere wird zu gegebener Zeit meines sein;

14
ich habe diesen Feind getötet und andere werde ich [noch] töten. Ich bin der Herr, ich fröne dem Genuss, ich bin perfekt, mächtig, glücklich,

Das ist die Täuschung der unmoralischen Kraft des Ich, dem alles zulässig erscheint.

15
ich bin reich, von edler Geburt, welcher andere könnte mir ähnlich sein? Ich werde Spenden, Geschenke geben und mich freuen«, so [sprechen] diejenigen, die durch die Unwissenheit getäuscht werden.

In diesen Wesen regiert nur das Ich, die illusorische Zusammensetzung, welche früher oder später Konflikt und Schmerz verursacht.

16
Aufgewühlt durch die verschiedensten Gedanken, gefangen im Netz der Täuschung, damit beschäftigt ihre Begierden zu befriedigen, fallen sie in einen schmutzigen Abgrund.

17
Überheblich, eingebildet, voller Stolz und begierig nach Reichtümern, vollziehen sie Opfer, die dies nur ihrem Namen nach sind, ohne sich [nicht einmal] an die Vorschriften [des Ritus] zu halten.

18
Dem Egoismus, der rohen Gewalttätigkeit, der Arroganz hingegeben sowie der Wollust und dem Zorn, weisen diese Wesen Mich, der ich auch in ihren Körpern wohne, ab.

19
Sie, die Hasser, die Grausamen, die Schlimmsten unter den Menschen, geraten in der Aufeinanderfolge von Geburt und Tod immer tiefer in die Mutterschöße der asura [Dämonen].

20
In diesen Mutterschößen umnachtet sinken sie, oh Kaunteya, von Geburt zu Geburt und ohne Mich zu erlangen in den niedrigsten Lebenszustand hinab.

21
Dreifach ist das Tor des Abgrunds, in dem die individuelle Seele die Zerstörung findet: Leidenschaft, Zorn und Be-

sitzgier. Deshalb sollte der Mensch diese drei Eigenschaften aufgeben.

22
Wer sich von diesen drei Toren befreit hat, welche die Welt der Finsternis öffnen, erlangt das Beste für sich und erreicht das höchste Ziel, oh Kaunteya.

23
Wer [dagegen] die Anleitungen der Schriften missachtet und handelt, indem er seinen Leidenschaften gehorcht, erlangt weder Vollkommenheit, Glück noch das höchste Ziel.

24
So sei die Schrift [Quelle der Inspiration] für deine Lebensführung. Im Bewusstsein dessen, was die Śāstra verkünden, führe deine Handlung aus.

Dies ist das sechzehnte Kapitel mit dem Titel
»Der Yoga der Unterscheidung zwischen
göttlicher und dämonischer Natur«.

ANMERKUNGEN ZU KAPITEL XVI

Im traditionellen Symbolismus Indiens ist die Unterscheidung zwischen den *Deva*, Geistern des Lichts, und den *Asura*, den Titanen, Geistern der Finsternis, uralt. Der *Ṛg Veda* spricht vom Kampf zwischen den Göttern und ihren Feinden. Im *Rāmāyana* gibt es einen Kampf zwischen den Wesen einer Zivilisation des Lichts und Wesen, welche die Finsternis symbolisieren. Auch das *Mahābhārata*, und damit die *Bhagavadgītā*, beschreibt den Konflikt zwischen den Pāṇḍava, die dem rechten *dharma* folgen, und den Kaurava, die nach Macht und Besitz streben.

So befinden wir uns wieder bei der Dualität und dem ewigen Problem von Konflikt und Schmerz.

Zuvor haben wir gesehen, dass die Wirklichkeit als solche ohne Grenzen, Teile, Unterschiede und so beschaffen ist, dass sie ohne jegliche Ausnahme jene Einheit, Identität, Universalität und Konstante besitzt, die ihr eigen und innewohnend sind. Wie kommt es also, dass die Dualität auftaucht, obwohl es eigentlich nichts anderes als die Einheit-ohne-Zweites gibt?

Zwei Dinge sind zu beachten:

a) Das metaphysische Eine hat die unendliche Seinsmöglichkeit in sich; in dieser Unendlichkeit kann es keine Begrenzung und Festlegung geben.

b) Ist die Dualität wirklich real oder entspricht sie einer Kategorie, die von unserem Verstand verdreht worden ist, der die heterogene Ausdrucksmöglichkeit in sich birgt und damit also auch die metaphysische Unwissenheit (*avidyā*)?

Das Eine *ist*, und dem ist nichts hinzuzufügen. Wenn wir ihm etwas hinzufügen würden, zum Beispiel die Eigenschaft des Guten, würde dies demzufolge bedeuten, es in Beziehung zum Schlechten zu setzen, ihm also die Dualität aufzuerlegen. Und die Dualität in der Einheit zu behaupten ist wider jede Logik.

Das ist der Irrtum, den einige Religionen begangen haben, die, nachdem sie Gott als ganz gut präsentiert haben, gezwungen waren, sich diesen Gott als ganz schlecht vorzustellen. Wenn das Eine im absoluten Sinn weder gut noch böse oder schlecht, weder glücklich noch unglücklich, weder gerecht noch ungerecht ist, wie konnten dann diese Dualitäten entstehen?

Wenn die Dualität im Einen nicht existiert, ist sie also *nicht* und kann auch nicht sein. Und wenn sie (als autonome und absolute Wirklichkeit) nicht ist, gehört sie der Kategorie der *māyā* oder Erscheinung an.

Das Gute und das Böse oder Schlechte usw. haben nur dann einen Wert, wenn sie auf ein relatives Ich als Bewusstseinszentrum bezogen werden, welches stets in Beziehung auf ein Ich Erfahrungen macht.

Das Gute ist die Eigenschaft eines räumlich-zeitlichen Ich. Es ist eines seiner in Begriffe gefassten, klassifizierten und belegten Attribute. Wenn das Ich nicht vorhanden ist, gibt es auch nicht die Möglichkeit, eine Eigenschaft auf empirische Weise zurückzuführen.

Wenn man gewöhnlich sagt, dass der Mensch das Gute wolle, und wenn er sich sogar die Gottheit in Bezug auf dieses Gute erschafft, bedeutet dies, dass dieser Ich-Mensch begehrt und um sein Wohlbefinden besorgt ist. Dieser Mensch möchte, dass sein

Ich in der Bemühung um Vollkommenheit zufriedengestellt wird, auch auf Kosten anderer Ich.

Dasselbe gilt für den Ich-Menschen, der Schlechtes will. Auch dieser erschafft sich seinen, sagen wir, bösen Gott und verehrt ihn, indem er ihn um die sehnlich erwünschte Eigenschaft bittet. Je böser sie erscheinen kann, desto mehr freut und betäubt sich sein Ich. In Wirklichkeit aber befindet sich die wahre Gottheit, das Eine, das alles aufrecht erhält, jenseits der dualistischen Gottheit, die der Ich-Mensch erfunden hat. Sie befindet sich jenseits aller erdenklichen Wünsche nach Gutem oder Schlechtem, aus dem einfachen Grund, weil diese Eigenschaften nicht gegeben zu werden brauchen. Sie müssen nur angerufen und enthüllt werden, da sie in der *prakṛti* schon virtuell existent sind. Genauso brauchen auch die Intelligenz und die Erkenntnis nicht gegeben zu werden. Auch sie müssen nur angerufen und enthüllt werden, das heißt, sie müssen von der Potenz zum Akt überführt werden. Das Eine ist, und im Einen ist die unendliche Möglichkeit des Seins enthalten. Die Dualität ist der zeitlich-räumliche Zustand des Ich, das Bewegung und Veränderbarkeit ist und mit größter Leichtigkeit von einer Polarität zu einer anderen wechselt. Für ein Ich mag daher das, was in einem bestimmten Moment gut ist, in einem anderen Moment nicht mehr gut sein, eben weil ein absolutes Gutes und ein absolutes Schlechtes nicht existieren, da beide nur mentale Ego-Kategorien sind. Dass das Ich so tief herabsinken kann, Verbrechen jeder Art und Weise zu begehen, ist eine offensichtliche, sogar logische Tatsache, wenn wir davon ausgehen, dass es sich für absolut hält, obgleich es ein in sich selbst beschränktes Produkt ist, losgelöst von der Lebenseinheit, selbstverhüllt, ein widernatürlicher Prozess. In den vorangehenden *sūtra* können wir verfolgen, wie die grausamen Egoisten immer tiefer in die Mutterschöße der *asura* sinken.

Diese Ausdrucksweise des Ich bleibt stets jener heterogenen Seinsmöglichkeit des Lebens wesenseigen. Es genügt, eine Eigenschaft nicht mehr zu wollen, damit sie verschwindet. Es genügt also, das Gute zu wollen, damit es auftaucht und sich manifestiert.

Dann können wir uns aber fragen, warum es der Menschheit, die sich brennend nach dem Guten sehnt, nicht gelingt es zu erlangen? Die Antwort ist einfach: Sie sucht es nicht wirklich. Sie will es zwar, aber bei den anderen, bei ihrem guten Gott zum Beispiel. Der Mensch geht draußen herum und bettelt um das, was er bereits in sich hat. So ist auch die Erkenntnis, die Rhythmus und Harmonie erzeugt, ein unveränderliches Attribut, welches der Mensch sehr gut ausdrücken könnte. Aber sie taucht nicht sehr oft auf, da der Mensch nichts dafür tut, um sie anzurufen und auszudrücken.

Das Ich-Individuum gelangt zu einer absurden Dialektik: Es beschimpft Gott, weil Er ihm das, was Er ihm im Grunde schon gegeben hat – was es also schon besitzt –, nicht gibt.

Ein aufmerksamer Betrachter kann im menschlichen Handeln diese zweifache Richtung entdecken: Harmonie und Disharmonie. Die einen neigen zur Harmonie und drücken sie auch wirklich aus, die anderen neigen zu Disharmonie und manifestieren sie auch wirklich. Dazwischen liegt die Mehrheit derer, die eine Eigenschaft gemeinsam haben: Sie schreien, zetern und kritisieren. Es sind diejenigen, welche sich von der Strömung mitreißen lassen, die sich willkürlich leben lassen ohne irgendeine Ausrichtung und ohne Unterscheidungsvermögen.

Für den, der all seine Erfahrungen auf ein Ich bezieht, für den, der das Unendliche auf ein Ego zurückführt, das mit einer Polarität identifiziert ist, für den gewinnt die Dualität gut-schlecht eine vorherrschende Bedeutung: Sie bildet die Nabe, um die sich das Rad all seiner Handlungen und Gedanken dreht. Sie repräsentiert das erschreckende Drama seines Schicksals, das Geheimnis, welches peinigt und gefangen nimmt.

> »In dieser Welt gibt es zwei Kategorien von Wesen: *daiva* und *asura*.« (*XVI, 6*)

Daiva bedeutet Harmonie, Rhythmus, *sattva*; *asura* bedeutet Disharmonie, Blindheit, *tamas*. Beide ernten die Früchte, die ihren jeweiligen Handlungen innewohnen. Beide erfahren die entsprechende Reaktion, die sie durch ihr jeweiliges Handeln provoziert haben.

Man kann also dem Gesetz der dunklen Mächte der *prakṛti* (dem Bösen oder Schlechten) folgen oder dem Harmoniegesetz der ordnenden Macht des *puruṣa* (dem Guten oder der Erkenntnis). Zum Schluss können beide transzendiert werden und das Eine-ohne-Zweites, das unbedingte *Brahman nirguṇa*, kann verwirklicht werden.

KAPITEL XVII

DIE UNTERSCHEIDUNG DES DREIFACHEN GLAUBENS

1

Oh Kṛṣṇa, in welchem Zustand befinden sich diejenigen, welche die Normen der Schriften vernachlässigen, aber von Glauben erfüllt Opfer darbringen? Haben sie Anteil an sattva, rajas oder an tamas?

Śrī Bhagavān erwiderte:

2

Dreifach ist der Glaube derer, die sich in einem Körper befinden, und er stammt aus der sattva-, rajas- und tamas-Natur. Höre zu.

3

Der Glaube eines jeden entspricht der eigenen Natur, oh Bhārata. Der Mensch wird durch seinen Glauben geformt. Wie sein Glaube ist, so ist auch er.

4

Die sattva-geprägten Menschen verehren die Deva, die rajas-geprägten Menschen die Yakṣa und die tamas-Geprägten verehren die Preta und die Scharen der Bhūta.

Gemeint sind die Scharen der Halbgötter und der verstorbenen Geister.

5
Die Wesen, welche schrecklichen, nicht von den Schriften vorgeschriebenen Askesen ergeben und voll Heuchelei, Egoismus, Gewalt, Gier und Leidenschaft sind,

6
zermürben unvernünftigerweise die Elemente des Körpers und Mich selbst, der Ich in ihm wohne. Wisse, dass diese Wesen düster sind in ihren Entschlüssen.

Gewalttätige und irrationale Übungen, die nicht zu positiven Ergebnissen führen, sollten vermieden werden. Die Askese sollte mit Intelligenz und spiritueller Würde geübt werden.

7
Dreierlei Art ist auch die Nahrung, die uns so lieb ist; so auch das Opfer, die Askese und das Schenken. Höre, wie sie sich unterscheiden.

8
Die Nahrungsmittel, welche die Vitalität steigern, die Lebenszeit [verlängern], die körperliche Kraft, die Gesundheit, das Glück [fördern], die schmackhaft, nahrhaft, angenehm und locker sind, werden von den sattva-Wesen bevorzugt.

9
Die bitteren, sauren, salzigen Speisen, die sehr heiß, scharf, herb sind, die brennen und Schmerz, Leiden und Verdauungsstörungen bereiten, werden von den rajas-Wesen bevorzugt.

10
Alte Nahrung, die geschmacklos, faul und übrig geblieben ist, wird von den tamas-Wesen bevorzugt.

Der Körper reagiert auf den qualitativen Schwingungszustand der Nahrung; es wäre erforderlich, die Zelle mit der Eigenschaft bestimmter Speisen in Einklang bringen und umgekehrt.

11
Das Opfer, das gemäß den Vorschriften der Schriften von denen dargebracht wird, die keinen Lohn erwarten und fest davon überzeugt sind, es tun zu müssen, ist sattvisch.

12
Wisse jedoch, oh Bester der Bhārata, dass das Opfer, das aus Eitelkeit und in Erwartung eines Lohns dargebracht wird, rajas angehört.

13
Das Opfer, das entgegen den Vorschriften ohne Speisegabe, ohne mantra, nicht von Geschenken begleitet, ohne Glaube ist, nimmt an tamas teil.

14
Der den Deva, den Zweimalgeborenen, den Guru, den Weisen erwiesene Respekt, die Reinheit, die Rechtschaffenheit, die Enthaltsamkeit und die Gewaltlosigkeit, all das wird die Sittenstrenge des Körpers [oder Askese] genannt.

15
Das Wort, das keine Verwirrung erzeugt, das wahrhaftig, angenehm, wohltätig ist und das Studium der Schriften, all das wird die Strenge des Wortes genannt.

17
Diese dreifache Askese, unterstützt durch den tiefen Glauben ergebener Wesen, die nicht nach den Früchten [der Handlung] begehren, wird sattvisch genannt.

18

Die Askese, die mit dem Ziel, Ansehen, Verehrung und Zurschaustellung zu erlangen, geübt wird, gehört zu rajas; sie ist veränderlich und unbeständig.

19

Die Askese, die aus Unwissenheit, durch sich selbst zugefügte Qualen und mit dem Beweggrund, anderen zu schaden, geübt wird, gehört zu tamas.

20

Ein Geschenk, das einem [Menschen] gemacht wird, von dem man keine Gegenleistung erwartet, und in der Überzeugung, dass es am rechten Ort und zur rechten Zeit einer [dieses Geschenks] würdigen Person gegeben werden muss, gilt als sattvisch.

21

Jenes Geschenk aber, das mit dem Beweggrund, eine Gegenleistung zu erhalten, oder in der Hoffnung auf die Frucht in Form eines Rückgewinns oder das schweren Herzens gemacht wird, gilt als rajasisch.

22

Und jenes Geschenk, das zu unpassender Zeit und an unpassendem Ort einer unwürdigen Person respektlos und verachtungsvoll überreicht wird, gilt als tamasisch.

23

Om, Tat, Sat: Dies ist das dreifache Zeichen des Brahman. Von ihm wurden vor langer Zeit die Opfer, die Veden und die Brāhmaṇa eingesetzt.

Aum (ausgesprochen *Om*) drückt die Synthese, die Erhabenheit und die absolute Identität aus; *Tat* ist die Universalität und *Sat* die ewig währende Wirklichkeit.

24
Deshalb beginnen die Erläuterer der Veden die von den Schriften vorschriebenen Handlungen des Opferns, der Schenkung und der Askese stets, indem sie das Aum aussprechen.

25
Diejenigen, welche sich nach der Befreiung sehnen, vollziehen, ohne auf die Früchte zu blicken, die verschiedenen Handlungen des Opferns, Schenkens und der Askese, indem sie Tat aussprechen.

26
Die Silbe Sat drückt das aus, was wirklich und heilig ist, und ebenso, oh Pārtha, wird die Silbe Sat bei lobenswertem Handeln ausgesprochen.

27
Die Beständigkeit beim Opfern, in der Askese und beim Schenken wird auch Sat genannt, und ebenso wird jede zu diesem Zweck [ausgeführte] Handlung Sat genannt.

28
Jede Gabe, Askese und Schenkung, die ohne Glaube vollzogen wird, nennt man asat, oh Pārtha, und sie zählt nichts, weder in diesem Leben noch nach dem Tod.

Dies ist das siebzehnte Kapitel mit dem Titel »Die Unterscheidung des dreifachen Glaubens«.

ANMERKUNGEN ZU KAPITEL XVII

Der Lehrer gibt Arjuna eine Reihe von Meditationen über den *Glauben*, die *Ernährung*, das *Opfern*, über die *Askese* und das *Schenken*. All diese Mittel dienen – wie in Kapitel XVIII, 5 gesagt wird – einer effektiven Reinigung auf dreifacher Ebene: physisch, emotional und mental.

Die Individualität in ihrem Gesamtausdruck kann dadurch jene richtige Schwingung finden, die sie mit den höheren Zuständen des Wesens in Einklang bringt. Die Reinigung des dreifachen Körpers des *jīva* ist beim Praktizieren des Yoga von großer Wichtigkeit: Wenn sich alles auf Schwingung reduziert, muss jeder Kontaktkörper den optimalen Rhythmus finden, welcher das Fließen bestimmter Energien und das Erzeugen ganz bestimmter Wirkungen erlaubt.

Es geht also nicht um eine Reinigung sentimentaler, gesellschaftlicher oder moralischer Art, die in den betreffenden Sphären auch gar nichts verändern könnte. Es geht um etwas Tiefgründigeres und Anspruchvolleres: Es handelt sich um eine alchemistische Operation der atomaren Regenerierung auf allen Ebenen; es geht um eine Verwandlung der Substanz, die stufenweise, aber mit Energie und Standfestigkeit vollzogen wird.

Wovon soll man sich reinigen? Von jenen Eigenschaften oder Schwingungen, die dem Anspruch der neuen Lebensordnung nicht mehr genügen. Bei vielen Menschen werden bestimmte Mechanismen nicht ausgelöst, weil sie die Lehre nur kognitiv und mental aufgenommen haben. Aus diesem Grund kann sich ihr Bewusstseinszustand nicht verändern und daher mangelt es in den verschiedenen Körpern an entsprechender Resonanz.

Der *Yoga* führt die Träger oder Körper schrittweise zu einer ganzheitlichen Transformation, vorausgesetzt, dass er regelmäßig und ernsthaft geübt wird.

Der *Glaube* ist die »Substanz erhoffter Dinge«. Durch ihn schlagen sich die Ereignisse in der Substanz oder Form nieder; er bringt den Herzenswunsch in die Manifestation.

Wenn der Wissenschaftler, der Asket und der Philosoph nicht an ihre Untersuchung glaubten, könnte sie sich gar nicht entwickeln und zu Ergebnissen führen. Viele Menschen nähern sich diesen Lehren und auch dem Yoga mit agnostischem Geist; das führt zu Frustration und psychischer Verhärtung.

Das Leben schenkt sich dem, der es liebt. In der Liebe liegt Vertrauen, Glaube und Gewissheit des Bewusstseins. Wir sprechen von Liebe, nicht von jenem oberflächlichen emotionalen Zustand, der beim ersten Misserfolg aufgibt. Trotz aller Schwierigkeiten in unseren Beziehungen und Erlebnissen sollten wir die Untersuchung und *Erforschung* lieben lernen; wir müssen durchdrungen sein vom Glauben an sie. Mit dem Glauben haben wir die richtige psychologische Haltung, um die Askese in Angriff zu nehmen, welche die erste Bedingung jeder Bewegung darstellt.

Die *Ernährung* betrifft den physischen Körper: Ihm sollte weder zu viel noch zu wenig Aufmerksamkeit geschenkt werden. Der Mittelweg ist bei allen Dingen der beste Weg. Wichtiger als der physische Körper ist der psychische Körper, von dem Ersterer abhängt. Ihm sollte man beständige Fürsorge zuteil werden lassen. Wenn der psychische Körper verwandelt wird, merkt man automatisch wie der physische Körper gewisse Elemente ablehnt, die ihm nicht mehr entsprechen. Eine *sattva*-geprägte Diät ist auf jeden Fall – besonders auf bestimmten Ebenen – von Nutzen, um Disharmonien und Gegensätze zwischen den beiden Trägern zu vermeiden.

Wenn wir *opfern*, sollten wir auf die »Beweggründe« achten, welche zum Opfer veranlassen: Opfern können wir unseren Reichtum oder unsere Arbeit am Nächsten, unser Wissen für diejenigen, welche anklopfen usw. Es gibt zahllose, auch religiöse Opfer, die wir vollziehen können. Was dabei zählt ist – das möchten wir wiederholen – der Beweggrund und die »innere und äußere besonnene Haltung«.

Die *Sittenstrenge* ist die Askese, das genau definierte Programm eines Schülers, das er sich in freier Entscheidung auferlegt; sie darf daher keine Anstrengung oder psychologische Anspannung sein und auch keine Handlungen erzeugen, welche die Intelligenz beleidigen. Es ist eine *sādhanā*, die – wir wiederholen es noch einmal – von unserem Herzen aus freien Stücken angenommen wird.

Einige der Faktoren, die bei der Askese beachtet werden müssen, sind:

1. der Beweggrund
2. die Kenntnis und der richtige Einsatz der Energien (keine Zerstreuung, Gültigkeit einer Energie, Dosierung der Energien usw.)
3. die korrekte Richtung der Energien
4. die Kontinuität; das heißt, die Energien innerhalb eines »Spannungsfelds« ohne irgendein Nachgeben zu koordinieren

5. Rhythmus und Zyklizität (regelmäßige Wiederkehr) im Einsatz bestimmter Energien
6. angesichts der psychischen Prozesse sollte man sich wie ein Zuschauer verhalten

Das *Schenken* ist der Ausdruck eines Herzens, das sich öffnen möchte. Wer schenkt, öffnet einen Kreislauf, sprengt eine Kette, überträgt Energie, festigt einen Kontakt. Wer schenkt, gehört dem Leben, das nichts festhält. In ihm gibt es keine abgeschlossenen und isolierten Kreise, es gibt keine Schranken oder unterbrochenen und erzwungenen Linien. Wer schenkt, steht im großen Kreis des Lebens. Wer schenkt, ist ein Zentrum, das empfängt und überträgt. Aber Vorsicht: Es gibt Arten des Schenkens, die *tamas*-, *rajas*- und/oder *sattva*-Eigenschaften enthalten. Ein Geschenk, das in der dreifachen Sphäre des *jīva* gemacht wird, kann das Leben erheben oder beleidigen und erniedrigen. Ein Wort, das zu passender Zeit und an gelegenem Ort mit rechtem Beweggrund ausgesprochen wird, kann ein wertvolles Geschenk sein. Eine physische Leistung, auch sie mit rechtem Beweggrund vollbracht, kann ebenfalls ein Geschenk sein. Es gibt keine Grenzen des Schenkens: Jeder Akt des Schenkens sollte mit intelligentem Unterscheidungsvermögen vollzogen werden; er darf nicht unter der Herrschaft des Gefühls (Anziehung-Abneigung) stehen.

In den meisten Fällen bewegt sich das Individuum unter dem Druck von Gefühlen; es folgt der Linie von Anziehung-Abneigung. Wir schenken denen, die uns sympathisch sind, denen, für die wir eine Schwäche haben, denen, welchen wir schenken müssen, weil wir uns dazu gezwungen fühlen. Die ideale Weise zu schenken ist frei von Verhaftungen, frei von momentanen Gefühlen, frei von jeder Suche nach Genuss und jeder Eigenschaft des Ego.

Wo wahres Verständnis ist, da ist auch ein Schenken auf einer oder auf allen Bewusstseinsebenen des beteiligten *jīva*.

Sūtra 20 und die folgenden sind aufschlussreich, da sie viele Dinge, auch in Bezug auf die Eigenschaften der Substanz, aus der unsere Körper gemacht sind, aussagen.

Abschließend können wir sagen, dass das Schenken weder die Frucht von Verschwendung, noch von Schwäche, Blindheit oder von Unverhältnismäßigkeit in Hinblick auf unser energetisches oder materielles Gut ist.

KAPITEL XVIII

DER YOGA DER BEFREIUNG DURCH ENTSAGUNG

Arjuna sprach:

1

O Mahābāhu und Hṛṣīkeśa, ich möchte die wahre Essenz der Entsagung und des Aufgebens kennen lernen, oh Keśiniṣūdana. [Keśi ist ein mächtiger Dämon, der von Kṛṣṇa getötet worden ist.]

Arjuna ist ein *kṣatriya*. Sein unmittelbares *dharma* besteht darin, eine Schlacht in Angriff zu nehmen. Kurz vor Beginn der Schlacht bittet Arjuna den Lehrer, ihn über die wahre Entsagung zu unterweisen, um definitiv begreifen zu können, wie er richtig handeln und auf welche psychologische Weise er sich dieser Handlung nähern soll. Denn für einen *kṣatriya*, der vorwiegend auf der physischen Ebene agiert, hat das rechte Handeln einen ganz besonderen und essenziellen Wert.

Dieses richtige und rechte psychologische und materielle Handeln ist es, in das Arjuna *eingeweiht* werden muss. Er muss lernen, nicht mehr unter dem Druck sinnlich wahrnehmbarer und egoistisch einseitiger Beweggründe, sondern unter der Führung des unausweichlichen Willens des universalen *Dharma* zu kämpfen.

Der Unwissenheit – Eigenschaft des anderen Lagers an der Front, welche Individualismus, Konflikt und Disharmonie erzeugt – muss

Arjuna mit der Erkenntnis entgegentreten, welche die Wiederherstellung der Harmonie und Einheit gewährleistet. Dem zersetzenden und expansiven Feuer des Ich muss Arjuna mit dem reinigenden, vereinigenden und erneuernden Feuer begegnen.

Śrī Bhagavān erwiderte:

2
Die Weisen nennen uneigennütziges Handeln Entsagung; diejenigen, welche gelehrt sind, sagen, dass das Aufgeben darin bestehe, die Früchte aller Handlungen loszulassen.

Bei jeder Handlung müssen der Beweggrund, die Menge der einzusetzenden Energie, Zweck und Ziel der Handlung, die Art der Energie und die Bewusstseinsmodalitäten überprüft werden. Die Frucht des Genusses muss transzendiert werden, da sie ausschließlich der Sphäre des Ich angehört. Schließlich ist ein Gewahrsein erforderlich, für das Selbst zu handeln, im Unterschied zum Profanen, der für das Ich und mit dem Ich agiert.

3
Einige Weise sagen, das Handeln müsse aufgegeben werden, als sei es ein Übel; andere sagen, die Handlungen des Opfers, der Askese und des Schenkens bräuchten nicht aufgegeben werden.

4
Höre, oh Bester der Bhārata, was unter Aufgeben zu verstehen ist. Man sagt, es gebe drei Arten des Aufgebens, oh Puruṣavyāghra [Tiger-Mensch und daher ein sehr tapferer Mensch].

5

*Die Handlungen des Opfers, der Askese und des Schenkens
sollen nicht aufgegeben, sondern vollzogen werden. Das
Opfer, die Askese und das Schenken bilden die Reinigung
der Weisen.* nicht aus dem Leben entziehen

Erkenntnisweg im Handeln

6

*Aber diese Handlungen müssen vollzogen werden, indem
man die Verhaftung an den Früchten und das Begehren
nach ihnen aufgibt. Dies ist meine endgültige Überzeugung,
oh Pārtha.*

Die *Gītā* ist eine praktische Unterweisung, die die Handlung auf
keinerlei Ebene ablehnt; allerdings lehrt sie, *wie* zu handeln ist.
Alle Opferhandlungen sind Mittel zur Reinigung.

7

*In Wahrheit ist das Vermeiden einer vorgeschriebenen
Handlung unangebracht: So eine Entsagung, aus Täuschung entstanden, wird als tamasisch bezeichnet.*

8

*Wer die Handlung aus Angst vor körperlichem Schmerz
aufgibt und dabei auf rajasische Art entsagt, wird die
Frucht des Verzichts nicht erhalten können.*

9

*Wer eine vorgeschriebene, das heißt für richtig [erachtete]
Handlung ausführt, entsagt entsprechend den sattva-
Eigenschaften durch das Aufgeben jeglicher Verhaftung
und der Frucht, oh Arjuna.* Entsagung aus dem

handelnden Ich - Impuls heraus

In dem Maß, in dem das Individuum immer mehr von *sattva*
durchdrungen wird, wird ihm durch die Inspiration aus den

Im Fall wird Würde verlangt

universalen Ebenen jenes Handeln enthüllt, das in Einklang mit dem kosmischen Ganzen ist. So wird das Individuum zu einem Werkzeug des göttlichen *Dharma*.

10

Der von sattva durchdrungene Weise, dessen Zweifel zerstreut sind, entsagt, ohne die schmerzhafte Handlung zu verabscheuen oder die angenehme herbeizusehnen.

Es ist das Ich, das bestimmte Handlungen anderen Handlungen vorzieht, denn es bewegt sich zwischen Anziehung und Abneigung. So müssen wir die richtige Handlung zum Beispiel dort erzeugen, wo wir sind, und nicht da, wo wir gerne sein würden.

11

Für das Wesen, das einen Körper besitzt, ist es wahrhaft unmöglich, vollkommen auf Handlung zu verzichten, aber von dem, der auf die Frucht des Handelns verzichtet, wird gesagt, dass er Verhaftungslosigkeit übe.

Wie können wir uns bestimmter Handlungen enthalten, wenn wir auf der Ebene des Werdens und des Prozesses noch »verstopft« sind? Vollständig stehen bleiben ist nicht einfach: Die *prakṛti* drängt uns (siehe eines der vorangehenden *sūtra*) zu ununterbrochenen Veränderungen; der *Karmayoga* setzt sich durch und wir haben keine andere Wahl.

warum nicht immer in diesem Augenblick bleiben für immer
Gate Gate

12

Die Frucht des Handelns ist dreifach: angenehm, unangenehm und gemischt und sie wird von denen geerntet, die – nachdem sie ihren Körper verlassen haben – den Verzicht nicht verwirklicht haben (atyāginā). Dagegen gibt es keinerlei Art [von Frucht] mehr für diejenigen, welche die Verhaftungslosigkeit verwirklicht haben (saṁnyāsinā).

Für Śaṅkara entsprechen die *atyāginā* den *karmayogi*. Und die *saṁnyāsin* sind diejenigen, welche jede Art des Handelns aufgegeben haben, außer jener, die zur Erhaltung des Körpers notwendig ist, und der anderen Handlung, welche die Übermittlung der Lehre betrifft.

13
Oh Mahābāhu, erfahre von Mir diese fünf Prinzipien [Ursachen] zur Ausführung aller vom Sāṁkhya [Yoga der Erkenntnis im Allgemeinen] beschriebenen Handlungen.

14
[Sie sind] die Basis (adhiṣṭhāna) und gleichfalls das Handelnde (kartā) der Handlung, die verschiedenen Organe, die unterschiedlichen Funktionen der Lebensenergien, getrennt genommen; schließlich der daiva, der das fünfte ist.

Die Basis ist der Körper, das Handelnde ist die Ursache der Handlung, die Organe sind die *indriya*, die Funktionen sind die *prāṇa-* oder Lebensenergien im Inneren des Körpers, der *daiva* in der Einzahl ist das Ensemble der Gottheiten, die über die verschiedenen Sinne herrschen und die Fähigkeiten der Sinne festlegen.

15
Diese [aufgezählten] sind, entsprechend den Normen oder im Widerspruch zu ihnen, gleich bei welcher Handlung, die das Individuum mit dem Körper, mit dem Wort oder mit dem Verstand ausführt, die fünf Prinzipien (hetavaḥ).

Die Handlung ist dreifach, wie wir feststellen können: Sie kann durch den Intellekt, das Wort (im Fall eines Lehrers, Predigers, Vortragenden usw.) oder mit dem Körper, mit Einsatz, das heißt, mit physischer Energie ausgedrückt werden. Arjuna muss einen Kampf aufnehmen, der sich vorwiegend auf der physischen Ebene abspielt, der aber durch die Erleuchtung der *buddhi* unterstützt wird.

16
Deshalb kann das Individuum, das aus Unwissenheit das absolute Selbst als den Handelnden betrachtet, wegen seiner seelischen Unreife nicht sehen.

Das Selbst erzeugt keine Handlung, noch wird es natürlich durch diese Handlung beeinflusst. Der Erfahrende und die effiziente Ursache des Handelns aber ist das Ich, während die Träger seine materielle Ursache sind.

17
Wer von jeder Egozentrik befreit ist und wessen buddhi nicht verschlossen ist, würde, selbst wenn er töten müsste, [in Wirklichkeit] nicht töten und wäre nicht gebunden.

Die Person, die dem universalen *Dharma* gemäß handelt, kann Handlungen ausführen, die, obgleich sie gegen die gesellschaftlichen Normen verstoßen, sich dennoch in einen Prozess kosmischer Koordinierung einfügen. Das Ganze betrachtet das Ganze, während ein Teil nichts als einen Bruchteil des Ganzen betrachten kann.

18
Das erkennende Subjekt, das Objekt und die Erkenntnis bilden den dreifachen Handlungsimpuls (karmacodanā).

Der Handelnde, die Handlung und das Werkzeug [der Handlung] bilden die drei formenden Elemente des Handelns (karmasaṁgraha).

Die *karmacodanā* ist die Vorstellung auf der psychischen Ebene des Handelns, während der *karmasaṁgraha* der materielle, operative und konkrete Aspekt ist. So ergibt sich der idelle Impuls – die Bildung der schematisierten Anschauung – ebenso wie die Handlung als Wirkung eines gesamten visualisierten Prozesses. Beide enthalten drei Momente und drei Faktoren, die untersucht werden müssen (siehe das *Vorwort* und die Kommentare zu den *sūtra*).

19
Die Erkenntnis, die Handlung und der Handelnde gelten gemäß der Unterscheidung der guṇa als dreifach. Vernimm auch dies mit Aufmerksamkeit.

20
Wisse, dass jene Erkenntnis, die in jedem Wesen das unvergängliche, auch in den teilbaren [Existenzen] unteilbare eine Sein erkennt, sattvisch ist.

21
Jene Erkenntnis, die wegen der [scheinbaren] Unterschiedlichkeit der Wesen getrennte und verschiedene Naturen in ihnen wahrnimmt, wisse, dass sie rajasisch ist.

22
Und jene [Erkenntnis], die an einem einzelnen Tatbestand haften bleibt, als wäre er das Ganze, ohne die Ursache zu betrachten und ohne zu verstehen, was real ist, wisse, dass diese [Erkenntnis] von begrenztem Wert ist und als tamasisch bezeichnet wird.

Nur die Erkenntnis des Individuums haftet an dem, was ihr die Seh- und Tastwerkzeuge anbieten. Es ist die Anhaftung an einem minimalen Teil des Raums und der Zeit, ein kleines Sandkorn der gesamten Wüste, ein Tropfen Wasser im großen Ozean. In solch einem Individuum herrschen weder ein vernunftgemäßes Unterscheidungsvermögen noch Intuition. Oder sie existieren als sinnlich wahrnehmbarer Aspekt, aber dann im Dienst des Sandkorns und des Wassertropfens; und das Individuum dreht sich in einem geschlossenen Kreislauf um diesen Aspekt, wie die Schlange, die sich in den Schwanz beißt.
Aus philosophischer Sicht ist *sūtra 20* wichtig, da es die Einheit des Lebens in seiner formalen Unterschiedlichkeit präsentiert: Es ist das Eine-Viele der platonischen Lehre, während *sūtra 21* die Anschauung der Dualisten darlegt, welche die Vielheit als absolut betrachten.

23
Die der Norm entsprechende Handlung, frei von jeder Verhaftung, welche ohne Begehren oder Feindseligkeit von einem Individuum ausgeführt wird, das nicht nach der Frucht sucht, gilt als von sattva [durchdrungen].

24
Aber die Handlung, die mit vielen Anstrengungen oder Mühsal von einem egozentrischen Individuum und voller Begierden ausgeführt wird, gilt als von rajas [durchdrungen].

25
Die Handlung, die auf Unwissenheit basiert, ohne die Folgen von Zerstörung oder [anderen zugefügten] Schaden oder die menschlichen Möglichkeiten zu berücksichtigen, gilt als von tamas [durchdrungen].

26
Wer frei von jeglicher Verhaftung, ohne über sich zu sprechen, mit Ausdauer und Energie versehen eine Handlung ausführt, wer nicht von Erfolg oder Misserfolg berührt wird, der wird als von sattva [durchdrungen] bezeichnet.

27
Wer unter der Herrschaft der Leidenschaft eine Handlung ausführt, wer begierig nach der Frucht strebt, heftig verlangend, voller Bosheit, unrein und Glück und Schmerz unterworfen, wird als von rajas [durchdrungen] bezeichnet.

28
Wer eine Handlung ausführt und unharmonisch, gemein, eigensinnig, falsch, boshaft, träge, deprimiert und einer ist, der Dinge aufschiebt, wird als von tamas [durchdrungen] bezeichnet.

29
Oh Dhanaṁjaya, vernimm [jetzt] die dreifache Unterteilung des Intellekts (buddhi) und der Festigkeit gemäß ihrer Eigenschaften (guṇa), die ich dir insgesamt und im Einzelnen enthülle.

30
Oh Pārtha, jener Intellekt, der das Handeln und das Nicht-Handeln kennt, das, was getan werden muss, und das, was nicht getan werden soll, das, was er fürchten soll und was er nicht zu fürchten braucht, das, was bindet, und das, was befreit, wird als von sattva [durchdrungen] bezeichnet.

Dies ist der Idealzustand des *kṣatriya* und all derer, die sich auf der Ebene des Handelns bewegen. Am Anfang haben wir Arjuna auf Grund seiner *avidyā*-Unwissenheit in einem verwirrten und desorientierten Zustand erlebt. Zum Schluss werden wir ihn mit sattvisch transformierter *buddhi* sehen und mit dem klaren Gewahrsein dessen, was zu tun und wie zu handeln ist. Die Assimilierung an die Erkenntnis hat seine Unwissenheit zerstört und die *buddhi* kann nun das »sehen«, was unter universalen Aspekten zu tun ist.

31
Jener Intellekt, oh Pārtha, durch den das Individuum auf irrtümliche Weise das Rechte und das Unrechte versteht, das, was ausgeführt oder nicht ausgeführt werden soll, wird als von rajas [durchdrungen] bezeichnet.

32
Jener Intellekt, oh Pārtha, der in Finsternis gehüllt das Unrechte für richtig hält und das, was getan werden soll, als das betrachtet, was nicht getan werden soll, und umgekehrt, der wird als von tamas [durchdrungen] bezeichnet.

33
Die beständige Festigkeit, durch den Yoga erlangt, durch welche die Aktivitäten des manas, des prāṇa, der indriya und der kriyā reguliert werden, wird als von sattva [durchdrungen] bezeichnet, oh Pārtha.

34
Jene beständige Festigkeit, mit der das Individuum aus Begierde nach der Frucht den dharma, den kāma (Begierde), den artha (materiellen Reichtum) verfolgt, oh Pārtha, diese wird als von rajas [durchdrungen] bezeichnet.

In der Gesellschaft der Überlieferung sind *kāma*, *artha*, *dharma* und *mokṣa* die Ziele des menschlichen Ausdrucks.

35
Jene beständige Festigkeit, mit welcher der Tor auf Schlaf, Angst, Schmerz, Verzweiflung und stolze Erregung nicht verzichtet, wird als von tamas [durchdrungen] bezeichnet, oh Pārtha.

36
Und jetzt vernimm von Mir, oh Bester der Bhārata, den dreifachen Ausdruck des Glücks, auf Grund dessen [das Individuum], welches es [das Glück] ausübt, Freude erlangt und das Ende des Schmerzes erreicht.

37
Jenes Glück, das anfangs wie Gift und am Ende dem Nektar gleich ist, das aus einer klaren Eingebung des ātmā heraus entsteht, wird von sattva [durchdrungen] genannt.

38
Jenes Glück, das aus dem Kontakt der Sinne und der sinnlich wahrnehmbaren Gegebenheiten entsteht und das am Anfang wie Nektar, am Ende aber wie Gift ist, wird von rajas [durchdrungen] genannt.

39
Jenes Glück, das sowohl am Anfang als dann auch [am Ende] Verwirrung für das Selbst [die individualisierte Seele] darstellt, das aus Gefühllosigkeit, Trägheit und Nachlässigkeit rührt, wird von tamas [durchdrungen] genannt.

40
Es gibt niemanden auf der Erde oder unter den Deva im Himmel, der von diesen drei mit Eigenschaften versehenen Aspekten [guṇa], die von prakṛti erzeugt werden, frei ist.

41
Die Pflichten der brāhmaṇa, der kṣatriya, der vaiśya und der śūdra unterscheiden sich voneinander, oh Paraṁtāpa, aufgrund der aus ihrer jeweiligen Natur entstandenen Eigenschaften [guṇa].

Die Einteilung der Wesen in vier Ordnungen ist keine Willkür oder politische Auslese nach Klassen. Sie basiert auch nicht auf der Geburt, sondern auf psychologischen Charaktermerkmalen, welche ihrerseits zu bestimmten Funktionen und Dispositionen im Herzen der Gesellschaft befähigen.

Sie ist natürlich keine statische Typologie, sondern empfänglich für Veränderungen. In den Schriften kann man zum Beispiel lesen, dass unter den *brāhmaṇa* und den *kṣatriya* Aufgaben und Funktionen ausgetauscht wurden.

Jedes Individuum ist das Ergebnis der Entwicklung seiner Neigungen (*guṇa*). Daher besitzt es eine klar umrissene energetisch-psychische Beschaffenheit. Das wusste die Überlieferung und demzufolge versuchte sie dem Individuum eine Aktivität zu geben, die seiner Natur am meisten entsprach. Die moderne Psychologie hat diese Wahrheit entdeckt und der Schweizer Psychoanalytiker Carl Gustav Jung (1875–1961) stellt eine viergeteilte Typologie vor: den sinnlichen, intuitiven, intellektuellen und gefühlsorientierten Typus; sie basiert auf den vier Grundfunktionen des Wesens, das heißt, auf Eindruck, Intuition, Gedanke und Gefühl.

Obgleich alle vier Funktionen dem Menschen angeboren sind, ist stets eine von ihnen vorherrschend und daher richtungweisend für die Beziehung.

Das erklärt, dass in der Überlieferung die Institution der Gesellschaftsordnungen auf wissenschaftlichen Grundlagen angelegt war. Im Folgenden geben wir Entsprechungen, die über den wissenschaftlichen und soziologischen Kontext hinausgehen; sie sind metaphysischer Ordnung und als solche überlassen wir sie dem damit befassten Schüler zum Nachdenken:

	Turīya,		*brāhmaṇa*	Intuition
temporäre Macht	*prājña*	kausale Sphäre	*kṣatriya*	Verstand
temporäre Macht	*taijasa*	feinstoffliche Sphäre	*vaiśya*	Gefühl
temporäre Macht	*vaiśvānara*	grobstoffliche Sphäre	*śūdra*	Trieb, Instinkt

Der Zustand des *brāhmaṇa* (der spirituellen Autorität) transzendiert die dreifache Welt beziehungsweise die dreifache Sphäre der menschlichen Aktivität. Der königlichen oder temporären Macht gebührt die effektive und materielle Führung der Menschen und ihrer Angelegenheiten.

Es wird ersichtlich, dass Arjuna ein Kandidat für die königliche Initiation ist und dass die Lehre, die ihm Kṛṣṇa vermittelt, außerhalb der menschlichen Dimension ist.

42
Gelassenheit, Selbstbeherrschung, Askese, Toleranz und Rechtschaffenheit, Weisheit (jñāna), unterscheidende Er-

kenntnis (vijñāna), Barmherzigkeit sind Eigenschaften, die dem Handeln des brāhmaṇa innewohnen, und sie entspringen seiner Natur.

43
Das Heldentum, die Kraft, die Standhaftigkeit, die Geschicklichkeit und das Nicht-Flüchten im Kampf, die Großzügigkeit, die Führungsqualität sind Eigenschaften, die dem Handeln des kṣatriya innewohnen, und sie entstehen aus den Hauptcharaktermerkmalen, die ihm eigen sind.

44
Der Ackerbau, die Viehzucht, der Handel sind die Eigenschaften, welche dem Handeln des vaiśya innewohnen, und sie stammen aus seiner eigenen Natur. Das der Natur des śūdra innewohnende Handeln ist das Dienen.

Es erübrigt sich zu sagen, dass alle vier Ordnungen für den Einheitszusammenhang notwendig sind, um eine Ausgewogenheit der Gesellschaft zu gewährleisten. Diese vier großen Gruppen von Menschen mit verschiedenen Verhaltensweisen und Kompetenzen müssen sich in einen harmonischen, produktiven Prozess eingegliedert wiederfinden. Sie dürfen einander also nicht widersprechen oder aus einem Überlegenheitsgefühl einer Klasse gegenüber einer anderen Kämpfe provozieren.[1]

45
Wer Freude an seiner eigenen Arbeit hat, erlangt die Vollkommenheit. Höre also, auf welche Weise derjenige, welcher seine Arbeit ausführt, die Vollkommenheit erlangt.

---

[1] Bezüglich der Gesellschaftsordnungen siehe das Kapitel »Ordini sociali« bei Raphael, *La Filosofia dell' Essere*, Rom 1978.

46
Das Individuum erlangt die Vollkommenheit, indem es Demjenigen durch seine Arbeit Ehre erweist, von Dem die Entwicklung der Wesen und des ganzen Universums herrührt.

47
Besser ist die eigene Pflicht [die der eigenen Natur innewohnt], selbst wenn sie unvollkommen ausgeführt wird, als die gut verrichtete Pflicht eines anderen. Wer die seiner eigenen Natur innewohnende Pflicht erfüllt, begeht keinen Fehler.

Die Pflicht muss unseren natürlichen Eigenschaften entsprechen; wir können sie nicht einem anderen übertragen, der andere Charaktermerkmale hat.

48
Die wesenseigene Pflicht, oh Kaunteya, darf nicht vernachlässigt werden, selbst wenn sie voller Mängel ist, denn alle Handlungen sind von Mängeln umhüllt, wie das Feuer vom Rauch.

Hier erwähnt Kṛṣṇa ein Prinzip der Relativität, das wir uns merken sollten.

49
Wessen Intellekt keinerlei Verhaftung aufweist, wer sein [niederes] Selbst bezwungen hat, wer sich von seinen Begierden befreit hat, der erlangt durch Entsagung jenen Zustand, welcher alle Handlungen transzendiert.

Dieses *sūtra* und die folgenden bis *sūtra 54* wenden sich an den reinen *jñāni*.

50
Oh Kaunteya, vernimm von Mir, in Kürze, wie der, welcher die Vollkommenheit verwirklicht hat, Brahman erlangt, das die höchste Vollendung der Erkenntnis (jñāna) ist.

51
Da er einen reinen Intellekt hat, sich mit Festigkeit selbst beherrscht, den Klang und die anderen sinnlichen Dinge aufgibt, die Identifikation mit jeder Anziehung und Abneigung löst,

52
in Einsamkeit lebt, sich maßvoll ernährt, Herr des Wortes, des Körpers und des Verstandes ist, [über die Wirklichkeit des Selbst] meditiert und sich versenkt [indem er den Verstand auf Es fixiert], in der Leidenschaftslosigkeit Zuflucht findet,

53
den Egoismus, die Überheblichkeit, die Arroganz, das Begehren, den Zorn, die Habsucht aufgibt, das Ich-Gefühl verliert, ist er friedlichen Herzens fähig, mit Brahman identisch zu werden.

54
Da er eins mit Brahman wird, [also] heiteren Gemüts ist, ist er nicht mehr betrübt und kann nicht mehr begehren. Allen Wesen gleich gesinnt erlangt er die höchste Einsicht.

55
Durch hingebungsvolle Liebe gelingt es ihm, Mich zu erkennen, wie Ich bin und wer Ich in Wirklichkeit bin; so geht er, nachdem er Mich erkannt hat, unmittelbar in Mich ein.

56
Das Wesen, das in Mir Zuflucht findet, erreicht, obgleich es Handlungen ausführt, die ewige und unzerstörbare Wohnstätte.

57
Während du Mir im Geiste deine Handlungen überlässt und den Buddhiyoga übst, halte dein Denken stets auf Mich gerichtet.

Von *sūtra 49* bis *57* werden die Erkenntnis, die Liebe und Hingabe sowie das verhaftungslose Wirken miteinander vereint und zu einer Synthese gebracht.

Aber die Erkenntnis bleibt ein Haufen sinnloser Worte, wenn sie nicht in die Erfahrung mündet; die Liebe oder Hingabe wird zu blindem Fanatismus, zu Leidenschaft und Aberglaube, wenn sie nicht durch das intelligible Licht getragen wird; die Handlung, die ohne Unterscheidungsvermögen und liebevolles Verständnis vollzogen wird, führt zwangsläufig in Konflikt und Schmerz.

58
In Mir wirst du, wenn du den Verstand fixierst, mit meiner Hilfe alle Schwierigkeiten überwinden, aber wenn du Mir wegen des Ich-Sinns (ahaṁkāra) nicht zuhörst, wirst du verloren sein.

Hier wird die Wahl- und Entscheidungsfreiheit des Menschen im Bereich seiner Natur hervorgehoben. Die Individualität hat die unumschränkte Möglichkeit, jede mögliche Dualität anzusteuern. Aber jede Bewegung zieht natürlich bestimmte positive oder negative Konsequenzen nach sich, je nach der eingeschlagenen Richtung. Außerdem erkennt man hier die Vater-Sohn-Beziehung zwischen Lehrer und Schüler.

59
Wenn du, während du dich dem Gefühl des Ich überlässt, denkst: »Ich kämpfe nicht«, ist diese deine Entscheidung vergeblich: Prakṛti selbst wird es sein, die dich dazu zwingen wird.

60
Gezwungen vom karma, das deiner Natur [des kṣatriya] innewohnt, wirst du eines Tages – ungeachtet deines Willens – das, was du in deiner Verwirrung, oh Kaunteya, nicht ausführen wolltest, tun.

Erinnern wir uns: Arjuna lehnt ab zu kämpfen, nicht weil er sein *karma* aufgelöst hat, sondern weil ihn ein Gefühl des Ich, eine emotionale Vernebelung oder Verwirrung, ein gefühlsmäßiges Mitleid für seine Freunde und Verwandte überwältigt hat. Sein *karma-dharma* aber verlangt den Kampf und daher kann er seinem Schicksal nicht entfliehen. Mit seiner Existenz hat er alle Bedingungen des *kṣatriya* akzeptiert, nun kann er sich nicht zurückziehen. Das Leben selbst führt ihn zu seiner Pflicht zurück. Die Natur seiner *guṇa* hat ihn zu einem *kṣatriya* gemacht, nicht zu einem *saṁnyāsin* oder *vaiśya*. Deshalb kann er – vor allem in diesem Moment – dem, was er selbst festgelegt und erzeugt hat, nicht entsagen.

61
Denn Īśvara, oh Arjuna, sitzt im Herzen aller Wesen und lässt kraft der māyā alle Geschöpfe sich so bewegen, als ob jedes von ihnen nichts anderes wäre als das Rad einer großen Maschine. es geht immer in Richtung Verwirklich

Die Individualität kann sich, da sie ein Erzeugnis ist, lediglich nach dem Gesetz der Wirkung bewegen. Und jede Wirkung ist ein automatisches und mechanisches Unwesentliches, das nur bestimmten Normen des Seins entspricht. Nicht durch die Wirkung oder Individualität, die nur ein Rad des kosmischen Prozesses ist, können wir die Individualität und das Werden überwinden. Die Lösung kommt, wenn wir zu den ersten Ursachen vordringen, indem wir die Wirkung neutralisieren und uns aus dieser Ursache herausführen, um das Zeit-, Ursache- und Raumlose zu erlangen. *Prakṛti* bewegt sich unter dem Druck unabwendbarer Gesetze, denen jeder von uns ohne Ausflucht unterworfen ist wie das Rad dem Wagen. Aber jenseits der *prakṛti* befindet sich der strahlende und sich selbst genügende *puruṣa*.

62
Nimm Zuflucht in Ihm, mit der Gesamtheit deiner selbst, oh Bhārata; in Ihm wirst du den höchsten Frieden und die unvergängliche Wohnstatt finden.

Nur wenn wir in das Bewusstsein Desjenigen eingehen, Welcher der Herr über die *māyā* oder *prakṛti* und ihre undefinierten Erzeugnisse ist, bleiben wir außerhalb aller Unabwendbarkeiten der Wirkung und außerhalb jedes Prozesses, jedes Werdens, jedes Konfliktes.

63
So wurde dir von Mir die Erkenntnis (jñāna) enthüllt, die geheimer als alle Geheimnisse ist. Meditiere über sie, ohne etwas auszulassen, und handle, wie du glaubst.

Der Lehrer zieht sich, nachdem er die Erkenntnis vermittelt hat, zurück und überlässt dem Schüler die Wahl. Arjuna ist es, der in freiem Bewusstsein entscheiden muss, welchen Weg er gehen will. Arjuna ist es, der eine Entscheidung zu treffen hat und voranschreiten muss.

Die *Gītā* ist nicht dogmatisch und zwingt niemandem eine Lehre auf. Ihre Art der Unterweisung versetzt den Menschen durch innere Sammlung und Meditation in die Lage, sich eigenständig für ein bewusstes Handeln in der Welt zu entscheiden.

64
Höre von neuem Mein Wort, das geheimste von allen; du bist Mir unermesslich lieb und Ich werde dir das kundtun, was besser für dich ist.

65
Konzentriere deinen Verstand auf Mich, liebe Mich und verehre Mich, opfere Mir und so wirst du in Mich eingehen, und Ich werde dir die Wahrheit verkünden, [denn] du bist Mir lieb.

Mit einem *sūtra* ähnlichen Inhalts hatte der Meister das Kapitel IX beendet.

66
Leg deine Pflichten (dharma) beiseite, komm zu Mir, der einzigen Zuflucht, Ich werde dich von allen Übeln befreien, höre also auf, traurig zu sein.

Wenn wir dem Herrn unsere Pflichten und unsere Sorgen in die Hände legen, wenn wir uns der göttlichen Allmacht anvertrauen, die in unserem Herzen wohnt, sind wir nicht mehr allein und das darauf folgende Handeln ist im Einklang mit dem Leben des Seins. Wer den *dharma* und den *adharma* transzendiert hat, erreicht den Zustand des *naiṣkarmya* oder die Freiheit von allen Handlungen.

»Wo Kṛṣṇa ist, Herr des Yoga, und wo Pārtha sich befindet, der Bogenschütze, sind Glück, Sieg, Wohlstand und Gerechtigkeit fest verankert ...« (*XVIII, 78*)

67
All das, [was ich dir dargelegt habe], darf demjenigen, der die Askese nicht praktiziert, der ohne Hingabe ist, und demjenigen, der meine Worte verletzt oder mich tadelt, auf keinen Fall erklärt werden.

Die Lehre darf nur denjenigen gegeben werden, welche die notwendigen Qualifikationen haben; aus dem einfachen Grund: Wo keine qualifizierte Haltung ist, kann kein Verständnis sein.

68
Wer Mir die höchste Hingabe bezeugt und meinen Suchenden dieses höchste Geheimnis erklärt, der wird sicherlich zu Mir kommen.

69
[Denn in Wirklichkeit] gibt es unter den Menschen niemanden, der eine Handlung ausführt, die Mir lieber ist, und niemand mehr als er wird von Mir auf der Erde geliebt.

Aber dem, der die Qualifikationen hat, soll die Lehre vermittelt werden, denn es gibt wahrlich keinen höheren Dienst als den, die Gefangenen aus der *avidyā* oder Unwissenheit zu befreien. Da der Mensch ganzheitlicher Teil des Einen oder von Gott ist, benötigt er weniger einen statischen religiösen Ritualismus um seiner selbst willen oder die Kompensation durch bruchstückhaften und vergänglichen Sinnesgenuss, als vielmehr das Gewahrsein seiner wahren Natur. Wenn er sich außerhalb der göttlichen Dimension empfindet, benötigt er Techniken und Kenntnisse, mit denen er den Kontakt zum Selbst wiederherstellen kann, das verhüllt im tiefen Inneren seines Herzens wohnt. Dieses essenzielle Gewahrsein darf nicht nur im Intellekt geschehen, sondern es muss ganzheitlich sein.

Der wahre Meister – sei er ein *brāhmaṇa*, *saṁnyāsin* oder *kṣatriya* – kann nicht anders als von Liebe und Mitleid durchdrungen seine Energien darauf zu richten, dem Menschen die göttliche Würde und objektlose Freude wiederzugeben. Ein Meister ist wie eine Sonne, die all diejenigen erleuchtet, welche bereit sind, den flammenden Strahlen der Erkenntnis und Liebe standzuhalten.

70
Und wer diesen unseren Dialog gemäß der heiligen Prinzipien studiert, wird Mir die Erkenntnis zum Opfer darbieten. Dies ist meine Absicht.

Dieser Dialog kann durch ein Verständnis, das von Herzen kommt, durchdrungen und enthüllt werden, aber nicht mit dem selektiv-analytischen Verstand.

71
Und auch der Mensch, der voll Glauben und ohne missgünstige Gedanken zuhört, wird, [da er] befreit [ist], die glücklichen Welten der Rechtschaffenen erlangen.

72
Oh Pārtha, hast du dieses [Gespräch] mit konzentriertem Verstand aufgenommen? Wurde dein Irrtum, von der Nicht-Erkenntnis verursacht, beseitigt, oh Dhanaṁjaya?

Arjunas Ausgangspunkt war ein Zustand der Nicht-Erkenntnis (*ajñāna*). Daher befand er sich zwangsläufig auf der Ebene der Täuschung und des Irrtums. Jetzt fragt der Meister, ob die erteilte Unterweisung ihre Früchte gebracht hat.

Arjuna sprach:

73
Vernichtet ist meine Verwirrung. Durch dich, oh Unbewegter, habe ich mein Gedächtnis wiedergefunden. Nachdem die Zweifel zerstreut sind, bleibe ich standhaft. Ich folge deinem Wort.

Arjuna ist endlich aus seinem langen, »verhüllenden Schlaf« wieder aufgewacht. Er hat sein Gedächtnis wiedergefunden, das durch die *avidyā* getrübt war (Śaṅkara übersetzt: »Ich erinnere mich wieder an die wahre Natur des Selbst.«). Er hat sich wiederhergestellt, vereint, wiederentdeckt und kann frohen Mutes seinen *dharma* erfüllen. Verloren hatte er seine essenzielle Natur natürlich nicht. (Wie könnte man das, was man hat, verlieren? Wie könnte man die eigene Essenz verlieren?) Er hatte sie einfach vergessen. Und nun hat er durch die geeignete Anregung das Gewahrsein dessen wiedererlangt, was im Grunde immer da war und nie weg gewesen scin konnte.

»Ich habe mein Gedächtnis wiedergefunden.« Die *avidyā* repräsentiert weniger als den Zustand der Unwissenheit – wie dieser Begriff im Allgemeinen verstanden wird, sondern eher den Zustand des Vergessens und der Unbewusstheit über sich selbst als der unteilbaren Einheit. Diese Anschauung entspricht dem, was Platon in Bezug auf die Seele darlegt, welche dic intelligible Welt vergessen hat.

Saṁjaya sprach:

74
So habe ich dieses wundervolle Gespräch zwischen Vāsudeva und dem mahātma Pārtha vernommen. Und es war so, dass mir die Haare zu Berge standen.

75
Dank Vyāsa habe ich diesen höchsten, geheimen Yoga von Kṛṣṇa selbst, dem Herrn des Yoga, vernommen, der ihn persönlich erläutert hat.

Erinnern wir uns: Vyāsa hatte Saṁjaya die übersinnliche Fähigkeit gegeben, das Geschehen aus der Entfernung zu hören und zu sehen, um dem blinden König Dhṛtarāṣṭra anschließend darüber berichten zu können.

76
Oh König, in der Erinnerung an dieses wunderbare und heilige Gespräch zwischen Keṣava und Arjuna freue ich mich immer.

77
Und jedes Mal, wenn ich mir die wundervolle Gestalt von Hari ins Gedächtnis zurückrufe, ist mein Erstaunen groß, oh König, und ich freue mich und freue mich stets von neuem.

78
Wo Kṛṣṇa ist, Herr des Yoga, und wo Pārtha sich befindet, der Bogenschütze, sind Glück, Sieg, Wohlstand und Gerechtigkeit fest verankert: Daran glaube ich fest.

Die Lehre der *Gītā* ist *Brahmavidyā* und *Yogaśāstra*: Wissenschaft des Wirklichen und Yoga-Übung. Die letzte Wahrheit kann nur von denen erreicht werden, welche die überbewusste spirituelle Intuition in die Praxis umsetzen. Im *Vaiṣnaviya* und im *Tantrasāra* heißt es:

> »Die *Upanischaden* sind die Kühe, Kṛṣṇa ist der Melker, Arjuna ist das Kalb, der Weise ist derjenige, der trinkt, und die *Gītā* findet – dem Nektar gleich – ihren Ausdruck als beste Milch.«

Aber trinken muss man schon selbst, das kann uns niemand abnehmen. Es genügt nicht, die *Gītā* nur zu lesen oder nur über sie zu schreiben. Man muss sie verstehen und *sein*. Wen nach Befreiung dürstet, wer von Zweifeln, Konflikten und vom *ajñāna* geplagt ist, für den bleibt die Hilfe nicht aus, die Inspiration kommt ganz bestimmt und die Verwirklichung erfolgt.

Dies ist das achtzehnte Kapitel mit dem Titel
»Der Yoga der Befreiung durch Entsagung«.

Hier endet die Lehre
der Upanischade der Bhagavadgītā.

ANMERKUNGEN ZU KAPITEL XVIII

Wenn wir das wissenschaftlich-philosophische Denken des Westens der jüngeren Vergangenheit betrachten, sehen wir, dass es von der *historistischen* und *temporären* Anschauung des Menschen geprägt ist. All das, was existiert, lebt – da es der Veränderung unterliegt – in der Zeit und hat daher eine Geschichte.

Oft hat die Überzeugung, das Wesen sei nichts anderes als Geschichte und Zeitlichkeit, weshalb die Lebenswirklichkeit selbst nichts anderes als Geschichte oder Zeit sei, auf einseitige und willkürliche Weise dazu geführt, jede andere mögliche Fragestellung und philosophische Entscheidung als reine Abstraktion, Ausflucht und Sterilität zu erachten. Aus dieser Perspektive erscheint das Wesen vom historistischen Prozess völlig »beeinflusst« und »entfremdet« zu sein.

Der westliche Mensch hat sich nicht gefragt, ob diese Einschränkung ihrerseits ein Relatives und Kontingentes darstellt, noch ob jenseits der entfremdenden Gegebenheit ein Zustand ohne nötigende Faktoren existiert; er hat auch nicht versucht, dieses Problem, das Frustrationen und Ängste weckt, zu lösen.

Wir sprechen von »Angst«, weil solch eine historistische Wirklichkeit zwangsläufig die Komponente des Konflikts, des Schmerzes und wie gesagt der Angst in sich trägt, da sie durch Werden, Prozess, Begrenzung (für den östlichen Menschen: *māyā*) charakterisiert ist.

Um diesem entfremdenden Würgegriff zu entfliehen, hat sich der westliche Mensch unbewusst auf den Besitz materieller Güter, auf jede Art von »Macht« und die Befriedigung triebhafter Bedürfnisse gestürzt; mit anderen Worten, er hat sich jeder Form der sinnlichen Befriedigung verschrieben. Weit entfernt, die Essenz des Problems zu berühren, weit entfernt, auch nur für einen Moment lang die Konflikte und Ängste zu beseitigen, führt all das zu einer noch frustrierenderen und stärker gefangen nehmenden Verwirrung, die den Menschen, den »homo sapiens«, der eigentlich Herr seiner selbst und seiner Umgebung sein sollte, zum Rückschritt und in die Mechanizität treibt.

Da der westliche Mensch seine Lebensanschauung auf der Ebene des Werdens oder des Prozesses, auf der Ebene der Beschränkung oder Konditionierung angelegt hat und keinerlei vernünftige und akzeptable Lösung gefunden hat, musste er sich zwangsläufig der Aneignung des Kontingenten und Vergänglichen zuwenden. Und da diese Faktoren entfremdend und der Täuschung unterworfen sind, versuchte er, immer mehr endliche Objekte »anzuhäufen«, um ihre Leere und Vergänglichkeit zu kompensieren, bis diese »Anhäufung« zu einer Notwendigkeit für die Befriedigung des Selbsterhaltungstriebs geworden ist, der die existenzielle Basis des individualisierten Wesens bildet.

Daraus können wir schließen, dass jene Völker, welche den Täuschungen und Luftspiegelungen folgen und daher Opfer der *māyā*, des Prozesses und der Beschränkung sind, mit großer Wahrscheinlichkeit nicht aus dem Osten stammen.

Die Denker der indischen Überlieferung haben sich ganz der Analyse der existenziellen Stellung des Wesens, seiner Konditionierungen und seiner Struktur gewidmet. Sie untersuchten:

1. Prozess-Werden-*māyā* (in westlichen Begriffen: Geschichte oder Zeit)

2. ob es einen Ausweg aus der gefangen nehmenden Kette der Ursachen und Wirkungen gibt

3. effiziente Mittel zur Lösung des Problems.

Die Untersuchung und die Verwirklichung der *Veden* und des *Vedānta* konzentrierte sich nicht auf eine partielle oder zufällige, sondern auf eine ganzheitliche Lösung der zu untersuchenden Gegebenheit. Durch geeignete Experimente kamen die Forscher der Überlieferung zu dem Schluss, dass das Wesen als solches nicht nur Geschichte oder Zeit beherrschen könne, sondern sogar die Fähigkeit und Möglichkeit besitze, andere Lebenszustände zu erreichen, da sich sein Bewusstsein über Geschichte oder Zeit (*māyā*) hinaus erstreckt.

Wir können es so formulieren: Die westliche Linie verläuft horizontal; sie konzentriert sich auf Besitzstreben und sinnliche Betäubung, das heißt, sie versucht sich durch das Anhäufen von politischen, wirtschaftlichen, religiösen usw. Schätzen von den Bedürfnissen oder Wünschen zu befreien. Die östliche Linie verläuft vertikal; sie konzentriert sich auf die vollkommene Transzendenz des existenziellen *māyā*-Zustands, das heißt, sie versucht sich von der gesamten Bewusstseinssphäre des Dualen oder Vielfachen zu befreien. Diese Hinweise erleichtern uns das Verständnis dessen, was wir im Folgenden behandeln werden.

Nach einer aufmerksamen Lektüre der *Gītā* kann man ahnen, welches ihre Kernaussagen sind:

1. Es ist eine Tatsache, dass sich der Mensch in der Zeit befindet. Daher ist er an Prozess und Werden, das heißt an Geschichte gebunden. (Dies ist die philosophische Auffassung der *māyā*.)

2. Das Werden (die Geschichte) unterdrückt das Individuum jedoch unvermeidlich und führt es in Konflikt und Angst, das heißt, in die Entfremdung. Darüber hinaus bedeutet das Werden Relativität.

3. Existiert ein Mittel oder ein Weg, der, ausgehend von Zeit oder Geschichte, ins Zeitlose und Übergeschichtliche führen kann? Oder auf welche Weise transzendiert man das Relative?

Kṛṣṇas Enthüllungen betreffen:

a) die Struktur des universalen Prozesses (Zeit-Geschichte-*māyā*)

b) die Struktur des Wesens und seiner übersinnlichen Bewusstseinsstufen

c) die Wege, die zur ganzheitlichen Auflösung der quälenden Konflikte des Menschen führen können.

Bevor die *Gītā* entstanden war, herrschte bezüglich der verschiedenen Wege tiefe Meinungsverschiedenheit darüber, ob der Weg der Erkenntnis oder ob der Weg der Handlung wirksamer sei. In der *Gītā* erkennt man klar und deutlich, dass beide Wege gleichermaßen wertvoll sind und dass also auch der Weg der Handlung zur Befreiung führen kann.

Im Westen sollte in dieser aktuellen Epoche der akuten Entfremdung und zeitlich-historistischen Konditionierung weniger die reine Kontemplation – eine Bewusstseinshaltung, die dem westlichen Menschen im Allgemeinen nicht sehr entspricht –, verwirklicht werden, als vielmehr die »richtige Handlung«, das intelligente Handeln, damit das Individuum nicht zum Sklaven des produktiven Aktivismus, des Konsumismus, der Macht in all ihren Ausdrucksformen und anderer Ausflüchte wird. Das erfordert allerdings Mut, Demut und Entschlossenheit. Vor allem aber muss jene horizontale Auffassung (die eine Sackgasse ist, weil sie das Wesen als ein ausschließlich materielles, historistisches Phänomen, als eine Anhäufungsmaschine definiert) losgelassen werden, damit man sich auf eine vertikale Linie begeben kann, um neue Welten und neue Existenzformen zu entdecken, die jenseits von Zeit und Raum sind, also jenseits von Geschichte und Werden.

Und wenn diese Eroberungen vertikaler Ordnung – die endgültig aus der Sackgasse befreien können – auch dem westlichen Menschen (und warum eigentlich nicht auch ihm?) Welten, ja sogar außergewöhnliche Bewusstseinszustände anbieten können, die vollkommener sind als jene des gewöhnlichen dreidimensionalen Bewusstseins, dann könnte das Wesen entscheiden, in diesen existenziellen Zuständen zu leben und zu wirken. Das wäre dann keine Flucht oder Selbstvernichtung mehr, sondern im Gegenteil eine größere und wirkungsvollere Ausdrucksfähigkeit. Flucht wäre es nur bei denjenigen, die eventuell nicht danach streben, sich dieser höheren und transzendenten Wirklichkeit bewusst zu werden.

Nach den wirtschaftlichen, wissenschaftlichen, gesellschaftlichen und anderen Revolutionen brauchen wir nun eine »Revolution des Bewusstseins«, »des Denkens«. Und sie ist jetzt möglich, weil wir endlich erkannt haben, dass die Menschheit eine Einheit ist. Daher sollten wir die östliche und die westliche Kultur nicht als getrennt voneinander betrachten, sondern als ein einheitliches Ganzes. Das entspricht der Kultur der Überlieferung, die der gesamten Menschheit gehört und nicht nur einem einzelnen Individuum oder einem bestimmten Volk. Und diese Kultur ist es, die das Problem des einen irdischen Volkes zu lösen vermag.

BHAGAVADGĪTĀ

Transliterierter Sanskrit-Text

prathamo ’dhyāyaḥ

dhṛtarāṣṭra uvāca

dharmakṣetre kurukṣetre samavetā yuyutsavaḥ |
māmakāḥ pāṅḍavāś caiva kim akurvata sañjaya || 1 ||

sañjaya uvāca

dṛṣṭvā tu pāṇḍavānīkaṁ vyūḍhaṁ duryodhanas tadā |
ācāryam upasaṅgamya rājā vacanam abravīt || 2 ||

paśyaitāṁ pānḍuputrāṇām ācārya mahatīṁ camūm |
vyūḍhāṁ drupadaputreṇa tava śiṣyeṇa dhīmatā || 3 ||

atra śūrā maheṣvāsā bhīmārjunasamā yudhi |
yuyudhāno virāṭaś ca drupadaś ca mahārathaḥ || 4 ||

dhṛṣṭaketuś cekitānaḥ kāśirājaś ca vīryavān |
purujit kuntibhojaś ca śaibyaś ca narapuṅgavaḥ || 5 ||

yudhāmanyuś ca vikrānta uttamaujāś ca vīryavān |
saubhadro draupadeyāś ca sarva eva mahārathāḥ || 6 ||

asmākaṁ tu viśiṣṭā ye tān nibodha dvijottama |
nāyakā mama sainyasya saṁjñārthaṁ tān bravīmi te || 7 ||

bhavān bhīṣmaś ca karṇaś ca kṛpaś ca samitiñjayaḥ |
aśvatthāmā vikarṇaś ca saumadattir jayad rathaḥ || 8 ||

anye ca bahavaḥ śūrā madarthe tyaktajīvitāḥ ।
nānāśastrapraharaṇāḥ sarve yuddhaviśāradāḥ ॥ 9 ॥

aparyāptaṁ tad asmākaṁ balaṁ bhīṣmābhirakṣitam ।
paryāptaṁ tv idam eteṣāṁ balaṁ bhīmābhirakṣitam ॥ 10 ॥

ayaneṣu ca sarveṣu yathābhāgam avasthitāḥ ।
bhīṣmam evābhirakṣantu bhavantaḥ sarva eva hi ॥ 11 ॥

tasya sañjanayan harṣaṁ kuruvṛddhaḥ pitāmahaḥ ।
siṁhanādaṁ vinadyoccaiḥ śaṅkhaṁ dadhmau pratāpavān ॥ 12 ॥

tataḥ śaṅkhāś ca bheryaś ca paṇavānakagomukhāḥ ।
sahasaivābhyahanyanta sa śabdas tumulo ’bhavat ॥ 13 ॥

tataḥ śvetair hayair ukte mahati syandane sthito ।
mādhavaḥ pāṇḍavaś caiva divyau śaṅkhau pradadhmatuḥ ॥ 14 ॥

pāñcajanyaṁ hṛṣīkeśo devadattaṁ dhanañjayaḥ ।
pauṇḍraṁ dadhmau mahāśaṅkhaṁ bhīmakarmā vṛkodaraḥ ॥ 15 ॥

anantavijayaṁ rājā kuntīputro yudhiṣṭhiraḥ ।
nakulaḥ sahadevaś ca sughoṣamaṇipuṣpakau ॥ 16 ॥

kāśyaś ca parameṣvāsaḥ śikhaṇḍī ca mahārathaḥ ।
dhṛṣṭadyumno virāṭaś ca sātyakiścāparājitaḥ ॥ 17 ॥

drupado draupadeyāś ca sarvaśaḥ pṛthivīpate ।
saubhadraś ca mahābāhuḥ śaṅkhān dadhmuḥ pṛthak pṛthak ॥ 18 ॥

sa ghoṣo dhartarāṣṭrāṇāṁ hṛdayāni vyadārayat ।
nabhaś ca pṛthivīṁ caiva tumulo vyanunādayan ॥ 19 ॥

atha vyavasthitān dṛṣṭvā dhārtarāṣṭrān kapidhvajaḥ ।
pravṛtte śastrasaṁpāte dhanur udyamya pāṇḍavaḥ ॥ 20 ॥

hṛṣīkeśaṁ tadā vākyam idam āha mahīpate |
senayor ubhayor madhye rathaṁ sthāpaya me 'cyuta || 21 ||

yāvad etān nirīkṣe 'haṁ yoddhukāmān avasthitān |
karmayā saha yoddhavyam asmin raṇasamudyame || 22 ||

yotsyamānān avekṣe 'haṁ ya ete 'tra samāgatāḥ |
dhārtarāṣṭrasya durbuddher yuddhe priyacikīrṣavaḥ || 23 ||

sañjaya uvāca
evam ukto hṛṣīkeśo guḍakeśena bhārata |
senayor ubhayor madhye sthāpayitvā rathottamam || 24 ||

bhīṣmadroṇapramukhataḥ sarveṣāṁ ca mahīkṣitām |
uvāca pārtha paśyaitān samavetān kurūn iti || 25 ||

tatrāpaśyat sthitān pārthaḥ pitṝn atha pitāmahān ||
ācāryān mātulān bhrātṝn putrān pautrān sakhīṁs tathā || 26 ||

śvaśurān suhṛdaś caiva senayor ubhayor api |
tān samīkṣya sa kaunteyaḥ sarvān bandhūn avasthitān || 27 ||

kṛpayā parayāviṣṭo viṣīdann idam abravīt |
dṛṣṭvemaṁ svajanaṁ kṛṣṇa yuyutsuṁ samupasthitam || 28 ||

sīdanti mama gātrāṇi mukhaṁ ca pariśuṣyati |
vepathuś ca śarīre me romaharṣaś ca jāyate || 29 ||

gāṇḍīvaṁ sraṁsate hastāt tvak caiva paridahyate |
na ca śaknomy avasthātuṁ bhramatīva ca me manaḥ || 30 ||

nimittāni ca paśyāmi viparītāni keśava |
na ca śreyo 'nupaśyāmi hatvā svajanam āhave || 31 ||

na kāṅkṣe vijayaṁ kṛṣṇa na ca rājyaṁ sukhāni ca |
kiṁ no rājyena govindaṁ kiṁ bhogair jīvitena vā || 32 ||

yeṣām arthe kāṅkṣitaṁ no rājyaṁ bhogāḥ sukhāni ca ।
ta ime 'vasthitā yuddhe prāṇāṁs tyaktvā dhanāni ca ॥ 33 ॥

ācāryāḥ pitaraḥ putrās tathaiva ca pitāmahāḥ ।
mātulāḥ śvaśurāḥ pautrāḥ śyālāḥ saṁbandhinas tathā ॥ 34 ॥

etān na hantum icchāmi ghnato 'pi madhusūdana ।
api trailokyarājyasya hetoḥ kiṁ nu mahīkṛte ॥ 35 ॥

nihatya dhārtarāṣṭrān naḥ kā prītiḥ syāj janārdana ।
pāpam evāśrayed asmān hatvaitān ātatāyinaḥ ॥ 36 ॥

tasmān nārhā vayaṁ hantuṁ dhārtarāṣṭrān svabāndhavān ।
svajanaṁ hi kathaṁ hatvā sukhinaḥ syāma mādhava ॥ 37 ॥

yady apy ete na paśyanti lobhopahatacetasaḥ ।
kulakṣayakṛtaṁ doṣaṁ mitradrohe ca pātakam ॥ 38 ॥

kathaṁ na jñeyam asmābhiḥ pāpād asmān nivartitum ।
kulakṣayakṛtaṁ doṣaṁ prapaśyadbhir janārdana ॥ 39 ॥

kulakṣaye praṇaśyanti kuladharmāḥ sanātanāḥ ।
dharme naṣṭe kulaṁ kṛtsnam adharmo 'bhibhavaty uta ॥ 40 ॥

adharmābhibhavāt kṛṣṇa praduṣyanti kulastriyaḥ ।
strīṣu duṣṭāsu vārṣṇeya jāyate varṇasaṅkaraḥ ॥ 41 ॥

saṅkaro narakāyaiva kulaghnānāṁ kulasya ca ।
patanti pitaro hy eṣāṁ luptapiṇḍodakakriyāḥ ॥ 42 ॥

dauṣair etaiḥ kulaghnānāṁ varṇasaṅkarakārakaiḥ ।
utsādyante jātidharmāḥ kuladharmāś ca śāśvatāḥ ॥ 43 ॥

utsannakuladharmāṇāṁ manuṣyāṇāṁ janārdana ।
narake niyataṁ vāso bhavatīty anuśuśruma ॥ 44 ॥

aho bata mahat pāpaṁ kartuṁ vyavasitā vayam |
yad rājyasukhalobhena hantuṁ svajanam udyatāḥ || 45 ||

yadi mām apratīkāram aśastraṁ śastrapāṇayaḥ |
dhārtarāṣṭrā raṇe hanyus tan me kṣemataraṁ bhavet || 46 ||

sañjaya uvāca

evam uktvārjunaḥ saṅkhye rathopastha upāviśat |
visṛjya saśaraṁ cāpaṁ śokasaṁvignamānasaḥ || 47 ||

iti śrīmadbhagavadgītāsūpaniṣatsu brahmavidyāyāṁ
yogaśāstre śrīkṛṣṇārjunasaṁvāde
'rjunaviṣādayogo nāma
prathamo 'dhyāyaḥ

dvitīyo 'dhyāyaḥ

sañjaya uvāca

taṁ tathā kṛpayāviṣṭam aśrupūrṇākulekṣaṇam |
viṣīdantam idaṁ vākyam uvāca madhusūdanaḥ || 1 ||

śrī bhagavān uvāca

kutas tvā kaśmalam idaṁ viṣame samupasthitam |
anāryajuṣṭam asvargyam akīrtikaram arjuna || 2 ||

klaibyaṁ mā sma gamaḥ pārtha naitat tvayy upapadyate |
kṣudraṁ hṛdayadaurbalyaṁ tyaktvottiṣṭha parantapa || 3 ||

arjuna uvāca

kathaṁ bhīṣmam ahaṁ saṅkhye droṇaṁ ca madhusūdana |
iṣubhiḥ pratiyotsyāmi pūjārhāv arisūdana || 4 ||

gurūn ahatvā hi mahānubhāvāñ
  śreyo bhoktuṁ bhaikṣam apīha loke |
hatvārthakāmāṁs tu gurūn ihaiva
  bhuñjīya bhogān rudhirapradigdhān || 5 ||

na caitad vidmaḥ kataran no garīyo
  yad vā jayema yadi vā no jayeyuḥ |
yān eva hatvā na jijīviṣāmas
  te 'vasthitāḥ pramukhe dhārtharāṣṭrāḥ || 6 ||

kārpaṇyadoṣopahatasvabhāvaḥ
    pṛcchami tvāṁ dharmasaṁmūḍhacetāḥ |
yac chreyaḥ syān niścitaṁ brūhi tan me
    śiṣyas te 'haṁ śādhi māṁ tvāṁ prapannam || 7 ||

na hi prapaśyāmi mamāpanudyād
    yac chokam ucchoṣaṇam indriyāṇām |
avāpya bhūmāv asapatnam ṛddhaṁ
    rājyaṁ surāṇām api cādhipatyam || 8 ||

sañjaya uvāca

evam uktvā hṛṣīkeśaṁ guḍākeśaḥ parantapaḥ |
na yotsya iti govindam uktvā tūṣṇīṁ babhūva ha || 9 ||

tam uvāca hṛṣīkeśaḥ prahasann iva bhārata |
senayor ubhayor madhye viṣīdantam idaṁ vacaḥ || 10 ||

śrī bhagavān uvāca

aśocyān anvaśocas tvaṁ prājñavādāṁś ca bhāṣase |
gatāsūn agatāsūṁś ca nānuśocanti paṇḍitāḥ || 11 ||

na tv evāhaṁ jātu nāsaṁ na tva neme janādhipāḥ |
na caiva na bhaviṣyāmaḥ sarve vayam ataḥ param || 12 ||

dehino 'smin yathā dehe kaumāraṁ yauvanaṁ jarā |
tathā dehāntaraprāptir dhīras tatra na muhyati || 13 ||

mātrāsparśās tu kaunteya śītoṣṇasukhaduḥkhadāḥ |
āgamāpāyino 'nityās tāṁs titikṣasva bhārata || 14 ||

yaṁ hi na vyathayanty ete puruṣaṁ puruṣarṣabha |
samaduḥkhasukhaṁ dhīraṁ so 'mṛtatvāya kalpate || 15 ||

nāsato vidyate bhāvo nābhāvo vidyate sataḥ |
ubhayor api dṛṣṭo 'ntas tv anayos tattvadarśibhiḥ || 16 ||

avināśi tu tad viddhi yena sarvam idaṁ tatam ।
vināśam avyayasyāsya na kaścit kartum arhati ॥ 17 ॥

antavanta ime dehā nityasyoktāḥ śarīriṇaḥ ।
anāśino 'prameyasya tasmād yudhyasva bhārata ॥ 18 ॥

ya enaṁ vetti hantāraṁ yaś cainaṁ manyate hatam ।
ubhau tau na vijānīto nāyaṁ hanti na hanyate ॥ 19 ॥

na jāyate mriyate vā kadācin nāyaṁ bhūtvā bhavitā vā na bhūyaḥ ।
ajo nityaḥ śāśvato 'yaṁ purāṇo na hanyate hanyamāne śarīre ॥ 20 ॥

vedāvināśinaṁ nityaṁ ya enam ajam avyayam ।
kathaṁ sa puruṣaḥ pārthaḥ kaṁ ghātayati hanti kam ॥ 21 ॥

vāsāṁsi jīrṇāni yathā vihāya navāni gṛhṇāti naro 'parāṇi ।
tathā śarīrāṇi vihāya jīrṇāny anyāni saṁyāti navāni dehī ॥ 22 ॥

nainaṁ chindanti śastrāṇi nainaṁ dahati pāvakaḥ ।
na cainaṁ kledayanty āpo na śoṣayati mārutaḥ ॥ 23 ॥

acchedyo 'yam adāhyo 'yam akledyo 'śoṣya eva ca ।
nityaḥ sarvagataḥ sthāṇur acalo 'yaṁ sanātanaḥ ॥ 24 ॥

avyakto 'yam acintyo 'yam avikāryo 'yam ucyate ।
tasmād evaṁ viditvainaṁ nānuśocitum arhasi ॥ 25 ॥

atha cainaṁ nityajātaṁ nityaṁ vā manyase mṛtaṁ ।
tathāpi tvaṁ mahābāho naivaṁ śocitum arhasi ॥ 26 ॥

jātasya hi dhruvo mṛtyur dhruvaṁ janma mṛtasya ca ।
tasmād aparihārye 'rthe na tvaṁ śocitum arhasi ॥ 27 ॥

avyaktādīni bhūtāni vyaktamadhyāni bhārata ।
avyaktanidhanāny eva tatra kā paridevanā ॥ 28 ॥

āścaryavat paśyati kaścid enam
āścaryavad vadati tathaivānyaḥ |
āścaryavac cainam anyaḥ śṛṇoti
śrutvā 'py enaṁ veda na caiva kaścit || 29 ||

dehī nityam avadhyo 'yaṁ dehe sarvasya bhārata |
tasmāt sarvāṇi bhūtāni na tvaṁ śocitum arhasi || 30 ||

svadharmam api cāvekṣya na vikampitum arhasi |
dharmyād dhi yuddhāc chreyo 'nyat kṣatriyasya na vidyate || 31 ||

yadṛcchayā copapannaṁ svargadvāram apāvṛtam |
sukhinaḥ kṣatriyāḥ pārtha labhante yuddham īdṛśam || 32 ||

atha cet tvam imaṁ dharmyaṁ saṅgrāmaṁ na kariṣyasi |
tataḥ svadharmaṁ kīrtiṁ ca hitvā pāpam avāpsyasi || 33 ||

akīrtiṁ cāpi bhūtāni kathayiṣyanti te 'vyayām |
saṁbhāvitasya cākīrtir maraṇād atiricyate || 34 ||

bhayād raṇād uparataṁ maṁsyante tvāṁ mahārathāḥ |
yeṣāṁ ca tvaṁ bahumato bhūtvā yāsyasi lāghavam || 35 ||

avācyavādāṁś ca bahūn vadiṣyanti tavāhitāḥ |
nindantas tava sāmarthyaṁ tato duḥkhataraṁ nu kim || 36 ||

hato vā prāpsyasi svargaṁ jitvā vā bhokṣyase mahīm |
tasmād uttiṣṭha kaunteya yuddhāya kṛtaniścayaḥ || 37 ||

sukhaduḥkhe same kṛtvā lābhālābhau jayājayau |
tato yuddhāya yujyasva naivaṁ pāpam avāpsyasi || 38 ||

eṣā te 'bhihitā sāṅkhye buddhir yoge tv imāṁ śṛṇu |
buddhyā yukto yayā pārtha karmabandhaṁ prahāsyasi || 39 ||

nehābhikramanāśo 'sti pratyavāyo na vidyate |
svalpam apy asya dharmasya trāyate mahato bhayāt || 40 ||

vyavasāyātmikā buddhir ekeha kurunandana |
bahuśākhā hy anantāś ca buddhayo 'vyavasāyinām || 41 ||

yām imāṁ puṣpitāṁ vācaṁ pravadanty avipaścitaḥ |
vedavādaratāḥ pārtha nānyad astīti vādinaḥ || 42 ||

kāmātmānaḥ svargaparā janmakarmaphalapradām |
kriyāviśeṣabahulāṁ bhogaiśvaryagatiṁ prati || 43 ||

bhogaiśvaryaprasaktānāṁ tayāpahṛtacetasām |
vyavasāyātmikā buddhiḥ samādhau na vidhīyate || 44 ||

traiguṇyaviṣayā vedā nistraiguṇyo bhavārjuna |
nirdvandvo nityasattvastho niryogakṣema ātmavān || 45 ||

yāvān artha udapāne sarvataḥ saṁplutodake |
tāvān sarveṣu vedeṣu brāhmaṇasya vijānataḥ || 46 ||

karmany evādhikāras te mā phaleṣu kadācana |
mā karmaphalahetur bhūr mā te saṅgo 'stv akarmāṇi || 47 ||

yogasthaḥ kuru karmāṇi saṅgaṁ tyaktvā dhanañjaya |
siddhyasiddhyoḥ samo bhūtvā samatvaṁ yoga ucyate || 48 ||

dūreṇa hy abaraṁ karma buddhiyogād dhanañjaya |
buddhau śaraṇam anviccha kṛpaṇāḥ phalahetavaḥ || 49 ||

buddhiyukto jahātīha ubhe sukṛtaduṣkṛte |
tasmād yogāya yujyasva yogaḥ karmasu kauśalam || 50 ||

karmajaṁ buddhiyuktā hi phalaṁ tyaktvā manīṣiṇaḥ |
janmabandhavinirmuktāḥ padaṁ gacchanty anāmayam || 51 ||

yadā te mohakalilaṁ buddhir vyatitariṣyati |
tadā gantāsi nirvedaṁ śrotavyasya śrutasya ca || 52 ||

śrutivipratipannā te yadā sthāsyati niścalā ǀ
samādhāv acalā buddhis tadā yogam avāpsyasi ǁ 53 ǁ

arjuna uvāca

sthitaprajñasya kā bhāṣā samādhisthasya keśava ǀ
sthitadhīḥ kiṁ prabhāṣeta kim āsīta vrajeta kim ǁ 54 ǁ

śrī bhagavān uvāca

prajahāti yadā kāmān sarvān pārtha manogatān ǀ
ātmany evātmanā tuṣṭaḥ sthitaprajñas tadocyate ǁ 55 ǁ

duḥkheṣv anudvignamanāḥ sukheṣu vigataspṛhaḥ ǀ
vītarāgabhayakrodhaḥ sthitadhīr munir ucyate ǁ 56 ǁ

yaḥ sarvatrānabhisnehas tat tat prāpya śubhāśubham ǀ
nābhinandati na dveṣṭi tasya prajñā pratiṣṭhitā ǁ 57 ǁ

yadā saṁharate cāyaṁ kūrmo ’ṅgānīva sarvaśaḥ ǀ
indriyāṇīndriyārthebhyas tasya prajñā pratiṣṭhitā ǁ 58 ǁ

viṣayā vinivartante nirāhārasya dehinaḥ ǀ
rasavarjaṁ raso ’py asya paraṁ dṛṣṭvā nivartate ǁ 59 ǁ

yatato hy api kaunteya puruṣasya vipaścitaḥ ǀ
indriyāṇi pramāthīni haranti prasabhaṁ manaḥ ǁ 60 ǁ

tāni sarvāṇi saṁyamya yukta āsīta matparaḥ ǀ
vaśe hi yasyendriyāṇi tasya prajñā pratiṣṭhitā ǁ 61 ǁ

dhyāyato viṣayān puṁsaḥ saṅgas teṣūpajāyate ǀ
saṅgāt sañjāyate kāmaḥ kāmāt krodho ’bhijāyate ǁ 62 ǁ

krodhād bhavati saṁmohaḥ saṁmohāt smṛtivibhramaḥ ǀ
smṛtibhraṁśād buddhināśo buddhināśāt praṇaśyati ǁ 63 ǁ

rāgadveṣaviyuktais tu viṣayān indriyaiś caran |
ātmavaśyair vidheyātmā prasādam adhigacchati || 64 ||

prasāde sarvaduḥkhānāṁ hānir asyopajāyate |
prasannacetaso hy āśu buddhiḥ paryavatiṣṭhate || 65 ||

nāsti buddhir ayuktasya na cāyuktasya bhāvanā |
na cābhāvayataḥ śāntir aśāntasya kutaḥ sukham || 66 ||

indriyāṇāṁ hi caratāṁ yan mano 'nuvidhīyate |
tad asya harati prajñāṁ vāyur nāvam ivāṁbhasi || 67 ||

tasmād yasya mahābaho nigṛhītāni sarvaśaḥ |
indriyāṇīndriyārthebhyas tasya prajñā pratiṣṭhitā || 68 ||

yā niśā sarvabhūtānāṁ tasyāṁ jāgarti saṁyamī |
yasyāṁ jāgrati bhūtāni sā niśā paśyato muneḥ || 69 ||

āpūryamāṇam acalapratiṣṭhaṁ samudram āpaḥ praviśanti yadvat |
tadvat kāmā yaṁ praviśanti sarve sa śāntim āpnoti na kāmakāmī || 70 ||

vihāya kāmān yaḥ sarvān pumāṁś carati niḥspṛhaḥ |
nirmamo nirahaṅkāraḥ sa śāntim adhigacchati || 71 ||

eṣā brāhmī sthitiḥ pārtha naināṁ prāpya vimuhyati |
sthitvā 'syām antakāle 'pi brahmanirvāṇam ṛcchati || 72 ||

iti śrīmadbhagavadgītāsūpaniṣatsu brahmavidyāyāṁ
yogaśāstre śrīkṛṣṇārjunasaṁvāde
sāṅkhyayogo nāma
dvitīyo 'dhyāyaḥ

tṛtīyo 'dhyāyaḥ

arjuna uvāca

jyāyasī cet karmaṇas te matā buddhir janārdana ǀ
tat kiṁ karmaṇi ghore māṁ niyojayasi keśava ǁ 1 ǁ

vyāmiśreṇeva vākyena buddhiṁ mohayasīva me ǀ
tad ekaṁ vada niścitya yena śreyo 'ham āpnuyām ǁ 2 ǁ

śrī bhagavān uvāca

loke 'smin dvividhā niṣṭhā purā proktā mayānagha ǀ
jñānayogena sāṅkhyānāṁ karmayogeṇa yoginām ǁ 3 ǁ

na karmaṇān anārambhān naiṣkarmyaṁ puruṣo 'śnute ǀ
na ca saṁnyasanād eva siddhiṁ samadhigacchati ǁ 4 ǁ

na hi kaścit kṣaṇam api jātu tiṣṭhaty akarmakṛt ǀ
kāryate hy avaśaḥ karma sarvaḥ prakṛtijair guṇaiḥ ǁ 5 ǁ

karmendriyāṇi saṁyamya ya āste manasā smaran ǀ
indriyārthān vimūḍhātmā mithyācāraḥ sa ucyate ǁ 6 ǁ

yas tv indriyāṇi manasā niyamyārabhate 'rjuna ǀ
karmendriyaiḥ karmayogam asaktaḥ sa viśiṣyate ǁ 7 ǁ

niyataṁ kuru karma tvaṁ karma jyāyo hy akarmaṇah ǀ
śarīrayātrāpi ca te na prasidhyed akarmanaḥ ǁ 8 ǁ

yajñārthāt karmaṇo 'nyatra loko 'yaṁ karmabandhanaḥ ǀ
tadarthaṁ karma kaunteya muktasaṅgaḥ samācara ǁ 9 ǁ

sahayajñāḥ prajāḥ sṛṣṭvā purovāca prajāpatiḥ |
anena prasaviṣyadhvam eṣa vo 'stv iṣṭa kāmadhuk || 10 ||

devān bhāvayatānena te devā bhāvayantu vaḥ |
parasparaṁ bhāvayantaḥ śreyaḥ param avāpsyatha || 11 ||

iṣṭān bhogān hi vo devā dāsyante yajñabhāvitāḥ |
tair dattān apradāyaibhyo yo bhuṅkte stena eva saḥ || 12 ||

yajñaśiṣṭāśinaḥ santo mucyante sarvakilbiṣaih |
bhuñjate te tv aghaṁ pāpā ye pacanty ātmakāraṇāt || 13 ||

annād bhavanti bhūtāni parjanyād annasaṁbhavaḥ |
yajñād bhavati parjanyo yajñaḥ karmasamudbhavaḥ || 14 ||

karma brahmodbhavaṁ viddhi brahmākṣarasamudbhavam |
tasmāt sarvagataṁ brahma nityaṁ yajñe pratiṣṭhitam || 15 ||

evaṁ pravartitaṁ cakraṁ nānuvartayatīha yaḥ |
aghāyur indriyārāmo moghaṁ pārtha sa jīvati || 16 ||

yas tv ātmaratir eva syād ātmatṛptaś ca mānavaḥ |
ātmany eva ca santuṣṭas tasya kāryaṁ na vidyate || 17 ||

naiva tasya kṛtenārtho nākṛteneha kaścana |
na cāsya sarvabhūteṣu kaścid arthavyapāśrayaḥ || 18 ||

tasmād asaktaḥ satataṁ kāryaṁ karma samācara |
asakto hy ācaran karma param āpnoti pūruṣah || 19 ||

karmaṇaiva hi saṁsiddhim āsthitā janakādayaḥ |
lokasaṅgraham evāpi saṁpaśyan kartum arhasi || 20 ||

yad yad ācarati śreṣṭhas tat tad evetaro janaḥ |
sa yat pramāṇaṁ kurute lokas tad anuvartate || 21 ||

na me pārthāsti kartavyaṁ triṣu lokeṣu kiñcana |
nānavāptam avāptavyaṁ varta eva ca karmaṇi || 22 ||

yadi hy ahaṁ na varteyaṁ jātu karmaṇy atandritaḥ |
mama vartmānuvartante manuṣyāḥ pārtha sarvaśaḥ || 23 ||

utsīdeyur ime lokā na kuryāṁ karma ced aham |
saṅkarasya ca kartā syām upahanyām imāḥ prajāh || 24 ||

saktāḥ karmaṇy avidvāṁso yathā kurvanti bhārata |
kuryād vidvāṁs tathā 'saktaś cikīrṣur lokasaṅgraham || 25 ||

na buddhibhedaṁ janayed ajñānāṁ karmasaṅginām |
joṣayet sarvakarmāṇi vidvān yuktaḥ samācaran || 26 ||

prakṛteḥ kriyamāṇāni guṇaiḥ karmāṇi sarvaśaḥ |
ahaṅkāravimūḍhātmā kartāham iti manyate || 27 ||

tattvavit tu mahābāho guṇakarmavibhāgayoḥ |
guṇā guṇeṣu vartanta iti matvā na sajjate || 28 ||

prakṛter guṇasaṁmūḍhāḥ sajjante guṇakarmasu |
tān akṛtsnavido mandān kṛtsnavin na vicālayet || 29 ||

mayi sarvāṇi karmāṇi saṁnyasyādhyātmacetasā |
nirāśīr nirmamo bhūtvā yudhyasva vigatajvaraḥ || 30 ||

ye me matam idaṁ nityam anutiṣṭhanti mānavāḥ |
śraddhāvanto 'nasūyanto mucyante te 'pi karmabhiḥ || 31 ||

ye tv etad abhyasūyanto nānutiṣṭhanti me matam |
sarvajñānavimūḍhāṁs tān viddhi naṣṭān acetasaḥ || 32 ||

sadṛśaṁ ceṣṭate svasyāḥ prakṛter jñānavān api |
prakṛtiṁ yānti bhūtāni nigrahaḥ kiṁ kariṣyati || 33 ||

indriyasyendriyasyārthe rāgadveṣau vyavasthitau |
tayor na vaśam āgacchet tau hy asya paripanthinau || 34 ||

śreyān svadharmo viguṇaḥ paradharmāt svanuṣṭhitāt |
svadharme nidhanaṁ śreyaḥ paradharmo bhayāvahaḥ || 35 ||

arjuna uvāca

atha kena prayukto 'yaṁ pāpaṁ carati pūruṣaḥ |
anicchann api vārṣṇeya balād iva niyojitaḥ || 36 ||

śrī bhagavān uvāca

kāma eva krodha eṣa rajoguṇa samudbhavaḥ |
mahāśano mahāpāpmā viddhy enam iha vairiṇam || 37 ||

dhūmenāvriyate vahnir yathādarśo malena ca |
yatholbenāvṛto garbhas tathā tenedam āvṛtam || 38 ||

āvṛtaṁ jñānam etena jñānino nityavairiṇā |
kāmarūpeṇa kaunteya duṣpūreṇānalena ca || 39 ||

indriyāṇi mano buddhir asyādhiṣṭhānam ucyate |
etair vimohayaty eṣa jñānam āvṛtya dehinam || 40 ||

tasmāt tvam indriyāṇy ādau niyamya bharatarṣabha |
pāpmānaṁ prajahi hy enaṁ jñānavijñānanāśanam || 41 ||

indriyāṇi parāṇy āhur indriyebhyaḥ paraṁ manaḥ |
manasas tu parā buddhir yo buddheḥ paratas tu saḥ || 42 ||

evaṁ buddheḥ paraṁ buddhvā saṁstabhyātmānam ātmanā |
jahi śatruṁ mahābaho kāmarūpaṁ durāsadam || 43 ||

iti śrīmadbhagavadgītāsūpaniṣatsu brahmavidyāyāṁ
yogaśāstre śrīkṛṣṇārjunasaṁvāde
karmayogo nāma
tṛtīyo 'dhyāyaḥ

caturtho 'dhyāyaḥ

śrī bhagavān uvāca

imaṁ vivasvate yogaṁ proktavān aham avyayam |
vivasvān manave prāha manur ikṣvākave 'bravīt || 1 ||

evaṁ paramparāprāptam imaṁ rājarṣayo viduḥ |
sa kāleneha mahatā yogo naṣṭaḥ parantapa || 2 ||

sa evāyaṁ mayā te 'dya yogaḥ proktaḥ purātanaḥ |
bhakto 'si me sakhā ceti rahasyaṁ hy etad uttamam || 3 ||

arjuna uvāca

aparaṁ bhavato janma paraṁ janma vivasvataḥ |
katham etad vijānīyāṁ tvam ādau proktavān iti || 4 ||

śrī bhagavān uvāca

bahūni me vyatītāni janmāni tava cārjuna |
tāny ahaṁ veda sarvāṇi na tvaṁ vettha parantapa || 5 ||

ajo 'pi sann avyayātmā bhūtānām īśvaro 'pi san |
prakṛtiṁ svām adhiṣṭhāya saṁbhavāmy ātmamāyayā || 6 ||

yadā yadā hi dharmasya glānir bhavati bhārata |
abhyutthānam adharmasya tadātmānaṁ sṛjāmy aham || 7 ||

paritrāṇāya sādhūnāṁ vināśāya ca duṣkṛtām |
dharmasaṁsthāpanārthāya saṁbhavāmi yuge yuge || 8 ||

janma karma ca me divyam evaṁ yo vetti tattvataḥ I
tyaktvā dehaṁ punarjanma naiti mām eti so 'rjuna II 9 II

vītarāgabhayakrodhā manmayā mām upāśritāḥ I
bahavo jñānatapasā pūtā madbhāvam āgatāḥ II 10 II

ye yathā māṁ prapadyante tāṁs tathaiva bhajāmy aham I
mama vartmānuvartante manuṣyāḥ pārtha sarvaśaḥ II 11 II

kāṅkṣantaḥ karmaṇāṁ siddhiṁ yajanta iha devatāḥ I
kṣipraṁ hi mānuṣe loke siddhir bhavati karmajā II 12 II

cāturvarṇyaṁ mayā sṛṣṭaṁ guṇakarmavibhāgaśaḥ I
tasya kartāram api māṁ viddhy akartāram avyayam II 13 II

na māṁ karmāṇi limpanti na me karmaphale spṛhā I
iti māṁ yo 'bhijānāti karmabhir na sa badhyate II 14 II

evaṁ jñātvā kṛtaṁ karma pūrvair api mumukṣubhiḥ I
kuru karmaiva tasmāt tvaṁ pūrvaiḥ pūrvataraṁ kṛtaṁ II 15 II

kiṁ karma kim akarmeti kavayo 'py atra mohitāḥ I
tat te karma pravakṣyāmi yaj jñātvā mokṣyase 'śubhāt II 16 II

karmaṇo hy api boddhavyaṁ boddhavyaṁ ca vikarmaṇaḥ I
akarmaṇaś ca boddhavyaṁ gahanā karmaṇo gatiḥ II 17 II

karmaṇy akarma yaḥ paśyed akarmaṇi ca karma yaḥ I
sa buddhimān manuṣyeṣu sa yuktaḥ kṛtsnakarmakṛt II 18 II

yasya sarve samārambhāḥ kāmasaṅkalpavarjitāḥ I
jñānāgnidagdhakarmāṇaṁ tam āhuḥ pāṇḍitaṁ budhāḥ II 19 II

tyaktvā karmaphalāsaṅgaṁ nityatṛpto nirāśrayaḥ |
karmaṇy abhipravṛtto 'pi naiva kiñcit karoti saḥ || 20 ||

nirāśīr yatacittātmā tyaktasarvaparigrahaḥ |
śārīraṁ kevalaṁ karma kurvan nāpnoti kilbiṣam || 21 ||

yadṛcchālābhasantuṣṭo dvandvātīto vimatsaraḥ |
samaḥ siddhav asiddhau ca kṛtvāpi na nibadyate || 22 ||

gatasaṅgasya muktasya jñānāvasthitacetasaḥ |
yajñāyācarataḥ karma samagraṁ pravilīyate || 23 ||

brahmārpaṇaṁ brahma havir brahmāgnau brahmaṇā hutam |
brahmaiva tena gantavyaṁ brahmakarmasamādhinā || 24 ||

daivam evāpare yajñaṁ yoginaḥ paryupāsate |
brahmāgnāv apare yajñaṁ yajñenaivopajuhvati || 25 ||

śrotrādīnīndriyāṇy anye saṁyamāgniṣu juhvati |
śabdādīn viṣayān anya indriyāgniṣu juhvati || 26 ||

sarvāṇīndriyakarmāṇi prāṇakarmāṇi cāpare |
ātmasaṁyamayogāgnau juhvati jñānadīpite || 27 ||

dravyayajñās tapoyajñā yogayajñās tathāpare |
svādhyāyajñānayajñāś ca yatayaḥ saśitavratāḥ || 28 ||

apāne juhvati prāṇaṁ prāṇe 'pānaṁ tathāpare |
prāṇāpānagatī ruddhvā prāṇāyāmaparāyaṇāḥ || 29 ||

apare niyatāhārāḥ prāṇān prāṇeṣu juhvati |
sarve 'py ete yajñavido yajñakṣapitakalmaṣāḥ || 30 ||

yajñaśiṣṭāmṛtabhujo yānti brahma sanātanam |
nāyaṁ loko 'sty ayajñasya kuto 'nyaḥ kurusattama || 31 ||

evaṁ bahuvidhā yajñā vitatā brahmaṇo mukhe |
karmajān viddhi tān sarvān evaṁ jñātvā vimokṣyase || 32 ||

śreyān dravyamayād yajñāj jñānayajñaḥ parantapa |
sarvaṁ karmākhilaṁ pārtha jñāne parisamāpyate || 33 ||

tad viddhi praṇipātena paripraśnena sevayā |
upadekṣyanti te jñānaṁ jñāninas tattvadarśinaḥ || 34 ||

yaj jñātvā na punar moham evaṁ yāsyasi pāṇḍava |
yena bhūtāny aśeṣeṇa drakṣyasy ātmany atho mayi || 35 ||

api ced asi pāpebhyaḥ sarvebhyaḥ pāpakṛttamaḥ |
sarvaṁ jñānaplavenaiva vṛjinaṁ santariṣyasi || 36 ||

yathaidhāṁsi samiddho 'gnir bhasmasāt kurute 'rjuna |
jñānāgniḥ sarvakarmāṇi bhasmasāt kurute tathā || 37 ||

na hi jñānena sadṛśaṁ pavitram iha vidyate |
tat svayaṁ yogasaṁsiddhaḥ kālenātmani vindati || 38 ||

śraddhāvāṁl labhate jñānaṁ tat paraḥ saṁyatendriyaḥ |
jñānaṁ labdhvā parāṁ śāntim acireṇādhigacchati || 39 ||

ajñaś cāśraddadhānaś ca saṁśayātmā vinaśyati |
nāyaṁ loko 'sti na paro na sukhaṁ saṁśayātmanaḥ || 40 ||

yogasaṁnyastakarmāṇaṁ jñānasañchinnasaṁśayam |
ātmavantaṁ na karmāṇi nibadhnanti dhanañjaya || 41 ||

tasmād ajñānasaṁbhūtaṁ hṛtsthaṁ jñānāsinātmanaḥ |
chittvainaṁ saṁśayaṁ yogam ātīṣṭhottiṣṭha bhārata || 42 ||

iti śrīmadbhagavadgītāsūpaniṣatsu brahmavidyāyāṁ
yogaśāstre śrīkṛṣṇārjunasaṁvāde
jñānayogo nāma
caturtho 'dhyāyaḥ

pañcamo 'dhyāyaḥ

arjuna uvāca

saṁnyāsaṁ karmaṇāṁ kṛṣṇa punar yogaṁ ca śaṁsasi |
yac chreya etayor ekaṁ tan me brūhi suniścitam || 1 ||

śrī bhagavān uvāca

saṁnyāsaḥ karmayogaś ca niḥśreyasakarāv ubhau |
tayos tu karmasaṁnyāsāt karmayogo viśiṣyate || 2 ||

jñeyaḥ sa nityasaṁnyāsī yo na dveṣṭi na kāṅkṣati |
nirdvandvo hi mahābāho sukhaṁ bandhāt pramucyate || 3 ||

sāṅkhyayogau pṛthag bālāḥ pravadanti na paṇḍitāḥ |
ekam apy āsthitaḥ samyag ubhayor vindate phalam || 4 ||

yat sāṅkhyaiḥ prāpyate sthānaṁ tad yogair api gamyate |
ekaṁ sāṅkhyaṁ ca yogaṁ ca yaḥ paśyati sa paśyati || 5 ||

saṁnyāsas tu mahābāho dukham āptum ayogataḥ |
yogayukto munir brahma na cireṇādhigacchati || 6 ||

yogayukto viśuddhātmā vijitātmā jitendriyaḥ |
sarvabhūtātmabhūtātmā kurvann api na lipyate || 7 ||

naiva kiṁcit karomīti yukto manyeta tattvavit |
paśyañ śṛṇvan spṛśañ jighrann aśnan gacchan svapañ śvasan || 8 ||

pralapan visṛjan gṛhṇann unmiṣan nimiṣann api |
indriyāṇīndriyārtheṣu vartanta iti dhārayan || 9 ||

brahmaṇy ādhāya karmāṇi saṅgaṁ tyaktvā karoti yaḥ ।
lipyate na sa pāpena padmapatram ivāṁbhasā ॥ 10 ॥

kāyena manasā buddhyā kevalair indriyair api ।
yoginaḥ karma kurvanti saṅgaṁ tyaktvātmaśuddhaye ॥ 11 ॥

yuktaḥ karmaphalaṁ tyakvā śāntim āpnoti naiṣṭhikīm ।
ayuktaḥ kāmakāreṇa phale sakto nibadhyate ॥ 12 ॥

sarvakarmāṇi manasā saṁnyasyāste sukhaṁ vaśī ।
navadvāre pure dehī naiva kurvan na kārayan ॥ 13 ॥

na kartṛtvaṁ na karmāṇi lokasya sṛjati prabhuḥ ।
na karmaphalasaṁyogaṁ svabhāvas tu pravartate ॥ 14 ॥

nādatte kasyacit pāpaṁ na caiva sukṛtaṁ vibhuḥ ।
ajñānenāvṛtaṁ jñānaṁ tena muhyanti jantavaḥ ॥ 15 ॥

jñānena tu tadajñānaṁ yeṣāṁ nāśitam ātmanaḥ ।
teṣām ādityavaj jñānaṁ prakāśayati tat param ॥ 16 ॥

tadbuddhayas tadātmānas tanniṣṭhās tatparāyaṇāḥ ।
gacchanty apunarāvṛttiṁ jñānanirdhūtakalmaṣāḥ ॥ 17 ॥

vidyāvinayasaṁpanne brāhmaṇe gavi hastini ।
śuni caiva śvapāke ca paṇḍitāḥ samadarśinaḥ ॥ 18 ॥

ihaiva tair jitaḥ sargo yeṣāṁ sāmye sthitaṁ manaḥ ।
nirdoṣaṁ hi samaṁ brahma tasmād brahmaṇi te sthitāḥ ॥ 19 ॥

na prahṛṣyet priyaṁ prāpya nodvijet prāpya cāpriyam ।
sthirabuddhir asaṁmūḍho brahmavid brahmaṇi sthitaḥ ॥ 20 ॥

bāhyasparśeṣv asaktātmā vindaty ātmani yat sukham ।
sa brahmayoga yuktātmā sukham akṣayam aśnute ॥ 21 ॥

ye hi saṁsparśajā bhogā duḥkhayonaya eva te ǀ
ādyantavantaḥ kaunteya na teṣu ramate budhaḥ ǁ 22 ǁ

śaknotīhaiva yaḥ soḍhuṁ prāk śarīravimokṣaṇāt ǀ
kāmakrodhodbhavaṁ vegaṁ sa yuktaḥ sa sukhī naraḥ ǁ 23 ǁ

yo 'ntaḥsukho 'ntarārāmas tathāntarjyotir eva yaḥ ǀ
sa yogī brahmaṇirvāṇaṁ brahmabhūto 'dhigacchati ǁ 24 ǁ

labhante brahmanirvāṇam ṛṣayaḥ kṣīṇakalmaṣāḥ ǀ
chinnadvaidhā yatātmānaḥ sarvabhūtahite ratāḥ ǁ 25 ǁ

kāmakrodhaviyuktānāṁ yatīnāṁ yatacetasām ǀ
abhito brahmanirvāṇaṁ vartate viditātmanām ǁ 26 ǁ

sparśān kṛtvā bahir bāhyāṁś cakṣuś caivantare bhruvoḥ ǀ
prāṇāpānau samau kṛtvā nāsābhyantaracāriṇau ǁ 27 ǁ

yatendriyamanobuddhir munir mokṣaparāyaṇaḥ ǀ
vigatecchābhayakrodho yaḥ sadā mukta eva saḥ ǁ 28 ǁ

bhoktāraṁ yajñatapasāṁ sarvalokamaheśvaram ǀ
suhṛdaṁ sarvabhūtānāṁ jñātvā māṁ śāntim ṛcchati ǁ 29 ǁ

iti śrīmadbhagavadgītāsūpaniṣatsu brahmavidyāyāṁ
yogaśāstre śrīkṛṣṇārjunasaṁvāde
saṁnyāso nāma
pañcamo 'dhyāyaḥ

ṣaṣṭho 'dhyāyaḥ

śrī bhagavān uvāca

anāśritaḥ karmaphalaṁ kāryaṁ karma karoti yaḥ |
sa saṁnyāsī ca yogī ca na niragnir na cākriyaḥ || 1 ||

yaṁ saṁnyāsam iti prāhur yogaṁ taṁ viddhi pāṇḍava |
na hy asaṁnyastasaṅkalpo yogī bhavati kaścana || 2 ||

ārurukṣor muner yogaṁ karma kāraṇam ucyate |
yogārūḍhasya tasyaiva śamaḥ kāraṇam ucyate || 3 ||

yadā hi nendriyārtheṣu na karmasv anuṣajyate |
sarvasaṅkalpasaṁnyāsī yogārūḍhas tadocyate || 4 ||

uddhared ātmanātmānaṁ nātmānam avasādayet |
ātmaiva hy ātmano bandhur ātmaiva ripur ātmanaḥ || 5 ||

bandhur ātmātmanas tasya yenātmaivātmanā jitaḥ |
anātmanas tu śatrutve vartetātmaiva śatruvat || 6 ||

jitātmanaḥ praśāntasya paramātmā samāhitaḥ |
śītoṣṇasukhaduḥkheṣu tathā mānāpamānayoḥ || 7 ||

jñānavijñānatṛptātmā kūṭastho vijitendriyaḥ |
yukta ity ucyate yogī samaloṣṭāśma kāñcanaḥ || 8 ||

suhṛnmitrāryudāsīnam adhyasthadveṣyabandhuṣu |
sādhuṣv api ca pāpeṣu samabuddhir viśiṣyate || 9 ||

yogī yuñjīta satatam ātmānaṁ rahasi sthitaḥ ।
ekākī yatacittātmā nirāśīr aparigrahaḥ ॥ 10 ।

śucau deśe pratiṣṭhāpya sthiram āsanam ātmanaḥ ।
nātyucchritaṁ nātinīcaṁ cailājinakuśottaram ॥ 11 ॥

tatraikāgraṁ manaḥ kṛtvā yatacittendriyakriyaḥ ।
upaviśyāsane yuñjyād yogam ātmaviśuddhaye ॥ 12 ॥

samaṁ kāyaśirogrīvaṁ dhārayann acalaṁ sthiraḥ ।
saṁprekṣya nāsikāgraṁ svaṁ diśaś cānavalokayan ॥ 13 ॥

praśāntātmā vigatabhīr brahmacārivrate sthitaḥ ।
manaḥ saṁyamya maccitto yukta āsīta matparaḥ ॥ 14 ॥

yuñjann evaṁ sadātmānaṁ yogī niyatamānasaḥ ।
śāntiṁ nirvāṇaparamāṁ matsaṁsthām adhigacchati ॥ 15 ॥

nātyaśnatas tu yogo ’sti na caikāntam anaśnataḥ ।
na cātisvapraśīlasya jāgrato naiva cārjuna ॥ 16 ॥

yuktāhāravihārasya yuktaceṣṭasya karmasu ।
yukta svapnāvabodhasya yogo bhavati duḥkhahā ॥ 17 ॥

yadā viniyataṁ cittam ātmany evāvatiṣṭhate ।
niḥspṛhaḥ sarvakāmebhyo yukta ity ucyate tadā ॥ 18 ॥

yathā dīpo nivātastho neṅgate sopamā smṛtā ।
yogino yatacittasya yuñjato yogam ātmanaḥ ॥ 19 ॥

yatroparamate cittaṁ niruddhaṁ yogasevayā ।
yatra caivātmanātmānaṁ paśyann ātmani tuṣyati ॥ 20 ॥

sukham ātyantikaṁ yat tad buddhigrāhyam atīndriyam ।
vetti yatra na caivāyaṁ sthitaś calati tattvataḥ ॥ 21 ॥

yaṁ labdhvā cāparaṁ lābhaṁ manyate nādhikaṁ tataḥ ।
yasmin sthito na duḥkhena guruṇāpi vicālyate ॥ 22 ॥

taṁ vidyād duḥkhasaṁyogaviyogaṁ yogasaṁjñitam ।
sa niścayena yoktavyo yogo 'nirviṇṇacetasā ॥ 23 ॥

saṅkalpa prabhavān kāmāṁs tyaktvā sarvān aśeṣataḥ ।
manasaivendriyagrāmaṁ viniyamya samantataḥ ॥ 24 ॥

śanaiḥ śanair uparamed buddhyā dhṛtigṛhītayā ।
ātmasaṁsthaṁ manaḥ kṛtvā na kiñcid api cintayet ॥ 25 ॥

yato yato niścarati manaś cañcalam asthiram ।
tatas tato niyamyaitad ātmany eva vaśaṁ nayet ॥ 26 ॥

praśāntamanasaṁ hy enaṁ yoginaṁ sukham uttamam ।
upaiti śāntarajasaṁ brahmabhūtam akalmaṣam ॥ 27 ॥

yuñjann evaṁ sadātmānaṁ yogī vigatakalmaṣaḥ ।
sukhena brahmasaṁsparśam atyantaṁ sukham aśnute ॥ 28 ॥

sarvabhūtastham ātmānaṁ sarvabhūtāni cātmani ।
īkṣate yogayuktātmā sarvatra samadarśanaḥ ॥ 29 ॥

yo māṁ paśyati sarvatra sarvaṁ ca mayi paśyati ।
tasyāhaṁ na praṇaśyāmi sa ca me na praṇaśyati ॥ 30 ॥

sarvabhūtasthitaṁ yo māṁ bhajaty ekatvam āsthitaḥ ।
sarvathā vartamāno 'pi sa yogī mayi vartate ॥ 31 ॥

ātmaupamyena sarvatra samaṁ paśyati yo 'rjuna ।
sukhaṁ vā yadi vā dukhaṁ sa yogī paramo mataḥ ॥ 32 ॥

arjuna uvāca

yo 'yaṁ yogas tvayā proktaḥ sāmyena madhusūdana ।
etasyāhaṁ na paśyāmi cañcalatvāt sthitiṁ sthirām ॥ 33 ॥

cañcalaṁ hi manaḥ kṛṣṇa pramāthi balavad dṛḍham |
tasyāhaṁ nigrahaṁ manye vāyor iva suduṣkaram || 34 ||

śrī bhagavān uvāca

asaṁśayaṁ mahābāho mano durnigrahaṁ calam |
abhyāsena tu kaunteya vairāgyeṇa ca gṛhyate || 35 ||

asaṁyatātmanā yogo duṣprāpa iti me matiḥ |
vaśyātmanā tu yatatā śakyo 'vāptum upāyataḥ || 36 ||

arjuna uvāca

ayatiḥ śraddhayopeto yogāc calitamānasaḥ |
aprāpya yogasaṁsiddhiṁ kāṁ gatiṁ kṛṣṇa gacchati || 37 ||

kaścin nobhayavibhraṣṭaś chinnābhram iva naśyati |
apratiṣṭho mahābāho vimūḍho brahmaṇaḥ pathi || 38 ||

etan me saṁśayaṁ kṛṣṇa chettum arhasy aśeṣataḥ |
tvadanyaḥ saṁśayasyāsya chettā na hy upapadyate || 39 ||

śrī bhagavān uvāca

pārtha naiveha nāmutra vināśas tasya vidyate |
na hi kalyāṇakṛt kaścid durgatiṁ tāta gacchati || 40 ||

prāpya puṇyakṛtāṁ lokān uṣitvā śāśvatīḥ samāḥ |
śucīnāṁ śrīmatāṁ gehe yogabhraṣṭo 'bhijāyate || 41 ||

athavā yoginām eva kule bhavati dhīmatām |
etad dhi durlabhataraṁ loke janma yad īdṛśam || 42 ||

tatra taṁ buddhisaṁyogaṁ labhate paurvadehikam |
yatate ca tato bhūyaḥ saṁsiddhau kurunandana || 43 ||

pūrvābhyāsena tenaiva hriyate hy avaśo 'pi saḥ |
jijñāsur api yogasya śabdabrahmātivartate || 44 ||

prayatnādyatamānas tu yogī saṁśuddhakilbiṣaḥ ǀ
anekajanmasaṁsiddhas tato yāti parāṁ gatim ǁ 45 ǁ

tapasvibhyo ’dhiko yogī jñānibhyo ’pi mato ’dhikaḥ ǀ
karmibhyāś cādhiko yogī tasmād yogī bhavārjuna ǁ 46 ǁ

yoginām api sarveṣāṁ madgatenāntarātmanā ǀ
śraddhāvān bhajate yo māṁ sa me yuktatamo mataḥ ǁ 47 ǁ

iti śrīmadbhagavadgītāsūpaniṣatsu brahmavidyāyāṁ
yogaśāstre śrīkṛṣṇārjunasaṁvāde
dhyānayogo nāma
ṣaṣṭho ’dhyāyaḥ

saptamo 'dhyāyaḥ

śrī bhagavān uvāca

mayy āsaktamanāḥ pārtha yogaṁ yuñjan madāśrayaḥ |
asaṁśayaṁ samagraṁ māṁ yathā jñāsyasi tac chṛṇu || 1 ||

jñānaṁ te 'haṁ savijñānam idaṁ vakṣyāmy aśeṣataḥ |
yaj jñātvā neha bhūyo 'nyaj jñātavyam avaśiṣyate || 2 ||

manuṣyāṇāṁ sahasreṣu kaścid yatati siddhaye |
yatatām api siddhānāṁ kaścin māṁ vetti tattvataḥ || 3 ||

bhūmir āpo 'nalo vāyuḥ khaṁ mano buddhir eva ca |
ahaṅkāra itīyaṁ me bhinnā prakṛtir aṣṭadhā || 4 ||

apareyam itas tv anyāṁ prakṛtiṁ viddhi me parām |
jīvabhūtāṁ mahābāho yayedaṁ dhāryate jagat || 5 ||

etad yonīni bhūtāni sarvāṇīty upadhāraya |
ahaṁ kṛtsnasya jagataḥ prabhavaḥ pralayas tathā || 6 ||

mattaḥ parataraṁ nānyat kiñcid asti dhanañjaya |
mayi sarvam idaṁ protaṁ sūtre maṇigaṇā iva || 7 ||

raso 'ham apsu kaunteya prabhāsmi śaśisūryayoḥ |
praṇavaḥ sarvavedeṣu śabdaḥ khe pauruṣaṁ nṛṣu || 8 ||

puṇyo gandhaḥ pṛthivyāṁ ca tejaś cāsmi vibhāv asau |
jīvanaṁ sarva bhūteṣu tapaś cāsmi tapasviṣu || 9 ||

bījaṁ māṁ sarvabhūtānāṁ viddhi pārtha sanātanam ।
buddhir buddhimatām asmi tejas tejasvinām aham ॥ 10 ॥

balaṁ balavatāṁ cāhaṁ kāmarāgavivarjitam ।
dharmāviruddho bhūteṣu kāmo ’smi bharatarṣabha ॥ 11 ॥

ye caiva sāttvikā bhāvā rājasās tāmasāś ca ye ।
matta eveti tān viddhi na tv ahaṁ teṣu te mayi ॥ 12 ॥

tribhir guṇamayair bhāvair ebhiḥ sarvam idaṁ jagat ।
mohitaṁ nābhijānāti mām ebhyaḥ param avyayam ॥ 13 ॥

daivī hy eṣā guṇamayī mama māyā duratyayā ।
mām eva ye prapadyante māyam etāṁ taranti te ॥ 14 ॥

na māṁ duṣkṛtino mūḍhāḥ prapadyante narādhamāḥ ।
māyayāpahṛtajñānā āsuraṁ bhāvām āśritāḥ ॥ 15 ॥

caturvidhā bhajante māṁ janāḥ sukṛtino ’rjuna ।
ārto jijñāsur arthārthī jñānī ca bharatarṣabha ॥ 16 ॥

teṣāṁ jñānī nityayukta ekabhaktir viśiṣyate ।
priyo hi jñānino ’tyartham ahaṁ sa ca mama priyaḥ ॥ 17 ॥

udārāḥ sarva evaite jñānī tv ātmaiva me matam ।
āsthitaḥ sa hi yuktātmā mām evānuttamāṁ gatim ॥ 18 ॥

bahūnāṁ janmanām ante jñānavān māṁ prapadyate ।
vāsudevaḥ sarvam iti sa mahātmā sudurlabhaḥ ॥ 19 ॥

kāmais tais tair hṛtajñānāḥ prapadyante ’nyadevatāḥ ।
taṁ taṁ niyamam āsthāya prakṛtyā niyatāḥ svayā ॥ 20 ॥

yo yo yāṁ yāṁ tanuṁ bhaktaḥ śraddhayārcitum icchati ।
tasya tasyācalāṁ śraddhāṁ tām eva vidadhāmy aham ॥ 21 ॥

sa tayā śraddhayā yuktas tasyā rādhanam īhate I
labhate ca tataḥ kāmān mayeva vihitān hi tān II 22 II

antavat tu phalaṁ teṣāṁ tad bhavaty alpamedhasām I
devān devayajo yānti madbhaktā yānti mām api II 23 II

avyaktaṁ vyaktim āpannaṁ manyante mām abuddhayaḥ I
paraṁ bhāvam ajānanto mamāvyayam anuttamam II 24 II

nāhaṁ prakāśaḥ sarvasya yogamāyāsamāvṛtaḥ I
mūḍho 'yaṁ nābhijānāti loko mām ajam avyayam II 25 II

vedāhaṁ samatītāni vartamānāni cārjuna I
bhaviṣyāṇi ca bhūtāni māṁ tu veda na kaścana II 26 II

icchādveṣasamutthena dvandvamohena bhārata I
sarvabhūtāni saṁmohaṁ sarge yānti parantapa II 27 II

yeṣāṁ tv antagataṁ pāpaṁ janānāṁ puṇyakarmaṇām I
te dvandvamohanirmuktā bhajante māṁ dṛḍhavratāḥ II 28 II

jarāmaraṇamokṣāya mām āśritya yatanti ye I
te brahma tad viduḥ kṛtsnam adhyātmaṁ karma cākhilam II 29 II

sādhibhūtādhidaivaṁ māṁ sādhiyajñaṁ ca ye viduḥ I
prayāṇakāle 'pi ca māṁ te vidur yuktacetasaḥ II 30 II

iti śrīmadbhagavadgītāsūpaniṣatsu brahmavidyāyāṁ
yogaśāstre śrīkṛṣṇārjunasaṁvāde
vijñānayogo nāma
saptamo 'dhyāyaḥ

aṣṭamo 'dhyāyaḥ

arjuna uvāca

kiṁ tad brahma kim adhyātmaṁ kiṁ karma puruṣottama I
adhibhūtaṁ ca kiṁ proktam adhidaivaṁ kim ucyate II 1 II

adhiyajñaḥ kathaṁ ko 'tra dehe 'smin madhusūdana I
prayāṇakāle ca kathaṁ jñeyo 'si niyatātmabhiḥ II 2 II

srī bhagavān uvāca

akṣaraṁ brahma paramaṁ svabhāvo 'dhyātmam ucyate I
bhūtabhāvodbhavakaro visargaḥ karmasaṁjñitaḥ II 3 II

adhibhūtaṁ kṣaro bhāvaḥ puruṣaś cādhidaivatam I
adhiyajño 'ham evātra dehe dehabhṛtāṁ vara II 4 II

antakāle ca mām eva smaran muktvā kalevaram I
yaḥ prayāti sa madbhāvaṁ yāti nāsty atra saṁśayaḥ II 5 II

yaṁ yaṁ vāpi smaran bhāvaṁ tyajaty ante kalevaram I
taṁ tam evaiti kaunteya sadā tad bhāvabhāvitaḥ II 6 II

tasmāt sarveṣu kāleṣu mām anusmara yudhya ca I
mayy arpitamanobuddhir mām evaiṣyasy asaṁśayam II 7 II

abhyāsayogayuktena cetasā nānyagāminā I
paramaṁ puruṣaṁ divyaṁ yāti pārthānucintayan II 8 II

kaviṁ purāṇam anuśāsitāram aṇor aṇīyāṁsam anusmared yaḥ ǀ
sarvasya dhātāram acintya rūpam ādityavarṇaṁ tamasaḥ parastāt ǀǀ 9 ǀǀ

prayāṇakāle manasā 'calena
  bhaktyā yukto yogabalena caiva ǀ
bhruvor madhye prāṇam āveśya samyak
  sa paraṁ puruṣam upaiti divyam ǀǀ 10 ǀǀ

yad akṣaraṁ vedavido vadanti
  viśanti yad yatayo vītarāgāḥ ǀ
yad icchanto brahmacaryaṁ caranti
  tat te padaṁ saṅgraheṇa pravakṣye ǀǀ 11 ǀǀ

sarvadvārāṇi saṁyamya mano hṛdi nirudhya ca ǀ
mūrdhnyādhāyātmanaḥ prāṇam āsthito yogadhāraṇām ǀǀ 12 ǀǀ

om ity ekākṣaraṁ brahma vyāharan mām anusmaran ǀ
yaḥ prayāti tyajan dehaṁ sa yāti paramāṁ gatim ǀǀ 13 ǀǀ

ananyacetāḥ satataṁ yo māṁ smarati nityaśaḥ ǀ
tasyāhaṁ sulabhaḥ pārtha nityayuktasya yoginaḥ ǀǀ 14 ǀǀ

mām upetya punarjanmaduḥkhālayam aśāśvatam ǀ
nāpnuvanti mahātmanaḥ saṁsiddhiṁ paramāṁ gatāḥ ǀǀ 15 ǀǀ

ābrahmabhuvanāl lokāḥ punar āvartino 'rjuna ǀ
mām upetya tu kaunteya punarjanma na vidyate ǀǀ 16 ǀǀ

sahasrayugaparyantam ahar yad brahmaṇo viduḥ ǀ
rātriṁ yugasahasrāntāṁ te 'horātravido janāḥ ǀǀ 17 ǀǀ

avyaktād vyaktayaḥ sarvāḥ prabhavanty aharāgame ǀ
rātryāgame pralīyante tatraivāvyaktasaṁjñake ǀǀ 18 ǀǀ

bhūtagrāmaḥ sa evāyaṁ bhūtvā bhūtvā pralīyate ǀ
rātry āgame 'vaśaḥ pārtha prabhavaty aharāgame ǀǀ 19 ǀǀ

paras tasmāt tu bhāvo 'nyo 'vyakto 'vyaktāt sanātanaḥ ।
yaḥ sa sarveṣu bhūteṣu naśyatsu na vinaśyati ॥ 20 ॥

avyakto 'kṣara ity uktas tam āhuḥ paramāṁ gatim ।
yaṁ prāpya na nivartante tad dhāma paramaṁ mama ॥ 21 ॥

puruṣaḥ sa paraḥ pārtha bhaktyā labhyas tv ananyayā ।
yasyāntaḥsthāni bhūtāni yena sarvam idaṁ tatam ॥ 22 ॥

yatra kāle tv anāvṛttim āvṛttiṁ caiva yoginaḥ ।
prayātā yānti taṁ kālaṁ vakṣyāmi bharatarṣabha ॥ 23 ॥

agnir jyotir ahaḥ śuklaḥ ṣaṇmāsā uttarāyaṇam ।
tatra prayātā gacchanti brahma brahmavido janāḥ ॥ 24 ॥

dhūmo rātris tathā kṛṣṇaḥ ṣaṇmāsā dakṣiṇāyanam ।
tatra cāndramasaṁ jyotir yogī prāpya nivartate ॥ 25 ॥

śuklakṛṣṇe gatī hy ete jagataḥ śāśvate mate ।
ekayā yāty anāvṛttim anyayāvartate punaḥ ॥ 26 ॥

naite sṛtī pārtha jānan yogī muhyati kaścana ।
tasmāt sarveṣu kāleṣu yogayukto bhavārjuna ॥ 27 ॥

vedeṣu yajñeṣu tapaḥsu caiva
dāneṣu yat puṇyaphalaṁ pradiṣṭam ।
atyety tat sarvam idaṁ viditvā
yogī paraṁ sthānam upaiti cādyam ॥ 28 ॥

iti śrīmadbhagavadgītāsūpaniṣatsu brahmavidyāyāṁ
yogaśāstre śrīkṛṣṇārjunasaṁvāde
akṣarabrahmayogo nāma
aṣṭamo 'dhyāyaḥ

navamo ’dhyāyaḥ

śrī bhagavān uvāca

idaṁ tu te guhyatamaṁ pravakṣyāmy anasūyave ǀ
jñānaṁ vijñānasahitaṁ yaj jñātvā mokṣyase ’śubhāt ǁ 1 ǁ

rājavidyā rājaguhyaṁ pavitram idam uttamam ǀ
pratyakṣāvagamaṁ dharmyaṁ susukhaṁ kartum avyayam ǁ 2 ǁ

aśraddadhānāḥ puruṣā dharmasyāsya parantapa ǀ
aprāpya māṁ nivartante mṛtyusaṁsāravartmani ǁ 3 ǁ

mayā tatam idaṁ sarvaṁ jagad avyaktamūrtinā ǀ
matsthāni sarvabhūtāni na cāhaṁ teṣv avasthitaḥ ǁ 4 ǁ

na ca matsthāni bhūtāni paśya me yogam aiśvaram ǀ
bhūtabhṛn na ca bhūtastho mamātmā bhūtabhāvanaḥ ǁ 5 ǁ

yathākāśasthito nityaṁ vāyuḥ sarvatrago mahān ǀ
tathā sarvāṇi bhūtāni matsthānīty upadhāraya ǁ 6 ǁ

sarvabhūtāni kaunteya prakṛtiṁ yānti māmikām ǀ
kalpakṣaye punas tāni kalpādau visṛjāmy aham ǁ 7 ǁ

prakṛtiṁ svām avaṣṭabhya visṛjāmi punaḥ punaḥ ǀ
bhūtagrāmam imaṁ kṛtsnam avaśaṁ prakṛter vaśāt ǁ 8 ǁ

na ca māṁ tāni karmāṇi nibadhnanti dhanañjaya ǀ
udāsīnavad āsīnam asaktaṁ teṣu karmasu ǁ 9 ǁ

mayādhyakṣeṇa prakṛtiḥ sūyate sacarācaram ।
hetunānena kaunteya jagad viparivartate ॥ 10 ॥

avajānanti māṁ mūḍhā mānuṣīṁ tanum āśritam ।
paraṁ bhāvam ajānanto mama bhūtamaheśvaram ॥ 11 ॥

moghāśā moghakarmāṇo moghajñānā vicetasaḥ ।
rākṣasīm āsurīṁ caiva prakṛtiṁ mohitīṁ śritāḥ ॥ 12 ॥

mahātmānas tu māṁ pārtha daivīṁ prakṛtim āśritāḥ ।
bhajanty ananyamanaso jñātvā bhūtādim avyayam ॥ 13 ॥

satataṁ kīrtayanto māṁ yatantaś ca dṛḍhavratāḥ ।
namasyantaś ca māṁ bhaktyā nityayuktā upāsate ॥ 14 ॥

jñānayajñena cāpy anye yajanto mām upāsate ।
ekatvena pṛtaktvena bahudhā viśvatomukham ॥ 15 ॥

ahaṁ kratur ahaṁ yajñaḥ svadhāham aham auṣadham ।
mantro 'ham aham evājyam aham agnir ahaṁ hutam ॥ 16 ॥

pitāham asya jagato mātā dhātā pitāmahaḥ ।
vedyaṁ pavitram oṁkāra ṛk sāma yajur eva ca ॥ 17 ॥

gatir bhartā prabhuḥ sākṣī nivāsaḥ śaraṇaṁ suhṛt ।
prabhavaḥ pralayaḥ sthānaṁ nidhānaṁ bījam avyayam ॥ 18 ॥

tapāmy aham ahaṁ varṣaṁ nigṛhṇāmy utsṛjāmi ca ।
amṛtaṁ caiva mṛtyuś ca sad asac cāham arjuna ॥ 19 ॥

traividyā māṁ somapāḥ pūtapāpā
    yajñair iṣṭvā svargatiṁ prārthayante ।
te puṇyam āsādya surendralokam
    aśnanti divyān divi devabhogān ॥ 20 ॥

te taṁ bhuktvā svargalokaṁ viśālaṁ
    kṣīṇe puṇye martyalokaṁ viśanti |
evaṁ trayīdharmam anuprapannā
    gatāgataṁ kāmakāmā labhante || 21 ||

ananyāś cintayanto māṁ ye janāḥ paryupāsate |
teṣāṁ nityābhiyuktānāṁ yogakṣemaṁ vahāmy aham || 22 ||

ye 'py anyadevatābhaktā yajante śraddhayānvitāḥ |
te 'pi mām eva kaunteya yajanty avidhipūrvakam || 23 ||

ahaṁ hi sarvayajñānāṁ bhoktā ca prabhur eva ca |
na tu mām abhijānanti tattvenātaś cyavanti te || 24 ||

yānti devavratā devān pitṝn yānti pitṛvratāḥ |
bhūtāni yānti bhūtejyā yānti madyājino 'pi mām || 25 ||

patraṁ puṣpaṁ phalaṁ toyaṁ yo me bhaktyā prayacchati |
tad ahaṁ bhaktyupahṛtam aśnāmi prayatātmanaḥ || 26 ||

yat karoṣi yad aśnāsi yaj juhoṣi dadāsi yat |
yat tapasyasi kaunteya tat kuruṣva madarpaṇam || 27 ||

śubhāśubhaphalair evaṁ mokṣyase karmabandhanaiḥ |
saṁnyāsayogayuktātmā vimukto mām upaiṣyasi || 28 ||

samo 'haṁ sarvabhūteṣu na me dveṣyo 'sti na priyaḥ |
ye bhajanti tu māṁ bhaktyā mayi te teṣu cāpy aham || 29 ||

api cet sudurācāro bhajate mām ananyabhāk |
sādhur eva sa mantavyaḥ samyagvyavasito hi saḥ || 30 ||

kṣipraṁ bhavati dharmātmā śaśvacchāntiṁ nigacchati |
kaunteya pratijānīhi na me bhaktaḥ praṇaśyati || 31 ||

māṁ hi pārtha vyapāśṛtya ye 'pi syuḥ pāpayonayaḥ |
striyo vaiśyās tathā śūdrās te 'pi yānti parāṁ gatim || 32 ||

kiṁ punar brāhmaṇāḥ puṇyā bhaktā rājarṣayas tathā |
anityam asukhaṁ lokam imaṁ prāpya bhajasva mām || 33 ||

manmanā bhava madbhakto madyājī māṁ namas kuru |
mām evaiṣyasi yuktvaivam ātmānaṁ matparāyaṇaḥ || 34 ||

iti śrīmadbhagavadgītāsūpaniṣatsu brahmavidyāyāṁ
yogaśāstre śrīkṛṣṇārjunasaṁvāde
rājavidyārājaguhyayogo nāma
navamo 'dhyāyaḥ

daśamo 'dhyāyaḥ

śrī bhagavān uvāca

bhūya eva mahābāho śṛṇu me paramaṁ vacaḥ ।
yat te 'haṁ prīyamāṇāya vakṣyāmi hitakāmyayā ॥ 1 ॥

na me viduḥ suragaṇāḥ prabhavaṁ na maharṣayaḥ ।
aham ādir hi devānāṁ maharṣīṇāṁ ca sarvaśaḥ ॥ 2 ॥

yo mām ajam anādiṁ ca vetti lokamaheśvaram ।
asaṁmūḍhaḥ sa martyeṣu sarvapāpaiḥ pramucyate ॥ 3 ॥

buddhir jñānam asaṁmohaḥ kṣamā satyaṁ damaḥ śamaḥ ।
sukhaṁ duḥkhaṁ bhavo 'bhāvo bhayam abhayam eva ca ॥ 4 ॥

ahiṁsā samatā tuṣṭis tapo dānaṁ yaśo 'yaśaḥ ।
bhavanti bhāvā bhūtānāṁ matta eva pṛthagvidhāḥ ॥ 5 ॥

maharṣayaḥ sapta pūrve catvāro manavas tathā ।
madbhāvā mānasā jātā yeṣāṁ loka imāḥ prajāḥ ॥ 6 ॥

etāṁ vibhūtiṁ yogaṁ ca mama yo vetti tattvataḥ ।
so 'vikampena yogena yujyate nātra saṁśayaḥ ॥ 7 ॥

ahaṁ sarvasya prabhavo mattaḥ sarvaṁ pravartate ।
iti matvā bhajante māṁ budhā bhāvasamanvitāḥ ॥ 8 ॥

maccittā madgataprāṇā bodhayantaḥ parasparam ।
kathayantaś ca māṁ nityaṁ tuṣyanti ca ramanti ca ॥ 9 ॥

teṣāṁ satatayuktānāṁ bhajatāṁ prītipūrvakam ।
dadāmi buddhiyogaṁ taṁ yena mām upayānti te ॥ 10 ॥

teṣām evānukampārtham aham ajñānajaṁ tamaḥ ।
nāśayāmy ātmabhāvastho jñānadīpena bhāsvatā ॥ 11 ॥

arjuna uvāca

paraṁ brahma paraṁ dhāma pavitraṁ paramaṁ bhavān ।
puruṣaṁ śāśvataṁ divyam ādidevam ajaṁ vibhum ॥ 12 ॥

āhus tvām ṛṣayaḥ sarve devarṣir nāradas tathā ।
asito devalo vyāsaḥ svayaṁ caiva bravīṣi me ॥ 13 ॥

sarvam etad ṛtaṁ manye yan māṁ vadasi keśava ।
na hi te bhagavan vyaktiṁ vidur devā na dānavāḥ ॥ 14 ॥

svayam evātmanātmānaṁ vettha tvaṁ puruṣottama ।
bhūtabhāvana bhūteśa devadeva jagatpate ॥ 15 ॥

vaktum arhasy aśeṣeṇa divyā hy ātmavibhūtayaḥ ।
yābhir vibhūtibhir lokān imāṁs tvaṁ vyāpya tiṣṭhasi ॥ 16 ॥

kathaṁ vidyām ahaṁ yogiṁs tvāṁ sadā paricintayan ।
keṣu keṣu ca bhāveṣu cintyo 'si bhagavan mayā ॥ 17 ॥

vistareṇātmano yogaṁ vibhūtiṁ ca janārdana ।
bhūyaḥ kathaya tṛptir hi śṛṇvato nāsti me 'mṛtam ॥ 18 ॥

śrī bhagavān uvāca

hanta te kathayiṣyāmi divyā hy ātmavibhūtayaḥ ।
prādhānyataḥ kuruśreṣṭha nāsty anto vistarasya me ॥ 19 ॥

aham ātmā guḍākeśa sarvabhūtāśayasthitaḥ ।
aham ādiś ca madhyaṁ ca bhūtānām anta eva ca ॥ 20 ॥

ādityānām ahaṁ viṣṇur jyotiṣāṁ ravir aṁśumān ǀ
marīcir marutām asmi nakṣatrāṇām ahaṁ śaśī ǁ 21 ǁ

vedānāṁ sāmavedo 'smi devānām asmi vāsavaḥ ǀ
indriyāṇāṁ manaś cāsmi bhūtānām asmi cetanā ǁ 22 ǁ

rudrāṇāṁ śaṅkaraś cāsmi vitteśo yakṣarakṣasām ǀ
vasūnāṁ pāvakaś cāsmi meruḥ śikhariṇām aham ǁ 23 ǁ

purodhasāṁ ca mukhyaṁ māṁ viddhi pārtha bṛhaspatim ǀ
senānīnām ahaṁ skandaḥ sarasām asmi sāgaraḥ ǁ 24 ǁ

maharṣīṇāṁ bhṛgur ahaṁ girām asmy ekam akṣaram ǀ
yajñānāṁ japayajño 'smi sthāvarāṇāṁ himālayaḥ ǁ 25 ǁ

aśvatthaḥ sarvavṛkṣāṇāṁ devarṣīṇāṁ ca nāradaḥ ǀ
gandharvāṇāṁ citrarathaḥ siddhānāṁ kapilo muniḥ ǁ 26 ǁ

uccaiḥśravasam aśvānāṁ viddhi mām amṛtodbhavam ǀ
airāvataṁ garjendrāṇāṁ narāṇāṁ ca narādhipam ǁ 27 ǁ

āyudhānām ahaṁ vajraṁ dhenūnām asmi kāmadhuk ǀ
prajanaś cāsmi kandarpaḥ sarpāṇām asmi vāsukiḥ ǁ 28 ǁ

anantaś cāsmi nāgānāṁ varuṇo yādasām aham ǀ
pitṝṇām aryamā cāsmi yamaḥ saṁyamatām aham ǁ 29 ǁ

prahlādaś cāsmi daityānāṁ kālaḥ kalayatām aham ǀ
mṛgāṇāṁ ca mṛgendro 'haṁ vainateyaś ca pakṣiṇām ǁ 30 ǁ

pavanaḥ pavatām asmi rāmaḥ śastrabhṛtām aham ǀ
jhaṣāṇāṁ makaraś cāsmi srotasām asmi jāhnavī ǁ 31 ǁ

sargāṇām ādir antaś ca madhyaṁ caivāham arjuna ǀ
adhyātmavidyā vidyānāṁ vādaḥ pravadatām aham ǁ 32 ǁ

akṣarāṇām akāro ’smi dvandvaḥ sāmāsikasya ca |
aham evākṣayaḥ kālo dhātāhaṁ viśvatomukhaḥ || 33 ||

mṛtyuḥ sarvaharaś cāham udbhavaś ca bhaviṣyatām |
kīrtiḥ śrīr vāk ca nārīṇāṁ smṛtir medhā dhṛtiḥ kṣamā || 34 ||

bṛhatsāma tathā sāmnāṁ gāyatrī chandasām aham |
māsānāṁ mārgaśīrṣo ’ham ṛtūnāṁ kusumākaraḥ || 35 ||

dyūtaṁ chalayatām asmi tejas tejasvinām aham |
jayo ’smi vyavasāyo ’smi sattvaṁ sattvavatām aham || 36 ||

vṛṣṇīnāṁ vāsudevo ’smi pāṇḍavānāṁ dhanañjayaḥ |
munīnām apy ahaṁ vyāsaḥ kavīnām uśanā kaviḥ || 37 ||

daṇḍo damayatām asmi nītir asmi jigīṣatām |
maunaṁ caivāsmi guhyānāṁ jñānaṁ jñānavatām aham || 38 ||

yac cāpi sarvabhūtānāṁ bījaṁ tad aham arjuna |
na tad asti vinā yat syān mayā bhūtaṁ carācaram || 39 ||

nānto ’sti mama divyānāṁ vibhūtīnāṁ parantapa |
eṣa tūddeśataḥ prokto vibhūter vistaro mayā || 40 ||

yad yad vibhūtimat sattvaṁ srīmad ūrjitam eva vā |
tat tad evāvagaccha tvaṁ mama tejo ’ṁśa saṁbhavam || 41 ||

athavā bahunaitena kiṁ jñātena tavārjuna |
viṣṭabhyāham idaṁ kṛtsnam ekāṁśena sthito jagat || 42 ||

iti śrīmadbhagavadgītāsūpaniṣatsu brahmavidyāyāṁ
yogaśāstre śrīkṛṣṇārjunasaṁvāde
vibhūtiyogo nāma
daśamo ’dhyāyaḥ

ekādaśo 'dhyāyaḥ

arjuna uvāca

madanugrahāya paraṁ guhyam adhyātmasaṁjñitam |
yat tvayoktaṁ vacas tena moho 'yaṁ vigato mama || 1 ||

bhavāpyayau hi bhūtānāṁ śrutau vistaraśo mayā |
tvattaḥ kamalapatrākṣa māhātmyam api cāvyayam || 2 ||

evam etad yathāttha tvam ātmānaṁ parameśvara |
draṣṭum icchāmi te rūpam aiśvaraṁ puruṣottama || 3 ||

manyase yadi tac chakyaṁ mayā draṣṭum iti prabho |
yogeśvara tato me tvaṁ darśayātmānam avyayam || 4 ||

śrī bhagavān uvāca

paśya me pārtha rūpāṇi śataśo 'tha sahasraśaḥ |
nānāvidhāni divyāni nānāvarṇākṛtīni ca || 5 ||

paśyādityān vasūn rudrān aśvinau marutas tathā |
bahūny adṛṣṭapūrvāṇi paśyāś caryāṇi bhārata || 6 ||

ihaikasthaṁ jagat kṛtsnaṁ paśyād ya sacarācaram |
mama dehe guḍākeśa yac cānyad draṣṭum icchasi || 7 ||

na tu māṁ śakyase draṣṭum anenaiva svacakṣuṣā |
divyaṁ dadāmi te caksuḥ paśya me yogam aiśvaraṁ || 8 ||

sañjaya uvāca

evam uktvā tato rājan mahāyogeśvaro hariḥ |
darśayām āsa pārthāya paramaṁ rūpam aiśvaram || 9 ||

anekavaktranayanam anekādbhutadarśanam |
anekadivyābharaṇaṁ divyānekodyatāyudham || 10 ||

divyamālyāṁbaradharaṁ divyagandhānulepanam |
sarvāścaryamayaṁ devam anantaṁ viśvatomukham || 11 ||

divi sūryasahasrasya bhaved yugapad utthitā |
yadi bhāḥ sadṛśī sā syād bhāsas tasya mahātmanaḥ || 12 ||

tatraikasthaṁ jagat kṛtsnaṁ pravibhaktam anekadhā |
apaśyad devadevasya śarīre pāṇḍavas tadā || 13 ||

tataḥ sa vismayāviṣṭo hṛṣṭaromā dhanañjayaḥ |
praṇamya śirasā devaṁ kṛtāñjalir abhāṣata || 14 ||

arjuna uvāca

paśyāmi devāṁs tava deva dehe
    sarvāṁs tathā bhūtaviśeṣasaṅghān |
brahmāṇam īśaṁ kamalāsanasthaṁ
    ṛṣīṁś ca sarvānuragāṁś ca divyān || 15 ||

anekabāhūdaravaktranetraṁ
    paśyāmi tvāṁ sarvato 'nantarūpam |
nāntaṁ na madhyaṁ na punas tavādiṁ
    paśyāmi viśveśvara viśvarūpa || 16 ||

kirīṭinaṁ gadinaṁ cakriṇaṁ ca
    tejorāśiṁ sarvato dīptimantam |
paśyāmi tvāṁ durnirīkṣyaṁ samantād
    dīptānalārkadyutim aprameyam || 17 ||

tvam akṣaraṁ paramaṁ veditavyaṁ
tvam asya viśvasya paraṁ nidhānam |
tvam avyayaḥ śāśvatadharmagoptā
sanātanas tvaṁ puruṣo mato me || 18 ||

anādimadhyāntam anantavīryam
anantabāhuṁ śaśisūryanetram |
paśyāmi tvāṁ dīptahutāśavaktraṁ
svatejasā viśvam idaṁ tapantam || 19 ||

dyāvāpṛthivyor idaṁ antaraṁ hi
vyāptaṁ tvayaikena diśaś ca sarvāh |
dṛṣṭvādbhūtaṁ rūpam idaṁ tavograṁ
lokatrayaṁ pravyathitaṁ mahātman || 20 ||

amī hi tvāṁ surasaṅghā viśanti
kecid bhītāḥ prāñjalayo gṛṇanti |
svastīty uktvā maharṣisiddhasaṅghāḥ
stuvanti tvāṁ stutibhiḥ puṣkalābhiḥ || 21 ||

rudrādityā vasavo ye ca sādhyā
viśve 'śvinau marutaś coṣmapāś ca |
gandharvayakṣāsurasiddhasaṅghā
vīkṣante tvāṁ vismitāś caiva sarve || 22 ||

rūpaṁ mahat te bahuvaktranetraṁ
mahābaho bahuvāhūrupādam |
bahūdaraṁ bahudaṁṣṭrākarālaṁ
dṛṣṭvā lokāḥ pravyathitās tathāham || 23 ||

nabhaḥspṛśaṁ dīptam anekavarṇaṁ
vyāttānanaṁ dīptaviśālanetram |
dṛṣṭvā hi tvāṁ pravyathitāntarātmā
dhṛtiṁ na vindāmi śamaṁ ca viṣṇo || 24 ||

daṁṣṭrākarālāni ca te mukhāni
    dṛṣṭvaiva kālānalasaṁnibhāni |
diśo na jāne na labhe ca śarma
    prasīda deveśa jagannivāsa || 25 ||

amī ca tvāṁ dhṛtarāṣṭrasya putrāḥ
    sarve sahaivāvanipālasaṅghaiḥ |
bhīṣmo droṇaḥ sūtaputras tathāsau
    sahāsmadīyair api yodhamukhaiḥ || 26 ||

vaktrāṇi te tvaramāṇā viśanti
    daṁṣṭrākarālāni bhayānakāni |
kecid vilagnā daśanāntareṣu
    saṁdṛśyante cūrṇitair uttamāṅgaiḥ || 27 ||

yathā nadīnāṁ bahavo 'ṁbuvegāḥ
    samudram evābhimukhā dravanti |
tathā tavāmī naralokavīrā
    viśanti vaktrāṇy abhivijvalanti || 28 ||

yathā pradīptaṁ jvalanaṁ pataṅgā
    viśanti nāśāya samṛddhavegāḥ |
tathaiva nāśāya viśanti lokās
    tavāpi vaktrāṇi samṛddhavegāḥ || 29 ||

lelihyase grasamānaḥ samantāl
    lokān samagrān vadanair jvaladbhir |
tejobhir āpūrya jagatsamagraṁ
    bhāsas tavogrāḥ pratapanti viṣṇo || 30 ||

ākhyāhi me ko bhavān ugrarūpo
    namo 'stu te devavara prasīda |
vijñātum icchāmi bhavantam ādyaṁ
    na hi prajānāmi tava pravṛttim || 31 ||

śrī bhagavān uvāca

kālo 'smi lokakṣayakṛtpravṛddho
lokān samāhartum iha pravṛttaḥ |
ṛte 'pi tvā na bhaviṣyanti sarve
ye 'vasthitāḥ pratyanīkeṣu yodhāḥ || 32 ||

tasmāt tvam uttiṣṭha yaśo labhasva
jitvā śatrūn bhuṅkṣva rājyam samṛddham |
mayaivaite nihatāḥ pūrvam eva
nimittamātraṁ bhava savyasācin || 33 ||

droṇaṁ ca bhīṣmaṁ ca jayadrathaṁ ca
karṇaṁ tathānyān api yodhavīrān |
mayā hatāṁs tvaṁ jahi mā vyathiṣṭhā
yudhyasva jetāsi raṇe sapatnān || 34 ||

sañjaya uvāca

etac chrutvā vacanaṁ keśavasya
kṛtāñjalir vepamānaḥ kirīṭī
namaskṛtvā bhūya evāha kṛṣṇaṁ
sagadgadaṁ bhītabhītaḥ praṇamya || 35 ||

arjuna uvāca

sthāne hṛṣīkeśa tava prakīrtyā
jagat prahṛṣyaty anurajyate ca |
rakṣāṁsi bhītāni diśo dravanti
sarve namasyanti ca siddhasaṅghāḥ || 36 ||

kasmāc ca te na nameran mahātman
garīyase brahmaṇo 'py ādikartre |
ananta deveśa jagannivāsa
tvam akṣaraṁ sad asat tat paraṁ yat || 37 ||

tvam ādidevaḥ puruṣaḥ purāṇas
　　tvam asya viśvasya paraṁ nidhānam |
vettāsi vedyaṁ ca paraṁ ca dhāma
　　tvayā tataṁ viśvam anantarūpa || 38 ||

vāyur yamo 'grir varuṇaḥ śaśāṅkaḥ
　　prajāpatis tvaṁ prapitāmahaś ca |
tamo namas te 'stu sahasrakṛtvaḥ
　　punaś ca bhūyo 'pi namo namas te || 39 ||

namaḥ purastād atha pṛṣṭhatas te
　　namo 'stu te sarvata eva sarva |
anantavīryāmitavikramas tvaṁ
　　sarvaṁ samāpnoṣi tato 'si sarvaḥ || 40 ||

sakheti matvā prasabhaṁ yad uktaṁ
　　he kṛṣṇa he yādava he sakheti |
ajānatā mahimānaṁ tavedaṁ
　　mayā pramādāt praṇayena vāpi || 41 ||

yac cāvahāsārtham asatkṛto 'si
　　vihāraśāyyāsanabhojaneṣu |
eko 'thavāpy acyuta tat samakṣaṁ
　　tat kṣāmaye tvām aham aprameyam || 42 ||

pitāsi lokasya carācarasya
　　tvam asya pūjyaś ca gurur garīyān |
na tvatsamo 'sty abhyadhikaḥ kuto 'nyo
　　lokatraye 'py apratimaprabhāva || 43 ||

tasmāt praṇamya praṇidhāya kāyaṁ
　　prasādaye tvām aham īśam īḍyam |
piteva putrasya sakheva sakhyuḥ
　　priyaḥ priyāyārhasi deva soḍhum || 44 ||

adṛṣṭapūrvaṁ hṛṣito 'smi dṛṣṭvā
bhayena ca pravyathitaṁ mano me |
tad eva me darśaya deva rūpaṁ
prasīda deveśa jagannivāsa || 45 ||

kirīṭinaṁ gadinaṁ cakrahastam
icchāmi tvāṁ draṣṭum ahaṁ tathaiva |
tenaiva rūpeṇa caturbhujena
sahasrabāho bhava viśvamūrte || 46 ||

śrī bhagavān uvāca

mayā prasannena tavārjunedaṁ
rūpaṁ paraṁ darśitam ātmayogāt |
tejomayaṁ viśvam anantam ādyaṁ
yan me tvadanyena na dṛṣṭapūrvam || 47 ||

na vedayajñādhyayanair na dānair
na ca kriyābhir na tapobhir ugraiḥ |
evaṁrūpaḥ śakya ahaṁ nṛloke
draṣṭuṁ tvadanyena kurupravīra || 48 ||

māṁ te vyathā mā ca vimūḍhabhāvo
dṛṣṭvā rūpaṁ ghoram īdṛṅ mamedam |
vyapetabhīḥ prītamanāḥ punas tvaṁ
tad eva me rūpam idaṁ prapaśya || 49 ||

sañjaya uvāca

ity arjunaṁ vāsudevas tathoktvā
svakaṁ rūpaṁ darśayām āsa bhūyaḥ |
āśvāsayām āsa ca bhītam enaṁ
bhūtvā punaḥ saumyavapur mahātmā || 50 ||

•

arjuna uvāca

dṛṣṭvedaṁ mānuṣaṁ rūpaṁ tava saumyaṁ janārdana I
idānīm asmi saṁvṛttaḥ sacetāḥ prakṛtiṁ gataḥ II 51 II

śrī bhagavān uvāca

sudurdarśam idaṁ rūpaṁ dṛṣṭavān asi yan mama
devā apy asya rūpasya nityaṁ darśanakāṅkṣiṇaḥ II 52 II

nāhaṁ vedair na tapasā na dānena na cejyayā I
śakya evaṁvidho draṣṭuṁ dṛṣṭavān asi māṁ yathā II 53 II

bhaktyā tv ananyayā śakya aham evaṁvidho ’rjuna I
jñātuṁ draṣṭuṁ ca tattvena praveṣṭuṁ ca parantapa II 54 II

matkarmakṛn matparamo madbhaktaḥ saṅgavarjitaḥ I
nirvairaḥ sarvabhūteṣu yaḥ sa māmeti pāṇḍava II 55 II

iti śrīmadbhagavadgītāsūpaniṣatsu brahmavidyāyāṁ
yogaśāstre śrīkṛṣṇārjunasaṁvāde
viśvarūpadarśanayogo nāma
ekādaśo ’dhyāyaḥ

dvādaśo 'dhyāyaḥ

arjuna uvāca
evaṁ satatayuktā ye bhaktās tvāṁ paryupāsate |
ye cāpy akṣaram avyaktaṁ teṣāṁ ke yogavittamāḥ || 1 ||

śrī bhagavān uvāca
mayy aveśya mano ye māṁ nityayuktā upāsate |
śraddhayā parayopetās te me yuktatamā matāḥ || 2 ||

ye tv akṣaram anirdeśyam avyaktaṁ paryupāsate |
sarvatragam acintyaṁ ca kūṭastham acalaṁ dhruvam || 3 ||

sanniyamyendriyagrāmaṁ sarvatra samabuddhayaḥ |
te prāpnuvanti mām eva sarvabhūtahite ratāḥ || 4 ||

kleśo 'dhikataras teṣām avyaktāsaktacetasām |
avyakta hi gatir duḥkhaṁ dehavadbhir avāpyate || 5 ||

ye tu sarvāṇi karmāṇi mayi saṁnyasya matparāḥ |
ananyenaiva yogena māṁ dhyāyanta upāsate || 6 ||

teṣām ahaṁ samuddhartā mṛtyusaṁsārasāgarāt |
bhavāmi na cirāt pārtha mayy āveśitacetasām || 7 ||

mayy eva mana ādhatsva mayi buddhiṁ niveśaya |
nivasiṣyasi mayy eva ata ūrdhvaṁ na saṁśayaḥ || 8 ||

atha cittaṁ samādhātuṁ na śaknoṣi mayi sthiram |
abhyāsayogena tato mām icchāptuṁ dhanañjaya || 9 ||

abhyāse ’py asamartho ’si matkarmaparamo bhava |
madartham api karmāṇi kurvan siddhim avāpsyasi || 10 ||

athaitad apy aśakto ’si kartuṁ madyogam āśritaḥ |
sarvakarmaphalatyāgaṁ tataḥ kuru yatātmavān || 11 ||

śreyo hi jñānam abhyāsāj jñānād dhyānaṁ viśiṣyate |
dhyānāt karmaphalatyāgas tyāgāc chāntir anantaram || 12 ||

adveṣṭā sarvabhūtānāṁ maitraḥ karuṇa eva ca |
nirmamo nirahaṅkāraḥ samaduḥkhasukhaḥ kṣamī || 13 ||

santuṣṭaḥ satataṁ yogī yatātmā dṛḍhaniścayaḥ |
mayy arpitamanobuddhir yo madbhaktaḥ sa me priyaḥ || 14 ||

yasmān nodvijate loko lokān nodvijate ca yaḥ |
harṣāmarṣabhayodvegair mukto yaḥ sa ca me priyaḥ || 15 ||

anapekṣaḥ śucir dakṣa udāsīno gatavyathaḥ |
sarvārambhaparityāgī yo madbhaktaḥ sa me priyaḥ || 16 ||

yo na hṛṣyati na dveṣṭi na śocati na kāṅkṣati |
śubhāśubhaparityāgī bhāktimān yaḥ sa me priyaḥ || 17 ||

samaḥ śatrau ca mitre ca tathā mānāpamānayoḥ |
śītoṣṇasukhaduḥkheṣu samaḥ saṅgavivarjitaḥ || 18 ||

tulyanindās tutir maunī santuṣṭo yena kenacit |
aniketaḥ sthiramatir bhaktimān me priyo naraḥ || 19 ||

ye tu dharmyāmṛtam idaṁ yathoktaṁ paryupāsate |
śraddadhānā matparamā bhaktās te ’tīva me priyāḥ || 20 ||

iti śrīmadbhagavadgītāsūpaniṣatsu brahmavidyāyāṁ
yogaśāstre śrīkṛṣṇārjunasaṁvāde
bhaktiyogo nāma
dvādaśo ’dhyāyaḥ

trayodaśo 'dhyāyaḥ

śrī bhagavān uvāca

idaṁ śarīraṁ kaunteya kṣetram ity abhidhīyate |
etad yo vetti taṁ prāhuḥ kṣetrajña iti tad vidaḥ || 1 ||

kṣetrajñaṁ cāpi māṁ viddhi sarvakṣetreṣu bhārata |
kṣetrakṣetrajñayor jñānaṁ yat taj jñānaṁ mataṁ mama || 2 ||

tat kṣetraṁ yac ca yādṛk ca yad vikāri yataś ca yat |
sa ca yo yat prabhāvaś ca tat samāsena me śṛṇu || 3 ||

ṛṣibhir bahudhā gītaṁ chandobhir vividhaiḥ pṛthak |
brahmasūtrapadaiś caiva hetum adbhir viniścitaiḥ || 4 ||

mahābhūtāny ahaṅkāro buddhir avyaktam eva ca |
indriyāṇi daśaikaṁ ca pañca cendriyagocarāḥ || 5 ||

icchā dveṣaḥ sukhaṁ duḥkhaṁ saṅghātaś cetanā dhṛtiḥ |
etat kṣetraṁ samāsena savikāram udāhṛtam || 6 ||

amānitvam adaṁbhitvam ahiṁsā kṣantir ārjavam |
ācāryopāsanaṁ śaucaṁ sthairyam ātmavinigrahaḥ || 7 ||

indriyārtheṣu vairāgyam anahaṅkāra eva ca |
janmamṛtyujarāvyādhiduḥkhadoṣānudarśanam || 8 ||

asaktir anabhiṣvaṅgaḥ putradāragṛhādiṣu |
nityaṁ ca samacitta tvam iṣṭān iṣṭopapattiṣu || 9 ||

mayi cānanyayogena bhaktir avyabhicāriṇī I
viviktadeśasevitvam aratir janasaṁsadi II 10 II

adhyātmajñānanityatvaṁ tattvajñānārthadarśanam I
etaj jñānam iti proktam ajñānaṁ yad ato 'nyathā II 11 II

jñeyaṁ yat tat pravakṣyāmi yaj jñātvā 'mṛtam aśnute I
anādimat paraṁ brahma na sat tan nāsad ucyate II 12 II

sarvataḥpāṇipādaṁ tat sarvatokṣiśiromukham I
sarvataḥśrutimalloke sarvam āvṛtya tiṣṭhati II 13 II

sarvendriyaguṇābhāsaṁ sarvendriyavivarjitam I
asaktaṁ sarvabhṛc caiva nirguṇa guṇabhoktṛ ca II 14 II

bahir antaś ca bhūtānām acaraṁ caram eva ca I
sūkṣmatvāt tad avijñeyaṁ dūrasthaṁ cāntike ca tat II 15 II

avibhaktaṁ ca bhūteṣu vibhaktam iva ca sthitam I
bhūtabhartṛ ca taj jñeyaṁ grasiṣṇu prabhaviṣṇu ca II 16 II

jyotiṣām api taj jyotis tamasaḥ param ucyate I
jñānaṁ jñeyaṁ jñānagamya hṛdi sarvasya viṣṭhitam II 17 II

iti kṣetraṁ tathā jñānaṁ jñeyaṁ coktaṁ samāsataḥ I
madbhakta etad vijñāya madbhāvāyopapadyate II 18 II

prakṛtiṁ puruṣaṁ caiva viddhy anādī ubhāv api I
vikārāṁś ca guṇāṁś caiva viddhi prakṛtisaṁbhavān II 19 II

kāryakaraṇakartṛtve hetuḥ prakṛtir ucyate I
puruṣaḥ sukhaduḥkhānāṁ bhoktṛtve hetur ucyate II 20 II

puruṣaḥ prakṛtistho hi bhuṅkte prakṛtijān guṇān I
kāraṇaṁ guṇasaṅgo 'sya sadasadyogijanmasu II 21 II

upadraṣṭānumantā ca bhartā bhoktā maheśvaraḥ |
paramātmeti cāpy ukto dehe 'smin puruṣaḥ paraḥ || 22 ||

ya evaṁ vetti puruṣaṁ prakṛtiṁ ca guṇaiḥ sa ha |
sarvathā vartamāno 'pi na sa bhūyo 'bhijāyate || 23 ||

dhyānenātmani paśyanti kecid ātmānam ātmanā |
anye sāṅkhyena yogena karmayogena cāpare || 24 ||

anye tv evam ajānantaḥ śrutvānyebhya upāsate |
te 'pi cātitaranty eva mṛtyuṁ śrutiparāyaṇāḥ || 25 ||

yāvat sañjāyate kiṁcit sattvaṁ sthāvarajaṅgamam |
kṣetrakṣetrajñasaṁyogāt tad viddhi bharatarṣabha || 26 ||

samaṁ sarveṣu bhūteṣu tiṣṭhantaṁ parameśvaram |
vinaśyatsv avinaśyantaṁ yaḥ paśyati sa paśyati || 27 ||

samaṁ paśyān hi sarvatra samavasthitam īśvaram |
na hi nasty ātmanātmānaṁ tato yāti parāṁ gatim || 28 ||

prakṛtyaiva ca karmāṇi kriyamāṇāni sarvaśaḥ |
yaḥ paśyati tathātmānam akartāraṁ sa paśyati || 29 ||

yadā bhūtapṛthagbhāvam ekastham anupaśyati |
tata eva ca vistāraṁ brahma saṁpadyate tadā || 30 ||

anāditvān nirguṇatvāt paramātmāyam avyayaḥ |
śarīrastho 'pi kaunteya na karoti na lipyate || 31 ||

yathā sarvagataṁ saukṣmyād ākāśaṁ nopalipyate |
sarvatrāvasthito dehe tathātmā copalipyate || 32 ||

yathā prakāśayaty ekaḥ kṛtsnaṁ lokam imaṁ raviḥ |
kṣetraṁ kṣetrī tathā kṛtsnaṁ prakāśayati bhārata || 33 ||

kṣetrakṣetrajñayor evam antaraṁ jñānacakṣuṣā |
bhūtaprakṛtimokṣaṁ ca ye vidur yānti te param || 34 ||

iti śrīmadbhagavadgītāsūpaniṣatsu brahmavidyāyāṁ
yogaśāstre śrīkṛṣṇārjunasaṁvāde
kṣetrakṣetrajñavibhāgayogo nāma
trayodaśo 'dhyāyaḥ

caturdaśo 'dhyāyaḥ

paraṁ bhūyaḥ pravakṣyāmi jñānānāṁ jñānam uttamam ǀ
yaj jñātvā munayaḥ sarve parāṁ siddhim ito gatā ǁ 1 ǁ

idaṁ jñānam upāśritya mama sādharmyam āgatāḥ ǀ
sarve 'pi nopajāyante pralaye na vyathanti ca ǁ 2 ǁ

mama yonir mahad brahma tasmin garbhaṁ dadhāmy aham ǀ
saṁbhavaḥ sarvabhūtānāṁ tato bhavati bhārata ǁ 3 ǁ

sarvayoniṣu kaunteya mūrtayaḥ saṁbhavanti yāḥ ǀ
tāsāṁ brahma mahad yonir ahaṁ bījapradaḥ pitā ǁ 4 ǁ

sattvaṁ rajas tama iti guṇāḥ prakṛtisaṁbhavāḥ ǀ
nibadhnanti mahābāho dehe dehinam avyayam ǁ 5 ǁ

tatra sattvaṁ nirmalatvāt prakāśakam anāmayam ǀ
sukhasaṅgena badhnāti jñānasaṅgena cānagha ǁ 6 ǁ

rajo rāgātmakaṁ viddhi tṛṣṇāsaṅgasam udbhavam ǀ
tan nibadhnāti kaunteya karmasaṅgena dehinam ǁ 7 ǁ

tamas tv ajñānajaṁ viddhi mohanaṁ sarvadehinām ǀ
pramādālasyanidrābhis tan nibadhnāti bhārata ǁ 8 ǁ

sattvaṁ sukhe sañjayati rajaḥ karmaṇi bhārata ǀ
jñānam āvṛtya tu tamaḥ pramāde sañjayaty uta ǁ 9 ǁ

tajas tamaś cābhibhūya sattvaṁ bhavati bhārata |
rajaḥ sattvaṁ tamaś caiva tamaḥ sattvaṁ rajas tathā || 10 ||

sarvadvāreṣu dehe 'smin prakāśa upajāyate |
jñānaṁ yadā tadā vidyād vivṛddhaṁ sattvam ity uta || 11 ||

lobhaḥ pravṛttir āraṁbhaḥ karmaṇām aśamaḥ spṛhā |
rajasyetāni jāyante vivṛddhe bharatarṣabha || 12 ||

aprakāśo 'pravṛttiś ca pramādo moha eva ca |
tamasyetāni jāyante vivṛddhe kurunandana || 13 ||

yadā sattve pravṛddhe tu pralayaṁ yāti dehabhṛt |
tadottamavidāṁ lokān amalān pratipadyate || 14 ||

rajasi pralayaṁ gatvā karmasaṅgiṣu jāyate |
tathā pralīnas tamasi mūḍhayoniṣu jāyate || 15 ||

karmaṇaḥ sukṛtasyāhuḥ sāttvikaṁ nirmalaṁ phalam |
rajas astu phalaṁ duḥkham ajñānaṁ tamasaḥ phalam || 16 ||

sattvāt sañjāyate jñānaṁ rajaso lobha eva ca |
pramādamohau tamaso bhavato 'jñānam eva ca || 17 ||

ūrdhvaṁ gacchanti sattvasthā madhye tiṣṭhanti rājasāḥ |
jaghanyaguṇavṛttasthā adho gacchanti tāmasāḥ || 18 ||

nānyaṁ guṇebhyaḥ kartāraṁ yadā draṣṭānupaśyati |
guṇebhyaś ca paraṁ vetti madbhāvaṁ so 'dhigacchati || 19 ||

guṇān etān atītya trīn dehī dehasamudbhavān |
janmamṛtyujarāduḥkhair vimukto 'mṛtam aśnute || 20 ||

arjuna uvāca
kair liṅgais trīn guṇān etān atīto bhavati prabho |
kim ācāraḥ kathaṁ caitāṁs trīn guṇān ativartate || 21 ||

śrī bhagavān uvāca

prakāśaṁ ca pravṛttiṁ ca moham eva ca pāṇḍava I
na dveṣṭi saṁpravṛttāni na nivṛttāni kāṅkṣati II 22 II

udāsīnavad āsīno guṇair yo na vicālyate I
guṇā vartanta ity eva yo 'vatiṣṭhati neṅgate II 23 II

samaduḥkhasukhaḥ svasthaḥ samaloṣṭāśmakāñcanaḥ I
tulyapriyāpriyo dhīras tulyanindātmasaṁstutiḥ II 24 II

mānāpamānayos tulyas tulyo mitrāripakṣayoḥ I
sarvārambhaparityāgī guṇātītaḥ sa ucyate II 25 II

māṁ ca yo 'vyabhicāreṇa bhaktiyogena sevate I
sa guṇān samatītyaitān brahmabhūyāya kalpate II 26 II

brahmaṇo hi pratiṣṭhāham amṛtasyāvyayasya ca I
śāśvatasya ca dharmasya sukhasyaikāntikasya ca II 27 II

iti śrīmadbhagavadgītāsūpaniṣatsu brahmavidyāyāṁ
yogaśāstre śrīkṛṣṇārjunasaṁvāde
guṇatrayavibhāgayogo nāma
caturdaśo 'dhyāyaḥ

pañcadaśo 'dhyāyaḥ

śrī bhagavān uvāca

ūrdhvamūlamadhaḥśākham aśvatthaṁ prāhur avyayam |
chandāṁsi yasya purṇāni yas taṁ veda sa vedavit || 1 ||

adhaś cordhvaṁ prasṛtās tasya śākhā
guṇapravṛddhā viṣayapravālāḥ |
adhaś ca mūlāny anusantatāni
karmānubandhīni manuṣyaloke || 2 ||

na rūpam asyeha tathopalabhyate
nānto na cādir na ca saṁpratiṣṭhā |
aśvattham enaṁ suvirūḍhamūlam
asaṅgaśastreṇa dṛḍhena chittvā || 3 ||

tataḥ padaṁ tatparimārgitavyaṁ
yasmin gatā na nivartanti bhūyaḥ |
tam eva cādyaṁ puruṣaṁ prapadye
yataḥ pravṛttiḥ prasṛtā purāṇī || 4 ||

nirmānamohā jitasaṅgadoṣā
adhyātmanityā vinivṛttakāmāḥ |
dvandvair vimuktāḥ sukhaduḥkhasaṁjñair
gacchanty amūḍhāḥ padam avyayaṁ tat || 5 ||

na tad bhāsayate sūryo na śaśāṅko na pāvakaḥ |
yad gatvā na nivartante tad dhāma paramaṁ mama || 6 ||

mamaivāṁśo jīvaloke jīvabhūtaḥ sanātanaḥ |
manaḥṣaṣṭhānīndriyāṇi prakṛtisthāni karṣati || 7 ||

śarīraṁ yad avāpnoti yac cāpy utkrāmatīśvaraḥ |
gṛhītvaitāni saṁyāti vāyur gandhānivāśayāt || 8 ||

śrotraṁ cakṣuḥ sparśanaṁ ca rasanaṁ ghrāṇam eva ca |
adhiṣṭhāya manaś cāyaṁ viṣayānupasevate || 9 ||

utkrāmantaṁ sthitaṁ vāpi bhuñjānaṁ vā guṇānvitam |
vimūḍhā nānupaśyanti paśyanti jñānacakṣuṣaḥ || 10 ||

yatanto yoginaś cainaṁ paśyanty ātmany avasthitam |
yatanto 'py akṛtātmano nainaṁ paśyanty acetasaḥ || 11 ||

yad ādityagataṁ tejo jagad bhāsayate 'khilam |
yac candramasi yac cāgnau tat tejo viddhi māmakam || 12 ||

gāmāviśya ca bhūtāni dhārayāmy aham ojasā |
puṣṇāmi cauṣadhīḥ sarvāḥ somo bhūtvā rasātmakaḥ || 13 ||

ahaṁ vaiśvānaro bhūtvā prāṇināṁ deham āśritaḥ |
prāṇāpānasamāyuktaḥ pacāmy annaṁ caturvidham || 14 ||

sarvasya cāhaṁ hṛdi saṁniviṣṭo
    mattaḥ smṛtir jñānam apohanaṁ ca |
vedaiś ca sarvair aham eva vedyo
    vedāntakṛd vedavid eva cāham || 15 ||

dvāv imau puruṣau loke kṣaraś cākṣara eva ca |
kṣaraḥ sarvāṇi bhūtāni kūṭastho 'kṣara ucyate || 16 ||

uttamaḥ puruṣas tv anyaḥ paramātmety udāhṛtaḥ |
yo lokatrayam āviśya bibharty avyaya īśvaraḥ || 17 ||

yasmāt kṣaram atīto 'ham akṣarād api cottamaḥ |
ato 'smi loke vede ca prathitaḥ puruṣottamaḥ || 18 ||

yo mām evam asaṁmūḍho jānāti puruṣottamam |
sa sarvavid bhajati māṁ sarvabhāvena bhārata || 19 ||

iti guhyatamaṁ śāstram idam uktaṁ mayā 'nagha |
etad buddhvā buddhimān syāt kṛtakṛtyaś ca bhārata || 20 ||

iti śrīmadbhagavadgītāsūpaniṣatsu brahmavidyāyāṁ
yogaśāstre śrīkṛṣṇārjunasaṁvāde
puruṣottamaprāptiyogo nāma
pañcadaśo 'dhyāyaḥ

ṣoḍaśo 'dhyāyaḥ

śrī bhagavān uvāca

abhayaṁ sattvasaṁśuddhir jñānayogavyavasthitiḥ I
dānaṁ damaś ca yajñaś ca svādhyāyas tapa ārjavam II 1 II

ahiṁsā satyam akrodhas tyāgaḥ śāntir apaiśunam I
dayā bhūteṣv aloluptvaṁ mārdavaṁ hrīracāpalam II 2 II

tejaḥ kṣamā dhṛtiḥ śaucam adroho nātimānitā I
bhavanti saṁpadaṁ daivīm abhijātasya bhārata II 3 II

daṁbho darpo 'timānaś ca krodhaḥ pāruṣyam eva ca I
ajñānaṁ cābhijātasya pārthaṁ saṁpadam āsurīm II 4 II

davīm saṁpadvimokṣāya nibandhāyāsurī matā I
mā śucaḥ saṁpadaṁ daivīm abhijāto 'si pāṇḍava II 5 II

dvau bhūtasargau loke 'smin daiva āsura eva ca I
daivo vistaraśaḥ prokta āsuraṁ pārtha me śṛṇu II 6 II

pravṛttiṁ ca nivṛttiṁ ca janā na vidur āsurāḥ I
na śaucaṁ nāpi cācāro na satyaṁ teṣu vidyate II 7 II

asatyam apratiṣṭhaṁ te jagad āhur anīśvaram I
aparas parasaṁbhūtaṁ kim anyat kāmahaitukam II 8 II

kāmam āśrilya duṣpūraṁ dambhamānamadānvitāḥ I
mohād gṛhītvā 'sadgrāhān pravartante 'śucivratāḥ II 10 II

cintām aparimeyāṁ ca pralayāntām upāśritāḥ |
kāmopabhogaparamā etāvad iti niścitāḥ || 11 ||

āśāpāśaśatair baddhāḥ kāmakrodhaparāyaṇāḥ |
īhante kāmabhogārtham anyāyenārthasañcayān || 12 ||

idam adya mayā labdham idaṁ prāpsye manoratham |
idam astīdam api me bhaviṣyati punar dhanam || 13 ||

asau mayā hataḥ śatrur haniṣye cāparān api |
īśvaro 'ham ahaṁ bhogī siddho 'haṁ balavān sukhī || 14 ||

āḍhyo 'bhijanavān asmi ko 'nyo 'sti sadṛśo mayā |
yakṣye dāsyāmi modiṣya ity ajñānavimohitāḥ || 15 ||

anekacittavibhrāntā mohajālasamāvṛtāḥ |
prasaktāḥ kāmabhogeṣu patanti narake 'śucau || 16 ||

ātmasaṁbhāvitāḥ stabdhā dhanamānamadānvitāḥ |
yajante nāmayajñais te dambhenāvidhipūrvakam || 17 ||

ahaṅkāraṁ balaṁ darpaṁ kāmaṁ krodhaṁ ca saṁśritāḥ |
māmātmaparadeheṣu pradviṣanto 'bhyasūyakāḥ || 18 ||

tān ahaṁ dviṣataḥ krūrān saṁsāreṣu narādhamān |
kṣipāmy ajasram aśubhān āsurīṣv eva yoniṣu || 19 ||

āsurīṁ yonim āpannā mūḍhā janmani janmani |
māmaprāpyaiva kaunteya tato yānty adhamāṁ gatim || 20 ||

trividhaṁ narakasyedaṁ dvāraṁ nāśanam ātmanaḥ |
kāmaḥ krodhas tathā lobhas tasmād etat trayaṁ tyajet || 21 ||

etair vimuktaḥ kaunteya tamodvārais tribhir naraḥ |
ācaraty ātmanaḥ śreyas tatā yāti parāṁ gatim || 22 ||

yaḥ śāstravidhim utsṛjya vartate kāmakārataḥ I
na sa siddhim avāpnoti na sukhaṁ na parāṁ gatim II 23 II

tasmāc chāstraṁ pramāṇaṁ te kāryākāryavyavasthitau I
jñātvā śāstravidhānoktaṁ karma kartum ihārhasi II 24 II

iti śrīmadbhagavadgītāsūpaniṣatsu brahmavidyāyāṁ
yogaśāstre śrīkṛṣṇārjunasaṁvāde
daivāsurasampadvibhāgayogo nāma
ṣoḍaśo 'dhyāyaḥ

saptadaśo 'dhyāyaḥ

arjuna uvāca

ye śāstravidhim utsṛjya yajante śraddhayānvitāḥ |
teṣāṁ niṣṭhā tu kā kṛṣṇa sattvam āho rajas tamaḥ || 1 ||

śrī bhagavān uvāca

trividhā bhavati śraddhā dehināṁ sā svabhāvajā |
sāttvikī rājasī caiva tāmasī ceti tāṁ śṛṇu || 2 ||

sattvānurūpā sarvasya śraddhā bhavati bhārata |
śraddhāmayo 'yaṁ puruṣo yo yac chraddhaḥ sa eva saḥ || 3 ||

yajante sāttvikā devān yakṣarakṣāṁsi rājasāḥ |
pretān bhūtagaṇāṁś cānye yajante tāmasā janāḥ || 4 ||

aśāstravihitaṁ ghoraṁ tapyante ye tapo janāḥ |
daṁbhāhaṅkārasaṁyuktāḥ kāmarāgabalānvitāḥ || 5 ||

karśayantaḥ śarīrasthaṁ bhūtagrāmam acetasaḥ |
māṁ caivāntaḥśarīrasthaṁ tān viddhyāsuraniścayāt || 6 ||

āhāras tv api sarvasya trividho bhavati priyaḥ |
yajñās tapas tathā dānaṁ teṣāṁ bhedam imaṁ śṛṇu || 7 ||

āyuḥsattvabalārogyasukhaprītivivardhanāḥ |
rasyāḥ snigdhāḥ sthirāḥ hṛdyā āhārāḥ sāttvikapriyāḥ || 8 ||

kadvamlalavaṇāty uṣṇatīkṣṇarūkṣavidāhinaḥ ।
āhārā rājasasyeṣṭā duḥkhaśokāmayapradāḥ ॥ 9 ॥

yātayāmaṁ gatarasaṁ pūti paryuṣitaṁ ca yat ।
ucchiṣṭam api cāmedhyaṁ bhojanaṁ tāmasapriyam ॥ 10 ॥

aphalākāṅkṣibhir yajño vidhidṛṣṭo ya ijyate ।
yaṣṭavyam eveti manaḥ samādhāya sa sāttvikaḥ ॥ 11 ॥

abhisandhāya tu phalaṁ daṁbhārtham api caiva yat ।
ijyate bharataś ceṣṭha taṁ yajñaṁ viddhi rājasam ॥ 12 ॥

vidhihīnam asṛṣṭānnaṁ mantrahīnam adakṣiṇam ।
śraddhāvirahitaṁ yajñaṁ tāmasaṁ paricakṣate ॥ 13 ॥

devadvijaguruprājñapūjanaṁ śaucam ārjavam ।
brahmacaryam ahiṁsā ca śārīraṁ tapa ucyate ॥ 14 ॥

anudvegakaraṁ vākyaṁ satyaṁ priyahitaṁ ca yat ।
svādhyāyābhyasanaṁ caiva vāṅmayaṁ tapa ucyate ॥ 15 ॥

manaḥprasādaḥ saumyatvaṁ maunam ātmavinigrahaḥ ।
bhāvasaṁśuddhir ity etat tapo mānasam ucyate ॥ 16 ॥

śraddhayā parayā taptaṁ tapas tat trividhaṁ naraiḥ ।
aphalākāṅkṣibhir yuktaiḥ sāttvikaṁ paricakṣate ॥ 17 ॥

satkāramānapūjārthaṁ tapo dambhena caiva yat ।
kriyate tad iha proktaṁ rājasaṁ calam adhruvam ॥ 18 ॥

mūḍhagrāheṇātmano yat pīḍayā kriyate tapaḥ ।
parasyotsādanārthaṁ vā tat tāmasam udāhṛtam ॥ 19 ॥

dātavyam iti yad dānaṁ dīyate ’nupakāriṇe ।
deśe kāle ca pātre ca tad dānaṁ sāttvikaṁ smṛtam ॥ 20 ॥

yat tu pratyupakārārthaṁ phalam uddiśya vā punaḥ I
dīyate ca parikliṣṭaṁ tad dānaṁ rājasaṁ smṛtam II 21 II

adeśakāle yad dānam apātrebhyaś ca dīyate I
asatkṛtam avajñātaṁ tat tāmasam udāhṛtam II 22 II

oṁ tat sad iti nirdeśo brahmaṇas trividhaḥ smṛtaḥ I
brāhmaṇās tena vedāś ca yajñāś ca vihitāḥ purā II 23 II

tasmād om ity udāhṛtya yajñadānatapaḥkriyāḥ I
pravartante vidhānoktāḥ satataṁ brahmavādinām II 24 II

tad ity anabhisandhāya phalaṁ yajñatapaḥkriyāḥ I
dānakriyāś ca vividhāḥ kriyante mokṣakāṅkṣibhiḥ II 25 II

sadbhāve sādhubhāve ca sad ity etat prayujyante I
praśaste karmaṇi tathā sacchabdaḥ pārtha yujyate II 26 II

yajñe tapasi dāne ca sthitiḥ sad iti cocyate I
karma caiva tad arthīyaṁ sad ity evābhidhīyate II 27 II

aśraddhayā hutaṁ dattaṁ tapas taptaṁ kṛtaṁ ca yat I
asad ity ucyate pārtha na ca tat pretya no iha II 28 II

iti śrīmadbhagavadgītāsūpaniṣatsu brahmavidyāyāṁ
yogaśāstre śrīkṛṣṇārjunasaṁvāde
śraddhātrayavibhāgayogo nāma
saptadaśo 'dhyāyaḥ

aṣṭādaśo 'dhyāyaḥ

arjuna uvāca

saṁnyāsasya mahābāho tattvam icchāmi veditum ı
tyāgasya ca hṛṣīkeśa pṛthak keśiniṣūdana ıı 1 ıı

śrī bhagavān uvāca

kāmyānāṁ karmaṇāṁ nyāsaṁ saṁnyāsaṁ kavayo viduḥ ı
sarvakarmaphalatyāgaṁ prāhus tyāgaṁ vicakṣaṇāḥ ıı 2 ıı

tyājyaṁ doṣavad ity eke karma prāhur manīṣiṇaḥ ı
yajñadānatapaḥkarma na tyājyam iti cāpare ıı 3 ıı

niścayaṁ śṛṇu me tatra tyāge bharatasattama ı
tyāgo hi puruṣavyāghra trividhaḥ saṁprakīrtitaḥ ıı 4 ıı

yajño dānaṁ tapaḥ karma na tyājyaṁ kāryam eva tat ı
yajño dānaṁ tapaś caiva pāvanāni manīṣiṇām ıı 5 ıı

etāny api tu karmāṇi saṅgaṁ tyaktvā phalāni ca ı
kartavyānīti me pārtha niścitaṁ matam uttamam ıı 6 ıı

niyatasya tu saṁnyāsaḥ karmaṇo nopapadyate ı
mohāt tasya parityāgas tāmasaḥ parikīrtitaḥ ıı 7 ıı

duḥkham ity eva yat karma kāyakleśabhayāt tyajet ı
sa kṛtvā rājasaṁ tyāgaṁ naiva tyāgaphalaṁ labhet ıı 8 ıı

kāryam ity eva yat karma niyataṁ kriyate 'rjuna ı
saṅgaṁ tyaktvā phalaṁ caiva sa tyāgaḥ sāttviko mataḥ ıı 9 ıı

na dveṣṭyakuśalaṁ karma kuśale nānuṣajyate |
tyāgī sattvasamāviṣṭo medhāvī cchinnasaṁśayaḥ || 10 ||

na hi dehabhṛtā śakyaṁ tyaktuṁ karmāṇy aśeṣataḥ |
yas tu karmaphalatyāgī sa tyāgīty abhidhīyate || 11 ||

aniṣṭam iṣṭaṁ miśraṁ ca trividhaṁ karmaṇaḥ phalam |
bhavaty atyāgināṁ pretya na tu saṁnyāsināṁ kvacit || 12 ||

pañcaitāni mahābāho kāraṇāni nibodha me |
sāṅkhye kṛtānte proktāni siddhaye sarvakarmaṇām || 13 ||

adhiṣṭhānaṁ tathā kartā karaṇaṁ ca pṛthag vidham |
vividhāś ca pṛthak ceṣṭā daivaṁ caivātra pañcamam || 14 ||

śarīravāṅmanobhir yat karma prārabhate naraḥ |
nyāyyaṁ vā viparītaṁ vā pañcaite tasya hetavaḥ || 15 ||

tatraivaṁ sati kartāram ātmānaṁ kevalaṁ tu yaḥ |
paśyaty akṛtabuddhitvān na sa paśyati durmatiḥ || 16 ||

yasya nāhaṅkṛto bhāvo buddhir yasya na lipyate |
hatvāpi sa imāṁl lokān na hanti na nibadhyate || 17 ||

jñānaṁ jñeyaṁ parijñātā trividhā karmacodanā |
karaṇaṁ karma karteti trividhaḥ karmasaṁprahaḥ || 18 ||

jñānaṁ karma ca kartā ca tridhaiva guṇabhedataḥ |
procyate guṇasaṅkhyāne yathāvacchṛṇu tāny api || 19 ||

sarvabhūteṣu yenaikaṁ bhāvam avyayam īkṣate |
avibhaktaṁ vibhakteṣu taj jñānaṁ viddhi sāttvikam || 20 ||

pṛthaktvena tu yaj jñānaṁ nānābhāvān pṛthagvidhān |
vetti sarveṣu bhūteṣu taj jñānaṁ viddhi rājasam || 21 ||

yat tu kṛtsnavad ekasmin kārye saktam ahaitukam |
atattvārthavad alpaṁ ca tat tāmasam udāhṛtam || 22 ||

niyataṁ saṅgarahitam arāgadveṣataḥ kṛtam I
aphalaprepsunā karma yat tat sāttvikam ucyate II 23 II

yat tu kāmepsunā karma sāhaṅkāreṇa vā punaḥ I
kriyate bahulāyāsaṁ tad rājasam udāhṛtam II 24 II

anubandhaṁ kṣayaṁ hiṁsām anupekṣya ca pauruṣam I
mohād ārabhyate karma yat tat tāmasam ucyate II 25 II

muktasaṅgo 'nahaṁvādī dhṛtyutsāhasamanvitāḥ I
siddhyasiddhyor nirvikāraḥ kartā sāttvika ucyate II 26 II

rāgī karmaphalaprepsur lubdho hiṁsātmako 'śuciḥ I
harṣaśokānvitaḥ kartā rājasaḥ parikīrtitaḥ II 27 II

ayuktaḥ prākṛtaḥ stabdhaḥ śaṭho naikṛtiko 'lasaḥ I
viṣādī dīrghasūtrī ca kartā tāmasa ucyate II 28 II

buddher bhedaṁ dhṛteś caiva guṇatas trividhaṁ śṛṇu I
procyamānam aśeṣeṇa pṛthaktvena dhanañjaya II 29 II

pravrttiṁ ca nivṛttiṁ ca kāryākārye bhayābhaye I
bandhaṁ mokṣaṁ ca yā vetti buddhiḥ sā pārtha sāttvikī II 30 II

yayā dharmam adharmaṁ ca kāryaṁ cākāryam eva ca I
ayathāvat prajānāti buddhiḥ sā pārtha rājasī II 31 II

adharmaṁ dharmam iti yā manyate tamasāvṛtā I
sarvārthān viparītāṁś ca buddhiḥ sā pārtha tāmasī II 32 II

dhṛtyā yayā dhārayate manaḥprāṇendriyākriyāḥ I
yogenāvyabhicāriṇyā dhṛtiḥ sā pārtha sāttvikī II 33 II

yayā tu dharmakāmārthān dhṛtyā dhārayate 'rjuna I
prasaṅgena phalākāṅkṣī dhṛtiḥ sā pārtha rājasī II 34 II

yayā svapnaṁ bhayaṁ śokaṁ viṣādaṁ madam eva ca |
na vimuñcati durmedhā dhṛtiḥ sā tāmasī matā || 35 ||

sukhaṁ tv idānīṁ trividhaṁ śṛṇu me bharatarṣabha |
abhyāsād ramate yatra duḥkhāntaṁ ca nigacchati || 36 ||

yat tad agre viṣam iva pariṇāme 'mṛtopamam |
tat sukhaṁ sāttvikaṁ proktam ātmabuddhiprasādajam || 37 ||

viṣayendriyasaṁyogād yat tad agre 'mṛtopamam |
pariṇāme viṣam iva tat sukhaṁ rājasaṁ smṛtam || 38 ||

yad agre cānubandhe ca sukhaṁ mohanam ātmanaḥ |
nidrālasyapramādotthaṁ tat tāmasam udāhṛtam || 39 ||

na tad asti pṛthivyāṁ vā divi deveṣu vā punaḥ |
sattvaṁ prakṛtijair muktaṁ yad ebhiḥ syāt tribhir guṇaiḥ || 40 ||

brāhmaṇakṣatriyaviśāṁ śūdrāṇāṁ ca parantapa |
karmāṇi pravibhaktāni svabhāvaprabhavair guṇaiḥ || 41 ||

śamo damas tapaḥ śaucaṁ kṣāntir ārjavam eva ca |
jñānaṁ vijñānam āstikyaṁ brahmakarma svabhāvajam || 42 ||

śairyaṁ tejo dhṛtir dākṣyaṁ yuddhe cāpy apalāyanam |
dānam īśvarabhāvaś ca kṣātraṁ karma svabhāvajam || 43 ||

kṛṣigaurakṣyavāṇijyaṁ vaiśyakarma svabhāvajam |
paricaryātmakaṁ karma śūdrasyāpi svabhāvajam || 44 ||

sve sve karmaṇy abhirataḥ saṁsiddhiṁ labhate naraḥ |
svakarmaniratah siddhiṁ yathā vindati tac chṛṇu || 45 ||

yataḥ pravṛttir bhūtānāṁ yena sarvam idaṁ tatam |
svakarmaṇā tam abhyarcya siddhiṁ vindati mānavaḥ || 46 ||

śreyān svadharmo viguṇaḥ paradharmāt svanuṣṭhitāt |
svabhāvaniyataṁ karma kurvan nāpnoti kilbiṣam || 47 ||

sahajaṁ karma kaunteya sadoṣam api na tyajet |
sarvārambhā hi doṣeṇa dhūmenāgnir ivāvṛtāḥ || 48 ||

asaktabuddhīḥ sarvatra jitātmā vigataspṛhaḥ |
naiṣkarmyasiddhiṁ paramāṁ saṁnyāsenādhigacchati || 49 ||

siddhiṁ prāpte yathā brahma tathāpnoti nibodha me |
samāsenaiva kaunteya niṣṭhā jñānasya yā parā || 50 ||

buddhyā viśuddhayā yukto dhṛtyātmānaṁ niyamya ca |
śabdādīn viṣayāṁs tyaktvā rāgadveṣau vyudasya ca || 51 ||

viviktasevī laghvāśī yatavākkāyamānasaḥ |
dhyānayogaparo nityaṁ vairāgyaṁ samupāśritāḥ || 52 ||

ahaṅkāraṁ balaṁ darpaṁ kāmaṁ krodhaṁ parigrahaṁ |
vimucya nirmamaḥ śānto brahmabhūyāya kalpataṁ || 53 ||

brahmabhūtaḥ prasannātmā na śocati na kāṅkṣati |
samaḥ sarveṣu bhūteṣu madbhaktiṁ labhate parām || 54 ||

bhaktyā mām abhijānāti yāvān yaś cāsmi tattvataḥ |
tato māṁ tattvato jñātvā viśate tad anantaram || 55 ||

sarvakarmāṇy api sadā kurvāṇo madvyapāśrayaḥ |
matprasādād avāpnoti śāśvataṁ padam avyayam || 56 ||

cetasā sarvakarmāṇi mayi saṁnyasya matparaḥ |
buddhiyogam apāśṛtya maccittaḥ satataṁ bhava || 57 ||

maccittaḥ sarvadurgāṇi matprasādāt tariṣyasi |
atha cet tvam ahaṅkārān na śroṣyasi vinaṅkṣyasi || 58 ||

yad ahaṅkāram āśṛtya na yotsya iti manyase ǀ
mithyaiṣa vyavasāyas te prakṛtis tvāṁ niyokṣyati ǀǀ 59 ǀǀ

svabhāvajena kaunteya nibaddhaḥ svena karmaṇā ǀ
kartuṁ necchasi yan mohāt kariṣyasy avaśo 'pi tat ǀǀ 60 ǀǀ

īśvaraḥ sarvabhūtānāṁ hṛddeśe 'rjuna tiṣṭhati ǀ
bhrāmayan sarvabhūtāni yantrārūḍhāni māyayā ǀǀ 61 ǀǀ

tam eva śaraṇaṁ gaccha sarvabhāvena bhārata ǀ
tatprasādāt parāṁ śāntiṁ sthānaṁ prāpsyasi śāśvatam ǀǀ 62 ǀǀ

iti te jñānam ākhyātaṁ guhyād guhyataraṁ mayā ǀ
vimṛśyaitad aśeṣeṇa yathecchasi tathā kuru ǀǀ 63 ǀǀ

sarvaguhyatamaṁ bhūyaḥ śṛṇu me paramaṁ vacaḥ ǀ
iṣṭo 'si me dṛḍham iti tato vakṣyāmi te hitam ǀǀ 64 ǀǀ

manmanā bhava madbhakto madyājī māṁ namas kuru ǀ
mām evaiṣyasi satyaṁ te pratijāne priyo 'si me ǀǀ 65 ǀǀ

sarvadharmān parityajya mām ekaṁ śaraṇaṁ vraja ǀ
ahaṁ tvā sarvapāpebhyo mokṣayiṣyāmi mā śucaḥ ǀǀ 66 ǀǀ

idaṁ te nātapaskāya nābhaktāya kadācana ǀ
na cāśuśrūṣave vācyaṁ na ca māṁ yo 'bhyasūyati ǀǀ 67 ǀǀ

ya imaṁ paramaṁ guhyaṁ madbhakteṣv abhidhāsyati ǀ
bhaktiṁ mayi parāṁ kṛtvā mām evaiṣyaty asaṁśayaḥ ǀǀ 68 ǀǀ

na ca tasmān manuṣyeṣu kaścin me priyakṛttamaḥ ǀ
bhavitā na ca me tasmād anyaḥ priyataro bhuvi ǀǀ 69 ǀǀ

adhyeṣyate ca ya imaṁ dharmyaṁ saṁvādam āvayoḥ ǀ
jñānayajñena tenāham iṣṭaḥ syām iti me matiḥ ǀǀ 70 ǀǀ

śraddhāvān anasūyaś ca śṛṇuyād api yo naraḥ ǀ
so 'pi muktaḥ śubhāṁl lokān prāpnuyāt puṇyakarmaṇām ǁ 71 ǁ

kaścid etac chrutaṁ pārtha tvayaikāgreṇa cetasā ǀ
kaścid ajñānasaṁmohaḥ praṇaṣṭas te dhanañjaya ǁ 72 ǁ

arjuna uvāca

naṣṭo mohaṁ smṛtir labdhā tvatprasādān mayācyuta ǀ
sthito 'smi gatasaṁdehaḥ kariṣye vacanaṁ tava ǁ 73 ǁ

sañjaya uvāca

ity ahaṁ vāsudevasya pārthasya ca mahātmanaḥ ǀ
saṁvādam imam aśrauṣam adbhutaṁ romaharṣaṇam ǁ 74 ǁ

vyāsaprasādāc chrutavān imaṁ guhyatamaṁ param ǀ
yogaṁ yogeśvarāt kṛṣṇāt sākṣāt kathayataḥ svayam ǁ 75 ǁ

rājan saṁsmṛtya saṁsmṛtya saṁvādam imam adbhutam ǀ
keśavārjunayoḥ puṇyaṁ hṛṣyāmi ca muhur muhuḥ ǁ 76 ǁ

tac ca saṁsmṛtya saṁsmṛtya rūpam atyadbhutaṁ hareḥ ǀ
vismayo me mahān rājan hṛṣyāmi ca punaḥ punaḥ ǁ 77 ǁ

yatra yogeśvaraḥ kṛṣṇo yatra pārtho dhanur dharaḥ ǀ
tatra śrīr vijayo bhūtir dhruvā nītir matir mama ǁ 78 ǁ

iti śrīmadbhagavadgītāsūpaniṣatsu brahmavidyāyāṁ
yogaśāstre śrīkṛṣṇārjunasaṁvāde
mokṣasaṁnyāsayogo nāma
aṣṭādaśo 'dhyāyaḥ

iti śrīmadbhagavadgītāśāstraṁ samaptam

GLOSSAR

abhyāsa (m): Ausüben einer Methode oder einer bestimmten Disziplin, konstantes Wiederholen einer Anstrengung oder Bemühung

Ācārya (m): Meister, spiritueller Lehrer; derjenige, welcher die Lehre verstanden hat und sie lebt

adharma (m): nicht dem *dharma* gemäß; das, was die universale Ordnung oder das universale Gesetz (*Dharma*) verletzt; Disharmonie oder Zwietracht, Dekadenz des *dharma*, Zügellosigkeit

adhibhūta (n): Urelemente der *prakṛti*-Natur

adhidaiva (n): der universale Geist, der erste der *Deva*, *Hiraṇyagarbha*

adhiyajña (m): Ursprung der Opfer

adhyātma (m, n): das ursprüngliche Selbst

Adhyātmayoga (m): der höchste Yoga

a-dvaita (n): »Nicht-Dualität«, das »Eine-ohne-Zweites«

Advaita Vedānta (m): der nicht-duale *Vedānta*, metaphysisches *darśana*, das den Dualismus und den Monismus transzendiert

Agni (m): Feuer, eine der vedischen Gottheiten

agnihotra (n): Opferfeuer, vedisches Opfer an das Feuer

Agnostizismus (m): Sammelbezeichnung für alle philosophischen und theologischen Lehren, die eine rationale Erkenntnis des Göttlichen oder Übersinnlichen leugnen

ahaṁkāra (m): Ich-Sinn, Ich-Bewusstsein; Individuationsprinzip, das Unterschiede erzeugt, indem es die Erfahrung und ihren Inhalt auf ein einzelnes Ich bezieht; es ist mit dem *manas* verbunden; Gefühl, die Erfahrung auf ein bestimmtes Ich zu beziehen; dies oder jenes empfinde ich

ajñāna (n): Unwissenheit, Synonym für *avidyā*

Ainsoph (n): das Absolute der *Qabbālāh*

ākāra (Adj.): das, was die Form von etwas annimmt; das, was sich mit etwas identifiziert; persönlicher Aspekt des Göttlichen

ākāśa (m, n): universaler Äther, der das gesamte Universum durchdringt; er ist das fünfte Element neben dem Festen, Flüssigen, Gasförmigen und Feurigen

akṣara (Adj.): unauflösbar, unzerstörbar, unvergänglich; dieses Wort bezeichnet die heilige Silbe OM

Amnion (n): Embryonalhülle

ānanda (m): Glück, Glückseligkeit, Freude; Zustand, der dem Wesen innewohnt, welches sich der Fülle des eigenen Seins bewusst ist

ānandamayakośa (m): Hülle aus Glückseligkeit; kausale Schichtung; Freude ohne Objekt außerhalb von Zeit-Raum (wie wir es begreifen), obwohl sie den objektivierenden und manifestierenden Beginn darstellt; der nicht-formale Samen oder *jīva* beziehungsweise das nicht-formale Zentrum

anattā (f): Verneinung der Substanzialität des Ich

annamayakośa (m): grobstoffliche Hülle, die aus chemischen, atomaren und molekularen Elementen besteht; Hülle aus Nahrung

antaḥkaraṇa (n): das innere Organ, das die Fähigkeit einschließt, zu entscheiden und zu bestimmen; es entspricht dem feinstofflichen Körper; das innere Wahrnehmungsorgan, der mentale Prozess der Wahrnehmung, Analyse und Übermittlung; *buddhi*

Anthropomorphismus (m): Vermenschlichung der Götter oder Prinzipien

Antinomie (f): Widerspruch eines Gesetzes oder eines Satzes in sich oder zweier Sätze, von denen beide Gültigkeit beanspruchen können

arché (griech., f): Prinzip

Asparśayoga (m): Yoga »ohne Kontakt«, »ohne Stütze«, von Gauḍapāda in seinem Werk *Māṇḍūkyakārikā* präsentiert (siehe Gauḍapāda, *Māṇḍūkyakārikā mit einem Kommentar von Raphael,* Freiburg i. Br. 2001)

asura (Pl.): Geister der Finsternis, vergleichbar mit Disharmonie

aśvattha (m): der »heilige Baum«, mystisches Symbol des Lebens

ātman (m, n): das »Selbst«, der Geist; das Absolute in uns; er befindet sich ganz außerhalb der Zeit-Raum-Kausalität; allein durch seine Gegenwart gibt der *ātman* allen Dingen das Leben und alles kehrt in den *ātman* zurück

AUM (m): identisch mit OM (*oṁkāra*); heilige Silbe, die aus den Buchstaben a, u und m besteht *avatāra* (n): »Herabkunft« des Göttlichen, Inkarnation eines Prinzips

avidyā (f): metaphysische Unwissenheit; Nicht-Erkenntnis, Unwissenheit, die sich auf die Wirklichkeit oder das Noumenon bezieht

avyakta (n): das nicht-manifeste Ursprüngliche (dem Prinzip Innewohnende) oder das universale Eine; undifferenzierter Zustand der *prakṛti*-Substanz, bevor sie sich manifestiert; die Undifferenzierte; dieser Begriff kann in manchen Fällen auch den Zustand vollständiger Unbedingtheit bezeichnen

bhakta (m): derjenige, welcher den *Bhaktiyoga* übt

bhakti (f): brennende Hingabe an das Göttliche

Bhaktiyoga (m): Yoga der Hingabe

bhūta (n): Urelemente der Natur; die fünf feinstofflichen Elemente, aus denen alle Körper gebildet sind: Erde, Wasser, Feuer, Luft und Äther

Brahma oder *Brahman* (beides n): die einzige Existenz; die absolute Wirklichkeit, das Absolute an sich, Das (*tat*), welches stets mit sich selbst identisch ist, das Eine-ohne-Zweites;

Brahmā (m): einer der drei Aspekte der hinduistischen *Trimūrti*; der Schöpfer-Gott; der konstruktive Aspekt der gesamten Welt der Namen und Formen; manifestierendes Prinzip des Universums

brahmaṇa (n): die erste Gesellschaftsordnung nach der hinduistischen Überlieferung; die Priesterkaste; Schriften der liturgischen Exegese, die an die *Veden* anknüpfen

Brahmanirvāṇa (n): das brahmanische *Nirvana* oder Befreiung

Brahman nirguṇa (n): das Nicht-Manifeste ohne Eigenschaften

Brahman saguṇa (n): der persönliche Gott mit Eigenschaften; Schöpfer der Welt der Namen und der Formen; siehe auch *Īśvara*

Brahmasūtra (n): Kodifikation der wichtigsten *Veden*-Texte; sie wird *Bādarāyaṇa-Vyāsa* zugeschrieben (siehe *Brahmasūtra con il commento di Śaṅkara*, Rom 2000; diese Erstveröffentlichung in Europa des von Śaṅkara kommentierten *Brahmasūtra* bietet der Verlag Edizioni Āśram Vidyā (Rom) sowohl auf italienisch als auch in transliteriertem Sanskrit in zwei Bänden mit insgesamt 2408 Seiten an)

Brahmavidya (f): »Erkenntnis« des Absoluten, Synonym für *Brahmajñāna*

buddhi (f): überbewusste Intuition; höherer Intellekt, Intelligenz; Organ der unterscheidenden Erkenntnis

Buddhiyoga (m): siehe *Jñānayoga*

cakra (n): Rad, Kreis, Zentrum, Plexus; die hinduistische Anatomie und Physiologie kennen sieben Haupt-*cakra*, die sich an der Wirbelsäule, vom Steißbein bis hinauf zum Scheitel, befinden; der Yogi wird sich dieser *cakra* in seiner Meditation bewusst und es gelingt ihm, sie exakt zu lokalisieren; die *cakra* werden in Form verschiedener Lotusblüten dargestellt, welche durch den Aufstieg der *kuṇdalini* gefärbt und angeregt werden; jedes dieser *cakra* entspricht bestimmten physischen, mentalen, vitalen oder spirituellen Funktionen

cit (n): reines und absolutes Bewusstsein

daiva (Adj.): *sattva*-Zustand der Harmonie und des Rhythmus *dāna* (n): Geschenk; siehe *guṇa*

darśana (n): Gesichtspunkt, Sichtweise, Perspektive; bezieht sich insbesondere auf die sechs orthodoxen Schulen der Hindu-Philosophie: *Sāṁkhya, Yoga, Vaiśeṣika, Nyāya, Pūrva Mīmāṁsā* und *Uttara Mīmāṁsā* oder *Vedānta*, die weniger als »Systeme«, sondern eher als »Gesichtspunkte« betrachtet werden

Das: auf sanskrit: *tat*; Begriff, der das Absolute bezeichnet

Demiurg (m): nach Platon: der Schöpfer oder die Gottheit des Universums

Deva (m): Engelwesen; derjenige, der strahlt; es ist auch ein Titel, den man dem Namen großer Heiliger anhängt

devayāna (n): Weg des Lichts, Weg der Götter

dhāranā (f): Konzentration; das sechste der acht Glieder des *Rājayoga*

dharma (m): »Seinsweise«, der essenziellen Natur des Wesens innewohnend, Übereinstimmung mit dem Harmoniegesetz; Pflicht-Gerechtigkeit, Gleichgewicht-Harmonie

dharmakṣetra (m): Feld des *dharma*; siehe auch *kurukṣetra*

dhyāna (n): Yoga-Meditation; mentale Sammlung; das siebte der acht Glieder des *Rājayoga*

Dhyānayoga (m): Yoga der Meditation

Dṛgdṛśyaviveka: wörtlich: »Unterscheidung zwischen Selbst und Nicht-Selbst«; wichtiger und grundlegender Klassiker der östlichen Überlieferung zur Vertiefung des *Advaita Vedānta* (siehe Shankara, *Unterscheidung zwischen Selbst und Nicht-Selbst – Drigdrisyaviveka*, Übersetzung aus dem Sanskrit und Kommentar von Raphael, Interlaken 1992

dvaita (n, Adj.): Dualität, dual; siehe auch *kṣetra* und *kṣetrajña*

dvandva (n): Gegensatzpaar

dvija (m): »zweimal geboren«

emanationistisch (Adj.): abgeleitet von Emanation, das heißt dem Hervorgehen aller Dinge aus dem unveränderlichen, vollkommenen, göttlichen Einen

Fideismus (m): erkenntnistheoretische Haltung, die den Glauben als einzige Erkenntnisgrundlage betrachtet und ihn über die Vernunft stellt

Gauḍapāda: spiritueller Lehrer von Śaṅkara, Autor der *Māṇḍūkyakārikā*

guṇa (m): Attribut, Eigenschaft; die drei *guṇa* des *Sāṁkhya* sind: *sattva*, *rajas* und *tamas*; Name der drei qualitativen Prinzipien der Ursubstanz; in Bezug auf die *guṇa* gibt es den dreifachen Aspekt bei: Sittenstrenge (*tapas*); dem Handelnden (*kartā*); Handlung (*karma*), Nahrung (*api*), Erkenntnis (*jñāna*); Schenkung (*dāna*), Glauben (*śraddhā*), Standhaftigkeit (*dhṛti*), Intellekt (*buddhi*), Entsagung (*saṁnyāsa*), Opfer (*yajña*)

guru (m): Guru, Meister, spiritueller Lehrer

Haṭhayoga (m): Yoga mit dem Ziel, den Körper zu harmonisieren und zu beherrschen, um ihn in einen Tempel des Geistes zu transformieren

Hiraṇyagarbha (m): repräsentiert die Gesamtheit der feinstofflichen Manifestation; das »kosmische Ei«

Historismus (m): eine Geschichtsbetrachtung, die alle Erscheinungen aus ihren geschichtlichen Bedingungen heraus zu verstehen und zu erklären sucht; eine Überbewertung des Geschichtlichen

indriya (n): die fünf Empfindungsmöglichkeiten (*jñanendriya*), die fünf Handlungsorgane (*karmendriya*) und der innere Sinn (*manas*), der sie zusammenfasst

Īśvara (m): repräsentiert das, was wir als persönlichen Gott definieren könnten; er umfasst das gesamte Feld der Manifestation, das heißt den grobstofflichen, den feinstofflichen und den kausalen Aspekt unter dem individuellen und dem kosmischen Gesichtspunkt; Gott-Person und universaler *Puruṣa*; manchmal auch die höchste Personifizierung des Absoluten, die von menschlichem Geist begriffen werden kann, denn das Absolute an sich kann nicht erfasst werden

jijñāsā (f): Untersuchung

jīva (m): individuelle Seele; ein Widerschein des *ātman*, der langsam in der Quelle verschwindet; er unterliegt dem Gesetz der Dualität, das heißt, Raum-Zeit

jivātman (m): der *ātman*, der sich im *jīva* spiegelt; siehe *jīva*

jñāna (n): Erkenntnis (von *jñā*: erkennen); Gnosis der Befreiung

jñānacakṣus (n): das Auge der »Erkenntnis« oder »Schau«

jñānakāṇḍa (n): Teil der *Veden*, der sich mit der »Erkenntnis« befasst

Jñānayoga (m): Yoga der Erkenntnis; seine Postulate sind *viveka* (Unterscheidung) und *vairāgya* (Loslösung und Entsagung)

jñānendriya (n): Wahrnehmungsorgane: die fünf Sinne; die fünf Empfindungsmöglichkeiten

jñāni (m): derjenige, der den *Jñānayoga* praktiziert; derjenige, der zur letzten Erkenntnis gelangt ist, dem Ziel dieses Yoga

kaivalya (n): Zustand »isolierter Einheit«, »Isolierung« von der dreifachen Welt; Unabhängigkeit von allen Dingen, vollständige Loslösung oder Verhaftungslosigkeit; der Zustand absoluter Isolierung vom Nicht-Selbst, welcher vom reinen *jñānin* verwirklicht wird; Patañjali sagt: »*Kaivalya* folgt auf die Reabsorption der *guṇa* [oder der drei Grundelemente], nachdem sie für den *puruṣa* zwecklos geworden sind; [*kaivalya* ist da], wenn das Bewusstsein in seiner eigenen Essenz gegründet ist.« (siehe Patañjali, *La Via regale della Realizzazione – Yogadarśana*, aus dem Sanskrit übersetzt und kommentiert von Raphael, Rom 2. Aufl. 1997)

kāma (m): Begehren, Verhaftetsein an der sinnlich wahrnehmbaren Welt, oft verbunden mit Leidenschaft oder Reizbarkeit oder *krodha*

kāmakrodha (m): Begehren oder Leidenschaft oder Wut

kāmamanas (n): empirisches Begehren und empirischer Verstand, Gefühl und Vorstellung

karma (n): Kausalitätsprinzip, Wirkungen, die aus Handlung resultieren; Aktion, Aktivität, auch Ritus; Initiationshandlung und ihre Voraussetzungen

karmacodāna (f): dreifacher Handlungsimpuls (erkennendes Subjekt, Objekt und Erkenntnis)

karmakāṇda (n): Teil der *Veden*, der sich mit der »rituellen Handlung« befasst

karmasaṁgraha (m): die drei Grundelemente des Handelns (der Handelnde, die Handlung, das Werkzeug)

Karmayoga (m): Yoga der Handlung

karmendriya (n): die fünf Handlungsorgane: die Stimme (*vāc*), die Hände (*pāṇi*), die Füße (*pāda*), die Zeugungsorgane (*upasthā*) und die Ausscheidungsorgane (*pāyu*)

kartā (f): der Handelnde, das Subjekt der Handlung

kośa (m): »energetische Hülle«; siehe auch: *ānandamayakośa*, *annamayakośa*, *manomayakośa*, *prāṇamayakośa*, *vijñānamayakośa*

kreationistisch (Adj.): fundamentalistisches Festhalten an einer wörtlichen Auslegung des biblischen Schöpfungsberichts

kṣatriya (m): Gesellschaftsordnung der Krieger; *kṣatriya*-Initiation

kṣetra (n) und *kṣetrajña* (m): »Feld« und »Kenner des Feldes«

kuṇḍalinī (f): Schlangenkraft; nervliche und psychische Energie, welche sich im *cakra* am unteren Ende der Wirbelsäule befindet (*mūlādhāracakra*)

kurukṣetra (n): »Schlachtfeld«

mahat (n): der große Verstand, Prinzip der kosmischen Manifestation (*Sāṁkhya*); erste Wirkung der *prakṛti*; universaler Geist

manana (n): Reflexion, Nachdenken

manas (n): der »innere Sinn«; das Mentale im Allgemeinen; individueller Verstand; formale, feinstoffliche Manifestation; das empirische Bewusstsein, das individuelle Denken formaler Ordnung; Individualität des Augenblicks, die sich in der grobstofflichen und feinstofflichen Sphäre befinden kann; das, weshalb das ganzheitliche Wesen unbestimmte formale Entwicklungsmöglichkeiten hat

Māṇḍūkyakārikā (f): in Versform gehaltener Kommentar von Gauḍapāda zur *Māṇḍūkya Upaniṣad*; traditionell gilt dieses Werk als *Āgamaśāstra* und wurde seinerseits von Śaṅkara kommentiert; in der *Māṇḍūkyakārikā* präsentieren Gauḍapāda und Śaṅkara den *Asparśayoga*

Māṇḍūkya Upaniṣad (f): Teil des *Atharva Veda* und Synthese des *Advaita Vedānta*; in ihr werden drei Zustände (*avastātraya*) untersucht: *Virāt*, *Hiraṇyagarbha* und *Īśvara*, welche als »Scheinbewegungen« (*māyā*), als »Erscheinung« des Vierten (*Turīya*) gelten, der die absolute Wirklichkeit ist

manomayakośa (m): mentale Hülle; bildet allgemein gesprochen den unteren Psychismus, den selektiven Trieb oder Verstand, der durch Anziehung-Abstoßung wirkt; er ist beladen mit atavistischen Impulsen, individuellen und kollektiven Erinnerungen, er drängt die anderen unteren, oder besser gesagt, äußeren Hüllen, sich seinen speziellen Interessen zu beugen; der psychische Dynamismus dieser Hülle agiert unter der pranischen Schichtung durch die *cakra*, die diesen pranischen und den physischen Körper konditionieren; in ihm ist der »Ich-Sinn« aktiv

māyā (f): Unwissenheit, Synonym für *avidyā*; Erscheinung oder Phänomen; die phänomenale empirische Welt; die Welt der Veränderung und der Transformation; »gleichförmig gestaltete Bewegung«

Mīmāṁsā (f): wörtlich »tiefgründiges Nachdenken«; der Begriff wird im Allgemeinen beim tiefgründigen Studium der *Veden* verwendet mit dem Ziel, den exakten Sinn der *Śruti* zu bestimmen und die damit verbundenen Konsequenzen sowohl im praktischen als auch im intellektuellen Bereich zu ziehen; sie enthält die letzten beiden der sechs *darśana*, die *Pūrva*

Mīmāṁsā und *Uttara Mīmāṁsā*, beziehungsweise die erste und die zweite *Mīmāṁsā* genannt werden

moha (m): Verwirrung, Konfusion, Blindheit

mokṣa (m): Befreiung, Befreiung von der *avidyā* oder *māyā*

mukta (PP): befreit, der Befreite, der Wiedererweckte, der Verwirklichte

mūlādhāracakra (n): für Patañjali ist es das erste am unteren Ende der Wirbelsäule gelegene *cakra*, in dem sich eingerollt die *kuṇḍalinī* befindet

muni (m): Asket, der die Stille übt; der den Wert der Stille kennt

naiṣkarmya (n): der Zustand dessen, der den *dharma* und den *adharma* transzendiert hat

Neophyt (m): der »Neubekehrte«, Schüler

»*neti-neti*«: »nicht dies, nicht dies«; Verneinungsformel, mit welcher der *Jñānayogi* nach und nach all das aussondert, was Erscheinung oder Phänomen ist, bis er zur einzigen Wirklichkeit: *Brahman* gelangt; anschließend bezieht der *Jñānayogi* mit der entgegengesetzten Formel »*iti-iti*« nach und nach all das, was er wahrnimmt, in die Wirklichkeit des Einen ein

nirākāra (Adj.): formlos, unpersönlicher Aspekt des Göttlichen

nirguṇa (Adj.): ohne Eigenschaften (*guṇa*); Gegenteil von *saguṇa*; siehe *Brahma*

nirvikalpasamādhi (m): das ganzheitliche Eintauchen in das Eine-ohne-Zweites

Noumenon (n): nach Platon das mit dem Geist zu Erkennende im Gegensatz zu dem mit den Augen zu Sehende; Noûs

Nyāya (n): »Logik«, »Methode«, »analytische Untersuchung«; eines der sechs brahmanischen *darśana*, das von Gautama kodifiziert worden ist; die wörtliche Bedeutung des Begriffs ist »Logik« oder »Methode«

OM: identisch mit AUM; die heiligste aller Silben; Symbol des Absoluten oder des *Brahman* und all den anderen Auffassungen, die der Mensch vom Höchsten, Göttlichen hat; diese Silbe ist Teil fast aller *mantra*; auch das grafische Sanskritzeichen der Silbe wird in ganz Indien als überaus heilig betrachtet; Symbol der Ganzheit: *Om Tat Sat*

paramātmā (m, n): siehe *Puruṣottama*

Patañjali: Verfasser der *Yogasūtra*, Begründer des *Rājayoga*, lebte um 200 vor Christi

pitṛ (m): die Manen; Geister der Vorfahren

pitṛyāna (n): Weg der Finsternis, Weg der Manen

pradhāna (n): Urelement oder Natur, gleichbedeutend mit *prakṛti*

prājña (m): der dritte Zustand nach der Lehre Gauḍapādas; Kausalkörper des menschlichen *jīva*; stellt den *jīva* im Zustand des Tiefschlafs (*suṣupti*) dar; Ort, an dem sich die Einheit des Kosmos als Erkenntnissynthese ohne Veränderung der Dyade von Subjekt-Objekt manifestiert; dieser Begriff bedeutet im individuellen Bereich das, was *Īśvara* im universalen Bereich ist

prakṛti (f): »Natur«; »aktive und ausführende Energie« in Wechselbeziehung zu *puruṣa*, der beobachtet, ohne sich an der Handlung zu beteiligen; Ursubstanz der Natur; instrumentelle und substanzielle Ursache der Evolution für die *Sāṁkhya*-Philosophie Kapilas; für den *Vedānta* ist sie gleichbedeutend mit *māyā, pradhāna* und *avyakta*; die kosmische Substanz, der negative Pol des Seins

pralaya (m): Rückkehr in den undifferenzierten Zustand; die Auflösung der Welt oder der Manifestation am Ende eines Äons (*kalpa*) des *Brahmā*

prāṇa (m): die Gesamtheit der universalen Energien, daher existiert er auf allen Ebenen der Manifestation; er ist noumenale Bewegung; der Elektromagnetismus und auch die Schwerkraft der Körper sind stets Wirkungen des *prāṇa*; die Urenergie oder Lebensenergie; sie äußert sich in fünf Funktionsweisen (*prāṇa*, *apāna*, *vyāna*, *samāna*, *udāna*); die ihrerseits bestimmte Gruppen von physischen Organen anregen

prāṇāmayakośa (m): Hülle aus Lebensenergie; er ist die Gesamtheit feinstofflicher, so genannter pranischer Energien, die den grobstofflichen Körper am Leben erhalten; in der Tat dringt er durch Millionen von *nāḍi* (feinstofflichen Kanälen) in den physischen Körper ein und gibt ihm seinen Daseinsgrund; er ist Sitz der sieben großen Hauptzentren (*cakra*), der 21 Nebenzentren und der 49 Brennpunkte

praṇava (m): die heilige Silbe OM

prāṇāyāma (m): pranische Atmung; Kontrolle des *prāṇa*; Atemübung beim Yoga; das vierte Glied des *Rājayoga* von Patañali

prārabdhakarma (n): das bereits gereifte *karma*, welches nicht mehr neutralisiert werden kann (wie zum Beispiel der physische Körper)

prasthānatraya (n): die »dreifache Wissenschaft« des *Vedānta*, bestehend aus der *Bhagavadgītā*, den klassischen *Upanischaden* und dem *Brahmasūtra pratyāhāra* (m): Rückzug oder Loslösung des Bewusstseins von den Sinnesaktivitäten; das fünfte Glied des *Rājayoga*; er führt zur Fähigkeit des »Hineinsehens« (der Introspektion), das heißt, der Verstand löst sich von der Beeinflussung (Suggestion) der äußeren Eindrücke und wendet sich an sich selbst; die Befreiung der Sinnesaktivität von den äußeren Objekten

puruṣa (m): das positive Prinzip, das durch seine Gegenwart die Aktivität der *prakṛti* provoziert; im *Sāṁkhya* ist er der Geist, der mit *prakṛti* vereint die Welt manifestiert; das Selbst oder das spirituelle Prinzip im Menschen; siehe auch *Īśvara*

Puruṣottama (m); der höchste *Puruṣa*, der universale Geist

Pūrva Mīṃāṁsā (f): die erste *Mīṃāṁsā*, auch *Karma Mīṃāṁsā* oder *Dharma Mīṃāṁsā* genannt, da sie die Handlungssphäre betrifft

Qabbālāh (f): Kabbala; wörtlich: »Empfängnis«, »Übermittlung«, repräsentiert den esoterischen Teil des Alten Testaments

rāga-dveṣa (m): Verhaftung-Ablehnung, Anziehung-Abstoßung verursacht durch die sinnlichen Objekte; siehe auch *dvandva*

rajas (n): einer der drei *guṇa*, entspricht Aktivität, Energie, Begehren, Leidenschaft; entspricht Expansion, Bewegung, Entwicklung und dem leidenschaftlichen Dynamismus

Rājayoga (m): königlicher Yoga, den Patañjali in seinen *Yogasūtra* kodifiziert hat

Rektifikation (f): Trennung von Flüssigkeitsgemischen durch wiederholte Destillation; eine Phase des alchemistischen Prozesses; Reinigung

ṛṣi (m): der »Seher«, der Weise

sādhanā (f): Name für jede mit Beharrlichkeit und Ausdauer geübte Disziplin, die dazu dient spirituelle Fortschritte zu machen; spirituelle Übung oder Methode; geistige Disziplin; Askese oder spirituelle Anstrengung, der sich der Schüler unterwirft; verschiedene Wege, die zum Göttlichen führen

saguṇa (Adj.): mit Eigenschaften (*guṇa*) versehen; »qualifiziert«; *Brahman saguṇa* oder das kausale *Brahman*, Herr der *māyā*, entspricht *Īśvara*

śama (m): befriedeter Verstand; Ruhe des Verstandes; Beherrschung, die den Verstand im Inneren leitet und ihn daran hindert, sich nach außen zu wenden

samādhi (m): transzendentale Kontemplation; kosmisches Bewusstsein, das man durch Meditation erlangt; Konzentration usw.; für Patañjali das achte Glied; Zustand der Vereinigung mit dem persönlichen Göttlichen und der Identität mit dem unpersönlichen Göttlichen, zu dem der Yogi gelangt; der *samādhi* hat viele Abstufungen, die auf verschiedenste Weise beschrieben werden

samatā (f): Gleichmut

Sāṁkhya (n): »Aufzählung« der 24 Kategorien; Name eines der ältesten *darśana*; viele seiner grundlegenden Kenntnisse wurden in anderen *darśana* aufbewahrt, besonders die Unterscheidung zwischen *prakṛti* und *puruṣa*, die Auffassung über die drei *guṇa* usw.; der Kodifikator dieses *darśana* war der Weise Kapila; in der *Bhagavadgītā* ist der Begriff *Sāṁkhya* manchmal nicht direkt auf das *darśana* bezogen, sondern auf die upanischadische Lehre im Allgemeinen, oder er meint in weitem Sinn eine analytische Lehre der Vernunft; die Verwirklichung nach dem *Sāṁkhya*

saṁnyāsa (m): Entsagung

saṁsāra (m): der ewige Kreislauf des Werdens (Leben-Tod-Wiedergeburt), der durch die Befreiung beendet wird

saṁskāra (m): Eindrücke, die durch angesammeltes *karma* provoziert werden, Neigung; im Verstand gebildete Eindrücke, die zu den verwurzelten Verhaltensweisen führen; Reste, unbewusste »Samen«

saṅga (m): Verhaftung

Śaṅkara: (788-820), Kodifikator des *Advaita Vedānta*, des metaphysischen *darśana*, das den religiösen Dualismus und den ontologischen Monismus transzendiert

Śāstra (n): »Lehre«, »heiliger Text«; siehe *Yogaśāstra*

sat (n): Existenz; reine, reale Existenz im Gegensatz zu *asat*, dem Existenzlosen

sat-cit-ānanda: absolutes Sein (*sat*), absolutes Bewusstsein (*cit*), absolute Glückseligkeit (*ānanda*); diese drei Begriffe sind *Brahman* und damit auch *ātman* wesensgleich

sattva (n): einer der drei *guṇa*; er entspricht Gleichgewicht, Harmonie, Licht, Reinheit; er ist rhythmische Übereinstimmung mit der reinen Existenz; er entspricht dem »intellektuellen Licht«, der intelligenten Substanz

Sephiroth (Pl.): wörtlich: »Numerierung«; nach der *Qabbālāh* sind sie die Schöpfer-Gottheiten des Universums; die Prinzipien, welche die Bildung der Manifestation aktivieren; hierarchische Kräfte, die im Universalen und im Innermenschlichen wirken

siddha (PP): »vollkommen im Yoga«; derjenige, welcher die yogische Vollkommenheit verwirklicht hat *siddhi* (f): »Vollendung«, yogische Vollkommenheit; die psychischen Kräfte, die durch Yoga-Übung erlangt werden können

Śiva (m): einer der drei Aspekte der *Trimūrti*; das Göttliche, der Gott, der insbesondere als »Umformer« und »Auflöser« gilt, der aber mit der *Śakti* vereint den Aspekt des »Erbauers« und »Schöpfers« annimmt; als solcher hat er den *liṅgam* (Steinsäule in Form eines Phallus) als Symbol; er ist auch der große Yogi, dem man sich vor allem mit dem *Jñānayoga* nähert

Smṛti (f): Schriften der »ins Gedächtnis zurückgerufenen« Überlieferung; Werk, das aus menschlicher Erinnerung und nicht aus der Inspiration oder spirituellen Erleuchtung resultiert

śraddhā (f): Glaube

Śruti (f): die »gehörte« Überlieferung; heilige Erkenntnis, die unmittelbar enthüllt worden ist, im Unterschied zur *Smṛti*, der »in Erinnerung gebrachten« Überlieferung

śūdra (m): Gesellschaftsordnung der Arbeiter

svadharma (m): das der Natur des Wesens innewohnende *dharma*

taijasa (m): der »Leuchtende«; der zweite Zustand nach der Lehre Gauḍapādas, der dem Traumzustand oder der feinstofflichen Ebene entspricht; das »innere Bewusstsein« des schlafenden *jīva*

tamas (n): einer der drei *guṇa*, er entspricht Dunkelheit, Trägheit; Neigung zur Trägheit; verdunkelnd, verdichtet (kondensiert); entspricht der Unwissenheit (*avidyā*); er ist also die Kristallisierung einer mit *rajas*-Eigenschaften behafteten Energie, deren Essenz *sattva* ist

tanmātra (m): »Maß«, »Bestimmung«; begrenzt die Ausdehnung einer bestimmten Eigenschaft; die feinstoffliche Essenz, erste Differenzierung des *Mahat*; die fünf feinstofflichen Elemente, die der Essenz des Klangs (*śabda*), des Geruchs (*gandha*), der Form-Farbe (*rūpa*), des Geschmacks (*rasa*) und des Tastens (*sparśa*) entsprechen

tapas (n): Askese, Sittenstrenge; »Hitze« oder Feuer des Willens, das sich mit der Askese entwickelt

tat (Pr.): *Das;* Hinweis auf *Brahman*

tattva (n): Kategorie, Grundprinzip; auch Wahrheit; in diesem Sinn steht es in Gegensatz zu *mata*, Meinung oder Aberglauben

tejas (n): Energie, Licht, Glanz, Brillanz, (inneres) Feuer; die Substanz in feurigem Zustand

Trimūrti (f): die dreifache Manifestation: *Brahma*, *Viṣnu* und *Śiva*

Turīya (Adj.): der *Vierte* oder der vierte Zustand, der nur durch Negation beschrieben werden kann: das Nicht-Entstandene oder Nicht-Sein im Sinne des reinen Seins, das Nicht-Manifeste, Unbedingte, Unbestimmte, Unendliche, Absolute; es ist weder das »Bekannte« noch das, was sich der Verstand als das Unbekannte vorstellt; *Turīya* kann mit dem *nirvikalpa-samādhi* verwirklicht werden

Upaniṣad (f): *Upanischaden*; esoterische Lehren; Sammlung heiliger Schriften des Hinduismus; sie sind ein wesentlicher Teil der *Veden* und repräsentieren die Urüberlieferung; sie bilden den *Vedānta* in seiner Essenz; die *Upanischaden* werden in alte, mittlere und jüngere, größere und kleinere untergliedert und sind Teil der *Śruti*; die etymologische Bedeutung des

Worts *Upaniṣad* weist darauf hin, dass sie dazu bestimmt sind die Unwissenheit zu zerstören; und sie liefern jene Mittel, durch die man sich der höchsten Erkenntnis annähern kann

Uttara Mīmāṁsā (f): die zweite *Mīmāṁsā*; sie wird auch *Brahma Mīmāṁsā* genannt und behandelt im Wesentlichen und direkt die *Brahmavidyā*, welche den *Vedānta* bildet und traditionell dem Weisen Vyāsa zugeschrieben wird

vairāgya (n): Loslösung und Verhaftungslosigkeit von allen Früchten des Handelns; Verhaftungslosigkeit gegenüber allen vergänglichen Leidenschaften; die Entsagung, die auf dem persönlichen Nachdenken und auf der Lehre des Guru gründet

Vaiśeṣika (n): eines der sechs *darśana*, von Kanāda kodifiziert; dieses *darśana* richtet sich an die Erkenntnis der individuellen Dinge, insoweit als sie auf unterschiedliche Weise in ihrer kontingenten Existenz betrachtet werden

vaiśvānara (m): grobstofflicher Körper; repräsentiert den *jīva* im Wachzustand (*jāgrat*); Körper und Verstand sind aktiv; der erste Zustand nach der Lehre Gauḍapādas; das Selbst im Wachzustand

vaiśya (m): Gesellschaftsordnung der Erzeuger von Reichtum

varṇa (m): Farbe, Gesellschaftsordnung

vāsanā (f): Empfindung, Eindruck; unterbewusste Erinnerungen; sublime Latenzen; siehe auch *saṁskāra*

Veda (m): die *Veden*; Erkenntnis; wörtlich »das, was von den Weisen gesehen, verwirklicht worden ist«; höchste Erkenntnis, Heilige Wissenschaft; besonders die vier großen Sammlungen, *Ṛg Veda, Sāma Veda*, *Yajur Veda*, *Atharva Veda*; die Gesamtheit der ältesten Texte der indischen Literatur, denen übermenschlicher Ursprung und göttliche Autorität zugeschrieben wird

Vedānta (m): Abschluss, Vollendung der *Veden*; eines der sechs *darśana*; der *Vedānta* hat drei Richtungen: 1. *Advaita Vedānta* (Nicht-Dualismus), Kodifikator ist Śaṅkarācārya; 2. *Viśiṣṭādvaita* (qualifizierter oder abgemilderter Monismus), Kodifikator ist Śrī Rāmānuja; 3. *Dvaita Vedānta* (Dualismus), Kodifikator ist Śrī Madhva

vidyā (f): Erkenntnis

vijñāna (n): Intellekt, Synomym für *buddhi*

vijñānamayakośa (m) oder *buddhimayakoṣa* (m): Hülle des höheren Intellekts oder der *buddhi*; seine Natur ist dargestellt durch: die Vernunft des Intellekts, das intuitive Unterscheidungsvermögen, durch die Entscheidung, welche aufgrund einer Bewertung getroffen wird; das Verhalten ist reflexiv und kognitiv; wenn er entwickelt ist, bringt er den *manomayakośa* ins Gleichgewicht; wenn er sattvisch geworden wird, kann er die universalen Archetypen schauen

virāt (m): Gesamtheit der grobstofflichen Manifestation

Viṣnu (m): der bewahrende, erhaltende Aspekt der *Trimūrti*

viveka (f): intuitives Vermögen der Unterscheidung zwischen dem Wirklichen und dem Unwirklichen, zwischen Noumenon und Phänomen

Vivekacūḍāmaṇi: »Das große Juwel der Unterscheidung« von Śrī Śaṅkara; Klassiker der Verwirklichung des *Vedānta*

Vyāsa: mit diesem Namen wird nicht ein großer Weiser aus der Geschichte oder Legende bezeichnet, sondern die »kollektive Wesenheit«, welche die überlieferten Schriften, das heißt die *Veden*, ordnete und definitiv festlegte

yajña (m): Opfer

Yoga (m): »Vereinigung«; *darśana* mit dem Ziel, durch das Üben einer Reihe psychophysischer Übungen die spirituelle Verwirklichung zu erlangen

Yogaśāstra (n): Anweisungen, Lehren über den Yoga; Yoga-Übung

Yogi (m): derjenige, welcher den Yoga übt; derjenige, der den Yoga bereits in einem weit fortgeschrittenen Stadium praktiziert